**PESQUISAS E PRÁTICAS SOBRE
O SOFRIMENTO E O ADOECIMENTO
COM FUNDAMENTOS NA PSICOLOGIA
HISTÓRICO-CULTURAL**

Editora Appris Ltda.
1.ª Edição - Copyright© 2024 dos autores
Direitos de Edição Reservados à Editora Appris Ltda.

Nenhuma parte desta obra poderá ser utilizada indevidamente, sem estar de acordo com a Lei nº 9.610/98. Se incorreções forem encontradas, serão de exclusiva responsabilidade de seus organizadores. Foi realizado o Depósito Legal na Fundação Biblioteca Nacional, de acordo com as Leis nᵒˢ 10.994, de 14/12/2004, e 12.192, de 14/01/2010.

Catalogação na Fonte
Elaborado por: Dayanne Leal Souza
Bibliotecária CRB 9/2162

P474p 2024	Pesquisas e práticas sobre o sofrimento e o adoecimento com fundamentos na psicologia histórico-cultural / Marilda Gonçalves Dias Facci, Armando Marino Filho e Fabiola Batista Gomes da Silva (orgs.). – 1. ed. – Curitiba: Appris, 2024. 353 p. : il. ; 23 cm. – (Geral). Vários autores. Inclui referências. 978-65-250-6582-3 1. Sofrimento - Aspectos psicológicos. 2. Psicologia. 3. Psicologia histórico-cultural. I. Facci, Marilda Gonçalves Dias. II. Marino Filho, Armando. III. Silva, Fabiola Batista Gomes da. IV. Título. V. Série. CDD – 150.7

Livro de acordo com a normalização técnica da ABNT

Appris *editora*

Editora e Livraria Appris Ltda.
Av. Manoel Ribas, 2265 – Mercês
Curitiba/PR – CEP: 80810-002
Tel. (41) 3156 - 4731
www.editoraappris.com.br

Printed in Brazil
Impresso no Brasil

Marilda Gonçalves Dias Facci
Armando Marino Filho
Fabiola Batista Gomes da Silva
(org.)

PESQUISAS E PRÁTICAS SOBRE O SOFRIMENTO E O ADOECIMENTO COM FUNDAMENTOS NA PSICOLOGIA HISTÓRICO-CULTURAL

Appris editora

Curitiba, PR
2024

FICHA TÉCNICA

EDITORIAL
Augusto Coelho
Sara C. de Andrade Coelho

COMITÊ EDITORIAL
Ana El Achkar (Universo/RJ)
Andréa Barbosa Gouveia (UFPR)
Antonio Evangelista de Souza Netto (PUC-SP)
Belinda Cunha (UFPB)
Délton Winter de Carvalho (FMP)
Edson da Silva (UFVJM)
Eliete Correia dos Santos (UEPB)
Erineu Foerste (Ufes)
Fabiano Santos (UERJ-IESP)
Francinete Fernandes de Sousa (UEPB)
Francisco Carlos Duarte (PUCPR)
Francisco de Assis (Fiam-Faam-SP-Brasil)
Gláucia Figueiredo (UNIPAMPA/ UDELAR)
Jacques de Lima Ferreira (UNOESC)
Jean Carlos Gonçalves (UFPR)
José Wálter Nunes (UnB)
Junia de Vilhena (PUC-RIO)

Lucas Mesquita (UNILA)
Márcia Gonçalves (Unitau)
Maria Aparecida Barbosa (USP)
Maria Margarida de Andrade (Umack)
Marilda A. Behrens (PUCPR)
Marília Andrade Torales Campos (UFPR)
Marli Caetano
Patrícia L. Torres (PUCPR)
Paula Costa Mosca Macedo (UNIFESP)
Ramon Blanco (UNILA)
Roberta Ecleide Kelly (NEPE)
Roque Ismael da Costa Güllich (UFFS)
Sergio Gomes (UFRJ)
Tiago Gagliano Pinto Alberto (PUCPR)
Toni Reis (UP)
Valdomiro de Oliveira (UFPR)

SUPERVISORA EDITORIAL
Renata C. Lopes

PRODUÇÃO EDITORIAL
Daniela Nazario

REVISÃO
Ana Lúcia Wehr

DIAGRAMAÇÃO
Amélia Lopes

CAPA
Eneo Lage

REVISÃO DE PROVA
Elisa Barros

PREFÁCIO

Começo este prefácio lembrando o quanto a humanidade tem indagado sobre a vida, a sociedade e o próprio sofrimento humano. Ésquilo (525/524-456 a.C.), por exemplo, abordou sobre isso em *Prometeu Acorrentado*, contribuindo de algum modo para a formação do homem clássico necessário à época. Nessa tragédia, o titã Prometeu (aquele que antevê, que planeja) é acorrentado num rochedo na região desolada da Cítia, sendo vítima da ira de Zeus, pois se rebelara contra a vontade divina. Como castigo inevitável, por dar a uma raça de seres inferiores a possibilidade de ascender à posição de *semideuses,* ele é condenado a um sofrimento eterno.

> Cenário: Ao fundo, um maciço rochoso.
>
> Entram PODER e FORÇA arrastando PROMETEU, seguidos por HEFESTO, mancando e levando seus instrumentos de ferreiro.
>
> PODER:
>
> Aqui estamos nós, neste lugar remoto, marchando num deserto pelo chão da Cítia, onde nenhuma criatura humana vive. Pensa somente, Hefesto, nas ordens de Zeus, teu pai, e em acorrentar nestas montanhas de inacessíveis píncaros um criminoso com cadeias indestrutíveis de aço puro. **Ele roubou teu privilégio, o fogo rubro de onde nasceram todas as artes humanas, para presenteá-lo aos mortais indefesos**. É hora de pagar aos deuses por seu crime e de aprender a resignar-se humildemente ao mando soberano de Zeus poderoso, **deixando de querer ser benfeitor dos homens** (Ésquilo, 1993, p. 9-10, grifos meus).

Prometeu é acorrentado e vive em agonia, com a visita de uma águia que devoraria diariamente seu fígado, o qual era recomposto também diariamente, além de outros sofrimentos. Prometeu alega que a causa da sua tragédia foi seu amor às criaturas humanas, o que o levou a lhes dar o fogo roubado do céu [de Hefesto], salvando-as da destruição e permitindo o início da civilização. O fogo permitiria aos mortais a criação de ferramentas e toda sorte de artes, ou seja, o início da humanidade.

A obra de Ésquilo faz-nos pensar no quanto o fogo, literalmente, permitiu aos seres humanos forjarem ferramentas para os auxiliarem em suas lidas e a se manterem vivos. Figurativamente, inspira-nos a considerar como o conhecimento ilumina, traz à luz possibilidades de compreensão e de intervenção sobre os mais diferentes desafios da vida. Também nos permite refletir que, dialeticamente, esse saber promove alívios e sofrimentos.

Num contexto muito distante daquele vivenciado por Ésquilo, o presente livro, organizado por Marilda Gonçalves Dias Facci, Armando Marino Filho e Fabiola Batista Gomes Firbida, dá continuidade à temática ao abordar o sofrimento, o adoecimento de pessoas e das relações que elas travam entre si e com o mundo, com a sociedade. Nele, os capítulos não apontam para uma saída explicativa mitológica, não miram no poderoso Zeus como o mandante de um sofrimento insuportável, responsável por impor uma sina terrível a alguém [um titã], mas apresentam diferentes aspectos sob uma visão histórico-dialética, que procura desvendar o que é este fenômeno, como pode ser explicado e enfrentado cientificamente.

Esta coletânea é lançada num momento em que ainda lidamos com a dor e o sofrimento gerados ou agudizados pela/na pandemia da Covid-19. A esse respeito, vale destacar que, em 5 de maio de 2023, o chefe da Organização Mundial da Saúde (OMS), Dr. Tedros Adhanom Ghebreyesus, "com grande esperança", declarou o fim da pandemia como uma emergência de saúde pública (OMS, 2023). Até aquela data, foram computados 765.222.932 casos, com 6.921.614 de mortes associadas à Covid-19. Segundo Adhanom, a pandemia deixou "cicatrizes profundas", que "[...] devem servir como um lembrete permanente do potencial de surgimento de novos vírus, com consequências devastadoras", e avalia que "[...] muitos erros foram cometidos, inclusive a falta de coordenação, equidade e solidariedade, o que fez com que as ferramentas e tecnologias existentes não fossem usadas da melhor forma para combater o vírus" (OMS, 2023, n.p.). Alertou que:

> Devemos prometer a nós mesmos, a nossos filhos e netos, que nunca mais cometeremos esses erros. Essa experiência deve mudar todos nós para melhor. Ela deve nos tornar mais determinados a cumprir a visão que as nações tiveram quando fundaram a OMS em 1948: o mais alto padrão de saúde possível para todas as pessoas (OMS, 2023).

Se em sua agonia, Prometeu afirma: "Pus esperanças vãs nos corações de todos [os seres humanos]" (Ésquilo, 2005), após intensa batalha, Adhanom compartilha sua grande esperança em que sejam processadas mudanças para melhor. O mundo pode acompanhar os esforços desse líder da OMS contra o que considerou uma "catástrofe moral no mundo", ante a desigualdade no acesso aos imunizantes pelos países pobres (WHO, 2021).

Neste ano de 2024, é possível olharmos retrospectivamente para a obra de Ésquilo e pensar que não são vãs as esperanças quando se compartilha o fogo, o conhecimento, quando se luta contra todos os tipos de sofrimentos. É necessário, pois, cultivarmos uma "grande esperança" nas mudanças, porém atuando firmemente para que elas ocorram.

Infelizmente, a tragédia *Prometeu Acorrentado* não é conhecida por grande parte da população que já terminou o ensino básico e/ou o superior, assim como tantas outras obras brasileiras, gregas ou da literatura universal consideradas como clássicas, justamente por tratar das grandes questões que envolviam os homens de dadas época e sociedade e das respostas que davam a elas. Pelo contrário, além de desconhecê-las, muitos dos egressos desses dois níveis educacionais podem participar de um movimento que ganha força: a descrença na razão, no conhecimento, ou o *ceticismo epistemológico* que vem acompanhado do niilismo (Moraes, 2009).

O momento atual é ímpar, visto que nele se faz apologia ao uso da inteligência artificial e às altas tecnologias e se desvaloriza as ciências, se desdenha da observação mínima das regras da vida com civilidade, se nega os direitos humanos e fundamentais a parcelas significativas da população. Nele, a luta em prol da boa educação para todas as pessoas e pelo investimento na formação integral sofrem tantos e tão acirrados enfrentamentos que muitos podem sucumbir, sentindo-se como se estivessem acorrentados e tendo os "fígados" sendo atacados diariamente por alguma ave de rapina. Assim, na sociedade do simulacro, num contexto adoecedor, é preciso que a resistência dessa luta se dê, também, com pesquisas, estudos e publicações consistentes, que possam subsidiar políticas públicas e práticas profissionais de fato educativas/formativas.

Por esse entendimento, ponderamos que a presente obra, ao explicitar justamente a intrínseca relação entre essas condições objetivas da vida, o sofrimento e o adoecimento dos sujeitos, se apresenta como marco científico de resistência.

Com as teorizações nela expostas, fica evidente que o desvelamento científico do real é possível e necessário; que ele [o real] é cognoscível e que os seres humanos são ontologicamente sujeitos cognoscentes. Como tais, podem conhecer e, consequentemente, sistematizar o que foi desvelado;

podem teorizar sobre objetos/fenômenos que são vinculados às diferentes áreas de especialidades do conhecimento. Podem, inclusive, demonstrar quão importante é que o sofrimento e a dor saiam do plano mitológico, do saber tácito e sejam alvos de estudos científicos, não somente da área da saúde, mas das ciências humanas, da psicologia escolar e educacional crítica.

No âmbito da saúde, o sofrimento humano pode ser tomado sob a perspectiva da dor, por exemplo. Por esse caminho, é importante destacar o conceito da Associação Internacional para o Estudo da Dor (Iasp), aceita e adotada por profissionais da saúde, pesquisadores da área de dor, organizações profissionais, governamentais e não governamentais, assim como pela própria Organização Mundial da Saúde (OMS), como "[...] *uma experiência sensitiva e emocional desagradável associada, ou semelhante àquela associada, a uma lesão tecidual real ou potencial*" (*apud* Desantana *et al.*, 2020, p. 197, grifos no original). Tal definição levou também à inclusão da *dor crônica* na Classificação Internacional de Doenças (CID-11).

Com os avanços no conhecimento sobre a dor e seus mecanismos, a terminologia da dor foi modificada e ajustada, abrangendo as mais variadas experiências de dor, sua diversidade e complexidade, sendo válida para dor aguda e crônica: "[...] *sendo aplicável a todas as condições de dor, a humanos e animais e, sobretudo, definida pela perspectiva da pessoa que sente a dor*" (Desantana *et al.*, 2020, p. 197, grifos nossos). Conforme os autores:

> [...] *1. A dor é sempre uma experiência pessoal que é influenciada, em graus variáveis, por fatores biológicos, psicológicos e sociais. 2. Dor e nocicepção são fenômenos diferentes. A dor não pode ser determinada exclusivamente pela atividade dos neurônios sensitivos. 3. Através das suas experiências de vida, as pessoas aprendem o conceito de dor. 4. O relato de uma pessoa sobre uma experiência de dor deve ser respeitado. 5. Embora a dor geralmente cumpra um papel adaptativo, ela pode ter efeitos adversos na função e no bem-estar social e psicológico. 6. A descrição verbal é apenas um dos vários comportamentos para expressar a dor; a incapacidade de comunicação não invalida a possibilidade de um ser humano ou um animal sentir dor* (Desantana *et al.*, 2020, p. 179, grifos no original).

Tendo isso em perspectiva, podemos dizer que o contido na obra constitui-se em contribuições conceituais e metodológicas, elencando condições que geram "dor", sofrimento e adoecimento de profissionais e estudantes, aspectos que podem levar a uma situação de desintegração da personalidade, de desorganização do psiquismo, de consciência ou não do próprio sofrimento, de expectativa/perspectiva de presente e de futuro em conjunto com a atividade principal etc.

Nos capítulos, fica evidenciada a necessidade de que as pessoas sejam cuidadas e se cuidem; que a dor, o sofrimento em todas as suas dimensões, não é um fenômeno "natural", mas que deve ser alvo de atenção e ser tratada – o que não significa a adoção de uma visão clínica medicamentosa.

No enfrentamento à dor, ao adoecimento, ao sofrimento, a Psicologia deve lutar para que as características ontológicas dos sujeitos, como seres cognoscentes, pensantes, criadores e criativos, tenham condições de serem desenvolvidas e explicitadas. Afinal, para que as esperanças em algo melhor para os seres humanos não malogrem, é preciso o empenho de uma ciência lúcida, posto que compromissada com os sujeitos reais.

Sonia Mari Shima Barroco

Doutora em Educação Escolar (UNESP/Araraquara), com pós-doutorado em Psicologia Escolar e do Desenvolvimento Humano (Instituto de Psicologia/USP), mestre e especialista em Educação (UEM).

REFERÊNCIAS

DESANTANA, J. M. *et al.* Revised definition of pain after four decades. *BrJP,* v. 3, n. 3, p. 197-198, jul. 2020.

ÉSQUILO. *Prometeu acorrentado.* Tradução: Mário Da Gama Kury. Rio de Janeiro: Zahar, 1993.

MORAES, M. C. M. de. A teoria tem consequências: indagações sobre o conhecimento no campo da educação. *Educação & Sociedade,* v. 30, n. 107, p. 585-607, 2009. Disponível em: https://doi.org/10.1590/S0101-73302009000200014. Acesso em: 6 mar. 2024.

OMS. *Excesso de mortalidade associado à pandemia de Covid-19 foi de 14,9 milhões em 2020 e 2021.* 2022. Disponível em: https://www.paho.org/pt/noticias/5-5--2022-excesso-mortalidade-associado-pandemia-covid-19-foi-149-milhoes--em-2020-e-2021#:~:text=Excesso%20de%20mortalidade%20associado%2-

0%C3%A0,Organiza%C3%A7%C3%A3o%20Pan%2DAmericana%20da%20
Sa%C3%BAde. Acesso em: 10 fev. 2024.

WHO. *WHO chief warns against 'catastrophic moral failure' in Covid-19 vaccine access.*
2021. Disponível em: https://news.un.org/en/story/2021/01/1082362. Acesso
em: 21 fev. 2024.

SUMÁRIO

INTRODUÇÃO 15

PARTE 1

A COMPREENSÃO DO SOFRIMENTO E ADOECIMENTO: QUESTÕES CONCEITUAIS

CAPÍTULO 1
A CONSCIÊNCIA DO SOFRIMENTO PSICOLÓGICO 23
Armando Marino Filho

CAPÍTULO 2
O SOFRIMENTO PSÍQUICO EM DOENÇAS CRÔNICAS: CONSIDERAÇÕES SOBRE ASPECTOS PATOPSICOLÓGICOS DESORGANIZADORES 43
Flávia Gonçalves da Silva

CAPÍTULO 3
UNIDADE MENTE-CORPO NA PSICOLOGIA HISTÓRICO-CULTURAL E SUAS CONTRIBUIÇÕES PARA O ESTUDO DO SOFRIMENTO PSICOSSOMÁTICO 65
Andressa Carolina Viana dos Santos, Silvana Calvo Tuleski

PARTE 2

O ATENDIMENTO PSICOTERÁPICO E A PSICOLOGIA HISTÓRICO-CULTURAL

CAPÍTULO 4
PSICOTERAPIA: POSSIBLIDADES DE ATUAÇÃO DO PSICÓLOGO A PARTIR DA PSICOLOGIA HISTÓRICO-CULTURAL 89
Elis Bertozzi Aita, Marilda Gonçalves Dias Facci

CAPÍTULO 5
O TRIPÉ INTERVENTIVO DA CLÍNICA PSICOTERÁPICA HISTÓRICO-CULTURAL: HISTORICIDADE, CONSCIENTIZAÇÃO E INSTRUMENTALIZAÇÃO... 111
Janailson Monteiro Clarindo

PARTE 3

SOFRIMENTO/ADOECIMENTO E O PROCESSO EDUCATIVO

CAPÍTULO 6
SOFRIMENTO E ADOECIMENTO NA PÓS-GRADUAÇÃO EM PSICOLOGIA: DEBATE NECESSÁRIO.................................... 135
Marilda Gonçalves Dias Facci, Fabiola Batista Gomes Fírbida, Hiany Gasparetti Bertuccini

CAPÍTULO 7
SOFRIMENTO PSÍQUICO DOCENTE: ATUAÇÃO DE PSICÓLOGAS ESCOLARES PARA O DESENVOLVIMENTO EMOCIONAL DE PROFESSORES NA PERSPECTIVA DA PSICOLOGIA HISTÓRICO-CULTURAL............................. 163
Ana Ignez Belém Lima, Artur Bruno Fonseca de Oliveira

CAPÍTULO 8
SOBRE O ADOECIMENTO DOCENTE: QUANDO A PESQUISA APONTA PARA O PROCESSO DRAMÁTICO HUMANO................ 185
Alcione Ribeiro Dias, Sonia da Cunha Urt

CAPÍTULO 9
SOFRIMENTO DE ESTUDANTES NA PÓS-GRADUAÇÃO *STRICTO SENSU* – CONTRIBUIÇÕES DA PSICOLOGIA HISTÓRICO-CULTURAL PARA A COMPREENSÃO DO FENÔMENO............................. 201
Silvia Maria Cintra da Silva, Leonardo Barbosa e Silva, Renata Fabiana Pegoraro, Gilberto José Miranda, Noelle Tavares Ferreira, Yonara Borges Silva

PARTE 4

ATENÇÃO PSICOSSOCIAL E PROCESSO DE SOFRIMENTO E ADOECIMENTO

CAPÍTULO 10
UMA ANÁLISE DA CAMPANHA SETEMBRO AMARELO® 2023: CAMPANHA DE PREVENÇÃO EM SAÚDE OU MARKETING DA PSIQUIATRIA? 225
Nilson Berenchtein Netto, Bruno Peixoto Carvalho, Renata Bellenzani

CAPÍTULO 11
A AGUDIZAÇÃO DO SOFRIMENTO DE MULHERES: UM ESTUDO DE CASO SOBRE A DEPRESSÃO COM ATOS SUICIDAS COMO CRISE PSICOLÓGICA SOCIALMENTE DETERMINADA 255
Renata Bellenzani, Ana Cristina Ribas dos Santos, Bruna Bones

CAPÍTULO 12
A ATENÇÃO PSICOSSOCIAL ÀS CRISES EM SAÚDE MENTAL: CONTRIBUIÇÕES DA PSICOLOGIA HISTÓRICO-CULTURAL 287
Milena Prestes Antunes, Victória de Biassio Klepa, Melissa Rodrigues de Almeida

CAPÍTULO 13
"SE NÃO PODE COM O INIMIGO, JUNTE-SE A ELE!": A OPRESSÃO PATRIARCAL COMO PORTA DE ENTRADA AO CONSUMO DE DROGAS 315
Renata Jacintho Siqueira de Moraes

SOBRE OS(AS) AUTORES(AS) 341

ÍNDICE REMISSIVO 349

INTRODUÇÃO[1]

> *Podemos falar de uma modificação patológica da personalidade quando sob a influência da enfermidade diminuem os interesses da pessoa, suas necessidades, quando permanece indiferente ante coisas que antes lhe inquietavam, quando seus atos não tem objetivo, as ações não são meditadas, quando a pessoa deixa de regular seu comportamento, não pode valorizar adequadamente suas capacidades, quando modifica sua atitude consigo mesma e com o mundo que a rodeia. Esta atitude modificada é indicadora da mudança da personalidade.*
> *(Zeigarnik, 1981, p. 29)*

No excerto da obra de Zeigarnik (1981) que utilizamos para a abertura da apresentação desta coletânea, podemos identificar alguns comportamentos que aparecem em determinados períodos das vidas das pessoas, quando elas estão em processo de sofrimento ou adoecimento, e que necessitam de um acolhimento e intervenção por parte das(os) psicólogas(os).

Estudos sobre o adoecimento e o sofrimento a partir dos fundamentos da Psicologia Histórico-Cultural – que parte do método do materialismo histórico e dialético – são muito recentes no Brasil. Esta temática ainda é pouco investigada por estudiosos que desenvolvem pesquisas e intervenções nesta perspectiva teórica, e por isso estamos fazendo a proposição dessa coletânea. Nosso objetivo é reunir e divulgar estudos e pesquisas que aprofundem a compreensão sobre o sofrimento/adoecimento psíquico na Psicologia Histórico-Cultural. Tal proposição demanda uma investigação para além do que está posto e exposto, priorizando a essência dos fatos. Isso implica destacar as múltiplas determinações que formam um indivíduo singular, não alheio à realidade social, mas que se desenvolve imbricado com ela; implica compreender a personalidade como síntese das relações sociais.

Com esse objetivo estabelecido, buscamos reunir pesquisadores de algumas instituições de ensino superior do país – Universidade Estadual de Maringá, Universidade Federal do Mato Grosso do Sul, Universidade

---

[1] O presente trabalho foi realizado com apoio da Coordenação de Aperfeiçoamento de Pessoal de Nível Superior – Brasil (CAPES) - Código de Financiamento 001. Nosso agradecimento. Agradecemos também ao Conselho Nacional de Desenvolvimento Científico e Tecnológico – CNPq, que, por meio de recursos da Bolsa de Produtividade em Pesquisa, possibilitou que uma das organizadoras – Marilda Gonçalves Dias Facci – pudesse aprofundar estudos e realizar pesquisas sobre o sofrimento e adoecimento na perspectiva da Psicologia Histórico-Cultural, culminando o projeto com a proposição desta coletânea.

Federal dos Vales do Jequitinhonha e Mucuri, Universidade Estadual do Ceará, Centro Universitário Integrado de Campo Mourão, Universidade Estadual de Uberlândia, Universidade Federal do Paraná, Universidade Federal de Rondônia –, assim como profissionais que desempenham atividades na área clínica ou da assistência social. Todos esses pesquisadores tem focado estudos para compreender os seres humanos, em processo de sofrimento ou adoecimento, considerando a totalidade que envolve a formação da personalidade.

Leontiev (1978) expõe que a as riquezas dos vínculos que o indivíduo estabelece com o mundo constituem a primeira base da personalidade. Mas como falar de riquezas de vínculos em uma sociedade capitalista? Ele interroga qual seria objetivo vital do homem e argumenta que isso não pode ser respondido, porque depende do movimento da consciência individual, das apropriações dos significados e dos sentidos das atividades, conceitos que serão explorados nesta coletânea. Geralmente, existe uma estabilidade das principais linhas motivacionais, hierarquizadas entre si. No entanto, isso não quer dizer que a formação é estanque: ela pode sofrer transformações conforme mudam situações de vida do indivíduo, como mudar de emprego, ser vítima de alguma tragédia, entre outras situações; mudanças que alteram a atividade dos sujeitos, que transformam a forma como eles se relacionam com a realidade.

> Temos visto que as diversas atividades do sujeito se entrecruzam e atam em nós com relações objetivas, sociais por sua natureza, nas quais o sujeito entra necessariamente. Esses nós, suas hierarquias, são as que formam esse secreto "centro da personalidade", que chamamos "eu"; dito de outro modo, este centro não está no indivíduo, não está sob a superfície da sua pele, senão em sua existência (Leontiev, 1978, p. 178).

Com base nesse autor, entendemos que a subjetividade está estruturada na forma de organização social, que, como afirma Martins (2000, p. 216), "usurpa dos homens até mesmo a razão de ser dos seus sonhos, que é a possibilidade para sua realização". As relações estabelecidas na sociedade capitalista interferem na hierarquização dos motivos, que incitam os sujeitos a agirem no mundo. A autora comenta o seguinte:

> No plano da fantasia, da ideia, os homens sabem como serem felizes, entretanto, a ideia por si mesma, não transforma, não cria, não altera efetivamente a realidade, e é o sentido da própria vida que se obscurece neste processo. Esta cisão na

> estrutura motivacional da personalidade advinda de exigên-
> cias contraditórias, indiscutivelmente promove as condições
> para a emergência da angústia, da insegurança, do desamparo
> face à realidade objetiva (Martins, 2001, p. 216).

Não vamos aprofundar essas ideias expostas inicialmente, mas elas nos motivam a buscar elementos, explicações dinâmico-causais, para reagir, fazer uma oposição ao entendimento do sofrimento e adoecimento como decorrente de esferas particulares dos sujeitos, deixando de considerar o contexto histórico-cultural, permeado pela exploração dos trabalhadores, por contradições de toda ordem, pela luta constante entre humanização e alienação, que vem caracterizando os homens historicamente.

Os capítulos que compõem esta coletânea foram divididos em três partes.

A primeira parte é intitulada "A compreensão do sofrimento e adoe-cimento: questões conceituais" e compreende três capítulos. No Capítulo 1, Armando Marino Filho tem como objetivo apresentar uma discussão sobre o sofrimento psicológico como uma forma de atividade consciente. Flávia Gonçalves da Silva, no Capítulo 2, apresenta o sofrimento psíquico a partir dos estudos patopsicológicos produzidos por Bluma Zeigarnik, com destaque para as doenças crônicas e processos patológicos psicosso-máticos. A autora deixa evidente que nem sempre há uma desintegração psíquica, mas uma desorganização psíquica que leva o indivíduo a algumas limitações. Andressa Carolina Viana dos Santos e Silvana Calvo Tuleski, no Capítulo 3, enriquecem a discussão, trazendo elementos para analisar o sofrimento psicossomático, dando destaque à relação entre mente e corpo na compreensão do sofrimento psíquico.

A Parte 2 da coletânea, "O atendimento psicoterápico e a Psicolo-gia Histórico-Cultural", apresenta as discussões de Elis Bertozzi Aita, em coautoria com Marilda Gonçalves Dias Facci, e alguns estudos realizados por Janailson Monteiro Clarindo. Esses autores estabelecem um diálogo sobre o processo de formação do sofrimento psíquico e a construção de intervenções psicoterapêuticas a partir da Psicologia Histórico-Cultural. No Capítulo 4, o foco recai sobre o processo de formação da consciência, e o Capítulo 5 ressalta a tríade "historicidade, conscientização e instrumen-talização acerca dos trabalhos no atendimento clínico.

Caminhando para a Parte 3 da obra, denominada "Sofrimento/adoecimento e o processo educativo", são apresentadas discussões sobre a temática do livro, trazendo pesquisas realizadas no âmbito educacional. No

Capítulo 6, Marilda Gonçalves Dias Facci, Fabiola Batista Gomes Fírbida e Hiany Gasparetti Bertuccini apresentam resultados de pesquisa sobre o sofrimento e o adoecimento na pós-graduação em Psicologia, discorrendo sobre existência, causas e consequências. Ana Ignez Belém Lima e Artur Bruno Fonseca de Oliveira, no Capítulo 7, por sua vez, analisam a atuação de psicólogas escolares e educacionais do estado do Ceará junto aos professores, no que tange ao desenvolvimento emocional na perspectiva de prevenção de sofrimento psíquico e de produção de saúde. Adentrando no Capítulo 8, Alcione Ribeiro Dias e Sonia da Cunha Urt abordam sobre o adoecimento docente, destacando uma pesquisa com a aplicação da metodologia socio-dramática para compreender o adoecimento dos docentes. Por fim, ainda nesta parte da coletânea, no Capítulo 9, os autores Silvia Maria Cintra da Silva, Leonardo Barbosa e Silva, Renata Fabiana Pegoraro, Gilberto José Miranda, Noelle Tavares Ferreira e Yonara Borges Silva analisam o impacto da pandemia de Covid-19 em relação ao sofrimento psíquico de estudantes de cursos de pós-graduação stricto sensu de instituições de ensino superior (IES). As pesquisas apresentam ao leitor informações riquíssimas e preocupantes sobre como professores e estudantes estão em um processo de sofrimento frente ao adoecimento que o capitalismo está impondo na formação e atuação profissional nas instituições escolares.

A coletânea é finalizada com a Parte 4 – "Atenção Psicossocial e o processo de sofrimento e adoecimento". O Capítulo 10, de autoria de Nilson Berenchtein Netto, Bruno Peixoto de Carvalho e Renata Bellenzani, faz uma análise sobre a Campanha Setembro Amarelo, denunciando o quanto impera a visão da psiquiatria em relação ao suicídio, centrando no indivíduo, na sua saúde mental, a responsabilização por esse ato. O Capítulo 11, elaborado por Renata Bellenzani, Ana Cristina Ribas dos Santos e Bruna Bones também tem como objeto tentativas de suicídio, fazendo uma discussão que transita do nível social ao nível psicológico/psicossocial, ao fazerem o relato de um estudo de caso. No Capítulo 12, Milena Prestes Antunes, Victória de Biassio Klepa e Melissa Rodrigues de Almeida se referem à atenção à crise em saúde mental, tratando das estratégias de enfrentamento propostas pela nova reforma psiquiátrica antimanicomial. Entendem a crise como parte do sofrimento psíquico que precisa ser compreendida como parte da dinâmica de vida, e não como algo negativo. O Capítulo 13, último desta coletânea, escrito por Renata Jacintho Siqueira de Moraes, aborda o sofrimento psíquico em mulheres que consomem drogas e trazem, a partir de suas vivencias com a opressão patriarcal, a contribuição nesse consumo e como essa opressão está presente na sociedade capitalista que impõe o assujeitamento da exploração e opressão da mulher.

Podemos observar, na coletânea, discussões densas, aprofundadas, que provocarão no leitor muitas reflexões que situam sobre o sofrimento e adoecimento de tantos brasileiros envolvidos em várias atividades e/ou interações sociais que cerceiam a possibilidade do desenvolvimento omnilateral. Tal desenvolvimento só será possível em uma sociedade que lute pela coletividade, que faça da utopia realidade. Estamos necessitando, como exposto nas belas palavras de Manoel de Barros (2011), de um fim de mar que colore os horizontes.

Boa leitura!

Marilda Gonçalves Dias Facci

Armando Marino Filho

Fabiola Batista Gomes Fírbida

REFERÊNCIAS

BARROS, M. *Poesia Completa.* São Paulo: Leya, 2011.

LEONTIEV, A. N. *Actividad, conciencia e personalidade.* Buenos Aires: Ciencias del Hombre, 1978.

MARTINS, L. M. *Análise sócio-histórica do processo de personalização de professores.* 2001. Tese (Doutorado em Educação) – Programa de pós-graduação em Educação da Faculdade de Filosofia e Ciências de Marília, Universidade Estadual Paulista, Marília, 2001.

ZEIGARNIK. B. V. *Psicopatologia.* Madri: Akal Editor, 1981.

PARTE 1

A COMPREENSÃO DO SOFRIMENTO E ADOECIMENTO: QUESTÕES CONCEITUAIS

CAPÍTULO 1

A CONSCIÊNCIA DO SOFRIMENTO PSICOLÓGICO

Armando Marino Filho

INTRODUÇÃO

Este estudo tem como objeto o sofrimento psicológico.[2] Busco, nos fundamentos da teoria Histórico-Cultural, os recursos teórico-metodológicos para a compreensão do fenômeno do sofrimento humanamente constituído. Aqui tratarei somente do problema da compreensão do sofrimento como um fenômeno que reflete as relações sociais dos indivíduos e da formulação de uma hipótese conceitual que o compreenda como uma forma da atividade consciente.

O trabalho do pensamento aqui exposto representa um esforço para conceituar com base na especificidade do sofrimento humano, compreendida por tal fundamentação. A tarefa complexa de produzir meios teóricos de análise da realidade é uma constante demanda da atividade científica, que avança somente na medida em que os conceitos refletem a realidade que existe. Toda afirmação sobre a realidade de um fenômeno precisa, como exigência da atitude científica, uma exposição teórico explicativa, histórica do seu conteúdo e da sua correspondência com a realidade existente. Nesse sentido, este texto se apresenta como uma proposição inicial sobre a discussão necessária a respeito do sofrimento psicológico.

No âmbito da Teoria Histórico-Cultural, carecemos ainda de um conceito que possa ser um meio de análise da classe de fenômenos que conhecemos como sofrimento psicológico. Este se apresenta de formas variadas, expressas em suas manifestações aparentes como emoções em

---

[2] Este artigo é parte de uma pesquisa realizada pelo autor e que está em andamento, como requisito do doutoramento em Psicologia pela Universidade Estadual de Maringá (Sofrimento psicológico em estudantes do ensino fundamental: implicações da organização da aula para a orientação psicológica).

atos motores e de comunicação. São formas de diferentes magnitudes, intensidades e sentidos, que, no seu desenvolvimento e transição, podem levar a sistemas de pensamento e ações produtivas de meios de superação das contradições conflituosas[3], mas, também, processos fantasiosos, imaginários e alternativos da sua superação, que não coincidem com a realidade.

O que pretendemos aqui é uma análise inicial da fundamentação teórico-filosófica e psicológica da problematização para a conceituação do sofrimento psicológico e do seu objeto. No entanto, apesar de preliminares, as discussões apresentadas aqui podem contribuir para o trabalho de pesquisa nessa área.

DA ATIVIDADE E DA CONSCIÊNCIA

A minha consciência é a minha relação com o mundo.
(K. Marx)

Para abordar o sofrimento como uma forma da atividade consciente, é preciso esclarecimento sobre a unidade entre atividade e consciência. Dado que a consciência é compreendida no âmbito do processo de humanização, portanto no processo histórico da transformação qualitativa da própria atividade dos homens, podemos estabelecer a unidade entre a atividade e a consciência e sua reciprocidade considerando que esse salto qualitativo não é possível sem a consciência. Também, que o próprio sofrimento psicológico como uma forma da atividade consciente existe em reciprocidade com essa transformação objetivo/subjetiva da atividade humana.

A atividade é a forma de existência da vida animal. É, por isso, tanto objeto de investigação, quanto princípio explicativo do ser, no nosso caso, da forma humana de agir. Porque a atividade é a forma essencial de manutenção da vida, é vital toda aquela que garante a continuidade da existência do ser de cada espécie animal (Leontiev, 1978). Todas as espécies têm diferentes processos evolutivos e, por isso, diferentes formas de atividades vitais. No entanto, todas as atividades estão muito próximas à garantia da vida, têm como princípio geral a sobrevivência. No plano da natureza, os animais não criam a sua própria atividade, ela é dada pelas condições da própria natureza. Por isso, as mudanças no meio que envolvem as diferentes espécies criam necessidades novas, às quais precisam adaptar-se para não perecer.

---

[3] Contradições com tendência à desintegração, isto é, tendência à fixação na negatividade ou na positividade da contradição.

É nesse processar histórico da natureza independente da atividade animal que, para cada espécie, a sua atividade vital pode vir a ser mais complexa, isto é, ela precisa adquirir novas formas de agir em relação às mudanças das condições de manutenção da vida. É nesse sentido que podemos compreender a afirmação de Marx (2004, p. 84, grifo meu) de que "O animal é imediatamente um com a sua atividade vital. Não se distingue dela. É *ela*". Isto é, a atividade vital do animal não se distingue dos processos naturais dos quais depende a sua forma de manutenção da vida; o animal está preso às determinações da natureza, que o condiciona a um modo de vida. Por isso, o animal não se afasta da natureza, não pode compreender a si mesmo em relação com "o outro."

Também é nesse sentido que o mesmo autor (Marx, 2004, p. 84, grifos nossos) afirma que o homem, ao contrário do animal, " [...] somente é um ser consciente, isto é, *a sua própria vida lhe é objeto*, precisamente porque é um ser genérico". Nessa afirmação, encontramos uma questão crucial para a compreensão da temática aqui analisada. A universalidade desse ser genérico dos homens; na concepção desse autor está no fato de que os homens, contraindo relações entre si, isto é, como ser do gênero social, transformam a própria natureza, criando novos meios que, historicamente, vão além da atividade de sobrevivência. Agora, os homens lutam para a produção da vida, não somente para a sobrevivência. Nessa luta, tomam, inclusive, a si mesmos como objetos dessa criação com os outros. Quero salientar, para a compreensão do que estamos tratando, que esse tomar a si mesmo como objeto dessa criação implica, também, criar, em alguma medida, a si próprio. Na minha compreensão, essa atitude autotransformadora e criativa por escolhas alternativas no enfrentamento das contradições da vida está estreitamente ligada à formação da personalidade. Com isso, quero dizer que a personalidade também resulta da autocriação como alternativa para o sofrimento, portanto, da autoconsciência desse sofrimento.

O fato marcante no surgimento da consciência é que os homens estabelecem relações entre si na transformação criativa da realidade objetiva (Marx, 2013; Vigotski, 2000). Esse processo de dar uma nova forma à natureza – uma forma que só é possível pela própria ação dos homens em relação com um dado objeto e entre si, que tem, portanto, sentido na produção das suas vidas – está ligado a inúmeros processos psíquicos, corporais, motores, físicos, orgânicos, culturais, de comunicação, e assim por diante, na totalidade do sistema vivo do qual os homens tomam parte.

Processos esses ligados à natureza em si mesma e à natureza humanizada, à natureza transformada.

A consciência, portanto, tem uma natureza condicionada pela multiplicidade sistêmica das atividades sociais, isto é, pelo fato de que o sistema de uma atividade está sempre em conexão com vários outros sistemas de atividades. Por isso, a consciência expressa o salto qualitativo da própria atividade social de complexas relações sistêmicas. Resulta e é uma qualidade nova da atividade viva dessa transformação ativa, como disse Vigotski (2000 p. 84, grifo meu) "[...] Para a adaptação do homem tem essencial importância a *transformação ativa da natureza do homem,* que constitui a base de toda a história humana e pressupõe também uma imprescindível mudança ativa das condutas do homem". Quero ressaltar, nessa afirmação, que os sujeitos são ativos na sua própria transformação, na transformação das suas ações.

É a atividade como totalidade integrada, material e ideal, que se torna consciente. A consciência não é, por isso, um fenômeno à parte da materialidade corpórea dos homens, nem independente da atividade, nem uma cópia das relações sociais. Davidov (1988, p. 42, grifo do autor) sugere que "[...] a forma ideal, subjetiva, na qual se apresentam para os indivíduos as suas relações sociais reais (a existência real) é a sua *consciência*. Na forma ideal é dado ao indivíduo a integridade (a totalidade) da sua existência real". Portanto, a totalidade e a integridade da sua atividade viva, idealmente elaborada, também, por ele. A atividade consciente busca e elabora essa totalidade e integração da vida.

Em sua concepção, Marx sintetiza a qualidade da consciência como histórica, no caso do homem, da sua relação como ser social, com suas atividades, com a sua cultura, que vem a ser para cada um a fonte da sua consciência. Como ele afirma (Marx, 2007, p. 37), "[...] A consciência jamais pode ser outra coisa do que o ser consciente, e o ser dos homens é o seu processo de vida real". É no processo de vida real, na atividade produtiva da vida cultural, que se manifestam, portanto, todas as qualidades humanas, seus desejos, ideias, práticas, emoções e sofrimentos. É difícil imaginar que alguma forma de existência do ser humano pudesse vir de outra esfera que não a própria vida, na história em curso da sua existência social. Leontiev (1978, p. 136, grifos do autor) esclarece que, nesse salto qualitativo:

> A estrutura interna nascente da consciência, a sua nova "formação", caracteriza-se, antes de mais, por esta nova relação entre sentido e significações. Não é de modo algum um retorno à sua coincidência inicial, à sua fusão pura e simples.

> Esta nova relação conserva a forma desenvolvida de passagens complexas de uma para a outra. Há como que uma rotação do plano dos sentidos que abole o fenómeno de desintegração da consciência. Agora, a consciência humana apresenta uma *estrutura integrada*.

É preciso ressaltar que, porque os homens fazem "da sua atividade vital mesma um objeto da sua vontade", criam, por isso, novas atividades segundo as necessidades das contradições que eles mesmos criam durante a sua atividade vital. A forma geral da conexão dos homens com a realidade objetiva é constituída pelas ações que eles mesmos criam para as suas finalidades. Isso é crucial para compreendermos que os processos criativos de ações na atividade externa têm uma função especial na atividade consciente, isto é, a criação teórica de ações direcionadas para a superação das contradições como um plano de atividade orientada pelos processos afetivos.

Desse modo, partindo do fato de que os homens se desenvolvem a partir da sua atividade, que o seu modo de ser, de existir como humano, deriva da atividade social concreta e que na sua consciência essa atividade se reproduz com a forma e o conteúdo das suas relações reais, transformadas no plano ideal, é que podemos afirmar que a sua consciência é atividade consciente, não um estado mental independente daquelas relações. Como explica Leontiev (2021, p. 81, grifos nossos), "[...] as atividades externa e interna têm a mesma estrutura geral. [...] a atividade interna por sua forma, ao originar-se da atividade externa prática, *não se separa e não se coloca acima dela*, mas preserva uma ligação fundamental e, ademais, dupla, com ela".

Quero reforçar a ideia de que os fenômenos psicológicos, afetos[4], emoções, conhecimento, pensamento, e assim por diante, são componentes da atividade consciente e da consciência como atividade. Podem, da mesma forma que a atividade externa, adquirir diversas formas segundo sejam as necessidades e os objetos a ela relacionados. Por isso, esses fenômenos ocupam determinadas funções que não têm uma hierarquia determinada a priori e imutável. O movimento interno de composição funcional da consciência como atividade depende da tomada de consciência do sujeito. Isto é, o sujeito percebe o lugar que ocupa em determinado momento na totalidade das suas relações sociais como ser ativo, como agente dessa atividade consciente, e determina com o domínio dos sentidos social e pessoal quais sejam as funções relevantes, a sua hierarquia para determinada tarefa.

---

[4] O afeto será compreendido aqui como o registro no sistema nervoso, da qualidade da efetividade de uma dada relação. Isto é, ele ocupa um lugar no valor da relação para as necessidades da pessoa, portanto, como unidade que compõe processos de tomada de decisão, de escolha.

DA ELABORAÇÃO DO PROBLEMA

Todo aquele que sofre toma consciência do seu sofrimento. Mas o que quer dizer tomar consciência do sofrimento?

A consciência tem a qualidade de representar uma atividade de integração, ou totalização, das experiências vividas pelos sujeitos em suas atividades sociais, como unidade entre objetividade e subjetividade da sua existência real. A existência é multifacetada, diversa, aparentemente desconexa, contraditória; os seres se transformam, aparecem e desaparecem, são subsumidos, incorporados por outros, por exemplo. É necessário, por isso, que o sujeito cobre do seu pensamento a organização, ordenação, encontre regularidades, estabilidade no movimento da existência de modo que possa orientar-se no mundo e produzir a sua vida, sentir-se seguro. A desintegração é ameaçadora. Como afirma Leontiev (1978, p. 136, grifos do autor) na citação anterior, quando faz uma síntese analítica da consciência, do processo de sua formação apontando para o seu núcleo como sendo as relações entre sentido e significado, diz que "[...] a consciência humana apresenta uma *estrutura integrada*".

Na atividade consciente, nessa integração, necessariamente, encontram-se os outros sujeitos das relações sociais e todas as formas ideais e de representação dos objetos culturais que constituem a significação semântica das interrelações, portanto, o lugar e o valor[5] que eles têm nos sistemas das relações do sujeito. Por essa integração sistemática, a tomada de consciência significa que, em dado momento, o sujeito compreende essa totalidade e sua existência dinâmica, isto é, como atividade integrada de si com os outros. Compreensão, nesse momento, significa que o sujeito consegue abarcar, totalizando, o conjunto das relações. Não necessariamente que as conhece em profundidade, entende ou possa explicar. Por isso, a compreensão pode representar a capacidade de localizar os componentes de um sistema de relações, conhecendo parcialmente a forma da sua existência. O fato relevante da tomada de consciência é que são os conflitos[6] que ameaçam a desintegração entre sentido e significado, que exigem que sujeito considere

---

[5] O termo valor é compreendido aqui como sendo a efetividade de alguma relação, que, com o seu produto, generaliza para o sujeito a positividade ou negatividade em relação a uma necessidade sua ou da sua atividade com os outros. O valor define o sentido do lugar que o sujeito ou os objetos ocupam no sistema de relações dado.

[6] Uso o termo *conflito* para compreender o surgimento de uma negação excludente da sua afirmação, ou vice-versa, diferenciando de *contradição*, em que ocorre um movimento cíclico de integração entre negação e afirmação, que põe em movimento as unidades de uma relação. No conflito, portanto, ocorre o movimento de desintegração das relações pela fixação excludente de uma afirmação ou de uma negação.

o valor das relações, suas consequências e como agir com elas. Como explica Leontiev (1978, p. 128):

> O fato de o sentido e as significações serem estranhas umas às outras é dissimulado ao homem na sua consciência, não existe para a sua introspecção. Revela-se-lhe todavia, mas sob a forma de processo de luta interior, aquilo a que se chama correntemente as contradições da consciência, ou melhor, os problemas de consciência. São estes os processos de tomada de consciência do sentido da realidade, os processos de estabelecimento do sentido pessoal nas significações.

A consciência, nesse sentido, é a base da organização da atividade do sujeito, mobiliza, portanto, todas as funções psicológicas necessárias para orientação, execução e controle das ações com os outros, ainda que essas ações se deem solitariamente ou como reflexão pelo pensamento. O fato de que o homem prepara a sua atividade, na qual pode representar mentalmente o objetivo, as ações, as operações, os modos de agir, os meios e instrumentos e o produto da sua atividade, implica que ele compreenda de forma totalizadora o conjunto das relações necessárias e a situação social referenciada, isto é, o que significa a sua atividade nas suas relações com os outros sujeitos.

É no sentido que a consciência se forma durante a atividade concreta, que dá sentido às funções necessárias para a sua sistematização, que a compreendemos como *atividade consciente*, e não como uma alguma coisa independente da atividade, fora da materialidade da vida, ou como uma reduzida estrutura neuronal no cérebro. Todas essas funções psicológicas superiores (sociais por natureza) se formam na atividade dos homens entre si antes de serem atividade no seu pensamento (Vigotski, 2001a). Necessariamente, as funções representam uma forma de relação social com o mundo da cultura humana. Por isso, a integração das funções psicológicas superiores como componentes essenciais da consciência reproduz no seu interior a forma e o conteúdo da atividade exterior, da atividade social.

A atividade consciente de um sujeito, como toda atividade, particulariza-se em ações com finalidades próprias, com meios operacionais, atitudes próprias da sua personalidade, conhecimentos, afetos e emoções, que estão sempre, de uma forma ou de outra, direcionadas a integrar a diversidade das formas de existência que ocupam o espaço/tempo da sua vida. Como afirma Leontiev (1978a, p. 120, grifos do autor): [...] *O sentido pessoal é o que cria a parcialidade da consciência humana"*. Isso quer dizer que a consciência é sempre socialmente referenciada pela atividade que responde à sua forma e ao seu conteúdo em dado momento e é caracterizada pelo sentido pessoal. Porque a atividade consciente se caracteriza pela atividade concreta, as contradições no pensamento que desintegram a relação sentido/significado são decorrentes das contradições concretas que existem nas atividades, para o sujeito.

A atividade consciente pode particularizar-se, também, ainda que a atividade objetiva correspondente não esteja operacional em dado momento. Essa possibilidade de que ela não necessite da concomitância da atividade externa, concretamente material – isto é, possa ser teórica –, tem implicações profundas na sua existência. Na consciência, o sujeito pode integrar diferentes atividades suas que não estão acontecendo na realidade externa, mas podem articular-se no pensamento. O sujeito pode, assim, totalizar os sentidos das suas atividades e a sua relação com uma delas especificamente; pode avaliar as ações de uma atividade no conjunto das outras atividades da sua vida, que valor tem uma ação para as demais atividades, quais são as suas implicações, consequências, possibilidade de transformação mútua, e assim por diante, de modo que uma ação em uma atividade pode ser avaliada com referência a outras. Davidov (1988, p. 5) enfatiza que "[...] A consciência teórica dirige a atenção do homem para o entendimento de suas próprias ações cognitivas, para a análise do próprio conhecimento. Na linguagem filosófica isto é chamado de reflexão."

A possibilidade de que a consciência continue subjetivamente operante na ausência da atividade objetiva está fundada na linguagem, na sua transformação em pensamento verbal, em pensamento lógico discursivo, em produção ideal. A linguagem, portanto, ocupa um lugar estruturante na consciência. Afirma Vigotski (1996, p. 362):

> [...] ao mesmo tempo que se forma a linguagem, aparece também, pela primeira vez, o indício mais importante e positivo da consciência do homem nos estágios posteriores do desenvolvimento, ou seja, a estrutura semântica e sistêmica da consciência. Junto com a linguagem, se inicia na criança, antes de tudo, o processo de compreensão, de tomada de consciência da realidade circundante.

Nesse sentido, a consciência, como atividade, é organizada, instrumentalizada e efetivada, principalmente, com signos, com significados e sentidos pessoais. Também o sofrimento não poderia ser compreendido sem a significação e os sentidos do sujeito que sofre, como ele atribui valores e como utiliza os significados como meios de articulação da integração do movimento da realidade no movimento do pensamento, de modo que possa *encontrar caminhos alternativos* para a superação dos conflitos e a transformação do sofrimento. Isso significa recuperar as contradições que estão em vias de desintegração, ou se desfizeram nos conflitos, ou criar novas, que sejam produtivas na transformação das condições da atividade.

A formação de sentido é essencial para o sistema de orientação, execução e controle consciente das ações e criação desses caminhos alternativos. É crucial compreender que os sentidos não se formam sem as contradições. O sentido, por isso, posiciona o sujeito em relação a todos os outros, sejam eles sujeitos ou meios culturais, que compõem o contexto da atividade em andamento, isto é, a sua pessoa, sua personalidade, entre outros, e posiciona os outros como objetos das suas relações contraditórias. O sentido, por isso, tem a função de orientação das ações. Marx (2004, p. 110) esclarece bem a formação de sentido para o sujeito com os objetos das suas relações, quando afirma que:

> [...] o meu objeto só pode ser a confirmação de uma das minhas forças essenciais, portanto só pode ser para mim da maneira como a minha força essencial é para si como capacidade subjetiva, porque o sentido de um objeto para mim (só tem sentido para um sentido que lhe corresponda) vai precisamente tão longe quanto vai o meu sentido [...].

Sentido tem o caráter de orientação, ou tendência da atividade criada pela generalização afetiva, emocional e cognitiva dos objetos das relações contraditórias na atividade do sujeito. Na medida em que a generalização da vivência em andamento é motivada pelo *conhecimento* ou pela *afetação emocional*, ela se transforma em sentido social (significado social), no primeiro caso, ou em sentido pessoal (significado pessoal), no segundo caso (Leontiev, 1978a). Porque o sentido pode variar entre essas duas condições, o pessoal e o social, sem que isso signifique a desintegração entre eles; ele se transforma em princípio de integração – ora pessoal, ora social –, em função do contexto dinâmico da atividade do sujeito. Somente em estados patológicos, conflitivos, do sistema psicológico ele se fixa, isto é, se desintegra do movimento contraditório originário da sua gênese, apesar do movimento da realidade presente para o indivíduo. Leontiev (1978a, 91) nos ajuda a compreender melhor quando explica que:

> [...] os motivos [...] sua função, tomada desde o ângulo da consciência, reside em que parecem "valorar" o significado

vital que tem para o sujeito as circunstâncias objetivas e suas ações nessas circunstâncias, lhe conferem um sentido pessoal que não coincide diretamente com seu significado objetivo compreensível. Em determinadas condições, a falta de coincidência dos sentidos e dos significados na consciência individual pode assumir o caráter de verdadeiro estranhamento entre eles, inclusive de antagonismo.

O sentido da atividade caracteriza para o sujeito o *jogo*[7] *social* em andamento na atividade. O sentido possibilita ao sujeito ir além da objetividade operacional, prática material da atividade e alcançar o valor teórico prático e afetivo emocional do lugar que ele ocupa nessas relações como um sistema de relações que tem um valor para a sua atividade viva, como atividade vital. Leontiev (1978a, p. 122, grifos nossos) explica que "[...] se em determinadas circunstâncias da vida o indivíduo se vê compelido a escolher, esta escolha não é entre significados, senão *entre posições sociais antagônicas* que se expressam e apreendem mediante estes significados". O valor dessas posições sociais indica quais sejam as consequências, os efeitos, as transformações e as possibilidades do indivíduo para manter ou alterar a sua posição em relação aos outros.

Compreendo que o sentido teórico prático e afetivo emocional como unidade do sentido pessoal posiciona o sujeito no jogo que se desenvolve no interior das suas atividades. A forma geral e dinâmica do *jogo* que está por detrás das aparências das relações é compreendida por aqui da seguinte maneira: *o jogo é alteração do valor posicional dos componentes, isto é, sujeitos e/ou objetos culturais, no conjunto dinâmico de relações que adquiriram a configuração de um sistema. As alterações de valor, assim, implicam na mudança e reorganização dos movimentos dos componentes e na possibilidade de transformação do valor de si e dos outros no próprio sistema.* Isso podemos encontrar em qualquer relação sistêmica das atividades humanas, portanto, representa um conceito que pode ser abstraído da análise dessas relações e ajudar-nos a analisar e compreender, com base na categoria jogo, o movimento dinâmico que existe no interior dos sistemas socioculturais psicologicamente constituídos. É interessante para a compreensão desse conceito notar o que diz Kosik (1991, p. 15-16, grifos nossos), quando apresenta os significados da palavra em francês *"jeu"*, que significa tanto jogo como peça teatral:

> [...] a primeira concepção prévia da história como jogo, é a relação entre um homem e outro, entre uns homens e outros,

---

[7] O conceito de jogo é explicitado nos parágrafos a seguir.

> relação cujas formas essenciais se expressam em modelos gramaticais (eu-tu, eu-nós, eles nós, etc.) e cujo conteúdo concreto está determinado *pela posição de cada um na totalidade da condições e situações históricas e sociais* (o escravo, o capitalista, o revolucionário, etc.).

De fato, a *alteração do valor* nas interrelações entre os componentes de um sistema, como citado anteriormente, ocorre na medida em que as relações entre eles são viabilizadas pelas suas interpenetrações por meio do automovimento tendencial do gênero internalizado em cada um (sua reciprocidade com o gênero, ou sua identidade de gênero, a "base comum") – "[...] o indivíduo e a história não são mais entidades independentes uma da outra, senão que se interpenetram, pois têm uma base comum" (Kosik, 1991, p. 15) –, junto da diversidade das suas particularidades. É no encontro do automovimento tendencial do gênero (universalidade) que imprime um signo de reciprocidade em cada um dos seus componentes, com a diversidade das suas particularidades, que ocorrem as contradições. São essas que os põem em movimento de transformações e transição para formas qualitativamente novas, como reciprocidade dialética de transformação por meio das contradições. O valor é criado no movimento dessas contradições no sistema de interrelações que os componentes de uma situação criam quando se interpenetram e pode transformar-se, por exemplo, de positivo em negativo, e vice-versa, no mesmo sistema e na mesma atividade, dependendo da dinâmica do *jogo* em andamento, isto é, do valor posicional dos componentes no seu movimento durante a atividade. Sabemos, por exemplo, que o amor, dependendo das relações dos sujeitos, pode transformar-se em ódio em pouquíssimo tempo, acarretando uma sobrecarga de sofrimento, isto é, a necessidade de agir para suportar ou resistir aos conflitos postos nessas relações, ou jogar com outros valores para a sua transformação.

A importância desse conceito de jogo por essa caracterização é que, para a compreensão do sofrimento psicológico como forma particular que a atividade consciente adquire em determinadas circunstâncias, principalmente quando na presença de conflitos que põem em risco a atividade vital do sujeito, nesses momentos, se torna necessária a tomada de consciência, a representação integrada da totalidade da realidade vivenciada pelo sujeito e, portanto, uma atividade especial relacionada a elas. Porque os conflitos desintegram parcialmente a totalização na consciência, o sujeito sofre (age para suportar, para resistir) a experiência dessa desintegração, isto é, age sobre eles no sentido da sua transformação. É com isso, sob essas condições, por exemplo, que os homens criaram instrumentos para a superação das contradições conflituosas da sua atividade vital, com uma sobrecarga de sofrimento, o que resultou em transformação da sua atividade em atividade consciente. O sofrimento, nesse sentido, se transformou em pressuposto e condição para a consciência.

A valoração das contradições, isto é, a afetação em relação à atividade do sujeito, transforma-se em um dos princípios organizadores da atividade necessária para a superação das contradições conflituosas, ou seja, para a organização do sofrimento necessário (atividade de suportar, dar suporte às contradições). Por isso, é preciso ao sujeito a compreensão, totalização do sistema de relações como *jogo afetivo*, ou seja, a dinâmica de alteração dos valores posicionais dos componentes do sistema no qual ele se encontra, para poder agir com coerência no sentido da superação dessas contradições. Quando Vigotski (1996, p. 299) afirma que "[...] o afeto é o alfa e o ômega [...]" dos processos de desenvolvimento psíquico, é perfeitamente compreensível que ele, o afeto, não tenha um valor absoluto, independentemente do contexto da atividade na qual se cria. Por isso, os afetos mudam de valor na dinâmica da atividade objetiva. Eles aparecem incorporados em expressões emocionais que podem conferir-lhe diferentes valores – qualidades – e sentidos.

Quero recuperar um dos sentidos etimológicos da palavra sofrer, que nos ajuda a compreender o significado empregado aqui para conceituar o sofrimento psicológico. O significado elegido é o de *"suportar* – ter sobre ou contra si (algo) e não ceder, aguentar, resistir."[8] Com essa compreensão, podemos sistematizar outros conceitos, como atividade, consciência e jogo, por exemplo, com o de sofrimento. Isso é necessário para a análise da consciência na sua forma particularizada como sofrimento. Sistematizados esses conceitos, teremos, então, a possibilidade da análise de uma atividade específica em relação ao sofrimento.

O sofrimento psicológico[9], com isso, pode ser conceituado da seguinte forma: *É a vivência de uma situação transformada em atividade consciente, na qual um indivíduo, ao enfrentar contradições conflituosas afetivamente relevantes para a sua atividade vital, sejam elas negativas ou positivas, busca por meios e modos de agir para a sua superação. Age motora e intelectualmente de forma cognitiva/afetiva/emocional para negar e eliminar os conflitos, ou transformar*

---

[8] Ver em: https://www.etymonline.com/search?q=suffer

[9] Esse conceito do próprio autor deste trabalho foi originalmente publicado em Marino Filho (2019) e ligeiramente transformado aqui como resultado de novas pesquisas.

e concretizar a sua contradição, permanecendo por tempo indeterminado e sem êxito nessa situação. No sofrimento, a pessoa luta pela integração das contradições necessárias à sua existência.

Esse permanecer por tempo indeterminado sem a superação das contradições vai caracterizar o estado emocional do sofrimento, que pode aparecer de forma generalizada em diferentes atividades, mesmo naquelas que não estão diretamente relacionadas ao objeto do sofrimento. Por isso, as características da personalidade que são expressas em atos motores, de comunicação pela linguagem, como o uso de determinadas palavras que se repetem indistintamente e expressões faciais, por exemplo, indicam, em síntese, o estado emocional generalizado e recorrente do indivíduo, enquanto o sofrimento não é superado pela superação das contradições conflituosas, enquanto ele não encontra os meios ativos e alternativos para isso.

Entendemos que a atividade de resistir e suportar, dar suporte a si mesmo em relação às contradições, quando são efetivas para a sua superação dos conflitos, transforma o sofrimento, isto é, a atividade consciente específica de enfrentamento muda de qualidade. Quero notar que o sofrimento não é eliminado. Como o movimento vivo é necessariamente contraditório, o sofrimento em relação aos conflitos muda de qualidade, ele é dialeticamente transformado, muda o sentido das suas ações, a eliminação de algumas delas e a criação de outras. Muda o estado emocional expresso na personalidade.

Esse conceito de sofrimento revela, portanto, uma forma específica de atividade consciente condicionada pelo contexto e pelo lugar que o sujeito ocupa. Também, expressa a necessidade de meios e instrumentos que lhe permitam agir no sentido da superação das contradições conflituosas da sua situação, do lugar que ele ocupa. O sofrimento, nesse caso, está diretamente condicionado pelos meios dos quais dispõe, ou não, o sujeito para agir diante das contradições. É compreensível, também, que, na medida em que são superadas as contradições conflituosas, o sofrimento dessa relação específica mude de qualidade e se caracterize como atividade de manutenção das condições favoráveis para evitar as contradições negativas. Quando isso acontece, as expressões emocionais relativas ao sofrimento também mudam e são um forte indicativo da superação e do encaminhamento afetivo e cognitivo de novas ações em relação ao objeto do sofrimento.

Podemos, então, compreender o papel das emoções no sofrimento. Sendo os afetos a base das emoções, porque o valor, o sentido e a significação da motivação emocional só podem estar referenciados às relações afetivamente caracterizadas anteriormente à emoção, nas emoções, eles adquirem uma sistematização de sentido em função do contexto[10] e da situação do sujeito em relação às contradições. Os afetos são incluídos em um gênero emocional. Essa sistematização tem, pelo menos, quatro funções básicas: primeiro, conceber um sentido pessoal para o sofrimento; segundo, a comunicação na forma de relação social consigo mesmo e/ou com os outros; terceiro, orientação do automovimento tendencial para atuar; por fim, a preparação para a produção de uma atividade relacionada. Nesse sentido, Vigotski (2001, p. 25, grifos do autor) afirma que a análise da consciência e seus processos de pensamento:

> [...] Revela a existência de um sistema semântico dinâmico, representado pela *unidade dos processos afetivos e intelectuais*. Mostra como qualquer ideia encerra, transformada, a atitude afetiva do indivíduo para com a realidade representada nessa ideia. Permite também descobrir o movimento direcional que parte das necessidades ou impulsos do indivíduo para com uma determinada intenção de seu pensamento e o movimento inverso que parte da dinâmica do pensamento para a dinâmica do comportamento e à atividade concreta da personalidade.

Dessa forma, podemos compreender a relação de reciprocidade do singular particular (afeto) com o universal do gênero onde é inserido (o contexto enquanto sistema) e sua particularização (o sentido). Essa compreensão é necessária para a análise dialética do movimento de particularização do singular pelo universal (Gontijo, 2016), o princípio geral do gênero de relações que se forma historicamente para uma diversidade de fenômenos singulares que são incorporados no gênero como seus componentes ativos.

A compreensão do sofrimento como uma atividade consciente, por isso, demanda a sistematização do movimento que um sujeito faz a partir das suas vivências, portanto, da multiplicidade de afetos, suas sínteses emocionais e conhecimentos, meios e instrumentos objetivos, meios subjetivos intelectuais diante da possibilidade de desintegração da sua consciência. Em sofrimento, um sujeito luta pela integridade da sua vida psicológica, pela unidade de sentido da sua existência como pessoa.

---

[10] A composição, a tecitura dinâmica pela qual determinadas relações são estabelecidas entre sujeitos e objetos, motivos e sentidos, significados e interesses, por exemplo.

DO OBJETO DO SOFRIMENTO

Na atividade objetiva de transformação da natureza material, os homens superam com sofrimento a resistência dos objetos da sua atividade, criando novos instrumentos e ferramentas, conhecimentos e modos de agir. No entanto, com o que e como eles enfrentam a resistência das contradições objetivas e subjetivas que são objeto do sofrimento psicológico como atividade consciente?

O sofrimento psicológico não se constitui, na sua principal característica, como ações desreguladas, desorientadas, impulsivas. Como atividade de uma pessoa (personalidade), ele é constituído de necessidade, de objeto, portanto, de motivos, de ações com meios e instrumentos, conhecimentos, modos de agir, de pensar, de sentir, de emocionar. Todas essas formas funcionais do sistema psicológico adquirem, em seu conjunto, um sentido, uma orientação em alguma direção e em ações mentais que caminham ao encontro de algum objetivo. O sofrimento psicológico tem motivos da personalidade pelos quais se orienta. Por isso, a magnitude, o valor e a intensidade dos motivos são hierarquicamente valorados pela personalidade antes e durante a significação social. Não existe, nesse sentido, sofrimento sem objeto, sem motivo ou sem sentido.

Na realidade concreta, por exemplo, a resistência dos materiais e as leis naturais do seu movimento, a superação do espaço, a dor e o cansaço físico, as sensações do organismo e suas contradições conflituosas como a fome, a necessidade de abrigo, constituem a objetividade e a materialidade do sofrimento. Psicologicamente, essa mesma materialidade convertida pelo processo de significação em imagens que refletem as relações dos sujeitos e seus objetos e a sua necessidade, como afetos e motivação, como sentimentos e emoções, como imaginação criativa transformadora da realidade e criação fantasiosa, como ilusão, racionalidade e pensamento, e assim por diante, para todos os fenômenos que os orientam e que são meios para a execução e controle das ações, constituem o objeto do sofrimento psicológico. Certamente, não estão desconectados dos objetos do sofrimento físico.

Na atividade de sofrimento, são esses componentes do sistema psicológico com os quais o sujeito operacionaliza pelo pensamento a análise abstrata e orientação na realidade das suas relações que lhe aparecem como contraditórias e/ou conflitivas. A *trama dramática*[11] (tecitura do movimento

---

[11] Trabalho aqui com o conceito de drama baseado em alguns sentidos etimológicos escolhidos por mim, como, *do latim, "jogo", do grego, "ação intencional"; "drão"- fazer, atuar, performar.* (https://www.etymonline.com/search?q=drama)

de forças para alteração dos valores posicionais) do sofrimento psicológico caracteriza-se pelo fato de que as ideias, os conceitos, as análises e abstrações, as sínteses compreensivas, a criação de recursos materiais e ideacionais, por exemplo, entram em conflito entre si e com a própria realidade, parecem estranhos uns em relação aos outros, com aqueles objetos da materialidade do sofrimento. O sujeito tanto controla e suporta, como falha com esses recursos no planejamento, orientação, execução e controle da sua atividade viva, no meio sociocultural e natural que constituem a sua existência. O jogo entre acertos e erros, sucesso e fracasso, orientação e desorientação, controle e descontrole, por exemplo, formam o cenário do sofrimento psicológico no qual o seu objeto existe.

Essa perspectiva nos possibilita compreender o sofrimento cotidiano e a gênese das diferentes formas e intensidades do sofrimento. O sofrimento pode reproduzir-se cotidianamente em relações muito simples até relações muito complexas, com diferentes valores afetivos e emocionais. Todas essas formas contam como sofrimentos que vão se generalizando a ponto de se constituírem em componentes da visão de mundo, do lugar que o sujeito ocupa nas relações, das possibilidades de superação e criação de sentidos para a personalidade.

A visão de mundo, ou concepção de mundo, ou quadro do mundo, é resultante de toda a atividade do sujeito nas condições reais das quais ele se vale para produzir a sua vida. Não se reduz em si mesma como um conhecimento definido desse mundo, nem é uma teoria sobre o mundo. Vigotski (2000, p. 329) diz que: "[...] Menos ainda entendemos por concepção de mundo um sistema lógico, meditado em forma de uma concepção consciente sobre o mundo e sobre seus aspectos mais fundamentais". A existência da concepção de mundo é ativa e expressa-se na personalidade como o conjunto dos modos de agir, pensar, sentir, vivenciar e se posicionar diante das demandas do momento atual da pessoa, referenciado pelo seu passado e futuro. Como explica Leontiev (1978a, 75):

> A consciência em sua espontaneidade abre para o sujeito um quadro do mundo, no qual está incluído o próprio sujeito, suas ações e estados. Para o homem comum, este quadro subjetivo que está presente nele, não propõe nenhum problema teórico: ele tem diante de si o mundo e não um mundo e o quadro desse mundo. Neste realismo espontâneo está implícita uma verdade real, ainda que ingênua.

A análise da visão, ou quadro do mundo, e como este implica nas escolhas, na tomada de consciência, porque algo pode emocionar uma pessoa e outra não, como o sujeito sofre diante das circunstâncias ou não, passa pelo fato de que, ainda que o gênero social condicione o desenvolvimento dos indivíduos, as particularidades do seu entorno, da extensão do mundo conhecido por ele, o conjunto das suas atividades, o lugar que ele ocupa nessas relações, por exemplo, a sua vida concreta, jogam um papel essencial na formação da sua personalidade, são as condições culturais daquilo que resulta na sua concepção de mundo. Vigotski (2000, p. 329) explicita a sua compreensão, dizendo que: "[...] Para nós a concepção de mundo é tudo aquilo que caracteriza a conduta global do homem, a relação cultural da criança com o mundo exterior".

Para finalizar este tópico, cabe a afirmação de que os objetos do sofrimento de uma pessoa estarão profundamente condicionados pelo quadro do mundo que se reorganiza, que se constitui a cada momento da sua tomada de consciência. O ponto de partida e de chegada da análise do sofrimento psicológico de uma pessoa não pode, por isso, ser a classificação nosológica, mas o mundo social como gênero histórico, a particularização na singularidade do indivíduo nas relações com o gênero, na extensão do mundo que ele vive, a sua personalidade e o quadro do mundo que orienta a sua forma particular de existir, as suas criações alternativas para as contradições do seu sofrimento.

A TÍTULO DE CONSIDERAÇÕES FINAIS.

O objeto/objetivo (unidade do motivo com a tarefa) do sofrimento psicológico é a integridade do sistema psicológico, da mesma maneira que o objeto do sofrimento físico é a busca da integridade corporal, da continuidade da sua existência. A necessidade psicológica que funciona como força impulsionadora das ações de busca pela superação do sofrimento, que se constitui como um sistema de condições para a manutenção da integridade psicológica, só pode ser, portanto, um sistema de condições que representa a unidade das atividades objetivas com a atividade subjetiva.

O objeto do sofrimento psicológico, por isso, é formado pela unidade da representação ideal daquilo que preenche as necessidades objetivas e subjetivas, com, por exemplo, formas de agir, de se relacionar com outros, possuir, adquirir, constituir relações, desejar, se empregar, usar a si mesmo como meio, se apropriar de valores, conceitos, e assim por diante, na totalidade daquilo constitui a vida genérica humana. Por isso, a classificação nosológica apriorística do sofrimento dos sujeitos é tão imprecisa quanto a afirmação dos limites da sua atividade humana criativa, transformadora da realidade e de si mesmos.

O sofrimento de um indivíduo, para ser compreendido, precisa ser generalizado pela unidade da sua necessidade com os seus motivos, ao invés de receber uma classificação. Isto quer dizer que os sofrimentos dos indivíduos produzem sentidos para um conjunto de objetos reais e relações sociais que recebem uma valoração (motivação) dada pelo próprio indivíduo que existe sob determinadas condições históricas e ontogênicas.

O sofrimento é, também, constituído de atos voluntários. Não é uma reação automática, mecânica. E é o ato voluntário uma forma de expressão da personalidade (Leontiev, 1978). É uma pessoa quem sofre, não um sujeito mecanizado, respondente a estímulos. Assim, se considerarmos que a personalidade somente se constitui na relação com os outros sujeitos sociais e que, portanto, os sofrimentos são, também, constituídos por eles, isto é, em relações *interpessoais* (Vigotski, 2000), o sofrimento dessas relações também se transforma em relações *intrapessoais,* em sofrimento da pessoa. Esse sofrimento é constituído no sistema subjetivo/objetivo de orientação, execução e controle da atividade vital.

O domínio desses processos que integralizam a consciência em dado momento, sob dadas condições e com determinados meios e conteúdos históricos, é que podemos entender como a vontade expressa pela personalidade. Vigotski (2000) põe um signo de igualdade entre desenvolvimento cultural e formação da personalidade. Por isso, a história da personalidade de um indivíduo interpenetra-se, se transforma-se com a história produzida com outros. A vontade é a expressão do domínio cognitivo-afetivo-emocional, isto é, de um sistema integrado sem prevalência de uma função sobre a outra, dessa história como a própria história do sujeito e dos outros para ele.

Porque o sofrimento não é somente negativo ou desintegrador da consciência, de modo a existir sempre a necessidade de evitá-lo. Ele também tem a sua positividade, ele pode ser uma escolha consciente. A necessidade de alcançar um objetivo posto pela vontade produz um sentido emocional favorável a suportar esforços, embates, desafios, criar meios operacionais e instrumentos que medeiem as ações, a ponto de a representação ideal desse sofrimento e o produto da sua atividade aparecerem como regozijo. Este, uma justificativa cognitiva e emocional para o sofrimento.

Não foi sem sofrimento que os homens começaram a transformar a natureza, produzir instrumentos, novas relações entre si por meio desses instrumentos (cultura) e, portanto, a consciência. É nesse sentido que o sofrimento também faz parte do princípio geral da consciência, mediado pelo trabalho, que é a integração afetiva, emocional e cognitiva de si com os outros no mundo que criam, do mundo da sociedade e da cultura.

O sofrimento, assim, precisa ser compreendido no interior da complexa unidade da situação social do sujeito em desenvolvimento e daquele que, alcançando a maturidade, enfrenta a luta dramática da produção da vida humana. Por isso, sempre está referenciado ao lugar que esse sujeito ocupa no momento histórico próprio e o da vida da sua sociedade. Esse lugar no qual ele está posicionado num jogo de relações de poder e dominação, num jogo de desejos e projeções para o futuro, relacionadas ao passado, num jogo de autodomínio por meio das funções do sistema psicológico.

A necessidade de dominar as formas do ser social, a compreensão mútua com outros sujeitos, ocupar um lugar que concretize os planos para o futuro, a possibilidade de criação alternativa para as formas do ser, poder ser agente das transformações da sua vida transparecem no sofrimento. O sofrimento, assim constituído, se apresenta como visão de mundo do sujeito, que inclui a sua negatividade e a sua positividade, a síntese viva da sua condição humana.

REFERÊNCIAS

DAVIDOV, V. *La enseñanza escolar y el desarrollo psíquico*: Investigación psicológica teórica y experimental. Tradução de Marta Shuare. Moscú: Progreso, 1988.

GONTIJO, C. A dialética do método da economia política na introdução aos Grundrisse. *Economia e Sociedade*, Campinas, v. 25, n. 1, p. 209-246, abr. 2016.

KOSIK, K. *El individuo y la historia*. Tradução de Fernando Crespo. Buenos Aires: Almagesto, 1991.

LEONTIEV, A. N. *Atividade, consciência e personalidade*. Tradução de Priscila Marques. Coleção Biblioteca Psico pedagógica e Didática. Série Ensino Desenvolvi mental. Vol. 12. Bauru: Mireveja, 2021.

LEONTIEV, A. N. *Actividad, conciencia y personalidad*. Buenos Aires: Ediciones del Hombre, 1978a.LEONTIEV, A. *O desenvolvimento do psiquismo*. Tradução de Manuel Dias Duarte. Lisboa: Livros Horizonte, 1978b.

MARINO FILHO, A. Processo educativo e personalidade: cuidado e superação do sofrimento psicológico. *Educação*, Santa Maria, v. 44, 2019. Disponível em: https://periodicos.ufsm.br/reveducacao. Acesso em: 6 mar. 2024.

MARX, K. *O Capital*: crítica da economia política. São Paulo: Boitempo, 2013.

MARX, K., *Manuscritos econômico-filosóficos*. Tradução de Jesús Raniere. São Paulo: Boitempo Editorial, 2004.

MARX, K.; ENGELS, F. *A ideologia alemã.* Tradução de Rubens Enderle; Nélio Schneider; Luciano Cavini Martorano. São Paulo: Boitempo, 2007.

VYGOTSKI, L. S. *Obras escogidas II: Problemas de psicología general.* 2. ed. Tradução de José Maria Bravo. Madrid: Visor, 2001.

VIGOTSKI, L. S. *A construção do pensamento e da linguagem.* 1. ed. São Paulo: Martins Fontes, 2000a.

VYGOTSKI, L. S. *Obras escogidas III: Problemas del desarrollo de la psique.* Tradução de Lidia Kuper. Madrid: Visor, 2000b.

VYGOTSKI, L. S. *Obras escogidas IV: Psicología infantil.* Tradução de Lidia Kuper. Madrid: Visor, 1996.

CAPÍTULO 2

O SOFRIMENTO PSÍQUICO EM DOENÇAS CRÔNICAS: CONSIDERAÇÕES SOBRE ASPECTOS PATOPSICOLÓGICOS DESORGANIZADORES

Flávia Gonçalves da Silva

INTRODUÇÃO

A patopsicologia é uma área da psicologia, na ex-União das Repúblicas Socialistas Soviéticas (URSS) e atual Rússia, que investiga os processos de adoecimento psíquico, buscando compreender os aspectos qualitativos da condição clínica, tanto o que foi desintegrado como o que está preservado (Silva, 2022).

Dos estudos da patopsicologia na ex-URSS, para a Psicologia Histórico-Cultural, são relevantes os que foram conduzidos por Bluma Zeigarnik, que entendia o processo de adoecimento a partir das "leis de desenvolvimento da estrutura da psique em estado normal, comparando-a com as leis de formação e desagregação da atividade psíquica e as propriedades da personalidade" (Zeigarnik, 1981, p. 8, tradução nossa). Isso porque:

> [...] a enfermidade cria condições especiais para o desenvolvimento dos processos psíquicos, os quais, pelo contrário, conduzem a um reflexo alterado da realidade e, consequentemente, a formação e reforço de uma atitude alterada ante o mundo, o aparecimento de traços patológicos na personalidade (Zeigarnik, 1981, p. 195, tradução nossa).

A autora partia dos pressupostos da Psicologia Histórico-Cultural, especialmente das proposições de Vigotski em relação aos aspectos gerais do desenvolvimento e aos estudos da atividade, da consciência e da personalidade de Leontiev e às investigações neuropatológicas de Luria. Atualmente, a patopsicologia é uma especialidade da psicologia clínica na Rússia, tendo seu conteúdo ministrado tanto em cursos de graduação de formação de psicólogos como também de especialização (Silva, 2022).

No Brasil, o conhecimento da patopsicologia é recente, pois o acesso às obras de Zeigarnik ainda depende das que foram traduzidas para o espanhol e inglês[12]; além de não termos contato com os estudos feitos pelos colaboradores da autora, como Suzana Rubinstein. Historicamente, essas duas autoras são conhecidas na Rússia como as grandes referências da patopsicologia, o que pode ser evidenciado tanto nas referências bibliográficas das obras atuais sobre esta área[13], bem como em eventos comemorativos de aniversário de alguma delas, especialmente na Universidade Estatal de Moscou, onde seus estudos foram conduzidos.

Dos estudos patopsicológicos produzidos por Zeigarnik que temos acesso no Brasil, referem-se aos processos de adoecimento psíquico que apresentavam desintegração do psiquismo significativa, como o espectro da esquizofrenia e dependência química. Nesses estudos, a desintegração dos processos patopsicológicos investigados que estavam qualitativamente comprometidos eram especialmente o pensamento, a hierarquia dos motivos na esfera da personalidade e as necessidades, muitas vezes, patologicamente modificadas.

As investigações feitas por pesquisadores brasileiros a partir da patopsicologia estão voltados eminentemente para a sua compreensão (Silva, 2022, 2014) ou para alguns processos patológicos recorrentes na atualidade, como transtorno depressivo (Almeida, 2018), de ansiedade (Andrade Filho, 2022) e a dependência química (Moraes, 2018). O mesmo aconteceu em Cuba, que, durante a década de 1980 e 1990, também desenvolveu estudos a partir da patopsicologia (Silva, 2022).

É inegável a importância de tais tipos de estudos, especialmente se considerarmos a história da patopsicologia no Brasil, que ainda está em processo de construção e necessita ser mais bem apropriada. No entanto, outras condições clínicas, como as doenças crônicas, entendidas como patologias que afetam o físico (e não o psíquico), promovem sofrimento psicológico e podem ocasionar alterações psíquicas, mesmo não sendo sintomas patopsicológicos, devem ser investigadas para melhor compreensão e posterior intervenção.

Além disso, há que considerar os quadros psicossomáticos, que, geralmente, são compreendidos por teorias, inclusive psicológicas, que

---

[12] *Introducción a la patopsicología* (1979), *Psicopatología* (1981) e *The pathology of thinking* (1965).

[13] Apesar de parte dessas obras parecer não seguir os princípios teórico-metodológicos destes autores. Tal hipótese se justifica por muitos estudos da patopsicologia usarem testes psicológicos de abordagens teóricas diversas à Psicologia Histórico-Cultural, aparentemente sem o devido cuidado. No entanto, é necessário fazer um estudo cuidadoso para verificar a hipótese apresentada.

dicotomizam corpo/biológico e psiquismo, dando prioridade ora para um ora para outro, dependendo da teoria de referência para compreender o fenômeno. Assim como Silva e Almeida (2023) apontaram, é necessário entender o indivíduo como uma unidade psicofísica, considerando as especificidades psíquicas e físicas ao longo do desenvolvimento. Apesar de, em determinadas etapas do desenvolvimento, os aspectos biológicos poderem ter um peso maior que os sociais, assim como o contrário, em nenhuma condição qualquer um deles é anulado, tal como afirmou Vigotski (2018).

Em consonância com Silva (2022), entende-se que a patopsicologia não se refere apenas à desintegração dos processos psicológicos; pode haver também a desorganização deles, dependendo da intensidade do adoecimento e da sua cronicidade. A autora diferencia a desintegração da desorganização do psiquismo, afirmando que, na primeira:

> [...] se perde o mais elaborado e complexo nele, decorrente das relações históricas e sociais do indivíduo, como o pensamento conceitual e a autoconsciência na esquizofrenia, consequentemente o indivíduo diminui ou perde (mesmo que temporariamente) a capacidade de controlar a si mesmo (Silva, 2022, p. 93).

Sobre a desorganização do psiquismo, não há perdas nos processos psíquicos como na desintegração, mas esses estão alterados:

> [...] de tal modo que dificultam o controle do comportamento do indivíduo. Acredita-se que a desorganização ocorre em patologias de menor gravidade e/ou ainda quando não estão em estado crônico, como em transtorno de humor; e a desintegração, em casos mais graves de esquizofrenia ou transtornos neurodegenerativos (Silva, 2022, p. 121).

Entende-se que a hipótese de Silva (2022) sobre a desorganização psíquica também pode desenvolver-se em quadros clínicos que a natureza primária da patologia não está no âmbito psicológico, como os que foram mencionados anteriormente. Mas mesmo que, de modo secundário, os aspectos psicológicos acabam sendo afetados durante e/ou em consequência da doença crônica.

Desse modo, o objetivo deste texto é apresentar elementos teóricos sobre as manifestações patopsicológicas que promovem a desorganização do psiquismo, decorrentes de doenças crônicas e processos patológicos psicossomáticos, a partir de alguns estudos desenvolvidos por pesquisadores russos, tendo como referência a patopsicologia de Zeigarnik.

O SOFRIMENTO PSÍQUICO EM DOENÇAS CRÔNICAS

Um dos primeiros estudos feitos na Rússia encontrados sobre o sofrimento psíquico em doenças crônicas foi a dissertação de mestrado de Valentina Nikolaeva. Ela é pesquisadora e professora[14] da Universidade Estatal de Moscou, da especialidade patopsicologia, e foi orientanda e colaborada de Zeigarnik.

Para a compreensão de como uma doença crônica pode afetar o desenvolvimento do psiquismo, Nikolaeva (1987) destaca a necessidade de investigar a condição social do desenvolvimento daquele que está em sofrimento. Em consonância com os pressupostos vigotskianos, a situação social do desenvolvimento não se restringe apenas ao contexto em que o indivíduo está inserido, mas a uma combinação dos processos externos e internos do indivíduo em um dado período do desenvolvimento. Além da situação social do desenvolvimento, é importante também analisar uma possível nova situação social de desenvolvimento que pode emergir, promovida pela doença crônica, e as principais novas formações psíquicas que ela pode ocasionar.

Outros aspectos importantes da Psicologia Histórico-Cultural apontados pela autora são as crises do desenvolvimento e o desenvolvimento da personalidade. Nikolaeva (1987) destaca que, apesar de os autores fundadores da Psicologia Histórico-Cultural pouco terem desenvolvido sobre as crises do desenvolvimento na idade adulta, elas também ocorrem, afetado/afetada pela situação social do desenvolvimento e o conteúdo do próprio desenvolvimento.

De acordo com Nikolaeva (1987), em pessoas com doenças crônicas graves, estas alteram as capacidades mentais do indivíduo, bem como a própria situação social do desenvolvimento (alterações biológicas ocasionadas pelo uso frequente de medicamentos podem afetar a resistência ao estresse e a estabilidade de energia para o desenvolvimento das atividades), as relações interpessoais, o lugar que elas ocupavam em determinadas relações, ocasionando limitações nas atividades em geral, seja por razões objetivas, seja por subjetivas.

Nikolaeva (1987) aponta que outra mudança que a doença crônica pode ocasionar na situação social do desenvolvimento é a expectativa futura que a pessoa tinha em relação a si mesma, seja empobrecendo as possibilidades, seja dificultando que o indivíduo vislumbre outras. Nas palavras da autora:

---

[14] Em novembro de 2023, data da escrita deste texto, Nikolaeva estava com 86 anos.

> Uma nova situação social de desenvolvimento pode se tornar uma fonte de formação em uma pessoa tanto de novas formações psicologicamente positivas para o destino do desenvolvimento de sua personalidade como um todo (na forma, por exemplo, de manifestações compensatórias e adaptativas), quanto de formações negativas, traços com tendência ao empobrecimento do psiquismo, estreitamento das conexões com o mundo, etc. (Nikolaeva, 1987, p. 25, tradução nossa).

Logo, é fundamental analisar a situação social do desenvolvimento em que a doença se desenvolveu, bem como à qual o indivíduo está inserido. Também é importante analisar as características de personalidade da pessoa em relação à autoestima, as formas de enfrentamento da doença e as possibilidades psicológicas para a compensação da mesma (Nikolaeva, 1987).

A autora entende que a doença crônica pode ocasionar uma crise no desenvolvimento na saúde mental e/ou na personalidade. Segundo Nikolaeva (1987, p. 118, tradução nossa):

> Consideramos as alterações de personalidade nas doenças somáticas graves como neoplasias que surgem durante uma crise de desenvolvimento, numa situação de doença crônica grave. A situação objetiva de doença somática grave e perigosa, a separação do ambiente social habitual, a possibilidade de mutilação, a deficiência, levam a uma mudança na posição objetiva de uma pessoa no ambiente social e na sua "posição" interna (Bozhovich, 1968) em relação a toda a situação como um todo.

As alterações na saúde mental ocorrem especialmente pelo que a autora denomina como quadro interno da doença, que modifica a própria personalidade. A discussão sobre o quadro interno da doença não era nova na psicologia quando Nikolaeva a investigou. O alemão Goldscheuder, em 1926, já versava sobre a importância de considerar como a pessoa que está adoecida sente e percebe a doença (Nikolaeva, 1987).

Partindo da teoria da atividade de Leontiev, Nikolaeva (1987) entende que o quadro interno da doença é constituído por componentes: sensoriais (sensações relacionadas ao corpo, seja de bem-estar ou mal-estar), emocionais (reação diante da doença), intelectual (informações e conhecimentos sobre a doença e capacidade de compreendê-las) e motivacional (significado e sentido pessoal da doença, as ações/atividades que passam a orientar o indivíduo no mundo).

Conhecer a formação e a dinâmica desse quadro interno da doença é importante para entender as mudanças nos motivos formadores de sentido pessoal. Isso porque as possibilidades de planejamento de futuro alteram--se ou ficam imprevisíveis, além da restrição em relação à perspectiva de vida, promovendo alteração na hierarquia dos motivos, modificando a amplitude de vínculos com o mundo e a estrutura geral da personalidade (Nikolaeva, 1987).

Em pessoas que vivenciam adoecimento psíquico em decorrência de doenças:

> A atividade mental de uma pessoa muda não porque durante doenças cerebrais ou doenças somáticas e neuróticas alguns mecanismos mentais especiais começam a operar, mas porque os mesmos mecanismos operam sob condições especiais causadas e alteradas pela doença (Nikolaeva, 1986, p. 123, tradução nossa).

Em situações de doenças crônicas, alterações patopsicológicas podem ser identificadas, assim como em casos de adoecimento psíquico, tais como:

> 1. Mudança no conteúdo do motivo principal da atividade (formação de um novo motivo da atividade principal – a atividade patológica do jejum na anorexia, por exemplo).

> 2. Substituição do conteúdo do motivo principal por conteúdo de ordem inferior (por exemplo, o motivo do "autoatendimento" na hipocondria).

> 3. Reduzir o nível de diretividade da atividade (a atividade é simplificada, a sua estrutura alvo é empobrecida).

> 4. Estreitamento do círculo principal de relações de uma pessoa com o mundo, ou seja, estreitamento de interesses, empobrecimento da esfera motivacional.

> 5. Violação do grau de criticidade e autocontrole (Nikolaeva, 1987, p. 124-125, tradução nossa).

As alterações se manifestam de diferentes maneiras, como no humor (euforia, depressão), na esfera motivacional (apatia), nas mudanças de atitude consigo mesmo (diminuição da capacidade crítica), promovendo um empobrecimento no desenvolvimento. No entanto, é possível que tais alterações promovam o desenvolvimento mais "pleno", rumo aos meios de compensação da condição clínica. Esses caminhos do desenvolvimento dependerão tanto das características da personalidade, como da situação social do desenvolvimento e do quadro interno da doença, que é uma neoformação em casos de doença crônica (Nikolaeva, 1987).

Sobre o desenvolvimento do quadro interno da doença, Svistunova (2010) aponta a necessidade de considerá-la em situações de adoecimento da criança e como ele e a doença podem afetar a criança e seu desenvolvimento, seja as que colocam em risco a vida, seja as comuns na infância, como algumas ocasionadas por vírus e bactérias. A autora ressalta a importância de considerar o quadro interno da doença para a criança, tendo em vista que as possibilidades de compreensão de sua condição e da própria patologia são diferentes se comparadas com um adulto.

Para Svistunova (2010), é importante considerar as peculiaridades desse quadro interno da doença a partir dos seguintes aspectos: desenvolvimento intelectual (as formas de compreensão da criança sobre o mundo, tendo em vista a etapa do desenvolvimento), conhecimento sobre o que é saúde (crianças menores geralmente a entende como ausência de doença), conhecimento que ela tem sobre os órgãos internos (quais existem, suas funções, o grau de importância que ela atribui a cada um); conhecimento sobre a doença (o que de fato é a situação e como ela é compreendida); e conhecimento sobre a morte (que depende dos aspectos culturais em que está inserida, bem como religiosos, experiências anteriores com a morte, como os membros familiares lidam com ela, o tipo de vínculo que tinha com a pessoa que morreu).

Os fatores que constituem o quadro interno da doença para as crianças são: suas experiências em relação à vida e às doenças já adquiridas, formas de responder emocionalmente às situações, gênero (segundo a autora, meninas tendem a responder melhor às situações de doença que os meninos[15]), circunstâncias psicologicamente traumáticas associadas (forma como foi hospitalizada, reação dos pais, perdas ou restrições ocasionadas pela doença), atitude dos pais em relação à doença (tranquilidade, angústia, indiferença, desespero que os pais podem demonstrar, negação, superproteção) e influência da equipe médica (como foi conduzido o tratamento, relação da equipe com a criança) (Svistunova, 2010).

---

[15] A autora não explica por que meninas lidam melhor com doença que os meninos, mas isso pode ser explicado pelos padrões de gênero construídos socialmente sobre as formas como homens e mulheres devem comportar-se e exercer suas funções. Como historicamente coube à mulher a função de cuidado, como cuidadora, ela deve restabelecer-se rapidamente quando fica doente, para garantir que suas funções sejam cumpridas. Crianças são educadas desde cedo a se comportar a partir de padrões de gênero, bem como observam em seu cotidiano e na própria cultura como homens e mulheres exercem seus papéis sociais.

Por isso, é importante saber quais são as percepções da criança em relação à sua condição e à doença, pois, para ela, essas são mediadas predominantemente por aspectos emocionais inconscientes do que por conhecimentos científicos sobre elas (Svistunova, 2010). Oferecer conhecimento sobre a doença e sua condição pode possibilitar o desenvolvimento da consciência, diminuir o sofrimento e encontrar meios de superação, mesmo que seja nas formas de lidar com ela. Svistunova (2010) destaca a necessidade de identificar e tentar minimizar as emoções negativas durante o processo de adoecimento, especialmente se houver internação, destacando que atividades lúdicas, como desenhar, pintar, entre outras, podem auxiliar nesse processo.

Ao analisar pessoas com doenças crônicas específicas, Nikolaeva (1987) investigou as características dos aspectos cognitivos modificados em pessoas com diagnósticos de doença renal crônica e doença hepática não alcoólica. Umas das alterações indicadas pela autora na doença renal crônica é a astenia (fraqueza ou falta de energia), composta por: irritabilidade, fraqueza, alterações no sono e alterações autonômicas. A astenia pode manifestar-se de diferentes formas, de modo sucessivo: 1) hiperstenia, 2) síndrome de fraqueza irritável, 3) síndrome hipostênica (síndrome de exaustão).

Na hiperstenia, o indivíduo se mantêm ativo, mas a atividade é desorganizada, especialmente pelo estresse e pela dificuldade de concentração. A pessoa pode permanecer produtiva, mas as tarefas mais complexas e que demandam mais tempo, gradativamente, não são mais feitas em decorrência do cansaço. Na síndrome da fraqueza irritável, a pessoa até inicia uma atividade com certo entusiasmo, mas logo apresenta letargia e apatia. Já na hipostenia, há intenso esforço do indivíduo em iniciar uma atividade, ocasionando situação de estresse, pois erros são cometidos com frequência e as atividades demoram para ser realizadas.

> A diminuição da atividade mental de pacientes com síndrome astênica também pode incluir um fenômeno como uma diminuição gradual dos interesses no trabalho, família, vida social e seu estreitamento gradual, até a completa subordinação de todos os motivos de vida a um – o motivo de manter saúde. Forma-se uma natureza peculiar de um vértice da esfera das necessidades motivacionais. Quaisquer eventos na vida do paciente são interpretados por ele do ponto de vista de danos ou benefícios à saúde. Assim, a síndrome astênica com curso prolongado e crônico da doença, pode levar a mudanças significativas na esfera pessoal do paciente, a uma mudança na hierarquia de seus motivos e

> necessidades, a uma mudança nos interesses de vida e a uma mudança no grau de expressão de processos motivacionais de necessidade. Tudo isso inevitavelmente deixa uma marca na atividade profissional subsequente de uma pessoa, mesmo após a recuperação (Nikolaeva, 1987, p. 34, tradução nossa).

A autora relata vários estudos experimentais (seguindo a tradição patopsicológica soviética) que avaliaram os aspectos cognitivos de pessoas com doença renal crônica, nos quais, além da astenia, se identificou dificuldade de memorização, flutuação da atenção, instabilidade no desempenho e alterações na forma de pensamento, especialmente inércia e dificuldade de associações. Essas alterações no pensamento, na patopsicologia, referem-se aos distúrbios operacionais do pensamento (Nikolaeva, 1987).

Nas pessoas com insuficiência hepática, as alterações na atividade identificadas por estudos experimentais foram: letargia e rápido cansaço mental, excesso no esforço para tarefas de curto prazo, diminuição de ritmo acentuado, estreitamento da atenção e memória, além de labilidade dos esforços volitivos (Nikolaeva, 1987).

Nikolaeva (1987) também destaca o papel da personalidade na configuração da doença para a pessoa, ou o quadro interno da doença, enfatizando a necessidade em conhecer as características da personalidade que influenciam na manifestação da doença, suas possibilidades de compensação e, ainda, como a doença altera a personalidade. Para Nikolaeva (1987), dependendo de como a doença altera a personalidade, as características semânticas mais essenciais dela são refletidas, bem como a esfera motivacional e emocional.

Outra condição crônica destacada pela autora foi a dermatite atópica. Em estudo feito com pessoas com dermatite atópica de 10 a 40 anos, não foi observado incômodo com a condição entre os mais jovens, mas, a partir da adolescência, quando a atividade-guia do desenvolvimento passou a ser a comunicação íntima e pessoal, o sentimento de vergonha levava as jovens a usarem roupas ou cortes de cabelo/penteados que escondessem a dermatite. Por outro lado, não foram identificadas atitudes de superação da condição, o que apareceu em pessoas mais velhas. Nikolaeva (1987, p. 116, tradução nossa) conclui que:

> Os resultados de um estudo psicológico de pacientes com doenças de pele revelaram uma natureza diferente da atitude dos pacientes em relação à sua doença nas diferentes faixas etárias, o que se reflete na estrutura do quadro interno da doença e está intimamente relacionado com as características

das principais atividades dos pacientes, características de cada faixa etária.

Os estudos apresentados por Nikolaeva (1987) revelam que, apesar de as doenças crônicas ocasionarem alterações patopsicológicas, a gravidade delas promove mudanças diferentes. Em casos de doenças crônicas que ameaçam a vida, como as doenças hepáticas e renais, o motivo principal que orienta o indivíduo é a preservação da vida, sendo necessário considerar todos os desdobramentos que esse motivo ocasiona, considerando também a condição clínica da pessoa.

Já em doenças crônicas que não ameaçam a vida, como as de pele, as alterações ocorrem, especialmente, pela visibilidade da doença e por essa ter relação direta com aspectos estéticos.

> Um defeito na aparência atrai involuntariamente a atenção de outras pessoas e provoca uma reação emocional negativa no doente. Um papel importante é desempenhado pelo fator percepção subjetiva de uma pessoa sobre a atitude das outras em relação à sua doença, bem como a sua posição numa determinada situação (Nikolaeva, 1987, p. 131, tradução nossa).

Dessa forma, as relações pessoais se estreitam, especialmente no contexto social e em determinadas etapas do desenvolvimento, em que padrões estéticos são valorizados e bem estabelecidos. Enquanto, na doença crônica grave, o motivo central é a preservação da vida, em situações menos graves, como as doenças de pele, passa ser a cura (Nikolaeva, 1987).

Em um contexto atual, em que se encontram de forma muito fácil e rápida diversas "receitas e medicamentos" para várias situações, proliferadas em redes sociais e sites pretensamente científicos, a expectativa da cura aumenta. Vale ressaltar que, com o desenvolvimento científico, diversos procedimentos e medicamentos voltados para doenças de pele foram criados e promovem certa melhora, de modo muito mais rápido que na década de 1980, período que os estudos de Nikolaeva foram feitos. Por outro lado, é válido ressaltar que, geralmente, os medicamentos dermatológicos e cosméticos têm custo elevado, tornando-os pouco acessíveis para boa parte da população, além do atendimento médico para diagnóstico, que também não é possível para muitas pessoas em decorrência de suas restrições econômicas e de o acesso ao médico especialista (dermatologista) pelo Sistema Único de Saúde ser demorado ou inexistente em algumas regiões do país.

Considerando o que foi apresentado até o momento, apesar de ser inegável o quanto as doenças crônicas promovem sofrimento psíquico com alterações patopsicológicas, essas não promovem desintegração do psiquismo em relação a perdas das possibilidades dos processos psicológicos, mas alterações de tal modo a ocasionar desorganização, que limita certas formas de organizar e operar o pensamento, a consciência, a atividade e a própria personalidade.

Há de se considerar que a gravidade das doenças crônicas pode ocasionar processos patológicos no psiquismo, como os chamados transtornos de ansiedade, depressão, entre outros. Nesses casos, além das especificidades da doença crônica em si, é necessário também investigar as peculiaridades do adoecimento psíquico, também a partir da patopsicologia.

SOBRE O PROCESSO E TRANSTORNO/SÍNDROME PSICOSSOMÁTICA

Apesar de o sofrimento e adoecimento psicossomático poderem desenvolver-se de modo crônico, optou-se por discorrer sobre esse tipo de condição clínica separadamente, tendo em vista a sua especificidade no processo de construção, se comparada com as doenças crônicas, como as renais e hepáticas. Tradicionalmente, a psicossomática é uma área de estudo interdisciplinar que busca compreender as interferências dos processos psíquicos e sociais no corpo em processos de adoecimento. Apesar de ser interdisciplinar, a medicina é a que tem mais destaque nos estudos e intervenção; a psicologia geralmente entra como auxiliar, qualificando e intervindo nos aspectos psicológicos envolvidos no sofrimento e adoecimento psicossomático.

Nikolaeva e Arina (1996, p. 2, tradução nossa) afirmam que:

> Declarando a unidade psicossomática do homem, a psicologia trata principalmente dos fenômenos da consciência, da atividade mental superior, e a corporeidade permanece para ela uma qualidade estranha, naturalmente organizada e naturalmente pronta para a vida. Do estudo do processo de formação humana – socialização e mediação de suas funções – desapareceu um dos aspectos fundamentais: a atividade vital natural da própria pessoa, sua existência corporal. Isto se aplica tanto ao desenvolvimento de formas socializadas de funções corporais (comer, beber, comportamento sexual, etc.), quanto à vasta área de formas culturais de vivenciar e manifestar transtornos corporais dolorosos.

Quando a psicologia considera os aspectos corporais, não só no transtorno psicossomático, mas também no desenvolvimento em geral, dicotomiza corpo e psiquismo. Considerando a Psicologia Histórico-Cultural, que parte da compreensão que corpo e psiquismo formam uma unidade psicofísica, Silva e Almeida (2023, p. 153-154) fazem as seguintes sínteses a respeito dessa unidade:

> A primeira é que ela é mediadora de outras unidades, como pensamento e linguagem, consciente e inconsciente, afeto e cognição, pois ela revela a relação biológico e social.
>
> [...]
>
> Um segundo aspecto importante sobre a unidade psicofísica é que determinadas condições sociais vão promover o desenvolvimento dela, tornando-a ainda mais complexa.
>
> [...]
>
> Um terceiro aspecto importante é que, não obstante as especificidades que o desenvolvimento físico (orgânico) tem em relação ao psicológico, sua relação de interdependência com aquele na relação com o mundo possibilita o surgimento de ações motoras superiores, que vão transformar o corpo de modo radicalmente diferente. Isso porque a relação do corpo com o meio não vai possibilitar apenas experiências corporais, mas também a construção do significado e sentido delas, possibilitando o controle voluntário das ações motoras, o surgimento de habilidades ou refinamento das já existentes, entre outras possibilidades. Por outro lado, o desenvolvimento da corporalidade cria condições para que processos psíquicos surjam ou se reorganizem, como as capacidades psicomotoras.

Partindo da compreensão da unidade psicofísica e para entender o processo psicossomático e o desenvolvimento do sofrimento, ou síndrome psicossomática, no Brasil, foi encontrado apenas um estudo a respeito do tema a partir da Psicologia Histórico-Cultural, que foi a dissertação de Santos (2022). Parte dela está publicada neste livro, no Capítulo 3. Dos estudos de Santos (2022), destacam-se as hipóteses da autora sobre o desenvolvimento do que ela denomina de sofrimento psicossomático. Uma delas é que, em algumas etapas do desenvolvimento, os aspectos biológicos/corporais têm mais destaque que os psicológicos, tal como Vigotski (2018) compreendia, e que, no sofrimento psicossomático, o corpo tem maior destaque, enquanto o psiquismo fica em segundo plano (o que a autora denominou de relação figura fundo). Outra hipótese sobre o sofrimento psicossomático está nas formas e nos conteúdos apropriados pelo indivíduo, a partir de suas bases sensoriais, perceptivas e emoções, que podem promover reações somáticas. Uma terceira hipótese é que, no sofrimento psicossomático, há determinações inconscientes na sua constituição.

Algumas hipóteses de Santos (2022) estão em consonância com parte dos estudos feitos na Rússia sobre o que lá é denominado por síndrome psicossomática, sendo uma das principais estudiosas Nikolaeva e seu grupo. No entanto, Nikolaeva e seus colaboradores e continuadores diferenciam o desenvolvimento psicossomático do que que é denominado como síndrome psicossomática (que foi denominado por Santos de sofrimento psicossomático).

O desenvolvimento psicossomático é a construção do processo singular de desenvolvimento, em que novos mecanismos reguladores possibilitam, no processo de socialização, as manifestações corporais. Ou seja, o desenvolvimento psicossomático implica que um processo interno foi externalizado, possibilitando a formação da imagem corporal, a estruturação categórica do corpo, além dos processos regulatórios.

"O fenômeno psicossomático é resultado da socialização natural das necessidades, sentimentos e funções corporais. Emocionalmente, cognitiva e simbolicamente mediada, a expressão corporal torna-se reconhecível na experiência, imagem e ação" (Nikolaeva; Arina; Leonova, 2012, p. 68, tradução nossa). As autoras apontam que a forma como cada pessoa pode significar as marcas no corpo, como feridas, depende não só do seu lugar num dado contexto social – vencedor ou perdedor numa luta –, mas também da construção social do desenvolvimento psicossomático. Ainda segundo as autoras:

> Não só os fenômenos e práticas corporais existentes são transformados em sua integração no meio histórico-cultural por meio de um sistema simbólico de normas e padrões sociais, mas também são criados novos fenômenos psicossomáticos, tais como imagem corporal, emoções subjetivas, experiência com dor e doença, etc. (Nikolaeva; Arina; Leonova, 2012, p. 68, tradução nossa).

As funções corporais podem ser reguladas explícita ou implicitamente pelas relações sociais. Sobre os reguladores explícitos e que são internalizados, as autoras citam os aspectos motores (como o aprender a andar, que conta com parâmetros de quando deve acontecer, em qual idade é esperado), o controle dos esfíncteres e padrões estéticos (mais comum na adolescência). Nos três casos, há aprovação social explicitada por meio de emoções de incentivo, alegria ou vergonha, confrontação com padrões sociais, que levam ao processo de regulação do próprio corpo pelo indivíduo, considerando também como a capacidade interiorizada de lidar com determinados confrontos foi desenvolvida.

Para as autoras, os processos menos regulados socialmente são o processo saúde-doença que, apesar de serem consequência da interiorização, são eminentemente inconscientes, pois se expressam por meio de ações e valores cotidianos, mitos e estereótipos sobre o corpo, que configuram um quadro de referência para o indivíduo, inicialmente dentro do âmbito familiar. A tolerância à dor, a concepção de saúde, doença e bem-estar, bem como a própria imagem corporal são construídas a partir dessa forma.

Segundo Nikolaeva, Arina e Leonova (2012), apesar de os processos menos regulados socialmente serem inconscientes ou não se expressarem de modo claro à consciência, o processo de desenvolvimento segue o mesmo caminho daqueles que são explicitamente regulados socialmente: a partilha das emoções da criança com um adulto possibilita a construção de uma base emocional para o domínio dos processos psicossomáticos, além do desenvolvimento da representação, pois "[...] a inclusão num contexto semântico permite posicionar a imagem do corpo no sistema de coordenadas dos valores reais do sujeito" (Nikolaeva; Arina; Leonova, 2012, p. 70, tradução nossa). Isso leva à formação da consciência corporal, entendida como uma função psíquica superior, tal como Vigotski entende esse conceito. Nikolaeva e Arina (1996) destacam que a compreensão do desenvolvimento psicossomático não é exatamente da mesma forma que o desenvolvimento das funções psicológicas superiores, mas os princípios são semelhantes.

As autoras entendem que o processo de desenvolvimento psicossomático começa pela relação mãe[16]-criança, pois é a primeira quem vai dar significados para as ações e necessidades corporais da criança. A próxima etapa se constitui quando a mediação das ações corporais passa a ser a imagem verbalizada do corpo. É quando a criança se interessa pelo próprio corpo, pela possibilidade de designá-lo a partir dos significados que ela tem maior

---

[16] Entende-se que qualquer pessoa que assume a função de cuidado de modo significativo pode ser mediadora nesse processo, e não apenas a mãe.

conhecimento. Enquanto a primeira etapa pode ser sintetizada como "Eu sou um corpo", a segunda é "Eu tenho um corpo" (Nikolaeva; Arina, 1996). Assim, conforme a criança avança nas etapas do desenvolvimento:

> Pode-se supor que a transformação do lado semântico dos fenômenos psicossomáticos é determinada pelos estágios de desenvolvimento do componente semântico e intencional da atividade da criança (mudança de atividade principal, surgimento de novas formações psicológicas) (Nikolaeva; Arina, 1996, p. 3, tradução nossa).

Os significados em relação ao corpo aprendidos nessa etapa podem ser determinantes na constituição do adulto, por meio de atualização dos sintomas vivenciados e aprendidos na infância, valorização das reações de sofrimento corporal e alterações nos aspetos semânticos. Para as autoras, "a nova etapa de socialização da corporalidade está aparentemente associada ao surgimento de um plano reflexivo de consciência, capaz de transformar sistemas estabelecidos e gerar novos sistemas semânticos" (Nikolaeva; Arina, 1996, p. 3).

A interrupção do desenvolvimento psicossomático, de tal forma que impossibilita o indivíduo de ter experiências corporais e expressar seu modo de ser, promove o sintoma psicossomático. Outra possibilidade para o surgimento do sintoma psicossomático é a experiência dicotômica entre psiquismo e corpo (Nikolaeva; Arina, 1996), especialmente numa lógica de organização de educação escolar que prioriza o desenvolvimento dos aspectos intelectuais em detrimento dos corporais/motores, bem como no trabalho, com a divisão entre aqueles que planejam e os que executam.

Desse modo, assim como o meio social e os aspectos culturais promovem o desenvolvimento psicossomático, também podem ocasionar os sintomas ou a síndrome psicossomática (que corresponde aos transtornos psicossomáticos tradicional), especialmente em uma organização de sociedade que determinados padrões de beleza, saúde, sucesso e produtividade exigem atividades/experiências corporais que são extenuantes ou inalcançáveis para a maioria das pessoas, além de produzir estereótipos.

> Pode-se supor que os próprios sistemas orgânicos não permanecem "indiferentes" durante a sua mediação psicológica, mas são transformados em novos sistemas funcionais que incluem necessariamente ligações psicológicas na sua regulação. Os sistemas funcionais psicossomáticos básicos são provavelmente formados muito cedo e, a partir deste ponto,

> os eventos corporais e psicológicos seguem caminhos de
> co-evolução. O processo de formação de sistemas funcionais
> mediados psicologicamente prossegue de forma heterônoma,
> e diferentes funções do organismo no processo de desenvol-
> vimento psicossomático adquirem diferentes profundidades
> e caráter de "psicossomaticidade". Provavelmente, quanto
> mais uma função corporal tem saídas para o plano do com-
> portamento externo, quanto mais culturalmente ela é dada,
> mais claramente as suas manifestações são reguladas por um
> conjunto de normas sociais (Nikolaeva; Arina, 1996, p. 3).

A síndrome psicossomática pode ser iniciada com sintomas psicossomáticos, que se manifestam em situações de estresse, tensão, mal-estar,
com os quais o indivíduo não consegue lidar/resolver, e a expressão deles
possibilita uma "fuga", como a dor no estômago ou na cabeça que uma
criança pode sentir com a iminência de realizar uma avaliação de conteúdos
escolares que ela tem dificuldade; ou diminuir a briga entre os pais, que,
por estarem preocupados com a saúde do filho, deixam de lado (mesmo
que temporariamente) o desentendimento. Tal aspecto pode permanecer
no processo de desenvolvimento na fase adulta e generalizar-se para toda
situação em que a pessoa quer "fugir", podendo permanecer com sintoma
psicossomático, bem como desenvolver a síndrome psicossomática (Nikolaeva; Arina, 1996).

> Os líderes aqui são a função sexual, respiratória, a reação à dor:
> é com base nessas funções corporais que uma ampla gama de
> distúrbios psicossomáticos pode ser observada. A verdadeira
> gênese dos sintomas psicossomáticos é determinada pelo
> nível alcançado de socialização da corporalidade (Nikolaeva;
> Arina, 1996, p. 3).

As duas autoras, bem como Leonova, que publicou trabalho com
Nikolaeva e Arina, em 2012, destacam que o sintoma psicossomático na
infância pode acontecer por atraso na formação de habilidades de higiene,
regulação voluntária dos movimentos por precária ou ausência mediação.
Entende-se que tais situações podem ocorrer em casos de negligência no
cuidado da criança ou superproteção, bem como priorizar determinadas
habilidades, como as intelectuais em detrimento das corporais, como acontece na escola e já foi mencionado anteriormente. Outras possibilidades do
surgimento do sintoma e da síndrome psicossomática são:

> [...] regressão no desenvolvimento psicossomático, que pode
> ser de curto prazo, como reação às dificuldades de desen-

> volvimento (por exemplo, quando uma criança não se sente bem, perde competências já socializadas: não consegue adormecer sozinha, comer, etc.). Uma versão mais complexa da regressão está associada à atualização de sistemas semânticos anteriores (como no caso de um sintoma de conversão) ou à transição para mecanismos mais primitivos de regulação da corporalidade (de reflexivo para afetivo); – uma alteração do curso do desenvolvimento psicossomático, determinada por uma distorção do desenvolvimento de todo o sistema de mediação psicológica: valor, semântico, cognitivo (Nikolaeva; Arina, 1996, p. 3).

As autoras enfatizam que essas são hipóteses para explicar o surgimento do sintoma ou da síndrome psicossomática, que não são as únicas. Destacam que, em casos de doenças psicossomáticas crônicas, estas passam a fazer parte da situação social do desenvolvimento, bem como pode possibilitar a atualização e construção de estereótipos que se configuram como respostas psicossomáticas (dor de cabeça ou estômago antes ou durante a avaliação, ou diante da briga dos pais), o lugar do sintoma na estrutura semântica e da situação em que ele se manifesta.

Em adultos, Nikolaeva e Arina (1996, p. 4) afirmam que:

> [...] o desenvolvimento psicossomático continua na idade adulta, concretizando a experiência psicossomática acumulada, bem como os mecanismos estabelecidos de mediação psicológica e regulação da corporalidade, dando origem a uma nova classe de fenómenos e transtornos psicossomáticos complexos: o quadro interno da doença, bem-estar, hipocondria (Arina, Tkhostov, 1990). A diferença fundamental entre o desenvolvimento psicossomático neste período é o protagonismo das formas mais elevadas de atividade do sujeito – sua autoconsciência e reflexão.

A compreensão do desenvolvimento, do sintoma e da síndrome psicossomática deve partir das especificidades do desenvolvimento em uma dada etapa do desenvolvimento, das singularidades e particularidades do indivíduo e da sua condição social do desenvolvimento. Não foram encontrados estudos mais recentes para verificar se as hipóteses levantadas por Nikolaeva e Arina (1996) e Nikolaeva, Arina e Leonova (2012) sobre o que ocasiona o sintoma e a síndrome psicossomática foram confirmados ou se outros foram levantados. No entanto, entende-se que as hipóteses apresentadas pelas autoras merecem ser investigadas, bem como outras podem ser levantadas e investigadas, para possibilitar melhor compreensão sobre o desenvolvimento, o sintoma e a síndrome psicossomáticos.

CONSIDERAÇÕES FINAIS

A partir do exposto, é possível considerar que as doenças crônicas, o sintoma e a síndrome psicossomática (que também pode ser crônica) devem ser objeto da patopsicologia, por promover alterações psíquicas que desorganizam o psiquismo, seja o pensamento, seja a regulação do próprio comportamento, seja a consciência, seja a atividade, seja a própria personalidade. Apesar de não haver provavelmente perdas que são típicas na desintegração do psiquismo, como pode ser observado nos relatos de pesquisas apresentadas na primeira parte deste texto, percebe-se alterações significativas que promovem sofrimento no indivíduo.

A desorganização psíquica pode ser evidenciada na dificuldade do indivíduo em modificar sua atividade a partir de suas possibilidades dadas pela doença crônica, por meio do quadro interno da doença, das limitações objetivas que elas podem impor ao indivíduo, dos efeitos que o uso de medicamentos ou tratamento podem ocasionar, das alterações que podem acontecer no lugar social em que está inserido, da própria situação social do desenvolvimento e das perspectivas futuras de vida. Todos esses aspectos são constitutivos da personalidade do indivíduo.

Talvez as categorias usuais da patopsicologia para análise dos processos de adoecimento psíquico, como o surgimento de uma necessidade patológica ou alteração no grau de hierarquia dos motivos, permaneçam, mas devem ser analisados a partir de outras neoformações, como o quadro interno da doença. Entende-se que, além do quadro interno da doença, que deve ser mais bem investigado, outras neoformações podem surgir e explicar o sofrimento psicológico na doença crônica.

Outro aspecto que merece destaque é a necessidade apontada por Nikolaeva (1987) sobre investigar a função e as especificidades das crises do desenvolvimento no adulto. Almeida (2018) também destaca a importância de apurar melhor o que é a crise (não só do desenvolvimento, mas também do processo de adoecimento), quando averiguou a construção social dos transtornos de humor. Considerando a importância das crises no processo de desenvolvimento regular, evidenciadas nas produções vigotskianas, mas que se referem apenas à crise que demarca o início da idade adulta, há de se investigar melhor as crises que ocorrem ao longo desse período do desenvolvimento, bem como no idoso, e as especificidades delas no processo de adoecimento, seja o psíquico, como depressão, ansiedade etc., seja em doenças crônicas "físicas". É possível que as crises sejam deflagradas por processos patológicos, especialmente em adultos e idosos.

Por último, é imprescindível destacar a necessidade de investigar e intervir nos processos/meios compensatórios sociais da condição patológica, inclusive na doença crônica. Apesar de esse ser um aspecto constitutivo da patopsicologia, entende-se que é pouco destacado nas investigações. É imprescindível conhecer as particularidades e singularidades do processo patológico, qualquer que seja, para identificar não apenas o que está desorganizado, mas também o que ainda não se desorganizou, de tal modo a promover o processo de superação da condição, por meio da compensação social.

Por mais difícil que seja lidar com a doença, há que compreendê-la não apenas como fragilidade, mas também como força, parafraseando Vigotski (2021) em relação à deficiência. Sobre a educação de crianças cegas, Vigotski (2021, p. 30) afirmou que "a tarefa da educação consiste em introduzir a criança cega na vida e criar a compensação de sua insuficiência física. A tarefa é conseguir que a alteração da ligação social com a vida se conduza por outro caminho". Nas investigações e intervenções psicológicas, independentemente do espaço de atuação do psicólogo, a tarefa deste profissional é ajudar o indivíduo a encontrar outro caminho, para compensar socialmente as dificuldades ocasionadas pelas doenças crônicas. Esse é o grande desafio, apesar dos limites impostos pela sociedade capitalista, que não apenas adoece o indivíduo, mas minimiza as possibilidades de sua superação.

REFERÊNCIAS

ALMEIDA, M. R. *A formação social dos transtornos de humor*. 2018. Tese (Doutorado em Saúde Coletiva)– Universidade Estadual Paulista Júlio de Mesquita Filho, Botucatu/SP, 2018.

ANDRADE FILHO, J. A. L. de. *A produção social dos transtornos de ansiedade*: reflexões a partir da psicologia histórico-cultural. 2022. Dissertação (Mestrado em Psicologia) – Fundação Universidade Federal De Mato Grosso Do Sul, Campo Grande/MS, 2022.

MORAES, R. J. *Determinação social do consumo de drogas*: estudo de história de vida um uma perspectiva marxista. 2018. Tese (Doutorado em Saúde Coletiva)– Universidade Estadual Paulista Júlio de Mesquita Filho, Botucatu, 2018.

NIKOLAEVA, V. V.; ARINA, G. A. Ot traditsionnoy psikhosomatiki k psikhologii telesnosti. *Vestnik Moskovskogo universiteta*. Seriya 14: Psikhologiya, izdatelstvo Izdvo Moska, n. 2, 1996. Disponível em: https://vprosvet.ru/biblioteka/psysience/tradicionnaya-psihosomatika/ Acesso em: abr. 2024.

NIKOLAEVA, V. V. *Vliyaniye khronicheskoy bolezni na psikhiku*. Moskva: Izdatelstvo Moskovskogo Universiteta, 1987. Disponível em: https://www.koob.ru/nikolaeva_v_v/chronic_disease_psy. Acesso em: abr. 2024.

NIKOLAEVA, V. V.; ARINA, G. A.; LEONOVA V. M. Vzglyad na psikhosomaticheskoye razvitiye rebenka skvoz prizmu kontseptsii P.YA. Galperina. *Kulturno-istoricheskaya psikhologiya*, tom 8, n. 4, p. 67-72, 2012.

SANTOS, A. C. V. dos. *Aproximações entre a unidade mente-corpo e a unidade afetivo-cognitiva:* um caminho para compreensão do sofrimento psicossomático. 2022. Dissertação (Mestrado em Psicologia) – Universidade Estadual de Maringá, Maringá/PR, 2022.

SILVA, F. G. da. *Inconsciente e adoecimento psíquico na psicologia soviética*. Curitiba/PR: Appris, 2022.

SILVA, F. G.; ALMEIDA, S. H. V. de. Da fragmentação à unidade psicofísica na prática pedagógica. *Germinal: Marxismo e educação em Debate*, salvador, v. 15, n. 1, p. 140-158, 2023.

SILVA, M. A. *Compreensão do adoecimento psíquico:* de L. S. Vigotski à Patopsicologia Experimental de Bluma V. Zeigarnik. 2014. Dissertação (Mestrado em Psicologia – Universidade Estadual de Maringá, Maringá/PR, 2014.

SVISTUNOVA, E. V. Rebenok bolezn: psikhologichesskii aspekt problemy. *Pediatria*, Moskva, n. 3, p. 29-33, 2010. Disponível em: https://omnidoctor.ru/upload/iblock/bf2/bf2b51aa469fed42ba5d5c3fbb38efbd.pdf. Acesso em: abr. 2024.

VIGOTSKI, L. S. *Problemas da defectologia*. Tradução: Zoia Prestes e Elizabeth Tunes. São Paulo: Expressão Popular, 2021.

VIGOTSKI, L. S. *Sete aulas de L. S. Vigotski sobre os fundamentos da pedologia*. Tradução: Zoia Prestes e Elizabeth Tunes. Rio de Janeiro: e-Papers, 2018.

ZEIGARNIK, B. Vulfovna. *Introducción a la patopsicología*. Havana: Científico Técnica, 1979.

ZEIGARNIK, B. Vulfovna. *Psicopatología*. Madrid: Akal, 1981.

ZEIGARNIK, B. Vulfovna. *The pathology of thinking*. New York: Consultants Bureau, 1965.

CAPÍTULO 3

UNIDADE MENTE-CORPO NA PSICOLOGIA HISTÓRICO-CULTURAL E SUAS CONTRIBUIÇÕES PARA O ESTUDO DO SOFRIMENTO PSICOSSOMÁTICO[17]

Andressa Carolina Viana dos Santos
Silvana Calvo Tuleski

INTRODUÇÃO

As contribuições da Psicologia Histórico-Cultural no âmbito da saúde são recentes no Brasil. Foi apenas em 1980 que as obras dos principais autores da área começaram a chegar em território brasileiro e, além disso, acabaram passando por um processo de censura[18]. Como consequência, pode-se dizer que, a princípio, Vigotski não era de fato conhecido, pois a base filosófica e metodológica correspondente ao materialismo histórico-dialético desenvolvido por Marx e Engels tinha sido retirada de alguns escritos da época. A partir dos anos 2000, começaram a surgir traduções mais fiéis aos originais em russo, e tais escritos começaram a ser mais difundidos na área da educação e da psicologia social. Estas breves considerações indicam alguns dos motivos pelos quais esta perspectiva teórica tem uma inserção mais recente no campo da saúde, apesar de os autores clássicos (Vigotski, Luria, Leontiev) terem sempre trabalhado nos mais diversos contextos e áreas, inclusive no contexto clínico/hospitalar (Tuleski, 2008; Almeida; Bellenzani; Schühli, 2020).

---

[17] O presente capítulo é um recorte da dissertação escrita por Santos (2022) e apresentada no Programa de Pós-Graduação em Psicologia da Universidade Estadual de Maringá (UEM).

[18] Os primeiros escritos de Vigotski que chegaram ao Brasil foram os livros *Pensamento e Linguagem* e *A formação social da mente*. Ambos trazem no prefácio explicações do porquê a obra não ter sido traduzida na íntegra. Com a justificativa de deixar o texto mais claro, os tradutores, norte-americanos, retiraram partes fundamentais dela, como a historicidade da teoria de Vigotski. Um exemplo é a tradução norte-americana de *Pensamento e linguagem*, que contava com 135 páginas, enquanto a traduzida diretamente do russo era composta por 496 páginas. Com base nessas comparações e nesses estudos, chega-se à conclusão de que os recortes realizados atingiram, principalmente, as reflexões marxistas de Vigotski (Tuleski, 2008).

Neste capítulo, daremos um enfoque mais específico ao sofrimento psicossomático a partir da Psicologia Histórico-Cultural. Em nossas buscas iniciais, foram encontrados dois textos que tratavam sobre o assunto: o artigo *Clinical Psychology of Corporeality: Principles of Cultural-Historical Subject Analysis* [Psicologia clínica da corporalidade: Princípios da Histórico-Cultural], escrito por Nikolaeva e Ariana (2009), e o capítulo de livro intitulado *A teoria histórico-cultural e os problemas psicossomáticos da personalidade: estudo sobre o domínio de si mesmo*, escrito por S. N. Jerebtsov e publicado em 2014.

Segundo Nikolaeva e Ariana (2009), a psicossomática pode apresentar-se como um fenômeno ou sintoma psicossomático. O primeiro se refere a um desenvolvimento normal dos seres humanos, uma consequência da socialização na qual corpo-mente se desenvolve, ou seja, o próprio desenvolvimento é psicossomático. Nota-se que o termo "psicossomático" também foi utilizado para identificar o processo normal de desenvolvimento, que se dá na unidade mente-corpo. No decorrer do artigo, as autoras apontarão como esse desenvolvimento normal pode também se tornar um sintoma. O movimento realizado pelas autoras é o mesmo que Vigotski (1931/1934) utiliza para pensar a esquizofrenia. No texto *Thought in schizophrenia* [Pensamento na esquizofrenia], o referido autor destaca que o curso do desenvolvimento normal explica o patológico, e vice-versa.

No texto escrito por Jerebtsov (2014), percebe-se o destaque dado pelo autor ao conceito de *vivência* proposto por Vigotski ao pensar na expressão do sofrimento psicossomático. Embora esse conceito tenha sido pouco desenvolvido por Vigotski devido à sua morte precoce, entendemos que investigações neste campo são profícuas e têm muito a contribuir com o debate sobre o sofrimento psicossomático. Vigotski (2018, p. 78), na quarta aula, intitulada *O problema do meio na pedologia*, define *vivência* como "uma unidade na qual se representa, de modo indivisível, por um lado, o meio, o que se vivencia, [...] e por outro lado, como eu vivencio isso". É importante ressaltar que um dos autores contemporâneos que se dedicam a investigar a *vivência* é Nikolai Veresov[19] e que este fenômeno denominado assim por Vigotski é importante para compreensão total da psicossomática. No entanto, em virtude dos limites impostos pelas circunstâncias, neste capítulo, deter-nos-emos à investigação da unidade mente-corpo, para a compreensão dos processos psicossomáticos.

Os textos encontrados inicialmente – o primeiro em inglês e o segundo traduzido para o português – serviram como base para ampliar o estudo de alguns conceitos, dentre os quais, o de mente-corpo dentro da abordagem Histórico-Cultural. Porém, para avançar na investigação, foi necessário compreender de que modo os fenômenos considerados psicossomáticos estavam sendo investigados, explicados e abordados no campo da Psicologia, por meio de uma revisão bibliográfica[20]. Para este capítulo, portanto, serão apresentadas, primeiramente, as discussões em torno da mente e do corpo dentro dos estudos da psicossomática e, posteriormente, como é possível pensar esse sofrimento a partir da Psicologia Histórico-Cultural.

PSICOLOGIA LIDA "APENAS" COM O PSÍQUICO? ANÁLISE DA RELAÇÃO MENTE-CORPO APRESENTADA NOS ARTIGOS SOBRE PSICOSSOMÁTICA

A revisão bibliográfica aqui apresentada foi realizada em abril de 2020, pela plataforma de artigos *Scielo*, e o descritor de busca foi: psicologia + psicossomática. Mas, antes de adentrar no resultado dessa análise, é importante contextualizar, pontualmente, as pesquisas no âmbito da psicossomática. A tendência psicossomática se apresenta primeiramente no campo da Medi-

---

[19] Algumas indicações de referências deste autor que perpassa sobre o tema da vivência:

1) VERESOV, N. Perezhivanie as a Phenomenon and a Concept: Questions on Clarification and Methodological Meditations. *Cultural-historical psychology*, v. 12, n. 3, p. 129-148, 2016.

2) VERESOV, N. The Concept of perezhivanie in cultural-historical theory: content and contexts. *In:* FLEER *et al.* (ed.). *Perezhivanie, emotions and subjectivity*: advancing Vygotsky legacy. New York: Springer, 2017. p 47-70.

3) VERESOV, N., FLEER, M. (2016). Perezhivanie as a theoretical concept for researching young children's development. *Mind, Culture, and Activity*, v. 23, n. 4, p. 325-335, 2016.

4) FLEER, M., GONZALES REY, F., VERESOV, N. Perezhivanie, emotions and subjectivity; setting the stage. *In:* FLEER *et al.* (ed.). *Perezhivanie, emotions and subjectivity*: advancing Vygotsky legacy. New York: Springer, 2017. p 1- 15.

4) VERESOV, N. Duality of categories or dialectical concepts? *Integrative Psychological and Behavioral Science*, v. 50, p. 2, p. 244-256, 2016.

5) VERESOV, N. (2019). Subjectivity and perezhivanie: empirical and methodological challenges and opportunities. *In:* GONZALEZ REY, F.; MITJANS MARTINEZ, A.; GOULART, D. (ed.). *Subjectivity within Cultural-Historical Approach*. Singapore: Springer, 2019. p. 61-86.

[20] A revisão bibliográfica apresentada é parte da dissertação de Santos (2022). A busca pelos artigos se deu na plataforma Scielo, no mês de abril de 2020.

cina. Seu marco se dá no século XX, período em que ocorre uma crise na medicina, sendo necessária outra forma de explicar os sofrimentos humanos. Segundo Bassin (1981), havia a necessidade, na época, de apreender o sujeito como um todo, ou seja, em sua unidade psíquica e biológica. Nesse período, desenvolve-se a *concepção psicossomática*, que entende que todos os adoecimentos tinham como base uma determinação psicológica. Havia, também, um forte direcionamento para a transformação da psicanálise em principal matriz teórica da medicina psicossomática.

O principal conceito da psicanálise incorporado na medicina psicossomática foi o de impulso. Os médicos passaram a entender que todas as pessoas têm impulsos primitivos, que, quando estes não encontram vias saudáveis para se expressar, se manifestam de forma patológica, inclusive por meio da somatização. Porém, esse conceito foi elevado à sua máxima forma e generalizado para todos os casos de psicossomatização. Tal movimento de generalização foi denunciado por Vigotski (1927), em seu texto *O significado histórico da crise na psicologia*, no qual afirma que as correntes psicológicas, por não compreenderem o fenômeno estudado em sua totalidade e complexidade, acabavam recorrendo à generalização, tomando como princípio explicativo apenas um de seus aspectos. Ao tomarem a parte pelo todo, operam por meio de um reducionismo generalizador. Aquilo que tudo explica nada explica, e no que se refere aos fenômenos psicossomáticos, ocorreu algo similar, e podemos evidenciar isso pelas palavras de Bassin (1981, p. 93):

> As tentativas feitas para considerar o vômito por exemplo, como a expressão de uma atitude afetiva negativa, a anorexia como sinal de insatisfação sexual, as dores musculares como consequência da inibição dos impulsos agressivos, o diabetes como uma afecção que caracteriza as pessoas que se ressentem vivamente de carinho e atenção, as dermatoses como ligadas aos estados de angústia, cólera, etc.

Dado esse panorama, retomamos a revisão bibliográfica, na qual também foi possível verificar esse aspecto. Na revisão bibliográfica realizada por Santos (2022), em que foram analisados 32 artigos, 15[21] faziam referência à forma como se compreendia a relação mente-corpo, alguns de forma mais

---

[21] Bocchi, J.; Salinas; P. Gorayeb, R. (2003); Horn, A. (2008); Coelho, C. L. S.; Avila, L. A. (2007); Alves, V. L. P. *et al.* (2013); Peres, R. S.; Santos, M. A. (2010); Baseggio, D. B. (2012); Barbosa, R. F.; Duarte, C. A. M.; Santos, L. P. (2012); Green, A. (2019); Lindenmeyer, C. (2012); Passos, C. H.; Lima, R. A. (2017); Alves, V. L. P.; Lima, D. D. (2016); Silva, J. D. T.; Muller, M. C. (2007); Santos, L. N.; Junior, C. A. P. (2019); Fernandes, W. J. (2009); Mattar, C. M. *et al.* (2016).

PESQUISAS E PRÁTICAS SOBRE O SOFRIMENTO E O ADOECIMENTO COM FUNDAMENTOS NA PSICOLOGIA HISTÓRICO-CULTURAL

direta, e outros mais indiretamente, recorrendo a essa generalização. No artigo escrito por Barbosa, Duarte e Santos (2012), foi apresentado o caso de uma paciente grávida com diabetes e, dentre as demais considerações, exposto que "reações egoístas e mesquinhas, assim como a fanfarrice, configuram traços de caráter do diabético, sendo que essas reações na realidade atuam como defesas que escondem o sentimento de miséria interior" (p. 481). Já no artigo escrito por Mattar (2016), é apresentada a concepção de Heidegger em torno da relação mente-corpo, na qual o autor buscou superar a dicotomia entre mente-corpo, postulando que o corpo vai além do limite da pele. O autor ainda cita indiretamente um dos sucessores de Heidegger, Medard Boss (1954), indicando que este defende que "todo o adoecer é sempre psicossomático, pois atinge a abertura que é o Dasein, ser-aí, como um todo e representa uma restrição à determinada possibilidade, a doença com suas limitações, em detrimento de outras" (Boss, 1954 *apud* Mattar, 2016, p. 325). Para essa perspectiva, todo adoecimento indica que há uma relação perturbada com o mundo e que se deve questionar qual é essa relação.

Dos 15 artigos analisados, nove[22] são de abordagem psicanalítica, apesar de usarem a psicanálise e a forma de compreensão da mente-corpo na psicossomática de formas diferentes, fato esse que decorre das diversas correntes surgidas com base na psicanálise. Podemos levantar duas hipóteses em relação à grande presença da abordagem psicanalítica quando se trata de fenômenos psicossomáticos: a primeira diz respeito à historicidade da abordagem, caracterizando-se por ser uma abordagem menos recente e que possui um acúmulo em termos de produção teórica e de atuação clínica, além de ser bastante disseminada e estudada nos cursos de Psicologia; e a segunda hipótese se refere ao enfoque de os fenômenos psicossomáticos estarem relacionados e entendidos como expressões do inconsciente, sendo esse um dos conceitos centrais trabalhados dentro da psicanálise. Segundo Vigotski (1996), a psicanálise baseia sua teoria no âmbito da lógica, e não do método. Com isso, a sexualidade e o inconsciente acabam tornando-se o princípio explicativo geral para os fenômenos da realidade psíquica humana. O autor ainda explica que:

> [...] não significa de modo algum que os marxistas não devam estudar o inconsciente pelo mero fato de que as principais concepções de Freud contradizem o materialismo dialético.

---

[22] Baseggio (2012); Horn (2008); Peres; Santos (2010); Green (2019); Bocchi; Salinas; Gorayeb (2003); Barbosa; Duarte; Santos (2012); Lindenmeyer (2012); Santos; Junior (2019); Fernandes (2009).

> Pelo contrário, precisamente porque a psicanálise estuda seu objeto com base em meios impróprios, é necessário conquistá-la para o marxismo, estudá-la empregando os meios da verdadeira metodologia (Vigotski, 1996, p. 265).

Nos artigos analisados, Lindenmeyer (2012) explica que, nas propostas freudianas, ligadas à medicina, o inconsciente seria relevante no que diz respeito à cura das doenças. Nas palavras do autor, "Os médicos sensíveis à psicanálise vão defender a ideia de que os fatores subjetivos, que provocam ou impedem a cura da doença, são fatores ligados a elementos inconscientes, isto é, que não se encontram ao alcance do sujeito" (Lindenmeyer, 2012, p. 345). Na psicanálise, os adoecimentos são compreendidos junto das fantasias e pulsões singulares de cada sujeito, as quais são significadas pela linguagem (Lindenmeyer, 2012). Deste modo, o papel da Medicina e da Psicologia seria possibilitar ao sujeito uma compreensão do que se passa com ele. Tais elaborações influenciaram as teorizações dos pesquisadores e pesquisadoras da Escola de Paris, dentre os estudiosos se destaca Marty[23].

Nos estudos desse autor, foi proposta a noção de *marcagens*, que diz respeito à qualidade e quantidade das representações psíquicas dos sujeitos (Marty, 1990 *apud* Lindenmeyer, 2012). O autor analisou hierarquicamente diferenças quantitativas e qualitativas, concluindo que sujeitos com capacidades limitadas de pensar têm mais chances de desenvolver um adoecimento somático. Com isso, ele chega à conclusão de que "uma má mentalização é a causa do pensamento operatório que caracteriza os pacientes que apresentam doenças somáticas" (Nicolaidis; Press, 1995 *apud* Lindenmeyer, 2012, p. 347). Para Green (2019), é justamente essa noção de mentalização de Pierre Marty, sob influência freudiana, que colabora para um dualismo entre soma e psique (Green, 2019). Porém, Peres e Santos (2010) consideram injusto dizer que Freud e seus sucessores propuseram um reducionismo psicológico. Para esses autores, Freud não defende uma autonomia psíquica. Já Segundo Assoun (1997, *apud* Lindenmeyer, 2012) entende que, posteriormente, Freud se afastou da dimensão biológica do corpo, passando a considerar as manifestações somáticas somente na esfera intrapsíquica (Assoun, 1997 *apud* Lindenmeyer, 2012).

Várias escolas se desenvolveram com base na teoria freudiana, e, por conta disso, mesmo em se tratando do mesmo tema/assunto e, por vezes, fazendo uso dos mesmos escritos de Freud, há divergências na conclusão,

---

[23] Fundador da Escola Psicossomática de Paris, junto a M. Fain, M. DeMuzan e C. David (Lindenmeyer, 2012).

o que dificulta o seu acesso em sua totalidade e complexidade. Essa variedade de explicações fragmentárias no âmbito da psicologia foi criticada por Vigotski e Politzer, pois, para os autores, oferecer diversas explicações sobre um mesmo objeto seria "expressão da miséria teórica da psicologia e não de sua alegada e positiva diversidade" (Carvalho *et al.*, 2021, p. 33). Para os autores, não seria possível transformar tal diversidade em uma qualidade, pois um novo elemento, que poderia contribuir para a explicação do todo, acabaria por causar uma fragmentação ainda maior, desenvolvendo uma nova corrente. Para Vigotski (1996), a única forma de superar essa fragmentação seria por meio da incorporação do método materialista histórico-dialético, desenvolvido por Marx e Engels, na Psicologia. Um método que incorpora qualitativamente os diversos achados, não por soma de fragmentos heterogêneos, como o fazem as perspectivas ecléticas – que acabam por constituir um mosaico no qual não se identifica o que é aparente e o que é essencial para a compreensão –, mas, sim, atribuindo o mesmo valor explicativo a todas as partes componentes. Por trabalhar com a lógica formal, que estatiza, descreve na aparência tal como as coisas se apresentam, o aspecto processual, as transmutações de quantidade e qualidade, a gênese e o desenvolvimento de fenômenos complexos, tal como as diversas formas de sofrimento/adoecimento psicossomático, permanecem como enigmas a serem desvendados. Por isso, Vigotski (1996) denuncia as armadilhas tanto da fragmentação como do ecletismo, para a compreensão dos fenômenos psíquicos complexos.

Retornando à concepção hierárquica da mente sob o corpo, Alves (2013) assinala como esse entendimento leva a uma visão individualista em torno do sofrimento psicossomático. Na análise da revista *Viva Saúde*, feita pelo autor no período entre agosto de 2005 e fevereiro de 2006, foi possível constatar a presença de "dicas" para controle emocional. Dentre as sugestões para alcançar esse controle, estava a psicoterapia, preferencialmente na abordagem cognitivo-comportamental, além de outras estratégias também indicadas, como caminhada, acupuntura etc., estando estipulado que o paciente deveria "querer se curar" (Alves, 2013). Além disso, as matérias incentivam os leitores a adotarem um comportamento "correto", pautado no autocontrole/racionalidade do indivíduo, como algo relativo à força de vontade, embora não se explique como ela se desenvolve e por quê. Nesse sentido, as autoras afirmam que:

> [...] impera a prescrição para que seja ele, o leitor, o indivíduo que busque em si próprio as forças para curar-se: "*É neces-*

> *sário querer mudar* é uma das prescrições da matéria sobre ansiedade que indica com destaque gráfico o autocontrole: *mente acelerada é mente desequilibrada. Para livrar-se da ansiedade, é preciso aprender a escapar de seu domínio"* (Alves *et al.*, 2013, p. 541)

Conclui-se que "orientar as pessoas a, em que, e, em como pensar, sentir e agir parece estar sendo a função da mídia" (Alves *et al.*, 2013, p. 542) Verifica-se que há uma separação psíquica entre emoção e cognição, que remete a um conceito bastante conhecido: *inteligência emocional*. Patto (2000) localiza historicamente a construção da concepção da *inteligência emocional* e como ela veio para responder aos interesses do capital. A fundamentação desse conceito se inicia como um projeto da Universidade de Yale, aplicado nas escolas públicas de bairros empobrecidos, marcados pela violência e desemprego no Estado de New Haven, nos Estados Unidos. A maior parte dos estudantes dessas escolas era composta por negros e hispânicos e, como mencionado pela autora: "nos relatórios oficiais esta escola comparece como "caótica" e o centro como "pesadelo urbano" cheio de urgências às quais é preciso responder" (Patto, 2000, p. 157). Como resposta, a Universidade de Yale desenvolveu o programa de "alfabetização emocional" nessas escolas, com o objetivo de desenvolver a chamada sociabilidade competente. Essa perspectiva vem para cumprir uma função ideológica na medida em que enfoca o controle emocional individual como forma de superação de problemas que são determinados socialmente. A autora explica que, para essa perspectiva:

> O "temperamento inadequado" é passível de mudança por meio do treino de atitudes e comportamentos mais concordes com a harmonia individual coletiva. Fala-se em agir preventivamente, e o mais precoce possível, sobre os casos de "incapacidade emocional", urgência que faz crescer a atenção de especialistas ao temperamento dos bebês; fala-se em treinar remediativamente aos **"incompetentes emocionais", rótulo aplicado a todos os que não correspondem à expectativa de conformismo** (Patto, 2000, p. 161, grifos nossos).

Ao transpor tal entendimento de forma a pensar o sofrimento psicossomático, verifica-se o destaque que foi dado aos processos de racionalização sobre esse sofrimento. Com isso, recai-se em uma visão individualista de autocontrole, como se o sujeito por si só fosse, ou devesse ser, capaz de superar o sofrimento que está passando. Santos (2022) aponta que há a intensificação da culpabilização do sujeito que sofre, pois se trata de um autocontrole que não tem como base a realidade concreta daquela pessoa. Portanto, se o problema está no sujeito, somente ele poderia resolvê-lo, e não haveria motivos para transformar a realidade, as condições de vida que o adoecem. Assim, o problema real não é desvelado, pois, mesmo que o sujeito esteja em sofrimento, ele se constituiu na/pela relação social.

As teorizações de Groddeck vão contra os estudos que apontam uma relação direta do psíquico na expressão do sofrimento psicossomático. O autor se inspirou em Nietzsche ao incorporar o conceito *Isso*, para tratar da unidade mente (psique) e corpo (que engloba o somático e o inconsciente). Para ele, todos os tipos de adoecimento seriam do *Isso* (nem mais psíquico, nem mais corporal, mas **ambos** ao mesmo tempo). Acrescenta também que as denominações corpo-psíquico, só poderiam ser utilizadas didaticamente, pois "[...] a afirmação de que uma determinada doença é psíquica ou somática sempre pressupõe um recorte reducionista prévio" (Santos; Junior, 2019, p. 8). O autor não desconsidera a relação com o meio circundante ao explicar que "como manifestação do *Isso*, o adoecimento passa a ser visto como um fenômeno complexo, simultaneamente somático e psíquico e que se constitui como expressão das relações do indivíduo com o ambiente" (Santos; Junior, 2019, p. 8). Desse modo, as causas dos adoecimentos deveriam ser buscadas na relação entre indivíduo-mundo.

O termo unidade também é utilizado na Psicologia Histórico-Cultural, entretanto com uma compreensão diferente daquela proposta por Groddeck. Enquanto na teoria apresentada mente-corpo seria uma unidade equivalente, para a concepção Histórico-Cultural, trata-se de uma unidade de contrários que estabelece uma relação constante de reciprocidade. Tal entendimento parte da lógica dialética materialista, sendo uma das leis fundamentais a *unidade de contrários*. Os autores mencionados também trazem a relação indivíduo-mundo, mas é importante diferenciar como a Psicologia Histórico-Cultural entende essa relação. É fato que todos os seres vivos se encontram em um ambiente e sofrem influências, inclusive as plantas. Essa compreensão é diametralmente oposta ao entendimento da concepção Histórico-Cultural, segundo a qual nós nos constituímos nas/pelas relações sociais como seres sociais. Portanto, não é somente nas relações interpessoais que trazemos marcas do sistema sociopolítico e econômico, repleto de contradições e em movimento constante, mas também na nossa relação com o mundo. Esse entendimento parte da base filosófica dessa abordagem, que é o materialismo histórico-dialético. Para essa abordagem, e tendo como foco o tema deste capítulo, a relação mente-corpo precisa ser captada dentro da unidade dialética do singular-particular-universal. Buscar entender "como a singularidade se constrói na universalidade e, ao mesmo tempo e do mesmo modo, como a universalidade se concretiza na singularidade tendo a particularidade como mediação" (Pasqualini; Martins, 2015, p. 336), ou seja, captar quais mediações constituíram aquele sujeito, quais as possibilidades de desenvolvimento universal possível e quais mediações particulares possibilitaram ou não a sua apreensão e forma de desenvolvimento.

Retomando a análise dos artigos, Alves e Lima (2016) apresentam de que forma pessoas com sofrimento psicossomático interagem com os profissionais da medicina. Isso porque o sofrimento psicossomático se apresenta no corpo em um certo nível, e, sendo assim, as pessoas tendem a procurar um profissional da medicina. Se não há consenso de entendimento dos fenômenos psicossomáticos na psicologia, na medicina não seria diferente. A fragmentação do trabalho e dos conhecimentos expressa-se na intervenção singular que o sujeito recebe. Os médicos geralmente encaminham o paciente para outros profissionais, e, na pesquisa desenvolvida por Alves e Lima (2016), estes chegam a relatar que os profissionais da medicina sentem-se inseguros para perguntar mais sobre a vida da pessoa atendida, principalmente quando o sintoma aponta para um sofrimento psicossomático. Nesses casos, geralmente ocorre o encaminhamento do paciente para psicoterapeutas, por entenderem que a causa é "psíquica", e não um conjunto de fatores. Essa não é uma ocorrência apenas nos cursos de medicina, o que demonstra uma fragmentação do ensino e do conhecimento em todas as áreas. Além disso, há a precarização do ensino, processo em que a educação se torna mercadoria.

Já Fernandes (2009) vai trazer a perspectiva do paciente e expor que, quando este recebe seu diagnóstico, passa a considerar a via medicamentosa como única alternativa. O medicamento pode ser necessário em alguns casos, mas a questão seria: quando o medicamento acaba por se tornar a única via? É um movimento bastante comum dentro de uma sociedade que visa ao lucro por meio das indústrias farmacêuticas. Nele, o reducionismo biológico está interligado com o aumento da medicalização da vida como único caminho possível. Segundo o autor, o foco na via medicamentosa permite que a classificação das chamadas doenças somáticas encaixe-se nos transtornos psiquiátricos – como fibromialgia, síndrome do intestino irritável –, e, com isso, os médicos acabam justificando para o paciente que seus sintomas têm causas orgânicas. Essa é mais uma face da expressão da fragmentação operada pela compreensão lógico-formal dos fenômenos complexos, concebê-los dicotomizados: se for orgânico, não é psíquico; se for psíquico, não é orgânico. A pergunta que se coloca é: tem como separá-los sem identificá-los?

Dada a complexidade de intervenção, os autores Bocchi, Salinas e Gorayeb (2003), assim como Fernandes (2009), apontam que o atendimento a um paciente com sintomas psicossomáticos deve dar-se a partir da atuação multiprofissional indicando que esse adoecimento decorre de uma relação entre mente e corpo. Cabe acrescentar que, apesar de esses autores considerarem que é na psicossomática que se dá a relação em unidade entre mente-corpo, outros entendem justamente o contrário. O artigo elaborado por Baseggio (2012) trata dos sintomas psicossomáticos de pele no período da infância, e, por isso, a relação mãe-filho é bastante discutida a partir de diversos autores da corrente psicanalítica. Dentre os pesquisadores citados, destaca-se a visão de Volich, Ferraz e Ranña (2007, *apud* Baseggio, 2012), por compreenderem que na psicossomática ocorre o distanciamento entre mente e corpo. Segundo os autores, "quando ocorre ensurdecimento em relação às dores psíquicas do filho, constata-se o rompimento entre o corpo e a psique, propiciando a eclosão de fenômenos psicossomáticos" (Volich; Ferraz; Ranña, 2007 *apud* Baseggio, 2012, p. 634). Nota-se a divergência no entendimento da expressão da psicossomática, o que culmina nas formas de pensar intervenções. No artigo de Passos e Lima (2017), por exemplo, corpo-mente são entendidos como unidade, e isso implicaria uma intervenção mútua, ou seja, não apenas com palavras e fala, mas também toques no corpo.

A transversalização do social também é apresentada em alguns artigos, como por exemplo em Mattar (2016) e Silva e Muller (2007). Ambos os artigos apontam o incômodo com o termo psicossomático por representar uma dualidade mente-corpo. Além disso, marcam a concepção de um entendimento biopsicossocial dos sofrimentos.

Entende-se que o modelo biopsicossocial trouxe um avanço na área da saúde por justamente retomar um olhar para o social. Entretanto, ele se limita ao não revelar a dinâmica singular-particular-universal presente nos processos de saúde-doença. Como superação desse entendimento, foi desenvolvida, principalmente, por Asa Cristina Laurell e Jaime Breilh, a concepção da determinação social dos processos saúde-doença, na qual, diferentemente da visão biopsicossocial, o social não é fracionado em fatores de riscos, mas se apresenta como determinante das expressões de saúde-doença, ou seja, o modo como vivemos tem por base o social (Almeida; Bellenzani; Schühli, 2020).

Importante destacar que *determinante* difere de *determinismo*, dado que o segundo se refere a uma "[...] designação dada à corrente filosófica que toma qualquer tipo de evento como provindo de uma causa e, dada esta causa, o evento decorrerá dela invariavelmente" (Breilh, 2006 *apud* Almeida, 2018, p. 87). O entendimento de determinação social dos processos de direcionamento da vida baseia-se em compreender que mesmo um fenômeno biológico, como a Covid-19, se expressará socialmente. Para isso, basta nos questionarmos: a Covid-19 foi tratada da mesma forma no Brasil que em outros países? Todas as regiões foram igualmente afetadas? À qual classe social pertencia a maior parte das pessoas mortas? Quais concepções ideológicas foram disseminadas em torno desse adoecimento?

Essas são apenas algumas perguntas que podemos fazer para elucidar o caráter social da expressão das determinações sociais nas formas de adoecimento. Não se trata de uma exclusão do biológico, mas um processo "no qual o social entra de um lado e o biológico sai de outro, sem que se saiba o que ocorre dentro dela [...], o problema mais candente para a explicação causal social do processo saúde-doença" (Laurell, 1983 *apud* Almeida; Bellenzani; Schühli, 2020, p. 246). Portanto, o desenvolvimento humano, inclusive em seu aspecto biológico, deve ser compreendido como socialmente determinado.

Diante do exposto, podemos reconhecer que um enorme trabalho foi e está sendo realizado para pensar o sofrimento psicossomático. Apesar do nosso desacordo metodológico e teórico, não podemos deixar de reconhecer a enorme importância dos trabalhos mencionados, que, como disse Bassin (1981, p. 106), "são fonte de dados concretos extremamente valiosos". Mesmo que apresentada de forma breve, essa visão de como a psicossomática vem sendo compreendida possibilitou-nos apontar alguns caminhos, com base na Psicologia Histórico-Cultural, que serão apresentados a seguir.

DE QUAL MENTE E DE QUAL CORPO ESTAMOS FALANDO? CAMINHOS PARA UM ENTENDIMENTO HISTÓRICO-CULTURAL DO SOFRIMENTO PSICOSSOMÁTICO

Antes de iniciar este tópico, é importante demarcar que este capítulo terá como foco o sofrimento psicossomático, e não sua manifestação regular, como explicado por Nikolaeva e Ariana (2009). As autoras esclarecem que a todo momento nosso corpo age e reage em unidade mente-corpo, ou seja, expressam *fenômenos psicossomáticos*. Porém, vamos dar destaque para situações nas quais o fenômeno psicossomático se manifesta como um sofrimento para o sujeito.

Ao escrever sobre as crises metodológicas da Psicologia, Vigotski (1996) menciona que uma delas trataria do entendimento da relação mente-corpo, na maioria das vezes, abordada de forma fragmentada. O processo de desenvolvimento de uma superação materialista histórico-dialética da mente-corpo levou tempo e não foi um trabalho isolado. Vigotski, Luria e Leontiev empenharam esforços tanto para superar a crise da psicologia como também para superar o entendimento fragmentado da relação mente-corpo. Mesmo que essa unidade de contrários não esteja explícita em alguns escritos dos autores, é possível perceber que suas teorizações abarcam esse entendimento. Com isso, o objetivo deste tópico é apresentar as contribuições dos clássicos da teoria Histórico-Cultural para pensar caminhos de compreensão do sofrimento psicossomático de forma concreta. Para tanto, apontamos que as dificuldades referentes à compreensão do sofrimento psicossomático decorrem de um problema metodológico.

Assim como todo processo de pesquisa, as construções teóricas são marcadas por idas e vindas, e, no que tange ao entendimento da unidade mente-corpo, não foi diferente. Costa (2020) apresenta esse movimento de forma didática e destaca três momentos importantes da produção vigotskiana, que serão sintetizados a seguir.

O **primeiro** momento foi marcado pelas noções de reflexo condicionado. No início de 1924, Vigotski tenta incorporar na reflexologia pavloviana a relação entre os aspectos objetivos e subjetivos. Nesse período, o autor já tinha postulado certas reflexões sobre a consciência e como essa qualidade do psiquismo distinguia os humanos dos animais. Com isso, a proposta foi entender como essa consciência humana se relaciona com o físico. Em seus estudos, o autor chegou à conclusão de que a linguagem realizava esse intercâmbio. Era ela a unidade da consciência que guiava a ação (física). Ou seja, a palavra foi considerada uma excitadora, capaz de gerar respostas reflexas. Mas essa explicação tinha algumas limitações:

> É possível que ele tenha percebido o limite da reflexologia para interpretar os relatos das pessoas submetidas a situações experimentais. Ele passou a notar a necessidade da reconstrução do fenômeno, que não pode ser captado pelo testemunho dos sujeitos, sobretudo porque entra em contradição com o

método genético, pois não se pode interrogar uma criança pequena que ainda fala muito pouco. A compreensão da palavra enquanto uma cadeia de reflexos foi modificada, muito provavelmente ao perceber sua limitação explicativa (Costa, 2020, p. 239).

Para superar essa limitação, os estudos de Vigotski avançaram para um **segundo** momento. Esse período foi o final de 1925 e início de 1926, época em que o autor trabalhava no hospital de Zakharino. Nesse período, o autor já tinha determinado a natureza social da consciência, demarcando que o subjetivo parte necessariamente do objetivo. Ampliando seus estudos, teorizou sobre as funções psicológicas superiores, sistematizando a *Lei geral do desenvolvimento*, na qual as funções psicológicas superiores se desenvolvem em dois momentos combinados: primeiro, elas atingem o nível interpsíquico (compartilhado) para, depois, se tornarem intrapsíquicas (internalizadas). Ou seja, primeiro, elas vêm de fora, nos intercâmbios prático-verbais com outras pessoas, e, posteriormente, se tornam patrimônio do psiquismo individual, alterando nossa imagem subjetiva da realidade objetiva e, em outras palavras, modificando a consciência que temos da realidade, orientando a nossa atividade interna e externa. Essa dinâmica psíquica foi bastante trabalhada por Leontiev, em seu livro *Desenvolvimento do psiquismo,* no qual o autor explica que:

As impressões sensíveis que percebo da folha de papel refratam-se de maneira determinada na minha consciência, porque possuo as significações correspondentes, se não possuísse, a folha de papel não passaria para mim de um objeto branco, retangular etc. Todavia, e isto tem uma importância fundamental, quando eu percebo um papel percebo este papel real e não a significação do "papel". Introspectivamente, a significação está geralmente ausente da minha consciência: ela refrata o percebido ou o pensado, mas ela própria não é conscientizada, não é pensada. Este fato psicológico é fundamental (Leontiev, 1978, p. 102).

Ao estudar sobre o que se passa no corpo humano, em um processo psicossomático, essa teorização é bastante relevante no sentido em que nos permite fazer a seguinte pergunta: "como conscientizamos nossos processos internos?". Entende-se que a consciência é subjetiva, mas essa subjetividade pressupõe uma objetividade, que, se processada de forma consciente, seria necessária a realização de um processo educativo, tanto informal quanto formal. Portanto, não dizemos "Meu estômago está fazendo barulho e sinto um vazio", mas, sim, "Estou com fome". Deste modo, a palavra "fome" auxilia na distinção de um conjunto de sensações que podem, inclusive, ser parecidas, mas não idênticas. Quando falamos de sofrimento, como a sociedade capitalista tem nos auxiliado nessa captação consciente do que se passa no corpo? Possibilitando-nos conhecer nossos processos internos e compreendê-los dentro de um sistema de relações objetivas? Ou recortando-nos em pedaços para operar classificações diagnósticas, enquadrando-nos em diagnósticos reducionistas, de modo alienado e alienante?

Atualmente, há uma disseminação do autodiagnóstico: basta digitar "teste on-line de autismo" ou "teste de TDAH on-line", e você será direcionado a diversos sites. Outro fator importante é a automedicação. Uma pesquisa realizada pelo Conselho Federal de Farmácia (CFF), em 2019, constatou que a automedicação é um hábito comum para 77% da população brasileira (Nazar, 2023). Uma das hipóteses é que nossos processos psicofísicos têm chegado de forma alienada à consciência, pois nosso corpo é tomado como máquina de produção ao mesmo tempo que é compreendido em abstrato e descolado das relações objetivas que o constituem. Como demonstrado no tópico anterior, recai-se novamente em um nível de generalização que, por buscar tanta objetividade em classificar os sintomas (método positivista), acaba tornando-se ideologia. A busca por um diagnóstico muitas vezes se confunde com a busca por uma identidade, em se tratando de uma sociedade que produz seres humanos alienados em relação ao processo e produto de seu trabalho (atividade vital), aos demais seres humanos, junto dos quais produz e reproduz a sua própria vida, e a si mesmo, às suas características, potencialidades, dificuldades, aos seus motivos e interesses, como bem trata Marx (2010), em seu livro *Manuscritos econômico-filosóficos*. O pensamento "quem sou eu" torna-se a categoria nosográfica presente nos manuais de psiquiatria – a pessoa passa a ser resumida em seu diagnóstico. Esse assunto é bastante complexo e foge do escopo deste capítulo, mas cabe demarcar como essa questão deve ser compreendida dentro da dialética singular-particular-universal, para que a crítica não caia novamente em uma culpabilização do sujeito que sofre, mas para que ela possa potencializar seu entendimento e sua ação na realidade e sobre si mesmo, de forma mais ampliada. Ou seja, na construção da autoconsciência, para que o indivíduo possa entender-se como sujeito dentro das relações que o atravessam e desenvolver formas de agir individual e coletivamente dentro da realidade concreta.

Nesse segundo momento da produção, portanto, Vigotski reformula o papel da palavra, entendendo que ela transforma as operações no nível do pensamento, por meio de discriminações e generalizações em um processo ininterrupto ao longo da vida. A palavra é comparada com um instrumento de trabalho, considerada algo simbólico, um estímulo criado artificialmente, fora do organismo. A palavra, deste modo, possibilita a regulação e organização do comportamento pessoal ou de outros. Por isso, a forma como aprendemos a significar nossos processos internos guia a atividade que teremos na realidade concreta. Veremos que não é qualquer palavra; não podemos tomá-la em abstrato; nomear para compreender implica que o conceito apreenda o fenômeno em sua riqueza. As palavras se inserem em sistemas de significação, como nos aponta Leontiev (2021), em seu livro *Atividade Consciência e Personalidade,* e as categorias postas, por exemplo, no DSM-IV, ao serem disseminadas, cumprem finalidades e atendem às necessidades dos processos alienantes anteriormente descritos. Tal como o medicamento prescrito, que pode cumprir uma função social de apaziguamento imediato, sendo provido por conta de um (pseudo)saber a respeito do que acontece com o indivíduo. Quando o uso do medicamento vem como finalidade, e não como meio, ele passa a não requerer muitas elaborações para além da descrição de um conjunto de sintomas, de acordo com as práticas sociais do sistema capitalista vigente, e, assim, acaba por obscurecer a compreensão das determinações sociais. Esse movimento foi denominado por Bonadio e Mori (2013) como *fetiche da pílula,* entendido como a atribuição mágica de um poder ao medicamento, que desobriga a situação social na qual o sujeito está envolvido e ele próprio de refletir sobre as determinações do comportamento desatento, para alterá-las e produzir novas formas de desenvolvimento.

Por exemplo, não conseguir focar em uma atividade de estudo pode levar uma pessoa a guiar seu comportamento de forma a tomar um medicamento que auxilia na concentração, caso essa desatenção for significativa de um transtorno neurológico. Neste sentido, o reflexo psíquico da realidade dá-se pela mediação dos signos. Vigotski destaca a palavra como "signos dos signos", apontando que ela não geraria uma resposta passiva ao meio, e, sim, agiria na realidade de forma intencional, guiando a atividade do sujeito dentro de suas possibilidades concretas de atuação. Destacamos, então, a partir do exposto, a importância da palavra, do conceito, para compreendermos as demais pessoas, a nossa atividade e, ao mesmo tempo, nossos processos psicofísicos. Mas não seria qualquer palavra ou conceito, é preciso que estes tenham uma função (des)fetichizadora da realidade mercantil e suas determinações, pois a linguagem não pode ser tratada de forma des-

PESQUISAS E PRÁTICAS SOBRE O SOFRIMENTO E O ADOECIMENTO COM FUNDAMENTOS NA PSICOLOGIA HISTÓRICO-CULTURAL

colada da realidade concreta. A linguagem "é concebida como uma forma de existência da consciência e esta, por sua vez, é resultado do processo de organização do trabalho e das relações sociais" (Martins, 2012, p. 183).

Continuando nesse caminho, Vigotski se depara com um desafio: romper com o paralelismo psicofísico que, segundo ele, se deu com Espinosa quando este afirma na proposição II da *Ética*: "Nem o corpo pode determinar a mente a pensar, nem a mente determinar o corpo ao movimento ou ao repouso, ou a qualquer outro estado" (Espinosa, 1677/2009, p. 167). Em síntese, o **terceiro** momento, a partir de 1932, é marcado pelo esforço de Vigotski em compreender a unidade mente-corpo (psicofísica) sem cair em um paralelismo. Para isso, o autor teoriza sobre a *supremacia da mente* (Costa, 2020). O termo *supremacia* pode soar estranho em um primeiro momento, mas o que ele afirma é que temos um psiquismo, consciência, que guia, orienta nosso comportamento – físico. Essa orientação não pode ser pensada de forma abstrata, não se pode recorrer a simplificações, como "basta querer", pois, desta forma, cairemos em uma compreensão idealista da abordagem. Pensar o psíquico como guia da atividade pressupõe compreender a dinâmica inter e intrapsíquica, pois o elemento só se torna intrapsicológico se antes houver o contato real, ou seja, a possibilidade concreta. Dentro de ações individuais e coletivas, é necessário transformar a realidade para que se tenha um controle do comportamento, ou seja, realizar uma atividade orientada.

Assim, a pergunta que se faz não é "por que essa pessoa não controla psiquicamente tal sofrimento corporal?", mas, sim, "quais condições concretas fizeram com que determinada pessoa desenvolvesse um sofrimento psicossomático?". Deste modo, as contribuições de Vigotski, Luria e Leontiev auxiliam-nos a levantar hipóteses para estudar o sofrimento psicossomático a partir da materialidade da vida que constitui aquele sujeito. Portanto, não se trata de postular uma interpretação geral do sofrimento psicossomático e aplicar em todos os casos, em um processo de hipergeneralização. Agora vamos retomar a pergunta guia do capítulo: *de qual mente e de qual corpo estamos falando?* Para responder essa pergunta, o sofrimento psicossomático não pode ser analisado como um fenômeno psíquico descolado da realidade, pois os processos psicofísicos são desenvolvidos a partir da relação objetivo-subjetiva, permeados na sociedade capitalista por processos de alienação. O que ocorre é que o segundo processo (o subjetivo) é muitas vezes tomado em detrimento do primeiro, impossibilitando uma apreensão do sujeito em sua totalidade. Vigotski (1996, p. 386) nos alerta que "é impossível qualquer ciência só sobre o subjetivo, sobre o que parece, sobre fantasmas, sobre o que não existe".

ALGUMAS CONSIDERAÇÕES A TÍTULO DE FINALIZAÇÃO

Esta é uma finalização em aberto, pois entendemos que este tema complexo que se refere à compreensão do processo psicossomático apenas começa a ser abordado a partir do referencial da Psicologia Histórico-Cultural. Há muito trabalho teórico-conceitual e de investigação de campo a ser feito. Não operar com reducionismos/ecletismo é o maior dos desafios, pois tanto um quanto o outro reduzem a compreensão do objeto em tela, simplificam-no e perdem a possibilidade efetiva de explicá-lo.

O materialismo histórico-dialético nos ensina que a produção da vida é coletiva e implica contradições, as quais, na sociedade capitalista, se exacerbam a tal modo, que aquilo que poderia desenvolver-nos e humanizar transforma-se no contrário, como o caso do trabalho como atividade vital humana. Parte da produção da vida é a produção do conhecimento sobre ela, sendo essa produção também coletiva e, por isso, uma investigação, seja dos autores que aqui referenciamos, desde os clássicos elaboradores da Psicologia Histórico-Cultural, seja dos sucessores dessa perspectiva, seja dos demais autores compilados na revisão bibliográfica sobre os estudos psicossomáticos; todos são importantes para a produção do conhecimento. Importantes pelos avanços e sistematizações que fizeram, parciais ou não, e pelas lacunas que deixaram para que os que virão depois possam debruçar-se sobre essa problemática.

Considerando o exposto, apontamos três perspectivas para futuras pesquisas, a partir do alcançado pela sistematização até o momento realizada:

1. É importante analisar a história de vida singular, envolta das mediações particulares e universais da pessoa que sofre; buscar identificar os sentidos imbricados nos processos de apropriação das sensações físicas (corporais), por meio da unidade *objetivo-subjetivo*. Para isso, vê-se como fundamental trazer a Teoria da Atividade de Leontiev de forma a apreender esses processos.

2. Se nos tornamos humanos e nos apropriamos do mundo por meio da linguagem verbal e não verbal, esse deve ser um campo mais explorado para se pensar o sofrimento psicossomático; buscar

investigar como nos apropriamos dos nossos processos corporais a nível psíquico dentro da sociedade. Identificar o que afeta o corpo negativamente, para, além de "nomear", ou seja, identificar dentro de um sistema de relações, seria um caminho interessante para o estudo da unidade *afeto-cognição* nos sofrimentos psicossomáticos.

3. A ampliação de estudos e pesquisas de casos dentro da perspectiva da Psicologia Histórico-Cultural é essencial, pois apenas com o estudo de casos concretos será possível verificar as hipóteses teóricas, como também elucidar outros pontos que precisam ser mais explorados.

Por se tratar de uma unidade de contrários, mente-corpo se expressa no decorrer da nossa vida, no curso de desenvolvimento normal. Nas considerações levantadas neste capítulo, buscamos trazer caminhos possíveis de apreender como esse fenômeno se torna um sofrimento.

REFERÊNCIAS

ALMEIDA, M. R.; BELLENZANI, R.; SCHUHLI, V. M. A Dialética Singular-Particular-Universal do Sofrimento Psíquico: Articulações entre a Psicologia Histórico-Cultural e a Teoria da Determinação Social do Processo Saúde-Doença. *In*: TULESKI, S. C; FRANCO, A. F; CALVE, T. M. (org.). *Materialismo histórico-dialético e psicologia histórico-cultural:* expressões da luta de classes no interior do capitalismo. Paranavaí: EduFatecie, 2020. p. 227-270.

ALMEIDA, M. R. A formação social dos transtornos do humor. 2018. Tese (Doutorado em Saúde Coletiva) – Faculdade de Medicina de Botucatu, Universidade Estadual Paulista, Botucatu, 2018.

ALVES, V. L. P. *et al.* Emoção e soma (des)conectadas em páginas de revista: as categorias temáticas do discurso prescritivo sobre os fenômenos da vida e da doença. *Ciênc. Saúde coletiva,* Rio de Janeiro, v. 18, n. 2, p. 537- 543, fev. 2013. Disponível em: http://www.scielo.br/scielo.php?script=sci_arttext&pid=S1413-81232013000200025&lng=en&nrm=iso. Acesso em: 8 mai. 2020.

ALVES, V. L. P.; LIMA, D. D. Percepção e Enfrentamento do Psicossomático na Relação Médico Paciente. *Psic.: Teor. E Pesq.,* Brasília, v. 32, n. 3, 2016. Disponível em: http://www.scielo.br/scielo.php?script=sci_arttext&pid=S0102-37722016000300245&lng=en&nrm=iso. Acesso em: 9 mai. 2020.

BARBOSA, R. F.; DUARTE, C. A. M.; SANTOS, L. P. Psicossomática, gestação e diabetes: um estudo de caso. *Psicologia: ciência e profissão*, Brasília, v. 32, n. 2, p. 472-483, 2012. Disponível em: https://www.scielo.br/scielo.php?script=sci_arttext&pid=S1414-98932012000200014. Acesso em: 6 mai. 2020.

BASEGGIO, D. B. Psicossomática na infância: uma abordagem psicodinâmica. *Revista de Psicologia da IMED*, v. 4, n. 1, p. 629- 639, 2012.

BASSIN, F. V. *O problema do inconsciente:* As formas não conscientes da atividade nervosa superior. Rio de Janeiro: Civilização Brasileira, 1981.

BOCCHI, J.; SALINAS, P. GORAYEB, R. Ser mulher dói: relato de um caso clínico de dor crônica vinculada à construção da identidade feminina. *Ver. Latinoamericana de psicopatologia fundamental*, São Paulo, v. 6, n. 2, abr./jun. 2003. Disponível em: https://www.scielo.br/scielo.php?script=sci_arttext&pid=S1415-47142003000200026. Acesso em: 6 mai. 2020.

BONADIO, R.A. A.; MORI, N.N.R. *Transtorno de Déficit de Atenção/Hiperatividade*: diagnóstico e prática pedagógica. Maringá: EDUEM, 2013.

CARVALHO, B. P. *et al*. A interpretação da crise da psicologia da década de 1920 por Politzer e Vigotski. *In*: BELLENZANI R., CARVALHO, B. P. (org.). *Psicologia histórico-cultural na universidade*: pesquisas implicadas. Campo Grande, MS: Ed. UFMS, 2021. p. 22- 64.

COELHO, C. L. S.; AVILA, L. A. Controvérsias sobre a somatização. *Ver. Psiquiatr. Clín.*, São Paulo, v. 34, n. 6, p. 278-284, 2007. Disponível em: http://www.scielo.br/scielo.php?script=sci_arttext&pid=S0101-60832007000600004&lng=en&nrm=iso. Acesso em: 12 mai. 2020

COSTA, E. M. *O método na obra de Vigotski e a abordagem ontológica do desenvolvimento humano:* uma análise histórica. 2020. 379f. Tese (Doutorado em Psicologia e Sociedade) – Universidade Estadual Paulista (Unesp), Faculdade de Ciências e Letras, Assis, 2020.

ESPINOSA, B. *Ética*. Tradução de Tomaz Tadeu. Belo Horizonte: Autêntica, 2009.

FERNANDES, W. J. Saúde mental: uma visão vincular. *Ver. SPAGESP*, Ribeirão Preto, v. 10, n. 2, p. 19-26, dez. 2009. Disponível em: http://pepsic.bvsalud.org/scielo.php?script=sci_arttext&pid=S1677-29702009000200004&lng=pt&nrm=iso. Acesso em: 10 mai. 2020.

GREEN, A. Pulsões de destruição e doenças somáticas. *Revista de Psicanálise da SPPA*, v. 26, n. 2, p. 333-357, 2019. Disponível em: http://docs.bvsalud.org/

biblioref/2019/09/1016764/09_pulsoes-andre-green_v26_n2_2019.pdf. Acesso em: 12 mai. 2020.

HORN A. Construções em psicossomática psicanalítica. *Ver. Brasileira de psicanálise,* São Paulo, v. 42, n. 3, p. 55-58, set. 2008. Disponível em: http://pepsic.bvsalud.org/scielo.php?script=sci_arttext&pid=S0486-641X2008000300006&lng=pt&nrm=iso. Acesso em: 10 mai. 2020.

JEREBTSOV, S. N. A teoria Histórico-Cultural e os problemas psicossomáticos da personalidade: estudo sobre o domínio de si mesmo. *VERESK – Cadernos acadêmicos internacionais:* Estudos sobre a perspectiva Histórico-Cultural de Vigotski, Brasília, v. 3, p. 47-62, 2014.

LEONTIEV, A. *O desenvolvimento do psiquismo.* Lisboa: Livros Horizonte, 1978.

LEONTIEV, A. *Atividade. Consciência. Personalidade.* Tradução: Priscila Marques. Bauru, SP: Mireveja, 2021.

LINDENMEYER, C. Qual é o estatuto do corpo na psicanálise? *Tempo psicanal.,* Rio de Janeiro, v. 44, n. 2, p. 341-359, dez. 2012. Disponível em: http://pepsic.bvsalud.org/scielo.php?script=sci_arttext&pid=S0101-48382012000200006&lng=pt&nrm=iso. Acesso em: 9 mai. 2020.

MARTINS, M. S. C. O fetichismo do indivíduo e da linguagem no enfoque da psicolinguística. *In:* DUARTE, N. (org.). *Crítica ao fetichismo da individualidade.* Campinas: Autores associados, 2012. p. 125-152

MATTAR, C. M. *et al.* Da tradição em Psicossomática às Considerações da Daseinsanálise. *Psico l. cienc. Prof.,* Brasília, v. 36, n. 2, p. 317-328, jun. 2016. Disponível em: http://www.scielo.br/scielo.php?script=sci_arttext&pid=S1414-98932016000200317&lng=en&nrm=iso. Acesso em: 9 mai. 2020.

MARX, K. *Manuscritos econômico-filosóficos.* Trad. de Jesus Ranieri. São Paulo: Boitempo, 2010.

NAZAR, S. Campanha quer conscientizar a população sobre o uso racional de medicamentos. *Jornal da USP,* 4 maio 2023. Disponível em: https://jornal.usp.br/?p=634217. Acesso em: 28 nov. 2023.

NIKOLAEVA, V. V.; ARINA, G. A. *Clinical Psychology of Corporeality*: Principles of Cultural-Historical Subject Analysis. Psychology in Russia: State of the Art, 2009, State of the Art, 2009, p. 441- 456. Disponível em: < https://psychologyinrussia.com /volumes/?article=1506>. Acesso em: 9 jul. 2020

PASSOS, C. H.; LIMA, R. A. A contribuição da calatonia como técnica auxiliar no tratamento da fibromialgia: possibilidades e reflexões. *Bol. Psicologia*, São Paulo, v. 67, n. 146, p. 13-24, jan. 2017. Disponível em: http://pepsic.bvsalud.org/scielo. php?script=sci_arttext&pid=S0006-59432017000100003&lng=pt&nrm=iso. Acesso em: 9 mai. 2020.

PASQUALINI, J. C, MARTINS, L. M. Dialética singular-particular-universal: implicações do método materialista dialético para a psicologia. *Revista: Psicol. Soc.*, [*s.l.*], p. 362-371, 2015. Disponível em: http://dx.doi.org/10.1590/1807-03102015v27n2p362. Acesso em: 25 nov. 2023.

PATTO, M. H. S. Mutações do cativeiro. *In*: PATTO, M. H. S. *Mutações do cativeiro escritos de psicologia e política*. São Paulo: Edusp, 2000. p. 157-186.

PERES, R. S.; SANTOS, M. A. O conceito de psicose atual na psicossomática psicanalítica de Joyce McDougall. *Ver. Bras. Psicanálise*, São Paulo, v. 44, n. 1, p. 99-108, 2010. Disponível em: http://pepsic.bvsalud.org/scielo.php?script=sci_arttext&-pid=S0486-641X2010000100012&lng=pt&nrm=iso. Acesso em: 10 mai. 2020.

SANTOS, A. C. V. dos**.** *Aproximações entre a unidade mente-corpo e a unidade afetivo-cognitiva:* um caminho para compreensão do sofrimento psicossomático. 2022. 215f. Dissertação (Mestrado em Constituição do sujeito e historicidade) – Programa de Pós-Graduação em Psicologia, Universidade Estadual de Maringá, Maringá, 2022.

SANTOS, L. N.; JUNIOR, C. A. P. O Adoecimento Somático em Ferenczi, Groddeck e Winnicott: uma Nova Matriz Teórica. *Psicol. Cienc. Prof.*, Brasília, v. 39, p. 1-14, 2019. Disponível em: http://www.scielo.br/scielo.php?script=sci_arttext&-pid=S1414-98932019000100 116&lng=ver&nrm=ver. Acesso em: 9 mai. 2020.

SILVA, J. D. T.; MULLER, M. C. Uma integração teórica entre psicossomática, estresse e doenças crônicas de pele. *Estud. Psicol.*, Campinas, v. 24, n. 2, p. 247-256, jun. 2007. Disponível em: http://www.scielo.br/scielo.php?script=sci_arttext&-pid=S0103-166X2007000200011&lng=en&nrm=iso. Acesso em: 8 maio 2020.

TULESKI, S. C. *Vigotski:* a construção de uma psicologia marxista. 2. ed. Maringá: Eduem, 2008.

VIGOTSKI, L.S. *Sete aulas de L. S. Vigotski sobre os fundamentos da pedologia*. 1. ed. Tradução: Claudia da Costa Guimarães Santana. Rio de Janeiro: e-Papers, 2018.

VIGOTSKI, L. S. *O significado histórico da crise da psicologia*: uma investigação metodológica. *In:* VIGOTSKI, L. S. Teoria e método em psicologia. São Paulo: Martins Fontes, 1996.

PARTE 2

**O ATENDIMENTO PSICOTERÁPICO E
A PSICOLOGIA HISTÓRICO-CULTURAL**

CAPÍTULO 4

PSICOTERAPIA: POSSIBLIDADES DE ATUAÇÃO DO PSICÓLOGO A PARTIR DA PSICOLOGIA HISTÓRICO-CULTURAL

Elis Bertozzi Aita
Marilda Gonçalves Dias Facci

INTRODUÇÃO

O objetivo deste capítulo é dialogar sobre o processo de formação do sofrimento psíquico e a construção de intervenções psicoterapêuticas a partir da Psicologia Histórico-Cultural e do Materialismo Histórico-Dialético. Neste capítulo, debateremos como os pressupostos fundamentais da psicologia vigotskiana podem fundamentar a atuação clínica com adultos, discorrendo sobre uma possibilidade terapêutica construída a partir desses pressupostos, da psicoterapia como atuante sobre o processo de formação de consciência.

Fundamentadas em estudo anterior (Aita, 2020), apresentaremos neste capítulo a análise de que uma possibilidade de intervenção psicoterapêutica para adultos é a da atuação sobre o processo de formação de consciência. Nesse contexto, as mediações do terapeuta visam a possibilitar que o sujeito compreenda as determinações históricas e singulares de seu sofrimento psíquico, por meio de uma análise que considera a dialética singular-particular-universal, conforme veremos aqui. Nessa perspectiva, a análise da história de vida do sujeito, contextualizada dentro da história da sociedade capitalista, assume um papel central como estratégia de intervenção, possibilitando que o indivíduo tome consciência das relações que o determinam e desenvolva possibilidades de atuação social, de enfrentamento individual e coletivo de seu sofrimento, de construção de projetos de transformação da realidade social.

Para tanto, faremos uma breve retomada de alguns conceitos fundamentais que dão sustentação para construção de mediações psicoterapêuticas, como o de formação da consciência e da personalidade e, ainda, do processo de construção do sofrimento psíquico. Nosso objetivo é o de explicitar de forma pontual os fundamentos teóricos que dão base para discussão. Na sequência, debateremos sobre possibilidades de intervenção psicoterapêuticas pensadas a partir dos pressupostos teóricos apresentados.

CONSCIÊNCIA E PERSONALIDADE

Partimos do entendimento de que a consciência é reflexo psíquico da realidade, uma representação subjetiva mediada do mundo objetivo. A apropriação da realidade por parte do sujeito não se dá de maneira automática ou direta, mas, sim, por meio de mediações. A transformação do objeto em imagem psíquica ocorre por meio da mediação da linguagem e da conversão das informações sensoriais em processos de abstração complexos, que se manifestam na forma de conceitos (Martins, 2015). Todas as funções psicológicas superiores desempenham um papel intrincado e complexo nesse processo de apreensão da realidade (Vygotski, 2000).

A tomada de consciência pode ser compreendida como o processo por meio do qual um indivíduo se torna consciente de suas próprias ações e seus sentimentos. Esse fenômeno envolve a capacidade de reflexão e distanciamento, um movimento que gradualmente permite ao sujeito estabelecer conexões entre o conhecimento de si e o sistema de relações sociais da cultura no qual está inserido. Esse processo permite que o sujeito se compreenda como diferenciado do mundo, mas estritamente relacionado a ele (Delari Junior, 2013).

Ao enfocar o processo de formação da consciência, estamos considerando tanto os elementos cognitivos quanto os aspectos afetivos essenciais à formação individual e social do sujeito. A cognição e o afeto são componentes interligados que constituem uma unidade dialética, cuja formação se inicia no domínio interpsicológico para, posteriormente, se internalizar no âmbito intrapsicológico, a partir das condições históricas e sociais que constroem a vida do sujeito (Monteiro, 2015).

Os sentimentos e as formas de pensamento são construídos e significados historicamente a partir das condições materiais de produção, das necessidades e dos motivos que são formados socialmente no processo de construção concreta da vida, alterando-se conforme muda o contexto material e ideológico de cada grupo social. O desenvolvimento cultural dá sustentação tanto para a formação dos sentimentos morais e estéticos dos homens quanto para a forma de lidar com eles. Além disso, a forma como vivenciamos uma situação e nos relacionamos afetivamente com ela está intimamente relacionada à maneira como a compreendemos, o que ela significa socialmente e qual o sentido pessoal que construímos sobre ela (Monteiro, 2015).

O sentimento de tristeza, próprio da experiência humana, por exemplo, hoje tem um significado social diferente do que em outros momentos históricos. Em uma sociedade que compreende que ser feliz depende somente de você, que culpabiliza e individualiza o sofrimento e considera que é possível estar feliz o tempo todo, como a sociedade atual, sentir-se triste é um sinal de fracasso. Conforme o significado social da tristeza altera-se, também se modifica a forma como lidamos com esse sentimento.

Fundamentadas na Psicologia Histórico-Cultural, entendemos que as particularidades do desenvolvimento e da expressão dos estados emocionais são formadas pelas condições concretas de vida do indivíduo, pela atividade que ele desempenha e pelas relações sociais que o cercam e o sustentam. É na própria atividade que os estados emocionais encontram sua origem, e essa atividade é essencialmente mediada por necessidade geradas pelas relações sociais que constituem a trama da vida do sujeito.

O sujeito, ao longo de seu desenvolvimento, se apropria do universo simbólico e cultural que foi historicamente e socialmente construído. Essa apropriação se dá por meio da atividade e da linguagem, com destaque para a atividade dominante que guia cada período. A atividade em si é um fenômeno que possui uma natureza social, sendo tanto constituída quanto mediada pelas condições e relações sociais circundantes. Em um processo dialético, o sujeito age de maneira ativa e criativa sobre esse contexto, partindo dos significados e construindo sentidos pessoais para sua atividade e vivências. Nesse processo, vai se diferenciando a ponto de torna-se único (Leontiev, 1984).

Para Leontiev (1984), o *significado* é a generalização da realidade, da experiência e da prática social, cristalizada na linguagem, em forma de conceitos. É formado objetivamente ao longo da história humana, a partir de cada língua e cultura, partilhado pelos sujeitos que integram aquela cultura. O *sentido pessoal* se refere à forma como o sujeito singularmente se apropriou de uma dada significação, do que ela se tornou para aquele sujeito, da construção simbólica e criativa individual que fez dele. O sentido se constrói a partir das vivências do sujeito, ligado a uma situação afetiva experienciada. O sentido integra o conteúdo da consciência e se une com a significação objetiva. Contudo, é o sentido que se exprime nas significações, e não a significação no sentido pessoal. Para Leontiev (1984), sentido e significado, junto do conteúdo sensível (percepção da realidade), constituem a consciência.

Para a Psicologia Histórico-Cultural, a personalidade é concebida como expressão singular da universalidade humana, que se constitui na mediação das particularidades por meio da atividade vital do sujeito. Ela se desenvolve a partir de um processo complexo, decorrente das relações entre as condições objetivas e subjetivas do indivíduo. A partir do contexto social, que se apresenta como condição fundamental de desenvolvimento, o sujeito se singulariza e se diferencia das outras pessoas (Silva, 2009). No entanto, mesmo se tornando único, sua personalidade continua estando atrelada à forma como as relações sociais são estabelecidas. Nesse aspecto, Vygotsky (2004) analisa que o pertencimento à determinada classe social compõe a personalidade dos indivíduos.

A psicologia vigotskiana dá fundamento para a compreensão da formação humana, de maneira geral, e do processo de construção do sofrimento psíquico, em específico, atrelados às determinações históricas e sociais. Enfatiza a importância das condições de vida no processo de formação da consciência humana, da unidade afetivo-cognitiva e do processo saúde--doença, explicitando a impossibilidade de compreensão desses fenômenos sem se considerar o contexto social em que a vida humana se produz, como explicitaremos melhor a seguir.

SOFRIMENTO PSÍQUICO

A teoria vigotskiana fundamenta uma concepção do sofrimento atrelado às determinações históricas e sociais, estabelecendo uma relação intrínseca entre os processos de construção da vida material e o desencadeamento do adoecimento psíquico. Além disso, enfatiza a importância primordial das condições de vida na construção do processo saúde-doença, já que é no contexto social que a vida humana se concretiza (Almeida, 2018).

Silva (2011) demonstra que o atual período histórico se destaca pela prevalência de explicações naturalistas e biologizantes para questões de origem social. Fenômenos humanos complexos, como o sofrimento psíquico, produzidos pelas relações da sociedade contemporânea, são comumente caraterizados e interpretados como disfunções intrínsecas ao indivíduo, sendo diagnosticados e categorizados como transtornos mentais. O tratamento predominante frequentemente prescrito é de natureza médico-farmacológica. Tem-se atribuído ao indivíduo total responsabilidade pela produção de seu sofrimento, bem como pelo êxito ou fracasso no enfrentamento dessas questões.

Conforme Almeida (2018), a gênese do sofrimento psíquico está radicada nos processos críticos da vida social. O adoecimento psíquico tem suas raízes no desenvolvimento dos processos psicológicos superiores, que se desdobram a partir da apropriação das relações sociais, do universo material, simbólico e cultural no qual o indivíduo está inserido.

A autora em questão analisa a centralidade da determinação social na gênese das várias manifestações de sofrimento, que emergem da dinâmica da existência dos indivíduos. Essas vivências resultam de processos abrangentes que estão intrinsicamente ligados às relações estruturais que permeiam a vida dessas pessoas, não sendo determinados centralmente por causas biológicas ou individuais (Almeida, 2018).

Os estudos da autora têm como base os princípios estabelecidos no campo da saúde coletiva, de fundamento marxista, da determinação social do processo saúde-doença. Os autores que compartilham essa perspectiva, como Laurell (1989) e Breilh (2013), evidenciam a centralidade da determinação social da saúde a partir dos elementos estruturais da sociedade, historicamente situada, que constroem o processo saúde-doença.

Para os autores citados, as doenças, incluindo o sofrimento psíquico, se manifestam de maneira específica em cada período histórico, refletindo os processos sociais e as condições concretas de vida da população e das classes sociais. O processo saúde-doença é entendido como a "[...] expressão concreta na corporeidade humana do processo histórico num momento determinado" (Laurell, 1989, p. 100).

O adoecimento envolve processos biológicos e psicológicos, mas existe uma subordinação desses processos às questões sociais, que os condicionam. O aumento e a diminuição de algumas formas de adoecimento não são determinados centralmente pelas características biológicas dos grupos sociais, mas, sim, pelas estruturas sociais que predominam em cada contexto histórico.

Laurell (1989) define desgaste como a perda das capacidades biológicas e psíquicas, que pode manifestar-se como patologia; e reprodução como a reposição e o desenvolvimento das capacidades do indivíduo. A doença se desenvolve conforme as formas de desgaste e reprodução combinam-se. Cada modelo de produção cria determinado padrão de desgaste e reprodução das forças físicas e mentais, dentro do qual a doença pode emergir.

O sofrimento psíquico é um processo produzido na dialética singular-universal-particular. Silva (2009) define que a singularidade se constrói na universalidade, que é o gênero humano, enquanto, ao mesmo tempo, a universalidade se concretiza na singularidade, por meio da particularidade, das relações sociais específicas que se dão no contexto da existência do indivíduo.

O sofrimento é um processo produzido dentro do contexto dinâmico na vida de um indivíduo. Esse indivíduo vive em um momento histórico, num certo lugar, em meio a relações sociais particulares. Ele ocupa determinado lugar na sociedade, no mundo do trabalho, tem atividades e rotinas cotidianas, bem como necessidades e interesses específicos. São esses os determinantes que produzem as "[...] obstruções nos seus 'modos de andar a vida'" (Almeida, 2018, p. 58).

Almeida (2018) argumenta que cada grupo social desenvolve padrões de desgaste e reprodução correspondentes ao seu modo de vida particular, condicionando o desenvolvimento biopsíquico dos sujeitos. A dimensão da particularidade estrutura processos críticos regulares, estabelecendo tanto os padrões de desgaste quanto os de reprodução, destrutivos e protetores. Um mesmo indivíduo, por sua vez, se insere em distintos grupos sociais (como a profissão, gênero, raça, etnia etc.), que se interseccionam e constroem padrões de desgaste e reprodução particulares.

É importante destacar, como explicitaremos melhor ao longo do texto, que o sofrimento psíquico se constrói tanto a partir da particularidade, representada pelos padrões socialmente estabelecidos, quanto pela singularidade, que se constitui nas vivências específicas do sujeito. Para Almeida, Bellenzani e Schühli (2020), a história de vida de um sujeito é expressão singular da história social. O processo de adoecimento desenvolve-se na singularidade, vinculado às particularidades que entristecem e destituem os indivíduos de sentido de vida.

Em contraposição às formas amenas ou menos comprometedoras de sofrimento, que podem representar dificuldades ou dor, o adoecimento psíquico pode resultar na estagnação e na impossibilidade do exercício da normatividade (Almeida, 2018). E a própria normatividade tem um caráter social, posto que as concepções de saúde e doença estão diretamente relacionadas à forma com que os homens organizam a vida (Canguilhem, 1995).

No contexto capitalista, orientado para a exploração da classe trabalhadora e para a subordinação dos interesses desta aos interesses da classe dominante, os comportamentos que representam uma ameaça ou impeditivo à manutenção dessa ordem social são compreendidos como desviantes ou fora da norma. As características presentes em uma dada sociedade conferem uma qualidade de normalidade a determinado modo de desenvolvimento, desde que este se alinhe com os critérios estabelecidos pela forma predominante de sociabilidade. De maneira análoga, práticas de desenvolvimento e comportamento são julgadas como patológicas à medida que representam obstáculos à manutenção desse padrão de vida socialmente definido (Canguilhem, 1995).

Nesse âmbito, a noção de normalidade experimenta uma reconfiguração quando passa a representar um obstáculo à incessante busca pela acumulação. Com efeito, comportamentos que restrinjam a eficiência produtiva das pessoas são sujeitos a uma patologização e podem ser modulados com o auxílio da medicina e da farmacologia.

A sociedade contemporânea, por exemplo, exige uma ampliação dos níveis de atenção e produtividade, ainda que artificialmente gerada pelo uso de psicotrópicos, e torna inadmissíveis manifestações de tristeza, agitação e desatenção. A referência anteriormente aceita de normalidade é revista quando se converte em um entrave à produção e acumulação, viabilizando, assim, a medicalização e o controle de comportamentos e estados que dificultam o rendimento laboral, com base na classificação estabelecida por manuais nosológicos propostos pela psiquiatria (Almeida, 2018).

Na fase contemporânea do sistema capitalista, observa-se a imposição sobre o indivíduo de uma crescente exigência de dispêndio de sua energia vital, tanto no contexto laboral quanto nas diversas esferas da vida social. O período atual é caracterizado por uma aceleração do ritmo de vida, concomitantemente à redução dos espaços destinados à recuperação e restauração da força vital. Como resultado, os indivíduos frequentemente ultrapassam seus próprios limites, o que culmina em efeitos adversos significativos para a saúde mental, conforme destacado por Almeida (2018).

O sofrimento psíquico, ainda que muitas vezes manifesto de maneira confusa e indiferenciada, pode ser entendido como uma reação à obstrução da satisfação das necessidades e aos processos de desgaste aos quais um indivíduo está submetido. No contexto do modo de produção capitalista, esse sistema se encontra moldado por uma lógica que promove primordialmente o polo do desgaste em detrimento do polo da restauração. A carga de trabalho desempenha um papel central na determinação dos padrões de desgaste das capacidades vitais específicas do sujeito, uma vez que ela requer diversas quantidades e intensidades de esforço, envolvendo níveis variados de demandas tanto físicas quanto mentais (Almeida, 2018).

De acordo com Marino Filho (2020), o sofrimento, intrinsecamente relacionado com a etimologia da palavra, que carrega o sentido de "sustentar" e "tolerar", se revela como um componente intrínseco à própria existência humana. O ser humano utiliza sua própria força física e intelectual como instrumentos para empreender o trabalho, que é concebido como atividade vital. Por meio do trabalho, o indivíduo empreende a transformação da natureza e de si mesmo e, como resultado desse processo, ele pode desfrutar e usufruir dessa transformação como um enriquecimento das possibilidades para sustentar sua atividade vital.

Sendo assim, o sofrimento se configura como uma condição intrínseca à existência humana, sendo um dos meios pelos quais o ser humano realiza sua própria humanização. Ele é parte inerente desse processo, emergindo como uma fonte de criação e humanização, facultando o desenvolvimento de potencialidades humanas, bem como a criação de instrumentos, símbolos, significados e sentidos. Desta forma, o trabalho e o sofrimento associado à sua realização contribuem para a produção da cultura, a qual, por sua vez, se apresenta como uma fonte de enriquecimento subjetivo (Marino Filho, 2020).

Contudo, quando o trabalho assume uma forma alienada, a própria atividade criativa e o sofrimento humano associado a ela não se convertem em uma experiência de fruição individual, mas, ao contrário, são direcionados para benefício de outros indivíduos que subjugam o trabalhador. Como observado por Marino Filho (2020), psicologicamente, o indivíduo se vê envolvido em uma luta contra a sua própria objetificação, contra a anulação de sua autonomia e autoria. O sistema capitalista intensifica o sofrimento ao acrescentar novas dimensões de angústia à experiência humana, enquanto não proporciona ao indivíduo o tempo necessário nem as condições objetivas para a restauração de suas forças psíquicas.

Existem dores inerentes e inevitáveis à condição humana, decorrentes da efemeridade da própria vida, do esforço exigido pelo trabalho criativo e da inevitabilidade do avanço do tempo e da morte. No entanto, o capitalismo acrescenta a esse sofrimento a angústia gerada pela crescente aceleração do ritmo de vida, pela redução dos espaços dedicados à recuperação, pelo encolhimento da vida comunitária e pela fragilização dos laços sociais.

Os fundamentos teóricos a respeito do sofrimento psíquico discutidos até aqui podem desdobrar-se em algumas proposições psicoterapêuticas. Como vimos, o sofrimento psíquico é construído a partir da materialidade da vida e das particularidades que medeiam a existência do sujeito no mundo. Mas o processo de saúde e doença experimentado pelo indivíduo não revela imediatamente sua origem e determinação social, estabelecendo-se, muitas vezes, uma complexa relação entre a essência subjacente e sua manifestação aparente.

A ideologia da sociedade capitalista escamoteia a formação social do homem. O sujeito que procura atendimento, muitas vezes, não tem entendimento da origem social de seu sofrimento, do fato de que as particularidades que medeiam sua existência no mundo constroem regularidades que fazem sofrer de forma mais ou menos semelhante todos os sujeitos que estão inseridos naquele contexto. E são muito diminuídas as possibilidades de atuação sobre uma realidade que não se compreende ou nem se sabe que existe. É preciso ter consciência dos determinantes que causam seu sofrimento para poder lutar contra eles, para poder construir uma ação no sentido de transformá-los.

POSSIBILIDADES DE INTERVENÇÃO PSICOTERAPÊUTICA

O sujeito que procura atendimento, na maioria das vezes, não tem consciência de muitos dos determinantes que constroem seu sofrimento psíquico. Procura psicoterapia a partir de queixas, como perda do sentido de vida, desanimo, tristeza acentuada, crises de ansiedade e pânico, que se manifestam sem causa aparente ou de forma confusa. Para que o sujeito tome consciência de quais são os determinantes que atuam para a construção de seu sofrimento, é necessário que haja um processo intencional de reflexão e análise, que pode ser realizado no contexto da psicoterapia.

Vygotski (1997) afirma que o psicólogo deve proceder sua análise e intervenção a partir do método genético. O princípio metodológico posto pelo autor é o de que é preciso compreender a história de desenvolvimento do objeto de estudo. A análise genética busca descobrir a gênese e as bases dinâmico-causais dos fenômenos, capturando seu movimento e sua essência. Na psicoterapia, o relato do sujeito não apresenta de forma aparente e imediata a universalidade e a particularidade que determinam a formação do sofrimento psíquico.

Compreendemos (Aita, 2020) que a psicoterapia pode justamente atuar para que o sujeito tome consciência das determinações históricas e singulares de seu sofrimento psíquico e desenvolva, a partir disso, possibilidades de enfrentamento individual e coletivo de seu sofrimento. A análise da história do indivíduo, em estreita ligação com a história da sociedade capitalista, pode estabelecer-se como uma proposta de intervenção que possibilita ao sujeito tomar consciência dos determinantes que atuam para a formação de seu sofrimento, que constituíram a forma como ele compreende o mundo e a si mesmo e o modo como age sobre a realidade.

Ao longo deste item de nossa discussão, apresentaremos pressupostos que corroboram com o entendimento de que a psicoterapia pode atuar como promotora do desenvolvimento da consciência. Procuraremos explicitar também que o objetivo da tomada de consciência é desculpabilizar o sujeito hegemonicamente compreendido como único responsável por seu sofrimento e, ao mesmo temo, responsabilizá-lo como atuante nesse processo, além de como ser capaz de transformar sua realidade, dentro dos limites e das possibilidades dadas historicamente.

Conforme Almeida, Silva e Berenchtein Netto (2008), as intervenções baseadas na Psicologia Histórico-Cultural devem contrapor-se ao modelo biomédico de psicopatologia, constituindo-se como uma proposição que promova o desenvolvimento mais pleno da autonomia. Nesse sentido, a atuação do psicólogo deve possibilitar que o indivíduo conheça a realidade em que vive e a hierarquia de motivos que orientam sua atividade. Tal forma de intervenção pode firmar-se pela investigação das relações históricas e sociais que condicionam as estruturas da atividade e da consciência do sujeito, objetivando que ele desenvolva ações que permitam modificar as estruturas de sua atividade e suas relações com o mundo.

Clarindo (2020) discute que, na clínica histórico-cultural, dentre outros aspectos, o psicoterapeuta atua sob o processo de conscientização. Essa atuação possibilita que o indivíduo compreenda os processos macrossociais e microssociais que o perpassam na sociedade, assim como aprofunde sua consciência sobre a maneira como desenvolveu suas funções psicológicas superiores. Na psicoterapia, o processo de conscientização ocorre, principalmente, em relação aos processos que geram sofrimento.

PESQUISAS E PRÁTICAS SOBRE O SOFRIMENTO E O ADOECIMENTO COM FUNDAMENTOS NA PSICOLOGIA HISTÓRICO-CULTURAL

Como vimos, a formação do sofrimento psíquico é abordada pela Psicologia Histórico-Cultural, considerando sua relação intrínseca com o processo de construção histórica da vida social. O desenvolvimento das funções psíquicas do sujeito, suas vivências e histórias de vida são situadas historicamente no tempo e no interior da sociedade capitalista, assim como mediadas pelos modos específicos de vida de seu grupo social. Isso ocorre dentro do contexto das relações familiares, comunitárias, culturais e sociais que o sujeito está inserido.

Compreendemos que, na psicoterapia, ao analisar a trajetória de desenvolvimento do indivíduo, busca-se compreender como os processos críticos da vida social, que se construíram historicamente, contribuíram para a formação de seu sofrimento. A intervenção possibilita que o sujeito compreenda que suas vivências têm relação com a sociedade na qual está inserido, com o contexto cultural e com diferentes vivências de outras pessoas situadas nesse mesmo momento histórico (Aita, 2020).

As mediações do psicoterapeuta são direcionadas ao processo de formação da consciência do sujeito, incluindo sua autoconsciência, ou seja, à formação de sua compreensão em relação ao mundo e a si mesmo. O psicoterapeuta busca desvelar as raízes do processo de construção do sofrimento psíquico, indo além de sua mera manifestação aparente. Como afirma Vygotski (1997), a análise deve ser genética, no sentido de determinar as bases dinâmico-causais dos fenômenos, desvelar sua gênese, apreenden-do-os em seu movimento.

Os relatos do sujeito referem-se tanto à sua vida pessoal quanto expressam movimentos e tendências histórico-sociais mais ou menos predominantes na formação social e no momento histórico em que vivemos. Seu sofrimento é uma apresentação singular do modo de produção capitalista, que se construiu mediada pelos padrões de desgaste e reprodução dos grupos sociais de que participa. Isso quer dizer que é possível reconhecer no sofrimento individual determinadas tendências gerais, bem como a dinâmica própria do indivíduo que tensiona esse movimento geral.

Leontiev (1984) discute que o contexto social apresenta, para o indivíduo, necessidades sociais e afetivas que darão fundamento ao seu desenvolvimento. Na psicoterapia, busca-se possibilitar que o sujeito compreenda que existe uma formação histórica de nossas necessidades, que constroem as representações simbólicas e os motivos que orientam o comportamento humano. Dito de outra forma, o psicoterapeuta procura construir com o sujeito um processo de reflexão que o leve a entender quais são as necessidades e os motivos socialmente formados que orientam seu comportamento, como as relações geradas pela estrutura de uma sociedade dividida em classes sociais constroem sua visão de mundo e de si mesmo.

A atuação do psicólogo também se fundamenta nos pressupostos teóricos da periodização histórico-cultural do desenvolvimento, que explicita as especificidades que cada período da vida apresenta ao sujeito em nossa sociedade. É a partir da atividade (com destaque para a atividade dominante) e da linguagem que o sujeito se apropria do universo simbólico e cultural construído socialmente. Assim, as formulações teóricas a respeito da periodização são fundamentais para se pensar a psicoterapia voltada para cada etapa da vida.

Na idade adulta a atividade dominante é o trabalho (Moro-Rios, 2015). No atendimento de adultos, é fundamental compreender que a classe social e a categoria laboral a qual o sujeito pertence contribui centralmente para a formação dos padrões de desgaste de suas forças físicas e psíquicas. Conforme discutido por Almeida (2018), a fase atual do capitalismo, caracterizada pela acumulação flexível, impõe ao sujeito a necessidade de manter níveis elevados de disposição e energia biopsíquica. O contexto atual estabeleceu um aumento do ritmo de vida que demanda um constante e crescente dispêndio e desgaste de energia vital.

O modo de produção capitalista impulsiona o polo do desgaste, em detrimento do polo da restauração. Ademais, esse processo é agravado pela fragilização dos laços comunitários, pela redução dos espaços disponíveis para restauração das energias despendidas e pela falta de projetos de futuro e de sentido de vida que poderiam promover o desenvolvimento e a realização pessoal e coletiva dos indivíduos (Almeida, 2018).

Viapiana (2017) destaca que, em vez de ser um espaço de realização e um gerador de sentido para a vida, o trabalho, no contexto do capitalismo, se torna meramente um meio para garantir a sobrevivência. Nesse contexto, o sentido do trabalho não coincide com sua significação objetiva. Gradualmente, o trabalho perde sua capacidade de realização e de incorporar elementos que dão sentido à vida dos sujeitos. Como resultado, ele se transforma em uma atividade imposta, coercitiva e uma fonte de sofrimento.

As dinâmicas do atual modo de produção capitalista também levam a uma redução nas interações sociais fora do ambiente de trabalho, bem como a um empobrecimento das relações familiares e comunitárias. O aumento da competitividade gera uma diminuição da solidariedade e a perda de relações de suporte e de laços sociais. O foco nas demandas e pressões do trabalho pode resultar em um estreitamento dos círculos de amizade, bem como na diminuição das práticas de lazer e do tempo disponível para atividades fora do trabalho. Isso contribui para a sensação de que a vida social se limita cada vez mais à lógica do capital (Viapiana, 2017).

Soma-se a isso o processo de medicalização, naturalização e biologização do sofrimento e a responsabilização individual pelas condições de vida e de saúde, atribuindo as causas desse sofrimento a questões biológicas e individuais, ocultando suas raízes sociais. Todas essas condições elencadas podem ser desencadeadoras de quadros depressivos e outros problemas de saúde mental (Viapiana, 2017).

Os princípios teóricos que explicitam a configuração do mundo do trabalho e a crise contemporânea do sistema capitalista, vinculados aos princípios histórico-culturais da periodização do desenvolvimento que destacam o trabalho como atividade dominante na idade adulta, oferecem subsídios fundamentais ao psicoterapeuta para compreender os processos que dão sustentação para o desenvolvimento do sofrimento psíquico no contexto atual. No âmbito da psicoterapia, o objetivo é entender como esses elementos se configuram na vida singular daquele indivíduo que está sendo atendido (Aita, 2020).

O psicoterapeuta, portanto, tem a tarefa de investigar como as relações de trabalho e as relações alienadas geram desgaste das forças psíquicas e quais são as condições dadas para sua reprodução (como as relações sociais de apoio, os espaços individuais e coletivos de construção de sentido de vida). No processo de psicoterapia, o psicólogo se empenha em compreender como os processos críticos, destrutivos e protetores da sociedade capitalista em sua fase contemporânea, influenciam os padrões de desgaste e reprodução da categoria laboral específica à qual pertence o sujeito que busca atendimento.

Os padrões de desgaste e reprodução variam conforme a profissão que o sujeito ocupa, como vimos, e conforme sua orientação sexual, raça e etnia. Portanto, é crucial compreender como o racismo estrutural, o machismo, a violência de gênero e a violência dirigida à população LGBTQIAPN+ atuam sobre a saúde mental das pessoas que estão em processo psicoterapêutico.

A violência, em suas diversas manifestações, desempenha um papel decisivo no aumento da carga psíquica, no desgaste das forças físicas e mentais, agravada pela restrição de relações de suporte social, de restauração das forças, pela impossibilidade ou diminuição dos espaços de transformação dessa realidade. O racismo estrutural, a violência de gênero, a violência contra a população LGBTQIAPN+ atuam de forma socialmente determinada e notoriamente regular, resultando em padrões que desgastam tanto as capacidades físicas quanto psicológicas. As distintas formas de opressão exercem um papel determinante na formação do sofrimento psíquico (Almeida, 2018).

Essas dimensões particulares dão fundamento para a construção da forma com que o indivíduo se comporta. Também constroem a forma que o indivíduo sente e sofre. Por exemplo, a sociedade significa de diferentes formas os sentimentos experienciados por diferentes indivíduos. O significado social dado a um homem branco que vivencia o sentimento de raiva difere-se da forma como se significa uma mulher negra que vivencia o mesmo sentimento. Certas manifestações afetivas são entendidas como expressões de assertividade, força, poder, quando expressos por homens, enquanto são vistos como expressão de descontrole, instabilidade e fraqueza, quando expressos por mulheres. Essa diferença, socialmente construída, acaba por requalificar e modificar a própria forma como esses sujeitos sentem tais sentimentos. Os sentimentos dependem de quem é o sujeito que sente, qual o lugar social que esta pessoa ocupa, qual sua classe, gênero, sexualidade, raça e etnia. Os comportamentos e sentimentos são significados socialmente de forma diferente, dependendo da particularidade de cada grupo social mencionado.

No âmbito do processo terapêutico, as intervenções do terapeuta buscam levar o sujeito a compreender que diferentes emoções e sentimentos que ele vivencia desenvolveram-se a partir da apropriação da cultura. A maneira com que ele se relaciona com a alegria, o amor, a ansiedade, a culpa, o desemparo, o entusiasmo, a esperança, a frustração, o medo, o prazer, a raiva, a satisfação e a tristeza, dentre diferentes outros afetos, é construída socialmente, a partir do significado social desses afetos em cada momento histórico e contexto particular. A experiencia afetiva também depende das vivências específicas do indivíduo em sua vida singular, do sentido pessoal e da construção simbólica individual que faz sobre eles.

Como mencionado, a sociedade contemporânea atribui um significado predominantemente negativo ao sentimento de tristeza, concebendo-o como um obstáculo à produtividade, entre outros aspectos. Entretanto, a tristeza constitui uma faceta inerente à existência humana, relacionada com a possibilidade de transformação criativa da vida. No contexto da psicoterapia, as análises realizadas pelo terapeuta, por exemplo, podem evidenciar que tal sentimento é parte intrínseca da experiência humana, explicitando que somente é entendido como negativo dentro de uma sociedade que não propicia ao sujeito o tempo necessário para restauração suas energias psíquicas. E, além disso, expropria a riqueza construída por seu trabalho e limita os espaços de construção coletiva de sentido de vida.

É imprescindível compreender também que não há uma determinação mecanicista que representa que todos os sujeitos que compartilham as mesmas condições de vida sofrerão ou adoecerão da mesma maneira. Os processos que culminam em sofrimento psíquico, portanto, operam em uma dimensão singular, refletindo a complexidade das experiências humanas.

Sendo assim, é fundamental considerar que compreender o sofrimento psíquico requer uma abordagem que leve em consideração as experiências singulares de cada indivíduo. O sofrimento é construído por fatores sociais e estruturais, no interior da vida de cada pessoa. A compreensão da determinação social do sofrimento deve ser articulada com a análise da singularidade que contribui para o sofrimento, a tristeza e a perda de sentido na vida. Isso envolve a investigação da atividade e dos motivos, as contradições e os conflitos nela envolvidos, assim como a relação entre sentido e significado, como afirma Leontiev (1984).

Conforme Beatón (2017), a teoria vigotskiana aponta que o sujeito é ativo no processo de formação de sua personalidade. O sofrimento psíquico se constrói também a partir da forma como a pessoa age e atribui sentido pessoal à sua atividade e a cada momento de sua vida. Uma vivência abarca, dialeticamente, os significados apropriados a partir da cultura e os sentidos criados pelo próprio sujeito.

O indivíduo vivencia a cultura de forma ativa e mediada pelas experiências que vai vivendo ao longo de sua história. As experiências atuais dos adultos, por exemplo, são vivenciadas por intermédio dos conteúdos subjetivos que se formaram com as experiências anteriores atribuídas de sentido, em sua infância e na adolescência. Os sentidos pessoais são construídos a partir dos significados compartilhados pelos grupos sociais e do desenvolvimento psíquico singular do sujeito até aquele momento (Beatón, 2017).

A partir do entendimento de Vigotski a respeito da vivência como unidade entre personalidade e meio (Beatón, 2017; Vigotski, 2018), o terapeuta em suas intervenções explora tanto a significação social e simbólica das vivências relatadas, quanto o sentido pessoal que foi construído sobre elas. A mediação terapêutica visa a enfatizar a singularidade das vivências, o sentido pessoal que o sujeito constrói na concretude de sua vida, vinculado dialeticamente à significação social e ao universo simbólico cultural ao qual o indivíduo pertence.

Bien (2017) afirma que as intervenções terapêuticas na abordagem da Psicologia Histórico-Cultural têm como objetivo conectar a história de vida singular do sujeito às particularidades e à universalidade, considerando fatores históricos, sociais, econômicos e políticos que sustentam a existência singular da pessoa. Durante o processo terapêutico, o sujeito é encorajado a narrar sua história de vida, o que o leva a refletir ativamente sobre sua própria identidade, sua origem e suas vivências.

O psicoterapeuta busca apreender a relação dialética construída entre o significado social de uma vivência e o sentido pessoal, a forma como o sujeito se relaciona com aquela vivência, quais construções simbólicas ele cria a partir dela. Por meio do entendimento desse processo de formação da consciência e da personalidade do indivíduo, torna-se possível compreender melhor seu comportamento, suas motivações, suas angústias e o sofrimento psíquico que experimenta, bem como identificar suas potencialidades e os recursos para a ação.

A dimensão particular, especificada ao longo deste capítulo, que tem a potencialidade de gerar sofrimento, gerar desgaste, estabelece também, dialeticamente, a possibilidade de criação de esferas de renovação das capacidades humanas, tais como redes de apoio social e espaços individuais e coletivos construção de sentido de vida e luta pela transformação da realidade (Almeida; Bellenzani; Schühli, 2020).

As proposições terapêuticas, explicitadas neste capítulo, se fundamentam no pressuposto de que o conhecimento dos determinantes que atuam para a formação do comportamento humano e do sofrimento psíquico possibilita que o sujeito desenvolva uma ação no sentido de buscar transformar as condições individuais e sociais que geram sofrimento e/ou modificar seu comportamento e posicionamento diante dessas condições. Ademais, permite ao sujeito ter maior controle voluntário sobre seu próprio comportamento, maior capacidade de planejamento e possibilidade de ações (Vygotski, 2000).

Conforme Clarindo (2020), no processo de reflexão mediado pelo terapeuta, o sujeito desenvolve uma metacompreensão dos próprios processos psíquicos. Tal metacompreensão abrange a identificação dos signos que desempenham um papel mediador nos processos psíquicos, junto ao desenvolvimento de novos signos. "[...] O sujeito torna-se mais dono de si na medida em que utiliza ferramentas culturais que o permitam controlar a própria conduta de maneira consciente" (Clarindo, 2020, p. 86).

A tomada de consciência contribui para a construção de estratégias de enfrentamento, tanto em nível individual quanto coletivo, dentro dos limites e das possibilidades historicamente determinadas, que visem a transformar as condições subjacentes ao sofrimento (Bien, 2017). Ao formar sua consciência sobre sua história pessoal e social, o sujeito pode decidir com mais autodomínio o que quer para si e para a sociedade como um todo e pode, então, por meio da ação coletiva, lutar para modificar a realidade social.

É evidente que a modificação das condições que engendram o sofrimento psíquico depende, antes de tudo, da alteração dos modos estruturais de vida que o produzem. Contudo, Almeida (2018) destaca que, em fases de crise do sistema capitalista, se observa um acentuado aumento nas tentativas de naturalizar e biologizar o sofrimento, frequentemente acompanhadas por ataques significativos aos direitos laborais e pela limitação de políticas sociais. O obscurecimento das origens sociais do sofrimento psíquico acarreta sérias repercussões para os indivíduos, os quais, por exemplo, experimentam incompreensão em relação ao seu sofrimento e enfrentam isolamento no enfrentamento de seus sintomas. Diante desse cenário, torna necessária a construção de proposições interventivas psicoterapêuticas que busquem desculpabilizar o sujeito hegemonicamente entendido como principal ou até mesmo único responsável por seu sofrimento, ao mesmo tempo que o impliquem como ativo nesse processo histórico de construção e como capaz de agir sobre ele.

Em síntese, nossa proposição se baseia no princípio de que, quando o sujeito toma consciência das relações que contribuem para a formação de sua consciência, sua personalidade e seu sofrimento e reconhece seu papel ativo nesse processo, ele poderá construir novas condições para lidar com seu próprio sofrimento. Compreender o modo histórico e social pelo qual a vida se forma, incluindo seus nexos e processos formadores, bem como a percepção de seu papel atuante nessa construção, viabiliza ao sujeito a capacidade de desenvolver um maior domínio sobre sua vida. A tomada de consciência dos determinantes que constroem sua vivência de sofrimento individual e social possibilita ao sujeito construir formas de enfrentamento individuais e coletivas de seu sofrimento psíquico (Aita, 2020).

CONSIDERAÇÕES FINAIS

Tendo em vista a necessidade de delimitação da temática proposta, nossa discussão se voltou para a possibilidade de intervenção psicoterapêutica individual com adultos, aprofundando o objetivo terapêutico de atuação sobre o processo de formação de consciência e de sofrimento psíquico. A Psicologia Histórico-Cultural dá fundamento para a construção de uma gama diversificada de outras intervenções terapêuticas, cada uma delas repleta de conteúdo e dotada de potencialidade para ação.

As pessoas procuram atendimento psicoterapêutico por motivos muito distintos. Cada uma delas tem uma demanda específica, que exige a construção de diferentes objetivos terapêuticos e distintas estratégias de manejo. O sofrimento psíquico é construído de forma particular e singular. Ressaltamos, portanto, que a proposição terapêutica discutida neste estudo não deve ser o único objetivo da psicoterapia, nem indiscriminadamente a proposta interventiva indicada para o atendimento de todas as demandas que envolvam sofrimento. O planejamento do processo terapêutico deve ser elaborado a partir de cada demanda específica, levando em consideração as necessidades e características de cada sujeito.

Ainda em tempo, é fundamental ressaltar que o processo de conscientização é condicionado pelo contexto histórico em que estamos inseridos. Os procedimentos de análise e intervenção do terapeuta, assim como os processos de conscientização do sujeito, são inevitavelmente permeados pelas determinações ideológicas e históricas do contexto em que estamos inseridos. Além disso, a reflexão intelectual não é capaz, sozinha, de transformar a realidade. Em cada época, são as condições materiais e a luta social que desempenham um papel primordial no desenvolvimento da consciência humana (Delari Junior, 2013). Além disso, é inegável que um indivíduo não possui o poder de modificar todos os processos críticos da vida que conformam seu sofrimento psíquico, mesmo que desenvolva consciência deles.

Entretanto, entendemos que o processo psicoterapêutico pode atuar como um sistematizador de reflexões, colaborando para a construção de novas possibilidades de ação do sujeito, para o desenvolvimento de sua autonomia. Essas reflexões dão possibilidade para que o indivíduo se engaje de maneira coletiva com grupos sociais, buscando promover a transformação das conjunturas sociais que resultam em sofrimento e do sistema de exploração entre os seres humanos, direcionando para um horizonte de emancipação humana, ainda que limitada pela sociedade capitalista. A intervenção do psicólogo pode constituir-se como um dos elementos que contribuirão para que o sujeito construa sua consciência sobre sua própria formação social e se posicione e se articule, de forma individual e coletiva, na luta pela transformação das condições históricas, sociais e singulares que produzem sofrimento.

O expressivo contingente de trabalhadores em adoecimento e as atuais explicações naturalizantes, biologizantes e culpabilizadoras dos indivíduos tornam necessária a construção de práticas interventivas psicoterapêuticas que fortaleçam as pessoas em sofrimento, contribuindo para possibilitar que elas participem de projetos de transformação das condições individuais e sociais de vida que produzem exploração, opressão, desamparo e perda de sentido de vida.

Partindo dos princípios da Psicologia Histórico-Cultural, compreende-mos que o papel da Psicologia em suas diversas áreas de atuação está intrin-secamente ligado ao desenvolvimento e à emancipação humana, apontando para a superação dos processos alienantes e de exploração, em sua maioria, adoecedores, próprios da sociedade capitalista. A atuação do psicólogo deve somar forças para a construção de projetos coletivos de transformação da sociedade e da construção de uma vida mais plena de sentido.

REFERÊNCIAS

AITA, E. B. *Psicoterapia enquanto possibilidade de intervenção sobre o processo de formação de consciência:* uma análise histórico-cultural. 2020. 207 f. Tese (Doutorado em Psicologia)– Programa de Pós-Graduação em Psicologia, Universidade Estadual de Maringá, Maringá, 2020.

ALMEIDA, M. R. de. *A formação social dos transtornos do humor.* 2018. 417 f. Tese (Doutorado em Saúde Coletiva). Programa de Pós-graduação em Saúde Coletiva, Faculdade de Medicina de Botucatu, Universidade Estadual Paulista Júlio de Mesquita Filho, Botucatu, 2018.

ALMEIDA, M. R. de; BELLENZANI, R.; SCHÜHLI, V. M. A dialética singu-lar-particular-universal do sofrimento psíquico: articulações entre a Psicologia Histórico-Cultural e a teoria da determinação social do processo saúde-doença. *In:* TULESKI, Silvana Calvo; FRANCO, Adriana de Fátima; CALVE, Tiago Morales. (org.). *Materialismo Histórico-Dialético e Psicologia Histórico-Cultural:* expressões da luta de classes no interior do capitalismo. Paranavaí: EduFatecie, 2020. p. 227-270.

ALMEIDA, S. H. V. de; SILVA, F. G. da; BERENCHTEIN NETTO, N. *Princípios para uma psicopatologia histórico-cultural.* IX ENCONTRO REGIONAL DA ABRAPSO-SP e VIII ENCONTRO LOCAL DE PSICOLOGIA SOCIAL COMUNITÁRIA – ABRAPSO: Balanço de uma Luta! História e Devir. Bauru, 2008. Disponível em: http://abrapso. Org.br/siteprincipal/images/anais/versao_preliminar_anais_ ixenc_reg_sp.pdf. Acesso em: 6 dez. 2023.

BEATÓN, G. A. Vivência, atribuição de sentido e subjetivação da atividade, a comunicação e relações sociais. *In:* BERNARDES, Maria Eliza Mattosinho; BEATÓN, Guillermo Arias (org.). *Trabalho, Educação e Lazer:* contribuições do enfoque histórico-cultural para o desenvolvimento humano. São Paulo: Escola de Artes, Ciências e Humanidades, 2017. p. 143-214.

BIEN, E. da S. G. *Psicologia Histórico-Cultural, atendimento a grupos e a arte como estratégia psicoterapêutica:* os olhos nas imagens e o olhar para a vida. 2017. 314 f. Dissertação (Mestrado em Psicologia). Programa de Pós-Graduação em Psicologia, Universidade Estadual de Maringá, Maringá, 2017.

BREILH, J. La determinación social de la salud como herramienta de transformación hacia una nueva salud pública (salud colectiva). *Ver. Fac. Nac. Salud Pública*, v. 31, n. 1, p. 13-27, 2013.

CANGUILHEM, G. *O normal e o patológico.* 4. ed. Rio de Janeiro: Forense Universitária, 1995.

CLARINDO, J. M. *Clínica histórico-cultural*: caracterizando um método de atuação em psicoterapia. 2020. 205 f. Tese (Doutorado em Psicologia) – Programa de Pós-Graduação em Psicologia, Universidade Federal do Ceará, Fortaleza, 2020.

DELARI JUNIOR, A. *Vigotski:* consciência, linguagem e subjetividade. Campinas: Editora Alínea, 2013.

LAURELL, A. C. Primeira parte. *In:* LAURELL, Asa Cristina; NORIEGA, Mariano. *Processo de produção e saúde:* trabalho e desgaste operário. São Paulo: Hucitec, 1989. p. 20-144.

LEONTIEV, A. N. *Actividad, personalida y personalidade.* Cidade do México: Editorial Cartago México, 1984.

MARINO FILHO, A. Atividade, significação e sentido: bases do sofrimento psicológico e a especificidade do adoecimento do professor. *In:* FACCI, Marilda Gonçalves

PESQUISAS E PRÁTICAS SOBRE O SOFRIMENTO E O ADOECIMENTO COM
FUNDAMENTOS NA PSICOLOGIA HISTÓRICO-CULTURAL

Dias; URT, Sonia da Cunha. (org.). *Quando os professores adoecem:* demandas para a psicologia e a educação. Campo Grande: Ed. UFMS, 2020. p. 73-104.

MARTINS, L. M. *O desenvolvimento do psiquismo e a educação escolar:* contribuições à luz da psicologia histórico-cultural e da pedagogia histórico-crítica. Campinas: Autores Associados, 2015.

MONTEIRO, P. V. R. *A unidade afetivo-cognitiva:* aspectos conceituais e metodológicos a partira da psicologia histórico-cultural. 2015. 198 f. Dissertação (Mestrado Psicologia). Programa de Pós-Graduação em Psicologia, Universidade Federal do Paraná, Curitiba, 2015.

MORO-RIOS, C. F. *O trabalho como atividade principal na vida adulta:* contribuições ao estudo da periodização do desenvolvimento psíquico humano sob o enfoque da psicologia histórico-cultural. 2015. 138 f. Dissertação (Mestrado em Psicologia) – Programa de Pós-graduação em Psicologia, Universidade Federal do Paraná, Curitiba, 2015.

SILVA, F. G. da. Subjetividade, individualidade, personalidade e identidade: concepções a partir da psicologia histórico-cultural. *Psicologia da Educação*, v. 28, p. 169-195, 2009.

SILVA, R. *A biologização das emoções e a medicalização da vida:* contribuições da Psicologia Histórico-Cultural para a compreensão da sociedade contemporânea. 2011. 279 f. Dissertação (Mestrado em Psicologia). Programa de Pós-Graduação em Psicologia, Universidade Estadual de Maringá, Maringá, 2011.

VIAPIANA, V. N. *A depressão na sociedade contemporânea:* contribuições da teoria da determinação social do processo saúde-doença. 2017. 180 f. Dissertação (Mestrado em Saúde Coletiva)- Programa de Pós-Graduação em Saúde Coletiva, Universidade Federal do Paraná, Curitiba, 2017.

VIGOTSKI, L. S. Quarta aula: o problema do meio na pedologia. *In:* VIGOTSKI, Lev Semionovitch. *Sete aulas de L. S. Vigotski sobre os fundamentos da Pedologia.* Rio de Janeiro: e-Papers, 2018. p. 73-92.

VYGOTSKI, L. S. Diagnóstico del desarrollo y clínica paidológica de la infancia difícil. *In:* VYGOTSKI, Lev. Semionovitch. *Obras Escogidas V.* Madri: Visor, 1997. p. 175-338.

VYGOTSKI, L. S. Historia del desarrollo de las funciones psíquicas superiores. *In:* VYGOTSKI, Lev Semionovitch. *Obras Escogidas III.* Madri: Visor, 2000. p. 11-340.

VYGOTSKY, L. S. *A transformação socialista do homem.* URSS: Varnitso, [1930] jul. 2004. Disponível em: https://www.marxists.org/portugues/vygotsky/1930/mes/transformacao.htm. Acesso em: 8 dez. 2023.

CAPÍTULO 5

O TRIPÉ INTERVENTIVO DA CLÍNICA PSICOTERÁPICA HISTÓRICO-CULTURAL: HISTORICIDADE, CONSCIENTIZAÇÃO E INSTRUMENTALIZAÇÃO

Janailson Monteiro Clarindo

INTRODUÇÃO

A clínica psicoterápica é uma das áreas de atuação da Psicologia que mais comumente é associada ao tratamento de pessoas com doenças mentais ou problemas psicológicos gerais. Isso se deve ao fato de que, entre outras coisas, inicialmente, a área derivou diretamente da prática da clínica médica, cuja principal função era avaliar sintomas e realizar um diagnóstico para posterior tratamento de patologias (Dutra, 2004; Lima, 2010).

Mesmo que saibamos que as raízes da clínica psicológica estejam assentadas no saber médico, não seria justo dizer que, hoje, as áreas se confundem, pois o que fazer do profissional de psicologia tem sido, há algum tempo, permeado por discussões acerca da importância de uma abordagem humanizada e focada na escuta, na acolhida e na aceitação, não em uma intervenção generalista a partir de análises focadas em sintomas, à semelhança da clínica médica tradicional (Cordioli; Grevet, 2019).

Entendemos, porém, que, mesmo que haja tal esforço na direção de uma maior humanização do tratamento psicoterápico dos problemas mentais, isso não é suficiente para que tais problemas sejam analisados de uma maneira global, contextualizada com a realidade social e material de nosso país. Para isso, é necessário que vejamos o sofrimento psíquico não apenas como sendo produzido por desajustes no funcionamento do sistema nervoso, mas também como fruto de relações materiais e sociais adoecedoras. Para termos essa visão global do sofrimento e do adoecimento psíquico na clínica psicoterápica, aliando fatores biológicos e socioculturais, é necessário lançarmos mão de uma teoria que em sua base já considere esses elementos como sendo interligados na análise do desenvolvimento humano. Acreditamos que a Psicologia Histórico-Cultural pode servir a esse papel.

Dizemos isso porque a Psicologia Histórico-Cultural estuda as funções psicológicas superiores, que são as capacidades mentais tipicamente humanas, e considera que elas estão imbricadas com o contexto social e material das pessoas. Tais capacidades, como explicado por Vygotsky (1991, 1995, 2000, 2007), só são possíveis de existir devido à mediação de instrumentos culturais construídos no âmago da sociedade. Ao realizar essas ações mediadas, o sujeito supera seus limites biológicos e dá um salto qualitativo em termos de possibilidades interacionais com o mundo e com os outros (Wertsch, 1998). Dito de outra forma, a maneira como pensamos, agimos e até sentimos é mediada social e culturalmente. Sendo assim, tanto o funcionamento mental saudável como o patológico devem ser analisados por meio do prisma biológico (verificação de lesões cerebrais, má-formação neuronal etc.) e do sociocultural (expectativas contextuais, condições de trabalho, exposição à ambientes insalubres etc.).

Tendo isso em vista, uma clínica psicoterápica baseada na Psicologia Histórico-Cultural deve enxergar os sujeitos em terapia de maneira global, levando em consideração suas linhas de desenvolvimento biológicas e socioculturais. Da mesma maneira, os processos interventivos que enfoquem as queixas trabalhadas na clínica não devem objetivar o simples desaparecimento de sintomas, mas a compreensão das raízes multifatoriais de seu surgimento e posterior instrumentalização do sujeito para que ele possa mediar seu próprio desenvolvimento de maneira mais saudável.

Levando esses elementos em consideração, a partir de nossas mais recentes pesquisas na área (Clarindo, 2020a, 2020b, 2023a, 2023b, 2023c; Paiva; Clarindo, 2022), bem como de nossa atuação por quase uma década na clínica psicoterápica de base histórico-cultural, construímos a ideia de que as intervenções do psicoterapeuta nesse contexto têm uma tríade como base. Caso tenhamos a intenção de fazer uma atuação que seja fiel aos princípios teóricos e metodológicos da teoria de Vygotsky (1991, 1995, 2000, 2007), acreditamos que a intervenção na clínica deve seguir o seguinte tripé: analisar e respeitar a historicidade do sujeito; buscar a conscientização do sujeito a respeito da origem de suas queixas e de suas relações com o entorno e consigo mesmo; e instrumentalizá-lo com novas ferramentas culturais que possam mediar suas relações de maneira mais saudável e na direção de seus objetivos planejados de maneira consciente e crítica.

Os objetivos deste texto são apresentar e entender como os elementos dessa tríade devem ser trabalhados na clínica psicoterápica e discorrer sobre como cada uma das bases desse tripé alinha-se com os princípios da Psicologia Histórico-Cultural.

Antes, porém, é necessário analisarmos o perfil do sujeito que busca a psicoterapia hoje e as origens de seu sofrimento.

UMA CLÍNICA PSICOTERÁPICA CRÍTICA PARA UM SUJEITO CONCRETO

A prática psicoterápica foi historicamente associada e até hoje é estigmatizada como fazendo parte de uma área que serve às elites, sendo praticamente inacessível à população pobre. Justamente por esse estigma, diversas reflexões têm sido feitas no sentido de aproximar a psicoterapia de uma visão mais crítica acerca da sociedade e das pessoas, possibilitando a criação de caminhos que levem ao crescimento de ações (como políticas públicas) que aproximem a psicoterapia da população em geral, tanto na teoria como na prática. Por conta disso, discussões acerca de práticas psicoterápicas que se aproximem de uma clínica ampliada (Kahhale; Montreozol, 2019), ou que ponham em xeque uma ótica embasada unicamente em um paradigma biomédico, ganham força.

Na esteira dessas discussões, estudos acerca de uma clínica histórico-cultural têm sido cada vez mais necessários, tendo em vista o caráter crítico já citado da Psicologia Histórico-Cultural. A clínica psicoterápica histórico-cultural lança mão de uma visão da sociedade altamente alicerçada nas bases filosóficas marxianas, o que quer dizer que o Materialismo Histórico-Dialético (Marx, 2007) fornece ao psicoterapeuta uma ótica peculiar na compreensão do sofrimento psíquico daquele que busca tratamento. Além disso, podemos dizer que o psicoterapeuta histórico-cultural é potencialmente um agente transformador dessa realidade que ainda contém características de uma prática tradicional centrada nas demandas de uma única classe social.

Tendo isso em vista, como podemos construir uma prática psicoterápica crítica e consciente? Para isso, é necessário compreendermos como a Psicologia Histórico-Cultural, com seus princípios advindos do Materialismo Histórico-Dialético, compreende o ser humano que busca a terapia e sua relação com o mundo.

Sève (2018) nos ajuda a entender o quão próximos estão os princípios da Psicologia Histórico-Cultural e do Materialismo Histórico-Dialético em si. Marx (2007) explica que as análises das leis gerais que controlam o funcionamento do mundo material são impossíveis de ser realizadas apenas ao se observar a superfície da manifestação imediata dos fenômenos, uma vez que o real é multideterminado, sendo seu entendimento dependente da dinâmica interna e contraditória que o forma, das tensões internas desse real.

Essa noção fundamental é a base dos princípios do método de Vygotsky (1995, 2007, 2017): analisar processos, e não objetos; explicar, e não descrever (buscar a essência dos fenômenos); e atentar-se e explicar os comportamentos já fossilizados, aqueles que já foram cristalizados pelo sujeito. Observemos que por trás de cada um desses princípios está a noção marxiana de que não devemos ater-nos apenas à aparência dos objetos, pois a real explicação de sua existência reside no movimento interno e contraditório típico das relações humanas.

Ao observar a queixa de uma pessoa em terapia, portanto, o psicoterapeuta histórico-cultural tentará discutir os elementos globais que perpassam tal queixa, superando a superfície sintomática e levando a discussão para o campo das relações históricas e materiais humanas.

Com efeito, a noção de dialética é fundamental na compreensão da formação da sociedade e do psiquismo humano. Por dialética, entendemos o processo que se inicia com o conflito que surge a partir da colisão de dois elementos com características distintas e, por vezes, contrárias, que, posteriormente, gera uma síntese, uma nova realidade que conserva caraterísticas dos elementos anteriores, mas é qualitativamente nova. Marx (2007) usou esse princípio para explicar as transformações sociais por meio de lutas de classe, para analisar a relação entre estrutura e superestrutura nas sociedades humanas e, de maneira ainda mais essencial, para explicar a relação de transformação mútua entre o ser humano e a natureza.

Vygotsky (1995, 2007, 2017), por sua vez, levou tal discussão para o âmbito do desenvolvimento psicológico humano e teceu reflexões sobre uma compreensão de desenvolvimento baseada em crises, em que cada crise leva a uma síntese dialética que dá ao sujeito ferramentas para lidar com as novas demandas sociais ligadas a ele (Facci, 2004).

A noção de dialética também nos ajuda a compreender a perspectiva de uma transformação histórica do sujeito, pois este se desenvolve a partir das características do mundo material ao seu redor, mas também é capaz de transformá-lo de maneira intencional por meio do uso de instrumentos. Dizemos que o próprio cerne do sujeito é criado a partir dessa relação, e não apenas influenciado por ela. Dicotomias como interno-externo, sujeito-objeto, individual-coletivo e material-simbólico são superadas a partir de uma perspectiva dialética.

A pessoa que busca terapia confunde-se com seu entorno material e social e, ao mesmo tempo, pode transformá-lo. Assim, podemos dizer que "expandimos o campo de interpretação dos transtornos mentais, voltando-nos para as condições do meio e de desenvolvimento do homem adoecido nesta ou naquela forma social de organização humana" (Silva, 2014, p. 101).

Dessa forma, uma clínica psicoterápica histórico-cultural não pretende focar na superfície das queixas trazidas para a terapia, mas tentar analisar as raízes delas, tanto na própria história de vida do sujeito, como nos meandros de sua relação com outras pessoas, identificando, inclusive, possíveis situações de opressão, injustiças e violências.

> [...] a vulnerabilidade e o risco do indivíduo são sempre considerados, e o diagnóstico é feito não só pelo saber dos especialistas clínicos, mas levando em conta a história de quem está sendo cuidado. [...] [Devemos] repensar o desenvolvimento das psicopatologias, tirando-as exclusivamente de visões naturalizantes sobre o processo saúde-doença e buscando explicar sua gênese e sua relação com a vida social da contemporaneidade, na intensificação da exploração capitalista dos trabalhadores, e, consequentemente, no aumento dos processos de sofrimento a partir das relações sociais pautadas em um individualismo excessivo (Kahhale; Montreozol, 2019, p. 186).

A clínica psicoterápica histórico-cultural, como se vê, pretende-se uma prática assentada na materialidade do mundo, focada na historicidade inerente ao desenvolvimento humano, objetivando o aprofundamento de consciência.

Podemos entender tais ideias a partir de um prisma filosófico ou conceitual, mas, muitas vezes, para o profissional de psicologia que pretende seguir a linha da clínica psicoterápica, a compreensão prática da atuação é de difícil entendimento. Tendo isso em vista, a seguir, pretendemos discutir o que entendemos como sendo as bases da intervenção clínica do psicoterapeuta que segue a Psicologia Histórico-Cultural. Vejamos, enfim, o que é o tripé interventivo da clínica histórico-cultural.

O TRIPÉ INTERVENTIVO DA CLÍNICA HISTÓRICO-CULTURAL

Primeiro pilar: historicidade

Podemos dizer que, no Brasil, a clínica psicoterápica histórico-cultural é uma área de atuação que ainda está em seus primeiros estágios de construção, mesmo no que diz respeito aos seus princípios mais fundamentais de atuação. Tendo isso em vista, acreditamos que a maneira mais coerente de pensar as intervenções do psicoterapeuta dessa linha é sendo fiel aos princípios teóricos e metodológicos da Psicologia Histórico-Cultural em si, esta sim já bem consolidada nos âmbitos teórico e práticos da Psicologia.

Com efeito, para pensarmos a maneira como o profissional deve portar-se e, mais especificamente, intervir no contexto clínico lançando mão da Psicologia Histórico-Cultural como base, devemos considerar ideias fundamentais da teoria que explicam o fenômeno do desenvolvimento humano. A primeira dessas ideias é a noção de que o ser humano é constituído historicamente, sendo, portanto, a historicidade o primeiro pilar do tripé interventivo da clínica histórico-cultural. Vamos entender melhor o que isso quer dizer.

Para isso, convidamos o leitor a imaginar conosco um caso fictício que servirá de base para analisarmos as intervenções do psicoterapeuta histórico-cultural e, por ora, a noção de historicidade na clínica.

Digamos que uma mulher chamada Mara procura atendimento psicoterapêutico por entender que passa por um período de adoecimento mental. Mara tem 32 anos, não tem filhos, mora sozinha e trabalha como corretora de imóveis. Ela acaba de passar por uma separação e diz que, desde então, tem sofrido bastante com o afastamento de sua ex-companheira, Lúcia, com a qual esteve casada por três anos. Mara não conta com uma rede de apoio consolidada, pois possui poucos amigos e não fala com seus pais há alguns anos, segundo ela, porque eles não aceitaram bem quando ela assumiu ser homossexual. A separação com Lúcia foi motivada por constantes discussões que eram geradas por inúmeros motivos. Segundo ela, a maioria fúteis, mas, nos últimos meses, Lúcia vinha demonstrando, cada vez mais, um desejo por viver experiências românticas e sexuais com outras pessoas, o que Mara não aceitava, e isso acabava por gerar brigas mais sérias. Por fim, Lúcia informou a Mara que preferiria separar-se dela para não a trair e acabou saindo definitivamente de casa. Desde a saída de

PESQUISAS E PRÁTICAS SOBRE O SOFRIMENTO E O ADOECIMENTO COM
FUNDAMENTOS NA PSICOLOGIA HISTÓRICO-CULTURAL

Lúcia, que ocorreu seis meses atrás, Mara relata estar sentindo uma tristeza profunda, desânimo generalizado, anedonia e, ultimamente, tem tido ideações suicidas. Mara afirma achar estar com depressão. Essas foram as condições a partir das quais ela procurou ajuda psicoterápica.

A partir desse caso fictício, tentemos entender a importância da historicidade na intervenção clínica histórico-cultural. O ponto inicial para nós é a compreensão da maneira como se forma a personalidade do sujeito no decorrer de seu desenvolvimento. Sabemos que as dimensões biológica e sociocultural se entrelaçam para formar a personalidade, porém a visão específica que a Psicologia Histórico-Cultural traz é a de que o contexto sociocultural não apenas *influencia* na formação da personalidade, mas a *constitui*. Explicando melhor, nas palavras de Vygotsky (2000 p. 25), "a relação entre as funções psicológicas superiores foi outrora relação real entre pessoas. Eu me relaciono comigo tal como as pessoas relacionaram-se comigo".

Isso quer dizer que a linguagem desenvolvida pelo sujeito no decorrer de sua vida tem como base a linguagem externa usada, primeiramente, para que os outros se referissem a ele, depois para que os outros interagissem com ele e, por fim, para que o sujeito interagisse consigo mesmo. Dessa maneira, ao invés de entendermos as funções psicológicas como possuindo uma estrutura embrionária biológica que apenas floresce com a interação social, entendemos que elas se constroem tendo como base as estruturas socioculturais nas quais a pessoa está imersa.

Com efeito, as funções psicológicas passam por três estágios: em si, para os outros e, por fim, para si. Assim, as funções psicológicas, que, em interação, constituirão a personalidade, primeiro, se constroem no coletivo em forma de relação entre as pessoas, depois passam a ser base para a maneira como o sujeito se comunica consigo mesmo.

Levando essas noções para o caso de Mara, entendemos que a gênese do sofrimento dela não está apenas no episódio do término em si, mas na maneira como ela, no decorrer de sua história de vida, desenvolveu suas funções psicológicas, em especial sua linguagem. Conhecer a história de Mara permitir-nos-á entender como ela desenvolveu seu discurso interno, como ela enxerga a si mesma, que limitações e potencialidades ela acredita possuir e de que instrumentos mediadores ela dispõe para lidar com suas situações-problema.

É tentador para o profissional dispor de técnicas prontas para manejar um caso "como o de Mara", no entanto, entendo a noção de historicidade na clínica, vemos que cada sujeito deve ser compreendido de maneira única, sendo suas idiossincrasias respeitadas e consideradas. E a maneira que temos de fazer isso é compreendendo a história do sujeito e sua singularidade (Rey, 2007).

Além disso, ao levarmos em consideração a sua historicidade no âmbito da clínica, estamos sendo fiéis aos princípios do método de Vygotsky (1995, 2007, 2017), que trabalhamos anteriormente neste capítulo. Mergulhando um pouco mais nessa ideia, podemos dizer que um dos principais objetivos do autor era construir um método que tivesse como base o Materialismo Histórico-Dialético, levando em consideração a dialética inerente ao desenvolvimento humano, que é permeado por conflitos, crises e transformações. Desse intento vem uma de suas mais célebres frases, a de que o método "é, ao mesmo tempo, pré-requisito e produto, o instrumento e o resultado do estudo" (Vygotsky, 2007, p. 69). Esse método é conhecido hoje, dentre outras denominações, como método genético e nos serve como guia para práticas psicológicas nas mais diversas áreas.

Mas de que maneira os princípios desse método podem ajudar-nos a entender como a noção de historicidade é um dos pilares da clínica psicoterápica histórico-cultural? Como vimos, o método genético preconiza que devemos analisar processos, e não objetos, o que significa dizer que não devemos apenas nos ater ao fenômeno analisado tal como ele se apresenta agora, mas reconstruir geneticamente os momentos mais importantes da história de seu desenvolvimento, voltar para suas etapas iniciais, convertendo, assim, objeto em processo. Para entender a etapa do desenvolvimento na qual se encontra a pessoa, portanto, é preciso entender a história de seu desenvolvimento.

Ainda levando em consideração o método genético, este diz que devemos focar na explicação genotípica dos fenômenos, e não em sua descrição fenotípica. Ou seja, o fenômeno não é definido por sua forma aparente, mas por sua origem, por sua gênese sociocultural. Assim, esse tipo de análise interessa-se "pelo surgimento e aparição, pelas causas e condições e por todos os vínculos reais que constituem os fundamentos de algum fenômeno" (Vygotsky, 1995, p. 103).

O método genético é nossa bússola no que diz respeito a uma prática histórico-cultural. Assim sendo, levar em considerações seus princípios básicos é entender que o desenvolvimento é, em realidade, história do desenvolvimento. Portanto, considerar a historicidade como um dos três pilares de uma clínica histórico-cultural é ser fiel à noção de desenvolvimento da teoria, bem como ao seu método original.

Empregar essas reflexões ao caso de Mara, que descrevemos, implica a adoção de uma postura bastante específica por parte do psicoterapeuta histórico-cultural. Vejamos.

Segundo nossa descrição, Mara relata que começa a apresentar sintomas normalmente associados a um transtorno depressivo após o término com Lúcia. Seria óbvio pensar que foi justamente esse término o evento original que desencadeou a aparição desses sintomas. Portanto, poder-se-ia focar as intervenções na maneira como Mara vivenciou esse término, na maneira como ela deu significado à separação e nas emoções advindas disso. Apesar de esse tipo de abordagem ser razoável, assumi-la desconsideraria todas as questões sobre o papel da historicidade na formação da personalidade do sujeito. Destarte, quaisquer intervenções feitas pelo psicoterapeuta, que não levassem em consideração a história do desenvolvimento de Mara, seriam superficiais e genéricas, não respeitando nem os princípios teórico-metodológicos da teoria, nem a singularidade de Mara.

Antes de propor ou construir conjuntamente qualquer estratégia para superar os sintomas descritos por ela, o psicoterapeuta deve fazer uma longa investigação a respeito de sua história de vida. Isso pode ser feito por meio de perguntas problematizadoras (Clarindo, 2020, 2023a), estratégia que trouxemos para a clínica histórico-cultural por entender que representa bem a proposta da abordagem de enxergar o desenvolvimento de maneira dialética. Tais perguntas problematizadoras podem ser exploratórias, cuja função é ajudar os sujeitos da relação terapêutica a criarem uma compreensão mais ampla do que está sendo descrito; ou geradoras de crise, que têm como função mobilizar o pensamento do sujeito em tratamento a partir da percepção de uma contradição ou da apresentação de uma forma diferente de se entender a queixa relatada.

Aprofundando-se na história de Mara, poder-se-ia discutir questões que estão na origem de seus comportamentos em relação aos outros, assim como na origem da maneira como ela pensa a respeito de si mesma. Ela e o terapeuta poderiam explorar diversos aspectos de sua história, como sua relação com amigos e familiares; a história de seus traumas e dificuldades comportamentais; a maneira como compreendeu sua sexualidade no decorrer da vida; suas relações românticas de uma maneira geral; outras possíveis fases da vida nas quais apresentou sintomas semelhantes.

Enfim, discutir sobre a história do desenvolvimento de Mara é o primeiro passo do processo terapêutico. Após esse aprofundamento inicial, o psicoterapeuta histórico-cultural tem a possibilidade de seguir para as próximas etapas de sua intervenção com maior segurança e responsabilidade. Veremos, a seguir, como toda essa discussão nos leva a um ponto fundamental da intervenção nessa área: a busca pela conscientização.

Segundo pilar: conscientização

Desde o início de seus escritos, Vygotsky (1999) demonstra que seu interesse reside, principalmente, nos fenômenos conscientes do psiquismo humano. Deixa isso claro, inclusive, ao fazer críticas à teoria freudiana (Santos; Leão, 2014), na década de 1930, dizendo que, se Freud estava interessado em conhecer as profundezas da mende humana, ele, Vygotsky, gostaria de elaborar uma psicologia das alturas. O que significa dizer que a consciência humana era o seu foco. Compreender o que era a consciência e como ela se desenvolvia significaria entender como são possíveis os comportamentos humanos voluntários, como nós conseguimos controlar nossa própria conduta.

Aliando-se tal interesse à noção anteriormente discutida a respeito da formação da personalidade submetida às condições socioculturais, temos um conceito de consciência que não pode ser desassociado das condições materiais reais nas quais a pessoa se encontra. Vimos que as funções psicológicas superiores existem primeiro em si, ou seja, em sua forma elementar, depois para os outros e, por fim, para si, voltando-se para o próprio sujeito. Esse caminho pode ser visto com bastante clareza quando analisamos a consciência, mesmo que esta não seja exatamente uma função psicológica superior, pois é qualitativamente diferente delas, assumindo, inclusive, uma função ainda mais importante no psiquismo humano, sendo ela o próprio sistema que organiza as funções (Toassa, 2006). Ainda assim, a mesma lógica de formação das funções psicológicas superiores a partir das interações sociais pode ser considerada para entender a formação da consciência.

Vygotsky (1991) diz que a melhor forma de entender a consciência é assumindo a noção de que há um duplo de nós mesmos em nós: "a ideia do duplo é a mais próxima da ideia real da consciência" (p. 57). Ao se formar esse sistema organizador das funções psicológicas superiores, o sujeito tem a possibilidade de se engajar em diálogos consigo mesmo, à semelhança do que fazia, outrora, apenas com os outros. A pessoa pode perceber os

PESQUISAS E PRÁTICAS SOBRE O SOFRIMENTO E O ADOECIMENTO COM
FUNDAMENTOS NA PSICOLOGIA HISTÓRICO-CULTURAL

impeditivos, os conflitos, as contradições inerentes às situações-problema que vivencia; pode reavaliar significações pessoais, enxergar um mesmo fenômeno a partir de outro prisma; pode, em última instância, controlar a própria conduta e transformar-se por meio de crises mediadas por estímulos intermediários criados por si mesmo. E isso tudo ocorre por meio do diálogo com o duplo de si, com o outro que fala internamente como se falasse externamente. Essa é a consciência. E a esse processo de transformação, no qual há a percepção das contradições e consequente transformação, chamaremos aqui de conscientização.

Apesar de sabermos que esse processo de criação de um diálogo interno crítico visando à transformação é um fenômeno tipicamente humano, engana-se aquele que acredita que ele é fácil de ser realizado. Explicando melhor: se nos perguntarmos quantas vezes durante nosso dia paramos e questionamos "o que estou fazendo?", "por que estou fazendo isso?" "onde quero chegar ao fazer isso?", qual seria a resposta? A partir de nossa experiência profissional, podemos dizer com segurança que tais perguntas muito raramente são feitas em nosso cotidiano. Em realidade, o mais costumeiro é que simplesmente realizemos nossas tarefas do dia a dia sem refletir acerca delas, ou seja, agimos de maneira alienada. E *a alienação é o contrário da conscientização*.

O que o psicoterapeuta histórico-cultural busca em sua clínica é criar espaços simbólicos por meio do diálogo, que propiciem ao sujeito chegar mais facilmente a esse diálogo interno que leva à conscientização, saindo do lugar comum das ações alienadas.

Se voltarmos ao caso fictício de Mara, podemos imaginar como o psicoterapeuta histórico-cultural continuaria suas intervenções após explorar a historicidade de seu desenvolvimento. O objetivo poderia ser, então, ajudá-la a se deparar com esses momentos nos quais estaria construindo um diálogo interno, comunicando-se com a outra de si mesma e permitindo-se questionar a respeito de seus comportamentos fossilizados.

Comportamentos fossilizados (Vygotsky, 1995, 2007, 2017) são aqueles que já estão automatizados, ações cuja pessoa já não questiona. As origens desses comportamentos estão comumente esquecidas, ainda assim, eles servem ao sujeito como soluções padronizadas para toda uma classe de situações-problema. A questão é que, muitas vezes, percebemos na clínica que tais comportamentos não estão levando o sujeito a um estado de saúde, mas, ao invés disso, cristalizam uma relação com os outros ou consigo, que é adoecedora (Clarindo, 2020a).

Por meio do diálogo na clínica psicoterápica, o profissional tenta ajudar a pessoa em terapia a identificar tais comportamentos e analisá-los historicamente não como objetos, mas como processos, para que assim possa questioná-los, em um movimento na direção da conscientização. Todavia, não devemos enganar-nos ao supor que a simples reflexão acerca de tais comportamentos é capaz de transformá-los significativamente, pois a reflexão é apenas o primeiro passo para tal transformação, uma vez que, na Psicologia Histórico-Cultural, a consciência nunca deve ser vista separada da atividade. A "consciência é vista como sendo constituída através da atividade humana" (Santos; Aquino, 2014, p. 81). Isso quer dizer que a consciência é o produto direto da atividade dos seres humanos entre si e com o mundo material. Dessa maneira, a atividade constitui a substância da consciência, e a consciência é o combustível da atividade. Tais conceitos não devem ser vistos separadamente.

A consequência disso para a clínica psicoterápica histórico-cultural é que o movimento de conscientização só é possível a partir da mudança efetiva da ação da pessoa no mundo. Enquanto o sujeito em terapia estiver apenas se questionando a respeito de seu papel na teia social, de suas ações e de seus pensamentos, consideramos que ainda estamos nos estágios iniciais do processo de conscientização. É a partir do momento em que o sujeito começa a transformar suas ações no mundo, de maneira planejada e com um fim específico, ou seja, de modo consciente, que o processo de conscientização começa a se completar. Afinal, é comum que apenas após a mudança de suas ações no mundo que a pessoa comece a ter real compreensão de como os outros e ela mesma passam a lidar com as consequências dessas mudanças.

Um dos fenômenos mais ordinários relatados na clínica é o de que há uma resistência por parte das pessoas que fazem parte do círculo social do sujeito em tratamento em relação à sua mudança de postura. Tal resistência, por exemplo, só é notada a partir da transformação da atividade; enquanto a pessoa está apenas no campo das reflexões, sua percepção a respeito de suas queixas ainda está limitada.

Com a mudança da atividade no mundo, percebe-se quais são as necessidades por trás das ações anteriormente realizadas, quais são os motivos construídos na interação entre tais necessidades e o mundo e quais são os antigos e os novos objetos da atividade realizada. Afinal, a atividade tem como componentes estruturais justamente a necessidade, o objeto e o motivo (Martins; Eidt, 2010), e todos esses componentes devem ser investigados no processo terapêutico.

Sendo assim, a conscientização começa com a reflexão instigada pelo psicoterapeuta, segue com a percepção das contradições, explorações, fragilidades e potencialidades, por meio da transformação do diálogo interno do sujeito, e conclui com a transformação efetiva de sua atividade consciente no mundo. A "relação construída na clínica psicoterápica histórico-cultural é dialógica, mas visando à dialética" (Clarindo, 2023a, p. 144).

Ao voltarmos ao caso de Mara, um desenrolar coerente seria questioná-la e propor exercícios imaginativos no sentido de que ela tentasse analisar seus próprios comportamentos atuais. Sempre que ela descrevesse o que sente, o psicoterapeuta deveria investigar quais são os pensamentos associados a tais sentimentos, assim como os comportamentos que acabam por ser construídos. A ideia é ajudar Mara a pensar qual é a relação que tais pensamentos e comportamentos têm com sua história, retirando-a de uma reflexão simplista que não seja multicausal em relação aos seus sintomas. "Por que a separação a deixa tão triste?"; "O que esta separação significa de fato para você e sua história?"; "qual você acha que é a origem desses pensamentos?"; "quais são seus medos? por que esses são seus medos?". "o que você acha que precisa fazer de maneira diferente?": esses são exemplos de possíveis questionamentos que vão ao encontro do que estamos delineando aqui.

É preciso ficar claro que tais intervenções não, necessariamente, são feitas por meio de perguntas problematizadoras; outras técnicas interventivas podem ser usadas, como mediação por meio da arte, dramatizações, técnica dos três cenários, cenários possíveis etc. (Clarindo, 2020a, 2023a). O importante é entendermos que as intervenções devem objetivar a conscientização de Mara em relação às suas queixas e, em última instância, em relação a si mesma e à sua relação com os outros.

Não podemos falar de conscientização, porém, sem possibilitarmos ao sujeito um ambiente propício para sua instrumentalização, como nos explica Clarindo (2020, p. 85, 86):

> Em suma: *a conscientização, a partir da clínica histórico-cultural, é um aprofundamento da consciência, permitindo ao sujeito analisar a maneira como organiza suas funções psicológicas superiores e compreender os processos macrossociais e microssociais que o perpassam na sociedade. Ao fazer isso, o sujeito estaria atingindo um nível mais avançado de consciência, ou seja, uma metacompreensão*

dos próprios processos psíquicos. Essa metacompreensão envolve a identificação dos signos mediadores dos processos psíquicos, bem como o domínio e apropriação de novos. O sujeito torna-se mais dono de si na medida em que utiliza ferramentas culturais que o permitam controlar a própria conduta de maneira consciente.

Ou seja, o estado de consciência que buscamos na clínica psicoterápica histórico-cultural requer uma metacompreensão acerca dos processos psíquicos pelos quais se está passando. Tal metacompreensão é possível a partir da apropriação de novos instrumentos psíquicos criados pelo próprio sujeito ou, no caso da clínica, criados na dinâmica da relação terapêutica. Tais instrumentos mediarão a nova atividade da pessoa no mundo.

Com isso, estamos preparados para falar do terceiro pilar da intervenção na clínica psicoterápica histórico-cultural: a instrumentalização.

Terceiro pilar: instrumentalização

Para Wertsch (1988), a noção de mediação simbólica como alicerce da formação dos processos mentais superiores foi a contribuição mais original e importante da Psicologia Histórico-Cultural para a compreensão do psiquismo humano. Vygotsky e Luria (2007) e Vygotsky (1991, 1995, 2017), nesse sentido, dizem que é justamente na ação mediada que reside a diferença entre as funções psicológicas elementares e as funções psicológicas superiores, pois é a partir do momento que o ser humano medeia suas ações com instrumentos que consegue atingir patamares de complexidade diferentes e passa a apresentar comportamentos conscientes.

A ideia de mediação já havia sido apresentada na teoria marxiana, a qual defende que é com o uso de ferramentas que o ser humano muda a natureza da própria atividade que realiza, passando a existir o que se entende como trabalho. Ao usar ferramentas de maneira consciente, o ser humano supera suas limitações biológicas e reconfigura o mundo material e social dialeticamente.

Vygotsky (1991, 1995, 2017), por sua vez, expandiu o conceito de mediação e de ferramenta mediadora ao considerar os signos também como sendo instrumentos. Comparando as ferramentas materiais com os signos linguísticos, ele demonstrou que ambos têm efeitos psicológicos semelhantes nas pessoas. A esse processo mediador que muda a natureza da ação humana, o autor deu o nome de **ato instrumental**. "No ato instrumental, o homem se domina a si mesmo de fora para dentro, através de instrumentos psicológicos" (Vygotsky, 1991, p. 68).

Com efeito, é por meio do ato instrumental, ou seja, do processo de utilização de instrumentos simbólicos, que os signos assumem uma ação reversa: ao invés de transformarem o mundo externo, possuem a capacidade de transformar o mundo interno, ou seja, o psiquismo humano. Nas palavras de Vygotsky (2007, p. 34):

> Na medida em que esse estímulo auxiliar possui a função específica de ação reversa, ele confere à operação psicológica formas qualitativamente novas e superiores, permitindo aos seres humanos, com o auxílio de estímulos extrínsecos, *controlar seu próprio comportamento*. O uso de signos conduz os seres humanos a uma estrutura específica de comportamento que se destaca do desenvolvimento biológico e cria novas formas de processos psicológicos enraizados na cultura.

Como podemos observar, a instrumentalização do sujeito está intrinsecamente ligada à sua conscientização, pois, como vimos, não há real conscientização sem modificação da atividade. Então, levando em consideração que a atividade modificada é atividade mediada por um novo instrumento simbólico, a conscientização é possível por meio da instrumentalização, e, dialeticamente, o domínio de novos instrumentos mediadores ocorre por conta da conscientização.

Para Vygotsky (1991, p. 70), durante sua vida, o sujeito:

> [...] se arma e rearma ao longo de seu processo evolutivo com os mais diversos instrumentos; o pertencente ao nível superior se diferencia daquele pertencente ao nível inferior pelo nível e tipo de ferramenta, de instrumental, isto é, pelo grau de domínio de seu próprio comportamento.

Dessa maneira, a ferramenta cultural transforma a própria natureza da ação (Wertsch, 1998), sendo possível transformar a maneira como o sujeito interage consigo e com o mundo por meio da modificação do instrumento mediador de sua atividade. Considerando-se a linguagem como o principal mediador simbólico humano, a fala de Martins e Moser (2012, p. 14) resume bem o que discorremos aqui:

> Se o que distingue a atividade humana das atividades dos animais, como já o afirmara Marx, é a atividade que passou a ser intencional, portanto, é uma atividade consciente. Mas, como explica Marx o surgimento da consciência? Não é algo que venha de uma psychê espiritual, pois sua perspectiva é materialista. A consciência é gerada na interação social.

> E essa interação é constituída pela linguagem. Concordar com Marx é adotar o materialismo histórico, no entanto, não deixa de ser um fato de que a mediação da linguagem é algo de fundamental na formação do conhecimento e da própria consciência.

Esse trecho traduz bem como a Psicologia Histórico-Cultural, lançando mão de suas bases marxianas, concilia a consciência e o ato instrumental. Tendo em vista tal compreensão, faz-se necessário, por fim, discutirmos como tais reflexões influenciam a clínica psicoterápica histórico-cultural.

Ao nosso ver, a instrumentalização da pessoa em terapia configura-se como a etapa final da intervenção clínica histórico-cultural em relação a uma situação problema-específica. Primeiro a ajudamos a reconstituir e ressignificar sua história; posteriormente, criamos um espaço de diálogo que a ajude a enxergar as situações de exploração ou violência na qual possivelmente se encontra, bem como as contradições inerentes às suas relações sociais e ao seu desenvolvimento, ou seja, auxiliamos em seu aprofundamento de consciência; então, por fim, quando a pessoa compreende seu papel na dinâmica macro e microssocial em que se encontra e pode, de maneira consciente, dizer o que quer, quais são os novos motivos e os novos objetos de sua atividade, criamos a possibilidade da transformação de seu ato instrumental. Isto é, a pessoa passa a dominar e se apropriar de novos instrumentos mediadores que transformam sua ação e possibilitam sua transformação.

É preciso ficar claro que esse é o caminho traçado em relação a uma queixa específica, e não em relação ao processo terapêutico como um todo. Esse processo, historicidade-conscientização-instrumentalização, ocorre diversas vezes durante a relação terapêutica, sempre visando ao desenvolvimento global do sujeito.

Em suma, a relação terapêutica na clínica histórico-cultural é interventiva, no sentido de que o papel do psicoterapeuta transcende a simples escuta e o acolhimento. No entanto, tal intervenção só ocorre após a discussão aprofundada da historicidade do sujeito e do seu aprofundamento de consciência em relação a si, aos outros e aos temas que traz. A intervenção visando à instrumentalização vai de encontro a intervenções generalistas e técnicas mecanicistas, ela deve respeitar a singularidade do sujeito e alicerçar-se em reflexões prévias que vão na direção contrária da alienação.

Com isso, podemos, enfim, fazer nossas últimas considerações a respeito do caso de Mara. Conforme relatado por ela, após a separação de

Lúcia, os sintomas depressivos vieram à tona. Ao imaginarmos a intervenção do psicoterapeuta histórico-cultural, primeiro estabelecemos que houve um movimento de investigação da história de vida de Mara, seguindo os princípios básicos do método genético. Por meio de perguntas problematizadoras, Mara teria a possibilidade de passar por crises dialéticas e ressignificar suas experiências.

Em seguida, trabalhou-se o aprofundamento de consciência dela em relação ao seu papel na teia social. Mara teve a possibilidade de relacionar o que sente e pensa hoje com suas vivências passadas, dando novo significado ao seu sofrimento. Com isso, Mara pôde, finalmente, de maneira embasada e consciente, estabelecer o que quer. Assim, quais seriam os objetivos terapêuticos dela após tais reflexões? Digamos que Mara considere que seu sofrimento atual não tem relação apenas com o afastamento de Lúcia, mas, acima de tudo, com a percepção de que, em sua vida, foi abandonada constantemente, seja por amigos, seja pelos seus pais ou por sua companheira; e que tais abandonos a deixam com um sentimento de solidão e desesperança, criando nela pensamentos e comportamentos fossilizados de isolamento. Mara decide, portanto, que não quer mais se fechar para a possibilidade de se aproximar de pessoas que possam aceitá-la e, mais do que isso, não quer depender da presença dos outros para se sentir bem. Após a criação desses objetivos que surgiram de um processo de conscientização, o psicoterapeuta pode, em conjunto com Mara, criar novos instrumentos mediadores, novos mediadores simbólicos que transformem a ação dela no mundo.

Como exemplo desses novos instrumentos, Mara e seu psicoterapeuta poderiam construir falas internalizadas que a lembrem dos motivos da existência dos sentimentos negativos que experiencia, lembrando de toda a discussão feita em terapia e evitando pensamentos fatalistas.

Em nossa prática clínica, uma das maneiras que usamos para resumir tais reflexões é no formato de frases simples criadas pela própria pessoa em tratamento e que serão usadas como um recurso mnemônico por meio de sua repetição em momentos críticos. Chamamos tal procedimento de técnica do "mantra".

Um mantra, originalmente, é uma frase repetida em contextos religiosos ou místicos, em especial budistas e hinduístas, que servem para auxiliar na entrada de um estado de concentração por parte do fiel. Em nossa prática clínica, descolamos a palavra de seu significado original, retirando sua conotação mística ou religiosa, mas mantendo a característica da repetição constante da frase. A frase criada e usada como "mantra" deve advir da aprofundada reflexão feita no ambiente terapêutico, levando em consideração as discussões que propiciaram o aprofundamento de consciência do sujeito. O "mantra" auxilia o sujeito a superar pensamentos automáticos ligados a reflexões antigas que acabavam por gerar comportamentos fossilizados prejudiciais ao sujeito.

No caso de Mara, um exemplo de "mantra" que ela poderia criar seria: "não me sinto triste por que Lúcia foi embora, sinto-me triste porque tenho a falsa ideia de que todos me abandonam". Essa frase pode ser repetida por Mara diversas vezes, à semelhança de um mantra, assumindo o papel de mediadora das lembranças sobre as reflexões feitas na terapia que ajudaram em sua conscientização.

Além da técnica do "mantra", outro exemplo de instrumento mediador criado para modificar a atividade Mara poderia ser o desenvolvimento de recursos sociais que a ajudassem a conhecer novas pessoas, não necessariamente em um contexto romântico, mas simplesmente que a aproximassem de outras pessoas que pudessem ser companhias saudáveis para ela, fortalecendo sua rede de apoio.

Esses são apenas exemplos de novos recursos mediadores que poderiam ganhar forma na relação terapêutica. A verdade é que não podemos prever quais novas ferramentas culturais serão propícias para uma pessoa em específico, pois, como dissemos, não devemos lançar mão de intervenções predefinidas e genéricas, porque o mais importante é respeitar as especificidades do sujeito em terapia.

Por fim, é preciso que fique claro que a maneira como apresentamos essa proposta de tripé interventivo da clínica histórico-cultural teve a finalidade de ser didática. Na dinâmica real de uma relação terapêutica, é preciso deixar espaço para o imprevisto, para o novo e para a criação. Tentamos, neste capítulo, discorrer de forma simples sobre uma possibilidade de atuar na clínica sendo fiel aos pressupostos teórico e metodológicos da Psicologia Histórico-Cultural, mas, de maneira alguma, pretendemos encerrar as possibilidades de atuação do psicoterapeuta dessa abordagem.

CONCLUSÃO

Ao analisarmos o sofrimento e o adoecimento psíquico na contemporaneidade e como a clínica psicoterápica pode auxiliar-nos em sua compreensão e seu tratamento, acreditamos que é essencial usarmos uma base teórica que concilie os fenômenos biológicos e os socioculturais, a exemplo da Psicologia Histórico-Cultural.

Analisar patologias ou simplesmente o sofrimento psíquico a partir dessa abordagem leva-nos a uma compreensão de suas origens nos conflitos advindos do encontro entre as necessidades humanas e o cenário de violência e exploração no qual estamos inseridos. O sujeito adoecido não possui uma patologia fruto apenas de um mau funcionamento do sistema nervoso, mas também das relações adoecedoras geradas nos meandros de sua realidade material.

A pessoa que procura tratamento psicoterápico é vista pelo terapeuta histórico-cultural como sendo alguém que se desenvolve por meio de crises dialéticas e que possui o potencial para transformar a si e ao meio, caso consiga transformar sua relação com o mundo a partir de novos instrumentos mediadores. Isso nos leva a pensar no tripé interventivo da clínica psicoterápica histórico-cultural.

Para nós, uma intervenção clínica fiel às bases da Psicologia Histórico-Cultural deve enfocar na historicidade do sujeito em terapia, aprofundando seu conhecimento de si a partir da ressignificação de suas vivências. É necessário, também, buscar uma conscientização desse sujeito em relação ao seu papel na teia social e às ações saudáveis que pode adotar diante de suas queixas. Além disso, também deve, por fim, ajudar tal sujeito a se instrumentalizar, transformando seu ato instrumental, sua mediação simbólica, de tal modo que sua atividade possa alinhar-se com seus novos motivos e objetivos.

Tal reflexão foi feita por nós baseada em nossas recentes pesquisas acerca da clínica histórico-cultural, bem como em nossa prática como psicoterapeuta. Tendo isso em vista, temos a certeza de que tais discussões estão meramente em sua aurora, havendo ainda muito a ser construído no que concerne à prática dos psicoterapeutas alinhados com a Psicologia Histórico-Cultural.

REFERÊNCIAS

CLARINDO, J. M. *Clínica histórico-cultural:* caracterizando um método de atuação em psicoterapia. 2020. 205 f. Tese (Doutorado em Psicologia) – Universidade Federal do Ceará, Fortaleza, 2020a.

CLARINDO, J. M. Desafios da prática clínica. *In:* LIMA, Ana Ignez Belém (org.). *Cartas para Vigotski:* ensaios em psicologia clínica histórico-cultural. Fortaleza: Editora da UECE, 2020b. p. 157-183.

CLARINDO, J. M. Estratégias de mediação na clínica histórico-cultural. *In:* LIMA, Ana Ignez Belém; OLIVEIRA NETO, José da Silva; CLARINDO, Janailson Monteiro (org.). *Práxis na clínica histórico-cultural:* por uma clínica da transformação e do desenvolvimento. Fortaleza: Expressão Gráfica e Editora, 2023a. p. 133-156.

CLARINDO, J. M. A clínica psicoterápica histórico-cultural com adolescentes: da crise ao aprofundamento de consciência. *In:* LIMA, Ana Ignez Belém; OLIVEIRA NETO, José *da Silva; CLARINDO, Janailson Monteiro (org.). Práxis na clínica histórico-cultural:* por uma clínica da transformação e do desenvolvimento. Fortaleza: Expressão Gráfica e Editora, 2023b. p. 193-212.

CLARINDO, J. M. A mediação como princípio teórico-metodológico fundamental para uma clínica histórico-cultural infantil. *In:* SILVA, Carmen Virgínia Moraes da (org.). *Psicologia clínica infantil:* enfoque histórico-cultural. Vitória da Conquista: Edições UESB, 2023c. p. 46-57.

CORDIOLI, A. V.; GREVET, E. H. (org.). *Psicoterapias:* abordagens atuais. Porto Alegre: Artmed, 2019.

DUTRA, E. Considerações sobre as significações da psicologia clínica na contemporaneidade. *Estudos de Psicologia,* Natal, v. 9, n. 2, p. 381-387, 2004.

FACCI, M. G. D. A periodização do desenvolvimento psicológico individual na perspectiva de Leontiev, Elkonin e Vigostski. *Cad. Cedes*, Campinas, v. 24, n. 62, p. 64-81, abr. 2004.

KAHHALE, E. M. S. P.; MONTREOZOL, J. R. A clínica na psicologia sócio-histórica: uma abordagem dialética. *In:* TOASSA, G.; SOUZA, T. M. C.; RODRIGUES, D. J. S (org.). *Psicologia sócio-histórica e desigualdade social:* do pensamento à práxis. Goiânia: Editora da Imprensa Universitária, 2019.

LIMA, M. E. A. Abordagens Clínicas e Saúde Mental no Trabalho. *In:* ENDASSOLLI, P.; SOBOLL, L. (org.). *Clínicas do trabalho:* novas perspectivas para a compreensão do trabalho na atualidade. São Paulo: Atlas, 2010. p. 1-34.

MARTINS, L. M.; EIDT, N. M. Trabalho e atividade: categorias de análise na psicologia histórico-cultural do desenvolvimento. *Psicologia em Estudo,* v. 15, n. 4, p. 675-683, 2010.

MARTINS, O. B.; MOSER, A. Conceito de mediação em Vygotsky, Leontiev e Wertsch. *Revista Intersaberes*, v. 7, n.13, p. 8-28, 2012.

MARX, K. *A ideologia alemã*. São Paulo: Boitempo, 2007.

PAIVA, M. N.; CLARINDO, J. M. A clínica psicoterápica a partir da psicologia histórico-cultural: um estudo de caso. *In:* LIMA, Carla Fernanda de Lima (org.). *Congresso de Psicologia Brasileira e Brasilidade*. Teresina: EDUFPI, 2022. p. 1122-1128.

REY, F. L. G. *Psicoterapia, subjetividade e pós-modernidade:* uma aproximação histórico-cultural. São Paulo: Thompson Learning, 2007

SANTOS, L. G. dos; LEÃO, I. B. O inconsciente sócio-histórico: aproximações de um conceito. *Psicologia & Sociedade*, v. 26, n. spe. 2, p. 38-47, 2014.

SANTOS, G. R. dos; AQUINO, O. F. A psicologia histórico-cultural: conceitos principais e metodologia de pesquisa. *Perspectivas em Psicologia*, v. 18, n. 2, p. 76-87, 2014.

SÈVE, L. Où est Marx dans l'œuvre et la pensée de Vygotski?. VII SÉMINAIRE INTERNATIONAL VYGOTSKI, jun. 2018., Paris. *Anais* [...]. Paris: [s.n.], 2018.

SILVA, M. A. S. da. *Compreensão do adoecimento psíquico*: de L. S. Vigotski à patopsicologia experimental de Bluma V. Zeigarnik. 2014. Dissertação (Mestrado) – Universidade Estadual de Maringá, Maringá, 2014.

TOASSA, G. Conceito de consciência em Vigotski. *Psicologia USP*, São Paulo, v. 17, n. 2, p. 59-83, 2006.

VYGOTSKY, Lev Semionovitch. *Obras escogidas – I*. Madri: Visor Distribuciones, 1991.

VYGOTSKY, L. S. *Obras escogidas – III*. Madri: Visor Distribuciones, 1995.

VYGOTSKY, L. S. *Psicologia da arte*. São Paulo: Martins Fontes, 1999.

VYGOTSKY, L. S. Lev S. Vigotski: manuscrito de 1929. *Educação & Sociedade*, Campinas, v. 21, n. 71, p. 21-44, jul. 2000.

VYGOTSKY, L. S. *A formação social da mente*. 7. Ed. São Paulo: Martins Fontes, 2007.

VYGOTSKY, L. S. *Obras escogidas – VI*. Madri: Machado Grupo de Distribuición, 2017.

VYGOTSKY, L. S.; LURIA, A. R. *El instrumento y el signo ver el desarollo del niño..* Madrid: Gráficas Rogar, 2007.

WERTSCH, J. V. *La mente en acción.* Buenos Aires: Aique Grupo Editor, 1998.

WERTSCH, J. V. *Vygotsky y la formación social de la mente.* Barcelona: Ediciones Paidós, 1988.

PARTE 3

SOFRIMENTO/ADOECIMENTO E O PROCESSO EDUCATIVO

CAPÍTULO 6

SOFRIMENTO E ADOECIMENTO NA PÓS-GRADUAÇÃO EM PSICOLOGIA: DEBATE NECESSÁRIO[24]

Marilda Gonçalves Dias Facci
Fabiola Batista Gomes Fírbida
Hiany Gasparetti Bertuccini

INTRODUÇÃO

Na formação em nível de pós-graduação, temos nos defrontado com vários estudantes que estão em processo de sofrimento/adoecimento. O sofrimento, a partir de Almeida (2018), é considerado como a existência de processos que resultam em obstruções à vida dos sujeitos. Consiste em obstáculos nos quais as mediações não são efetivas para as transformações dos sujeitos, provocando, consequentemente, modificações na forma como se relacionam consigo mesmos, com os outros e com a realidade vivenciada.

Temos realizado, no âmbito da relação entre Psicologia e Educação, pesquisas sobre o sofrimento/adoecimento. Assim, as reflexões e os dados apresentados neste capítulo estão vinculados ao projeto de pesquisa intitulado "O sofrimento/adoecimento de estudantes da pós-graduação em psicologia: a unidade afetivo-cognitiva", cadastrado no CNPq e coordenado pela Prof.ª Dr.ª Marilda Gonçalves Dias Facci, uma das autoras deste capítulo. O objetivo geral desta pesquisa em andamento é identificar a existência, as causas e as consequências do sofrimento/adoecimento dos estudantes da pós-graduação stricto sensu na área de Psicologia, tomando como referência os pressupostos da Psicologia Histórico-Cultural. O público-alvo do projeto são os alunos regulares dos cursos stricto sensu de Psicologia das instituições cadastrados na plataforma Sucupira. Participaram do estudo

---

[24] Financiamento; Conselho Nacional de Desenvolvimento Científico e Tecnológico, por meio de bolsa de produtividade em pesquisa.

16 programas de pós-graduação em Psicologia. O procedimento adotado para receber as informações dos estudantes foi a aplicação de questionários, por meio do Google Forms.

Neste capítulo, faremos um recorte dos dados obtidos nesta pesquisa. Temos como objetivo discorrer sobre o sofrimento/adoecimento, tomando como referência a Psicologia Histórico-Cultural, apresentando alguns dados obtidos de estudantes de três programas de pós-graduação em Psicologia, do estado do Paraná. As informações foram obtidas nos anos de 2022 e 2023.

O grupo de 29 pós-graduandos que participaram do estudo são assim identificados: a) sexo:75,86% são do sexo feminino e 24,13% são do sexo masculino; b) idade: 44,82% estão na faixa etária entre 23 a 29 anos, 31% na faixa entre 30 a 39 anos, 13,79% estão na faixa entre 40 a 40 anos, e 6,89%, na faixa de 50 a 59 anos; c) estado civil: 34,48 são casados, 55,17% são solteiros, 6,89% são divorciados, e 6,89% tem união estável; d) atividade de trabalho: 89,65% trabalham, e 10,34 não trabalham.

Iniciaremos discorrendo sobre a compreensão que alguns autores têm sobre as causas do sofrimento/adoecimento, revelando os achados de alguns trabalhos sobre o tema deste capítulo. Na sequência, vamos tratar sobre o sofrimento/adoecimento na perspectiva da Psicologia Histórico-Cultural. As discussões teóricas serão acompanhadas de alguns resultados obtidos nos questionários recebidos de pós-graduandos em Psicologia.

O SOFRIMENTO E O ADOECIMENTO DOS ESTUDANTES DA PÓS-GRADUAÇÃO

O sofrimento/adoecimento de estudantes do ensino superior tem preocupado estudiosos da área de saúde e das ciências humanas. Louzada e Silva Filho (2005) afirmam que o impacto sobre a saúde dos estudantes no processo de formação profissional no ensino superior não é um tema novo, sendo bastante explorado na graduação. No entanto, poucos estudos abordam essa temática na pós-graduação.

Durante a pesquisa, em 2023, fizemos um levantamento bibliográfico de artigos, na plataforma Scientific Eletronic Library Online-Scielo, com o objetivo de averiguar as produções científicas acerca do tema sofrimento/ adoecimento no ensino superior. Centramos a análise em produções que se fundamentavam na Psicologia Histórico-Cultural e localizamos 12 artigos[25].

---

[25] Os artigos mencionados pelas autoras são os seguintes: Silva; Marsico (2022); Maurente (2019); Oleto; Melo; Lopes (2023); Moreira; Tibães; Brito (2020); Bublitz *et al.* (2021); Louzada; Silva Filho (2005); Vasconcelos (2021); Nunes; Gonçalves; Torga (2022); Silva; Tuleski (2015); Facci; Urt; Barros (2018); Facci (2019); Viana Filho *et al.* (2019).

Nas produções estudadas, a questão do sofrimento e do adoecimento vem sendo abordada de diferentes formas, sendo esses descritos como vivências de situações como angústia, estresse, desgaste, cansaço, desânimo, descontentamento, preocupação, ansiedade, depressão, síndromes (como a de pânico e o burnout), violência, dentre outros.

As explicações sobre o sofrimento/adoecimento variaram, a depender da percepção teórica que norteia cada artigo, passando pela afirmação desses como sendo constituídos histórico e socialmente (Silva; Tuleski, 2015); como um produto cultural oriundo da dificuldade de conciliação entre vida pessoal e vida acadêmica, tanto na área de estudo como de trabalho (Silva; Marsico, 2022; Vasconcelos; Lima, 2021); como fenômenos interligados às vivências de prazer dessa mesma realidade (Moreira; Tibães; Brito, 2020); como resultados da moral produtivista neoliberal que valoriza os resultados em detrimento aos processos em si (Maurente, 2019); ou mesmo da não execução da essência das práticas esperadas pelo indivíduo em seu posto (Facci; Urt; Barros, 2018; Bublitz *et al.*, 2021).

Em relação às causas do sofrimento/adoecimento, na pesquisa, identificamos que os trabalhos de Silva e Marsico (2022), Moreira, Tibães e Brito (2020), Louzada e Silva Filho (2005) e Maurente (2019) apresentam como agentes desta problemática: as políticas educacionais vigentes e suas imposições; críticas agressivas acerca das produções apresentadas; altas expectativas, exigência de competências e cobranças para o cumprimento de prazos e demandas dos programas de pós-graduação; sobrecarga com as tarefas; a qualidade das interações no âmbito acadêmico, tanto com professores/orientadores, como entre os alunos; o trabalho solitário e a competitividade; a dificuldade de conciliação entre vida pessoal e acadêmica; a moral produtivista neoliberal; a carga elevada das disciplinas e o excesso de tarefas; a precarização do ambiente e do programa; problemas institucionais; a dificuldade na condução do projeto de pesquisa, na divulgação dos trabalhos e na obtenção/elaboração dos resultados; a falta de reconhecimento e de autonomia no trabalho desenvolvido; e o lugar de prioridade que a pós-graduação vem ocupando na rotina dos estudantes.

Além desses autores que estudamos nesse levantamento de artigos que tinham como fundamento a Psicologia Histórico-Cultural, outros autores também têm pesquisado a temática do adoecimento no ensino superior. Louzada e Silva Filho (2005), por exemplo, analisaram as relações entre formação de pesquisadores e sofrimento psíquico quando participaram do estudo com 21 pós-graduandos de um programa de pós-graduação na área biomédica, de uma universidade pública brasileira. Os relatos dos discentes denotaram que o sofrimento faz parte de suas trajetórias, nomeado como "angústia", "estresse", "preocupação", "ansiedade", "tensão", "variando desde uma simples preocupação até um intenso mal-estar, tristeza, somatização ou depressão" (Louzada e Silva Filho, 2005, p. 455).

Os autores constataram que esse sofrimento, na maioria das vezes, está relacionado aos seguintes fatores: 1) condução do projeto de pesquisa – "definir/mudar o problema da pesquisa; ausência de resultados/ montagem de uma história a partir dos experimentos; existência de múltiplos projetos/tarefas simultâneos" (Louzada; Silva Filho, 2005, p. 455); 2) divulgação de trabalhos – dificuldades em elaborar os textos, ter que lidar com a reprovação de artigos e a competição com os demais discentes em relação à publicação das pesquisas, não se esquecendo de mencionar o produtivismo que começou a ocorrer na pós-graduação; 3) tornar-se pesquisador independente – estruturar uma linha de pesquisa, ter condições de orientar outros alunos, conseguir produzir pesquisas sem a necessidade do orientador; 4) problemas institucionais – referentes à lide com a rotina do trabalho nos laboratórios, com os financiamentos para a pesquisa, com a estrutura da universidade e do próprio programa de pós-graduação. Louzada e Silva Filho (2005) concluem que, eventualmente, o sofrimento é naturalizado, mas é necessário compreender as relações de trabalho na formação do pesquisador.

Um estudo sobre a presença e o nível de estresse em alunos de pós-graduação da UFRJ também foi realizado por Novaes Malagris e colaboradores (2009). A investigação contou com a participação de 140 alunos de todos os centros da instituição. Destes, 58,6% se encontravam estressados, o que levou os autores a concluírem que é importante "que políticas de mudança ou de ajuda à saúde física e psicológica dos alunos sejam elaboradas e implantadas" (Novaes Malagris *et al.*, 2009, p. 200).

Uma pesquisa bem ampla, envolvendo 2.157 pós-graduandos de 100 programas de pós-graduação, de 66 instituições de ensino superior, das cinco regiões do Brasil, foi realizada por Faro (2013). Seu estudo teve como objetivo identificar os principais estressores que ocorrem na pós-graduação, o índice de estresse e as variáveis a ele associadas. Um dos instrumentos utilizados para a obtenção dos dados foi a Escala de Estresse Percebido e uma lista contendo 28 possíveis estressores na pós-graduação. Quanto aos estressores apresentados pelos discentes, de uma lista de 15 fatores, oito preocupações se destacaram como principais queixas: pressão interna pelo bom desempenho (cobrança pessoal elevada etc.); interferência da demanda dos estudos sobre outros aspectos de sua vida; pressão externa acerca da conclusão (social, acadêmica etc.); possibilidade de não atingir o desempenho esperado pela banca; questões financeiras, por estar estudando em tempo parcial ou integral; tempo para concluir a tese ou dissertação; questões relativas ao calendário e aos prazos da pós-graduação; e possível decepção quanto à inserção profissional.

O adoecimento de discentes da pós-graduação também norteou os estudos de Martins e Bianchetti (2018). Os autores pesquisaram sobre desistências e resistências, induções externas e adoecimentos dos discentes. Analisam que, quando os alunos iniciam a pós-graduação, adquirem um novo status, diferente de quando estavam na graduação, sendo mais cobrados em relação a diferentes habilidades e comportamentos intelectuais. "Estas passam, sumariamente, pela relação orientador-orientando, tempo para conclusão das dissertações e teses, relação com a escrita acadêmica e pressões sofridas no interior dos programas de pós-graduação" (Martins; Bianchetti, 2018, p. 5). Esses aspectos, segundo os autores, que muitas vezes são silenciados nos programas, são vividos solitariamente pelos alunos, por meio de angústia, ansiedade, depressão, pânico e sentimento de não pertencimento, eco que pode provocar adoecimento e influir na qualidade das teses e dissertações.

Martins e Bianchetti (2018, p. 11) acrescentam, ainda, que esse mal-estar na pós-graduação é um:

> [...] processo amplo e complexo de transformações da educação superior em âmbito nacional que envolvem as induções institucionais, traduzidas no fluxo, TMT [tempo médio de titulação], vinculação avaliação financiamento, produtivismo e ´capitalismo´ acadêmico, entre outros, em conformidade com as novas finalidades suscitadas pelo capital no âmbito da educação como mercado.

Portanto, não é possível pensar em sofrimento/adoecimento sem analisar a forma como a sociedade está organizada e as expectativas que se tem em relação à pós-graduação, sem considerar as políticas educacionais que perpassam a formação do pesquisador. A relação saúde-trabalho também precisa ser levada em conta, uma vez que a pós-graduação contribui para a formação de profissionais que, nas várias áreas, contribuirão para o desenvolvimento da ciência e para a formação humana.

Na pesquisa que realizamos sobre a pós-graduação em três instituições no estado do Paraná, também foi identificada a presença de sofrimento/adoecimento: 51,72% (15 de 29 participantes) afirmaram ter algum problema de saúde. O relato sobre comportamentos e doenças que os estudantes citaram estão apresentados na Tabela 1:

Tabela 1 – Comportamento e tipos de doenças (N = 15)

RESPOSTAS	Freq.
Ansiedade	06
Depressão e ansiedade	03
Falta de um tipo de vitamina no organismo	01
Pressão alta	01
Mioma	01
Episódios de terror noturno seguidos de Insônia	01
Enxaqueca	01
Endometriose, hipotireoidismo, enxaquecas crônicas.	01
Cardiopatia	01
Asma e alergia	01
Não respondeu	01

Fonte: elaborada pelos autores a partir dos questionários respondidos por acadêmicos de pós-graduação

Podemos perceber, a partir da Tabela 1, que problemas psicológicos estão presentes em 10(66,66%) das respostas obtidas quanto à presença de problemas de saúde. As hipóteses para a presença de tais problemáticas, de acordo com os pós-graduandos, são as seguintes:

Tabela 2 – Hipóteses sobre os problemas de saúde

RESPOSTAS	Freq.
Traumas psicológicos, acidente e histórico de abuso	01
Contradição em querer realizar tudo da melhor forma e não conseguir pelas outras demandas da vida	01
Níveis altos de exigência de produtividade tanto no trabalho como na formação acadêmica	01
O mestrado colaborou com a ansiedade	01
Hereditariedade	02
Ligados à pandemia: o próprio contexto da pandemia, perda de amigos e familiares, incertezas sobre o futuro	06

Conjuntura política	01
Fim de uma relação	01
Lesão no joelho	01
Tudo o que envolve o início da vida profissional: emprego, mestrado, boletos, distância da família, menos tempo e disposição para lazer	01
Crise de cálculos renais, crise de vesícula, até sarna	01
Autocobrança	03
Excesso de trabalho e questões familiares	01
Não respondeu	01

Fonte: elaborada pelos autores a partir dos questionários respondidos por acadêmicos de pós-graduação

Por meio dessa tabela, ao agruparmos algumas respostas, podemos ver que oito delas estão relacionadas às atividades realizadas na pós-graduação, seguidas de fatores relacionados à pandemia da covid-19. Os questionários foram aplicados após o retorno às aulas presenciais, após a pandemia, e constatamos que esse período impactou na saúde mental dos estudantes.

No questionário, perguntamos, diretamente aos pós-graduandos, se consideravam que a pandemia teve influência na formação. Somente um participante alegou que ela não teve influência; os demais apresentaram vários elementos que permearam e prejudicaram o processo ensino-aprendizagem, tais como: isolamento, distanciamento, dificuldade de contato (10 respostas), sentimento de solidão (7 respostas); frustração e ansiedade por ter que mudar a forma de pesquisa (3 respostas) e efeitos na atenção, na cognição (1 resposta).

Consideramos que não podemos apagar os efeitos deletérios que a pandemia trouxe para a vida de todos, o quanto que o isolamento social impactou na formação dos alunos, tornado mais solitário, ainda, o processo de escrita de uma dissertação ou tese, que já é realizado de forma individual, isolada, e contribui para o adoecimento, conforme mencionam Martins e Biachetti (2018).

Os achados desta pesquisa vão ao encontro dos resultados apresentados por outros pesquisadores, tais como Faro (2013) e Louzada e Silva Filho (2005), conforme vimos neste item. O diferencial que tivemos remete às questões relacionadas à pandemia da Covid-19, que intensificou os problemas psíquicos que permeiam a formação na pós-graduação. As dificuldades vivenciadas na pós-graduação podem impactar na saúde mental dos estudantes de várias formas. Sendo assim, no próximo item, discutiremos acerca do impacto do sofrimento na constituição da personalidade dos sujeitos.

A TEORIA DA ATIVIDADE E O SOFRIMENTO/ADOECIMENTO

A personalidade, para Leontiev (2021, p. 197), "[...] é produto da integração de processos que se realizam nas relações de vida do sujeito", ou seja, resultado das diferentes atividades que ele executa. Consideramos, nos nossos estudos, essa concepção de personalidade.

A relevância do conhecimento acerca do processo de constituição da personalidade e de seus possíveis desdobramentos dá-se, justamente, na possibilidade de que, a partir disso, se possa pensar nas origens do processo de adoecimento e sofrimento humanos e o que a Psicologia Histórico-Cultural tem a contribuir a esse respeito, discussão que traremos mais adiante. Desta forma, um primeiro aspecto para analisar a questão do sofrimento/ adoecimento é considerar que ele não é decorrente exclusivamente de fatores orgânicos, mas, como afirma Zeigarnik (1979, 1981), está relacionado à constituição da personalidade, que se desenvolve a partir da história individual e das interações estabelecidas na complexidade das relações sociais. A autora, partindo da patopsicologia, compreende a necessidade de estudar as leis da desagregação das atividades psíquicas, ou seja, das funções psicológicas superiores (tais como a memória, atenção concentrada, pensamento, criatividade, entre outras funções) e a composição da personalidade dos sujeitos que estão em processo de adoecimento.

A patopsicologia, segundo Zeigarnik (1979), é guiada por dois princípios, que devem orientar a compreensão do sofrimento/adoecimento: 1) determinismo e 2) princípio do desenvolvimento.

No caso do determinismo, implica entender que fatores externos atuam na constituição do psiquismo do indivíduo por meio de condições internas, dos motivos que incitam os sujeitos à ação. Além disso, Zeigarnik (1979) ressalta a necessidade de levarem conta a interfuncionalidade das funções psicológicas superiores que podem se desorganizar, ou desestruturar – no caso de enfermidades mais complexas –, e provocar mudanças nas atitudes das pessoas.

No segundo princípio, relacionado ao desenvolvimento humano, a autora expõe que é fundamental analisar como ocorre o processo de humanização, caracterizado, como propõe Leontiev (1978), pelo processo de apropriação e objetivação. Zeiganik (1979, p. 12) afirma que "a presença de relações entre as pessoas é a condição mais importante para o domínio e apropriação do mundo". Essa relação, que como vimos na Tabela 2, foi prejudicada durante a pandemia, contribuindo para o sofrimento/adoecimento dos pós-graduandos, na sua atividade de estudo.

O ser humano se relaciona com a realidade por meio da atividade. Para Leontiev (1978b, p. 58), a atividade "é uma unidade de vida, mediada pelo reflexo psíquico, a função real a qual é aquela que orienta o sujeito no mundo objetivo". Ela é guiada por uma necessidade, compreendida por Leontiev (1978b), como aquela que direciona e regula a atividade dos homens na realidade. Além disso, essa atividade é guiada pelo motivo, "que se refletindo no cérebro do homem excita-o a atuar e dirige essa atuação à satisfação de uma necessidade" (Leontiev, 1960, p. 346). Esses motivos estão hierarquizados na relação do sujeito com a realidade. Segundo Zeigarnik (1981), os motivos começam a se formar na idade pré-escolar e continuam a se desenvolver durante toda a vida, passando a mediar as ações dos homens em direção à realidade.

Mas quais seriam os motivos que guiam a atividade de estudo na formação em nível de pós-graduação? Nos questionários enviados aos estudantes, fizemos duas questões relacionadas a esse aspecto. Na primeira questão, perguntamos a eles qual seria a finalidade da pós-graduação; na segunda, por que estavam fazendo mestrado ou doutorado. As respostas para essas questões encontram-se nas Tabelas 3 e 4, a seguir.

Tabela 3 – Finalidade da pós-graduação

RESPOSTAS	FREQ.
Aprofundar os conhecimentos	15
Contribuir com a comunidade em geral com os reflexos das intervenções	04
Ampliar possibilidades de intervenção e práticas em pesquisa	03
Pesquisa e docência	03
Formar profissionais e pesquisadores	02
Desenvolvimento científico	02
Produção de conhecimento	02
Realizar pesquisa	02
Carreira acadêmica	02
Função política e social da pesquisa	01
Realização pessoal	01
Contribuir para uma sociedade mais justa	01

Ajudar a ciência a se desenvolver	01
Aprimoramento profissional	01
Engajamento científico, trocas transversais com outros acadêmicos	01
Desenvolvimento de olhar crítico, de pesquisador	01
Aprimoramento, estudar em coletividade, estar em grupo de pesquisa, ter a possibilidade de publicizar os resultados de pesquisa	01

Fonte: elaborada pelos autores a partir dos questionários respondidos por acadêmicos de pós-graduação

Tabela 4 – Motivo que levou a cursar pós-graduação

RESPOSTAS	TOTAL
Carreira acadêmica	21
Interesse por pesquisa	19
Aprofundar conhecimentos	13
Ser uma agente de transformação da realidade, além de ajudar as pessoas	01
Para ter uma formação que me coloque numa posição diferenciada no mercado de trabalho	01
Título para progressão qualificada	
Realização pessoal	

Fonte: elaborada pelos autores a partir dos questionários respondidos por acadêmicos de pós-graduação

Os estudantes, de forma geral, como podemos ver na Tabela 3, compreendem que a finalidade da pós-graduação é o aprofundamento do conhecimento (51,72). Com relação às respostas que mencionam a "pesquisa" como finalidade da pós-graduação, temos um percentual de 31,03%.

Fazendo uma comparação dos dados referentes à finalidade e aos motivos do ingresso na pós-graduação, verificamos que eles coincidem, e isso é um indicativo de que os acadêmicos conseguem encontrar na finalidade da pós-graduação respaldo concreto para aquilo que os motiva, formando o que Leontiev (1978b) aborda sobre os motivos geradores de sentido. De acordo com este autor, as atividades são guiadas por motivos, em que está objetivada alguma necessidade. Existem, para o autor, "motivos geradores de sentido" e "motivos-estímulos". Aqueles se referem aos motivos que impulsionam a atividade e têm um sentido pessoal; estes impulsionam a ação.

Martins (2004, p. 5, grifos da autora) expõe:

> Os motivos geradores de sentido são aqueles motivos que, ao impulsionarem a atividade, lhe conferem sentido pessoal. Na atividade por eles desencadeada, existe uma unidade consciente entre motivos e fins, ou seja, entre o *porquê e o para que* da atividade; possuem uma dimensão teleológica e, por isso, ocupam um lugar de destaque na estrutura afetivo--motivacional da personalidade.

Na estrutura de uma atividade, certo motivo pode ser gerador de sentido e, em outra, motivo-estímulo. Porém, os motivos geradores de sentido sempre possuem uma posição hierárquica mais elevada, mas nem sempre se tornam conscientes para o indivíduo.

No entanto, questionamos: será que o que motivou o estudante a iniciar a pós-graduação permanece durante a formação, considerando que 51,72% dos participantes apresentam que estavam adoecidos e, destes, 66,66 evidenciam problemas psicológicos? Zeigarnik (1981) analisa que, no caso do adoecimento, ocorrem **alterações no processo de mediação no ordenamento dos motivos.** A autora comenta o seguinte: "A alteração da hierarquia e mediação dos motivos significa a perda da complexa organização das atividades humanas. A atividade perde seu traço especificamente humano: de motivada se converte em impulsiva" (Zeigarnik, 1981 p. 161). Neste caso, as normas morais, determinadas socialmente, podem deixar de ser organizadores do pensamento; os conteúdos das necessidades dos sujeitos também são alterados, deixando de ter caráter mediado – objetivo conscientemente planejado –, e, desta forma, observa-se uma modificação na estrutura da personalidade das pessoas que estão adoecidas. O sofrimento acaba sendo resultado da impossibilidade de alcançar as exigências estabelecidas pelas pessoas do entorno pessoal (Zeigarnik, 1981).

No capitalismo, professores e estudantes acabam sendo influenciados pelo produtivismo, conforme destaca Maurente (2019). Os programas de pós-graduação são avaliados pela Capes, entre outros quesitos, pela produção bibliográfica. Tal fato leva a uma exigência pela produção de artigos, livros e capítulos de livros, principalmente. Perguntamos aos estudantes como percebiam a exigência da produtividade na pós-graduação, e 72,41% consideram que essas exigências são altíssimas. Compreendemos que tal fato pode levar, também, ao adoecimento. Nesse sentido, ao perguntarmos aos pós-graduandos como se sentiam em relação a essas cobranças, repostas como ansiedade, frustração e preocupação com o desempenho estiverem presentes em 44,82% das respostas, configurando-se em mal-estar pela pressão recebida.

Sabemos que qualquer atividade exigirá algo do indivíduo, principalmente quando falamos de atividade-guia, aquela que impulsiona o desenvolvimento psicológico. No caso dos estudantes, tanto a atividade de estudo como a atividade de trabalho atuam como atividades principais (guia) do desenvolvimento (Tolstij, 1989). No entanto, a pressão para produzir e a sobrecarga de atividades de trabalho somam-se e extrapolam as condições oferecidas, material e psicologicamente, para que eles consigam avançar em seus estudos, contribuindo para o sofrimento/adoecimento.

No caso do sofrimento, adoecimento, outra alteração na personalidade apresentada por Zeigarnik (1981) é a **alteração na formação de significações.** A consciência, compreendida como reflexo psíquico da realidade, é formada pelo conteúdo sensível, pelos significados e pelos sentidos. A existência da psique individual e a forma de reflexo consciente, imagens conscientes, só são possíveis por meio dos sistemas de relacionamentos desenvolvidos por meio da consciência social. A consciência individual só ocorre por meio das relações sociais.

Para tomar consciência da realidade, o sujeito precisa captar, sensorialmente, as imagens concretas da realidade, fazendo com que o que se encontra externo passe a fazer parte da consciência dele. Essa forma de se apropriar da realidade é guiada pelos significados. Leontiev (1978b) analisa que os significados expressam os conhecimentos produzidos pela sociedade e são carregados de uma representação ideológica – religiosa, filosófica, política – e são subordinados às leis sócio-históricas e à lógica interna do desenvolvimento do sujeito. Os sentidos, por sua vez, conectam o indivíduo com a realidade de sua própria vida, com seus motivos.

Silva (2019) elenca, conforme Zeigarnik, que há patologias que geram no indivíduo a diminuição de formação dos significados, em que "a ausência de um sentido significativo para o indivíduo o leva a comportamentos espontâneos, pobre em mediações" (Silva, 2019, p. 100). Dessa forma, precisamos questionar, em relação à pós-graduação, não as exigências como um fator em si mesmo que produzirá o sofrimento/adoecimento, mas as condições concretas oferecidas ao estudante dentro desse contexto de formação para a produção de seu trabalho de mestrado ou doutorado. E essas condições precisam ser analisadas a partir da concepção de trabalho e de sujeito produzido dentro desta sociedade capitalista, de mais valia. Segundo Tuleski, Alves e Franco (2017), essa relação de produtivismo e ciência, no contexto acadêmico, precisa ser analisada a partir de uma sociedade de classes, na qual se estrutura a educação e a qual é influenciada pelo interesse político de classes nessa lógica da produção de mercadorias, que, no caso da academia, se evidencia pelas publicações. Então, o professor-pesquisador, ou o aluno pesquisador, é avaliado pelo que ele publica, portanto o "[...] campo da produção científica é resultado de um conjunto de fatores econômicos e políticos, dos quais a ciência nunca esteve apartado" (Tuleski; Alves; Franco, 2017, p. 203). Na elucidação de que nos formamos neste contexto produtivista, mercadológico e não neutro, a formação da personalidade também vai se alterando, pois a relação entre sentido e significado vão se distanciando e ganhando uma nova configuração, como vimos anteriormente a partir da Psicologia Histórico-Cultural.

As Tabelas 3 e 4, apresentadas anteriormente, mostram quais são os aspectos que levaram os acadêmicos a ingressarem na pós-graduação. Compreendemos que eles não estão descolados da realidade social, e, por isso, vão sendo alterados e se distanciam os sentidos (motivos que levam a ação) e os significados (valores sociais compartilhados socialmente). Podemos identificar tal fato quando os alunos percebem as dificuldades desse processo de formação devido à carência de condições objetivas oportunizadas para o desenvolvimento de seu trabalho acadêmico, como se evidencia na Tabela 5, a seguir.

Tabela 5 – Dificuldades encontradas no processo de formação da pós-graduação

RESPOSTAS	Freq.
Falta de tempo	07
Conciliar trabalho e estudos	05
Não conseguir conciliar as demandas e o cronograma acadêmico ao que ocorre em família	04
Financeira	04
Dificuldade de gerenciar o tempo	03
Pandemia prejudicou o ensino	03
Solidão	02
Muita burocracia	02
O apoio financeiro por meio da bolsa é abaixo do necessário	02
Relacionados à orientação	02

Aulas on-line	02
Ausência de olhar sobre o aluno	01
Regime de dedicação exclusiva que nos afasta do mercado de trabalho durante a pós-graduação;	01
O desvio de função – realizar atividades da orientadora e não ter tempo para a pesquisa	01
Disciplinas mal-elaboradas e sem objetivo claro	01
Falta de interação com os diferentes níveis tanto de pós-graduação como com graduação	01
Questões emocionais devido aos prazos (ansiedade)	01
Distância e viagens para concluir os créditos	01
Necessidade de mudar de cidade	01
Muita exigência e pouca perspectiva profissional	

Fonte: elaborada pelos autores a partir dos questionários respondidos por acadêmicos de pós-graduação

Consideramos que as dificuldades citadas pelos estudantes não podem ser analisadas como decorrentes de situações intrínsecas a ele, mas de uma situação social do desenvolvimento que não oportuniza o máximo desenvolvimento do aluno, pois está relacionado com diversos aspectos externos e dos quais ele não consegue ter controle. Por exemplo, a falta de tempo parece como um dos fatores que mais dificultam a formação. Como vimos neste texto, 89,65% dos estudantes trabalham, e isto leva à divisão do tempo para se dedicar à atividade profissional e à atividade de estudo. O tempo neste sistema é dado pela máquina, o homem precisa produzir mais em menos tempo, dessa forma, a autonomia sobre a sua ferramenta de trabalho, bem como a sua capacidade criativa, tornando o trabalho algo cansativo e enfadonho. E é assim que se encontram nossos alunos de pós-graduação.

Dessa forma, podemos considerar que, embora haja uma identidade entre sentido e significado dado na formação na pós-graduação, são muitos os obstáculos presentes para concluir o mestrado e doutorado, os quais podem causar sofrimento/adoecimento. Nos questionários, de forma geral, percebemos contradições a todo momento, em relação ao que os estudantes almejam com a pós-graduação e os entraves que vão aparecendo para a conclusão dos trabalhos, os quais, muitas vezes, colaboram para a dificuldade de escrever, organizar as ideias, fazer generalizações, se apropriar e elaborar novos conceitos, gerando sofrimento. Essas dificuldades evidenciam a falta de controle dos estudantes de aspectos que retiram a sua capacidade de autonomia e de se organizar para elaborar o seu trabalho na pós-graduação.

Tal aspecto foi abordado por Zeigarnik (1981), quando constatou uma alteração da personalidade no sujeito enfermo. Ela expõe que, neste caso, ocorre uma alteração do subcontrole do comportamento. Assim, o sujeito pode deixar de ser guiado por um sentido crítico, tendo dificuldade de premeditar e de controlar seu comportamento, adequando-os às condições reais. Segundo Silva (2014), tal transformação diz respeito à falta de controle e sentido crítico em relação à própria conduta, a qual pode revelar-se em diversos processos psíquicos, como no pensamento e na percepção e na valoração incorreta de sua personalidade e na falta de crítica na associação com suas ideias e vivências (Silva, 2014; Silva; Tuleski, 2015).

Podemos considerar que esse autocontrole pode estar relacionado, também, à interfuncionalidade das funções psicológicas superiores. Essas funções, tais como percepção, memória, pensamento, por exemplo, podem mostrar-se desorganizadas ou mesmo desintegradas, em casos mais graves de adoecimento psíquico. Zeigarnik (1979, 1981) apresenta investigações experimentais que envolvem diversos processos psicológicos básicos e complexos e suas alterações patológicas, como a percepção, a memória e o pensamento. Para a autora, o pensamento, a percepção, a memória e a atenção, por exemplo, sofrem modificações em decorrência da enfermidade, podendo provocar alterações na esfera cognitiva e, consequentemente, no trabalho intelectual.

No caso da percepção, conforme Silva (2014), a alteração nessa função psicológica superior pode interferir na capacidade de generalização, na falta de identificação do material percebido, no reconhecimento das pessoas, na confusão dos sentimentos, na reestruturação dos motivos, por exemplo. A mediação do processo de memória, seu dinamismo, pode ser uma outra modificação ocorrida. Além disso, o processo atencional também é influenciado pela enfermidade. Assim, a diminuição da capacidade de trabalho está relacionada, por exemplo, a uma diminuição do volume da atenção, causado pelas excessivas demandas do meio externo. De acordo com a Zeigarnik (1979), há uma exaustão intelectual que leva à alteração afetivo-volitivo, e percebe-se que o enfermo tem suas habilidades intelectuais conservadas, mas tarefas intelectuais que exigem esforços estáveis e constantes ficam comprometidas. A formação de conceitos, com as alterações que vão ocorrendo, também pode ser prejudicada no caso do sofrimento/adoecimento, conforme veremos no próximo item.

A DESAGREGAÇÃO DO FUNCIONAMENTO DO PSIQUISMO NO CASO DO SOFRIMENTO/ADOECIMENTO

Vygotski (1996) compreende que existe uma relação entre o desenvolvimento das funções psicológicas superior, a função de formação de conceitos, o desenvolvimento da personalidade e a concepção que o sujeito tem do mundo. Para o autor, "O quadro coerente do mundo e da autoconsciência da personalidade se dissociam quando se perde a função de formação de conceitos" (Vygotski, 1996, p. 196). De modo geral, a forma como o sujeito enxerga o mundo e a si mesmo será dependente e delineada pelo modo como se deu, para ele, a formação de conceitos, ou seja, sua autopercepção e auto-observação serão resultados diretos desse processo. Vygotski (1996) expõe que o conceito proporciona o primeiro conhecimento da realidade. Com base nisso, Silva (2014) elucida que o surgimento de transtornos mentais pode ser explicado por falhas nesse processo de compreensão do mundo e de atitudes que se pode ter diante dele.

A formação de conceitos pode ser destrinchada em três etapas: o sincretismo, o pensamento por complexos e os conceitos propriamente ditos.[26] O desenvolvimento dos conceitos é alterado no caso do adoecimento. Tuleski (2019), ao abordar a desagregação do funcionamento no psiquismo na esquizofrenia, também discorre sobre as alterações no funcionamento das funções psicológicas superiores. Ela expõe que Vigotski compreende que, na esquizofrenia, há uma desagregação na formação de conceitos.

> Deste modo, não se modifica somente o conteúdo de alguns conceitos ou algumas conexões, mas toda a percepção da realidade fica alterada, todas as vivências do mundo circundante, pois o quadro do mundo perde sua sistematização, organização e se destrói. Juntamente com a desintegração do mundo ocorre a desintegração do "eu" ou da personalidade em diversos componente parciais, que não se agrupam em um todo global, além da perda da linha divisória entre o "eu" e o mundo circundante (Tuleski, 2019, p. 6).

Com essa desagregação da formação de conceitos, o mundo se torna caótico, ambíguo para as pessoas que estão em processo de adoecimento. Tal fato pode levar a alterações na conduta, na volição, na atenção. A autora analisa que pode ocorrer uma debilidade na relação com a realidade, com comprometimento no autocontrole e no planejamento.

---

[26] A descrição detalhada dessas etapas da formação de conceitos pode ser encontrada Vigotski (2000, cap. 6).

Corroborando com essa ideia, temos, a seguir, a citação de Vygotski (1996, p. 189):

> Na esquizofrenia se desintegram as unidades superiores ou os conceitos, se emancipa o pensamento em complexo, que como uma subestrutura sempre se contem dentro dos conceitos, e as conexões complexas começam a dirigir o pensamento. Agora bem, como no homem normal toda a consciência da realidade e toda consciência da própria personalidade está representada em um sistema de conceitos, é natural que ao decompor-se e dissociar-se destes últimos, se destrua também todo o sistema de consciência da realidade e todo o sistema de consciência da personalidade. As mudanças no conteúdo do pensamento são o resultado direto da desintegração das funções do pensamento.

Vygotski (1996) expõe que a capacidade de formar os verdadeiros conceitos, que é o domínio de uma forma mais complexa de pensamento, ocorre somente na adolescência. O indivíduo, ao se apropriar dos conhecimentos produzidos coletivamente pelos homens, os conhecimentos científicos, pode estabelecer generalizações que permitem um maior conhecimento da realidade. No caso da esquizofrenia, essas novas áreas se fecham para o sujeito, "e o conteúdo de sua consciência volta ao sistema primitivo de conexões complexas que correspondem a esse tipo de pensamento, conexões que hão de parecer confusas a consciência acostumada ao pensamento em conceitos" (Vygotski, 1996, p. 189).

O pensamento da pessoa, na esquizofrenia, ao desintegrar os conceitos, pode levar a um retrocesso para a fase do pensamento em complexos. Para o autor, "a nova forma de pensamento possui um conteúdo novo e que a desagregação de dita forma leva a desagregação de uma consciência ordenada da realidade e da personalidade" (Vygotski, 1996, p. 196). Vigotski está tratando de um estado patológico, mas podemos considerar que, em menores proporções, o sofrimento/adoecimento psíquico também pode comprometer o funcionamento das funções psicológicas superiores, criando obstáculos para a compreensão do sistema de conceitos que liga o sujeito à realidade. Vimos, na nossa pesquisa, considerando os 29 participantes, que 10 pós-graduandos (34,4%) relataram apresentar algum problema de ordem psicológica. Como estão em sofrimento, tal fato pode interferir no funcionamento das funções psicológicas superiores, comprometendo o desempenho das atividades, principalmente relacionadas à escrita da tese e da dissertação.

Silva (2014) também entende que há um comprometimento na formação dos conceitos. Quando Zeiganik (1979, 1981) expõe sobre a desintegração do psiquismo, ela não está comparando o funcionamento psíquico de um adulto com uma patologia psíquica com o de uma criança, como se tivesse ocorrido uma regressão a uma fase anterior do desenvolvimento dos conceitos. Apesar de essas atividades do pensamento assemelharem-se em sua aparência, elas operam de modos qualitativamente diferentes. Neste sentido, Silva (2014, p. 220) comenta o seguinte:

> A criança tem a possibilidade de desenvolvimento dos conceitos, quando está no nível concreto, ao passo que o doente mental adulto já passou por esse processo de formação conceitual e, portanto, agirá de modo diferente que a criança quando o pensamento se estruturar pelos complexos [...] Não há uma regressão simples a etapas anteriores da formação de conceitos, mas uma ruptura e descontinuidade de processos que foram anteriormente mais ou menos desenvolvidos.

Considerando o exposto, Silva (2014) conclui que há importância nos processos de mediação tanto para o desenvolvimento do psiquismo quanto para a autorregulação e o domínio da própria conduta do sujeito em estado de patologia. Além disso, expõe a relevância de o homem, seja ele saudável ou enfermo, se desenvolver dentro do que lhe é possível em suas atividades. Assim, para a autora, é fundamental compreender como o processo de adoecimento psíquico foi se constituindo na vida do sujeito; é necessário observar as condições adoecedoras da realidade na qual o indivíduo se insere, que interferiram nesse processo. A autora comenta o seguinte:

> Importante destacar que se o processo de adoecimento é decorrente de processos desintegradores e debilitadores que foram internalizados numa dada realidade, é apenas no coletivo, por meio de apropriações mais humanas, que a reabilitação, a partir do que ainda está preservado no psiquismo, é possível (Silva, 2019, p. 194).

Com base no exposto, reforçamos as ideias que vimos expondo neste capítulo de que o adoecimento psíquico é um processo decorrente não apenas do indivíduo como pessoa isolada, mas, sim, do seu entorno social e das condições por ele proporcionadas. Embora tenhamos trazido, nesta parte do capítulo, aspectos em que ocorre a deterioração da personalidade, concordamos com Vigotsky (2023, p. 221), quando expõe que:

> É preciso pensar que, ao lado dos rastros de destruição da personalidade que se encontram sob o impacto de um

> prolongado processo patológico, que destrói as relações e conexões mais elevadas, complexas, semânticas e sistêmicas da consciência, encontramos também vestígios contrários, isto é, de que essa personalidade irá resistir de alguma forma, alterar-se, reconstruir-se, que o quadro clínico da esquizofrenia nunca pode ser compreendido apenas como algo que decorre diretamente das conseqüências destrutivas do próprio processo, mas deve ser analisado também como uma reação complexa da personalidade ao processo que lhe é destrutivo.

Assim, o fundamental é analisar o que ainda se encontra íntegro no desenvolvimento do sujeito. Quando o autor trata das crianças com deficiência (Vygotski, 1997) para entender uma enfermidade, há que se considerar que há sintomas relacionadas às alterações das funções psicológicas superiores, mas, por outro lado, há sintomas da luta do organismo contra o adoecimento.

Essa luta esteve presente nas respostas dos estudantes em várias partes da pesquisa. Em uma questão, solicitamos que os participantes citassem três condições do programa que mais os agradavam. Tivemos um número elevado de respostas, mas apresentamos, na Tabela 6, aquelas que foram mencionadas, pelo menos, por dois pós-graduandos:

Tabela 6 – Condições da formação que agradam os estudantes

RESPOSTAS	Freq.
Presença de professores qualificados	13
O fato de a universidade ser pública, de boa qualidade	08
Boa relação com orientador	07
Diálogo com os discentes/trocas de conhecimentos	07
Participação em grupo de estudos	03
Linha de pesquisa de que participa	03
Proposta curricular das disciplinas	03
Disponibilidade dos docentes	03
Relações socioprofissionais com os docentes	02

Fonte: elaborada pelos autores a partir dos questionários respondidos por acadêmicos de pós-graduação

Os itens mais citados quanto às condições que mais agradam aos pós-graduandos remetem à qualificação dos professores dos programas, ao fato de a universidade ser pública e de boa qualidade e às relações estabelecidas com professores e com os demais colegas. Pouco falam da estrutura curricular ou das linhas de pesquisa do programa. Os estudantes conseguem, apesar das dificuldades, perceber pontos positivos na formação

Constatamos aspectos contraditórios, como vimos abordando, nas respostas dos estudantes: satisfação e insatisfação com a formação; dificuldades, mas reconhecimento da qualidade da formação. São dados objetivos e subjetivos que vão se interpondo na formação, mas que movimentam os estudantes para a busca da finalização do curso. Esse aspecto pode ser constatado na frequência na pós-graduação, pois somente um dos entrevistados alegou ter realizado o trancamento do curso.

Na pessoa que se encontra adoecida ou em sofrimento, percebe-se alterações em seu desenvolvimento psicológico, mas, como propõe Vygotski (1997), quando trabalha com crianças com deficiência, não podemos ver apenas o defeito ou a enfermidade, mas uma pessoa que está enferma e que precisamos tratar não a doença em si, buscando uma forma percentual, mas observar "as imensas esferas de vida" que tem a pessoa com deficiência, ou como vimos discutindo, a pessoa em processo de sofrimento/adoecimento.

Não podemos considerar somente a saúde ou a doença, mas compreender a relação dialética entre essas duas categorias que se opõem, mas se complementam. A pessoa adoecida tem afetada a organização das funções psicológicas superiores, que se encontram em uma situação de desagregação, o que a leva a recorrer a estados anteriores de arranjos funcionais qualitativamente inferiores ou primitivos para poder lidar com as situações adoecedoras. As situações se tornam adoecedoras porque há um conflito entre o sentido e o significado social dados àquilo que o indivíduo está vivendo, que, no caso, é a pós-graduação, em que o aluno tem uma expectativa, e a realidade lhe coloca limitações. Entendemos que, a cada novo desafio, uma ruptura psicológica se impõe, exigindo uma nova postura do indivíduo, isto é, ele vai precisar se reorganizar psiquicamente para lidar ativamente com o que a situação exige dele. Isso gera uma necessidade psíquica de uma nova organização que possa auxiliá-lo. Mas, mais do que isso, exige uma luta coletiva para mudar as condições objetivas que permeiam a formação na pós-graduação.

ALGUMAS CONSIDERAÇÕES

Silva (2014), a partir das leituras sobre periodização em Vygotski (1996), levanta a hipótese de que, assim como há neoformações que dirigem o desenvolvimento psíquico para suas potencialidades, há também neoformações patológicas que podem acontecer nos períodos críticos, influenciadas pela situação social do desenvolvimento, isto é, pela falta de possibilidades que são oferecidas para o desenvolvimento do indivíduo. Portanto, aparecem neoformações patológicas que se configuram como desintegração da personalidade, ou formas alteradas no desenvolvimento. Dessa forma, não são as alterações internas que produzem esses novos rearranjos funcionais, e, sim, as escassas possibilidades de desenvolvimento das potencialidades do homem no contexto social e no qual ele está inserido.

Que condições são dadas para o desenvolvimento das atividades do aluno de pós-graduação, que, além da atividade de estudo, é um adulto trabalhador? Como mostram os dados, quase todos estudantes que fazem a pós-graduação stricto sensu também trabalham para assegurar a garantia de sanar suas necessidades de existência. Como os valores das bolsas são baixos ou disponibilizados por um período curto, os alunos acabam pegando uma carga horária elevada de trabalho. Concomitante à sua existência, há uma gama de expectativas com relação ao desenvolvimento da atividade de estudo possibilitar a eles galgarem condições melhores de vida.

Como abordamos neste capítulo, toda atividade envolve um sentido e um significado que vão mover o indivíduo na sua concretização. O motivo que incita o sujeito à ação é movido por uma questão pessoal, que é construída socialmente. Não é algo que brota internamente do sujeito e move aquela prática social, mas, na relação com a realidade externa, com as condições que lhe são oferecidas de apropriação do real, ele vai modificando sua personalidade e possibilitando uma nova tomada de consciência.

Ainda que inseridos nesta sociedade alienante e, por isso, adoecedora, os alunos de pós-graduação, pela mediação do pensamento por conceitos, veiculado pela educação, pelo ensino de pós-graduação, podem perceber, explicar com legitimidade seu processo de adoecimento. As respostas apresentadas pelos acadêmicos, evidenciam que mesmo adoecidos, continuam mostrando interesse em prosseguir com os estudos, pois vislumbram conquistas futuras como fazer concursos públicos, engajarem na docência, contribuir com o avanço de uma sociedade mais igualitária. Podemos dizer que a atividade de estudo, completa a sua função primordial que é ser uma atividade transformadora e de superação.

Não estamos querendo dizer que os alunos não estão adoecidos, porque não há uma total formação integral das potencialidades cognitivas do educando nesse sistema, mas ele oferece, por meio da educação escolar, uma forma de enfrentamento do adoecer e a possibilidade de galgar outras possibilidades de existência.

Nessa desagregação, a pessoa tem consciência de seu adoecimento e sabe que este está afetando o seu desempenho acadêmico. Ela percebe que a maior causa de seu adoecimento é o contexto da pós-graduação, mas também sabe que os desafios que fazem parte da vida, como perdas, situação econômica familiar, conflitos familiares, também afetam em seu estado de adoecimento.

A literatura tem apresentado várias formas de enfrentamento do sofrimento/adoecimento (Oleto Melo; Lopes, 2013; Moreira; Tibães; Brito, 2020; Louzada; Silva Filho, 2005; Vasconcelos; Lima, 2021; Silva; Tuleski; 2015; Facci; Urt; Barros 2018; Maurente, 2019). Essas obras abarcam desde propostas de prevenção dessas situações geradoras de sofrimento a uma visão crítica acerca da realidade concreta das instituições como um todo, que influenciam nas vivências de prazer e sofrimento dos sujeitos ali dispostos. A defesa da produção, em detrimento da formação humana, também se apresenta na pós-graduação. O produtivismo acadêmico, a pressão por publicação e o pouco investimento na educação têm contribuído para o adoecimento. Neste sentido, finalizando este capítulo, compreendemos que devem ser criadas possibilidades de enfrentamento para o sofrimento/ adoecimento nas instituições nas quais os programas de pós-graduação estão inseridos, mas, mais do que isso, é necessário, na coletividade, buscar formas de superar a visão mercadológica que impera no ensino superior. A defesa que devemos ter remete à possibilidade de trabalhar em prol da formação humana, do desenvolvimento.

Como afirma Marx (2008, p. 82), o trabalho, em uma sociedade guiada pela propriedade privada, produz privação para o trabalhador: "Substitui o trabalho por máquinas, mas lança uma parte dos trabalhadores de volta a um trabalho bárbaro e faz da outra parte máquinas. Produz espírito, mas produz imbecilidade, cretinismo para o trabalhador". O trabalhador se torna uma mercadoria, produz mais-valia para os detentores dos meios de produção, mas tem ínfimas condições de se desenvolver.

Essa forma de compreender o trabalho também está presente nas universidades. Chauí (2001) analisa que a universidade é guiada pela forma como são organizadas as empresas capitalistas, é conduzida pela lógica de mercado, por processos avaliativos guiados pela produção, pelo estabelecimento de metas, o que impacta no trabalho do professor e nas atividades desenvolvidas na pós-graduação, cuja métrica principal de avaliação é a produção de artigos, livros, capítulos de livros.

Esper (2019, p. 49) afirma que:

> O termo "capitalismo acadêmico" remete ao processo de mercantilização do saber, no qual a universidade, no que tange à produção de conhecimento, vem se assemelhando às indústrias. De forma geral, discute-se que a transposição da lógica do capital para a universidade ou para as IES implica a adoção de novas formas de gestão do ensino, as quais são focadas na produtividade e na flexibilização do trabalho do professor. Como decorrência dessa transposição, temos a precarização crescente do trabalho e a competitividade, o que provoca, enfim, o adoecimento docente.

Guiados por essa lógica do capitalismo, os estudantes de pós-graduação também são impactados na saúde mental. Na lógica do capital, podemos compreender, como analisam Silva e Tuleski (2015), que o ser humano, que deveria humanizar-se por meio das relações sociais na sua atividade de trabalho, acaba não se realizando socialmente, não se reconhecendo como sujeito do produto do seu trabalho, guiado pela lógica de exclusão e consumo que contribui para o sofrimento e adoecimento dos trabalhadores. Compreendemos que essa humanização deve permear a formação na pós-graduação.

REFERÊNCIAS

ALMEIDA, M. R. *A formação social dos transtornos do humor*. 2018. Tese (Doutorado em Saúde Pública)-Programa de Pós-Graduação em Saúde Coletiva, Universidade Estadual Paulista, Faculdade de Medicina Botucatu, São Paulo, 2018. Disponível em: https://repositorio.unesp.br/handle/11449/153333. Acesso em: 5 jul. 2020.

BUBLITZ, S. *et al*. Riscos de adoecimento de enfermeiros docentes no contexto de trabalho da pós-graduação em enfermagem. *Revista Gaúcha de Enfermagem*, v. 42, 2021. Disponível em: https://www.scielo.br/j/rgenf/a/fmwjPGLC4zp6kJD-45SkBLHR/?lang=pt. Acesso em: 2 maio 2023.

CHAUÍ, M. *Escritos sobre a Universidade*. São Paulo: Unesp, 2001.

ESPER, M. B. S. B. *Sofrimento/adoecimento do professor universitário e relações de trabalho:* estudo a partir da psicologia histórico-cultural. 2019. Dissertação (Mestrado em Psicologia)- Programa de Pós-graduação em Psicologia, Universidade Estadual de Marina, Maringá, 2019.

FACCI, M. G. F; URT, S. C.; BARROS, Ana Teresa Fernandes. Professor readaptado: a precarização do trabalho docente e o adoecimento. *Psicologia Escolar e Educacional*, v. 22, p. 281-290, 2018. Disponível em: https://www.scielo.br/j/pee/a/Fp3LN9tv4Ym9QfpV8dfGyLS/?lang=pt&format=html#. Acesso em: 2 maio 2023.

FACCI, Marilda Gonçalves Dias. O adoecimento do professor frente à violência na escola. *Fractal: Revista de Psicologia,* v. 31, p. 130-142, 2019. Disponível em: https://www.scielo.br/j/fractal/a/YfVf8PZtTKfvy3W4HRJhbxB/. Acesso em: 2 maio 2023.

FARO, André. Estresse e estressores na pós-graduação: estudo com mestrandos e doutorandos no brasil. *Psicologia:* Teoria e Pesquisa, Brasília, v. 29, n. 1, p. 51-60, jan./mar., 2013. Disponível em: https://www.scielo.br/scielo.php?script=sci_arttext&pid=S0102- 37722013000100007. Acesso em: 1 jun. 2021.

VIANA FILHO, Marcizo Veimar Cordeiro Viana *et al.* O trabalho do professor na pós-graduação no Brasil após a Lei n.º 9394/1996. Avaliação: Revista da Avaliação da Educação Superior (Campinas), v. 24, p. 127-147, 2019. Disponível em: https://www.scielo.br/j/aval/a/qFgk4DTsDZBKbZmRbvsffHC/?lang=pt. Acesso em: 2 maio 2023.

LEONTIEV, Aleksei Nikolaevich. La personalidad y los motivos de la actividad. *In:* SMIRNOV, Anatoliĭ Aleksandrovich *et al. Psicologia.* México: Grijalbo, 1960. p. 341-354.

LEONTIEV, Aleksei Nikolaevich. *Desenvolvimento do psiquismo* Portugal: Horizonte, 1978.

LEONTIEV, A. N. *Atividade, Consciência e Personalidade.* Bauru, SP: Mireveja, 2021.

LOUZADA, R. C. R.; SILVA FILHO, J. F. Formação do pesquisador e sofrimento mental: um estudo de caso. *Psicologia em estudo*, Maringá, v. 10, n. 3, p. 451-461, set./dez. 2005. Disponível em: https://www.scielo.br/pdf/pe/v10n3/v10n3a12. Acesso em: 20 jan. 2020.

MARTINS, L. M. A natureza histórico-social da personalidade. *Centro de Estudos Educação e Sociedade (CEDES)*, Campinas, v. 4, p. 82-99, 2004.

MARTINS, F. S.; BIANCHETTI, L. O discente da pós-graduação stricto sensu: desistências e resistências, induções externas e adoecimentos. *In*: CIDU - CONGRESSO IBERO-AMERICANO DE DOCÊNCIA UNIVERSITÁRIA., 10., 2018, Porto Alegre. **Anais** [...]. Porto Alegre: ediPUCRS, 2018. v. 1. p. 1-14.

MARX, K. *Manuscritos econômico-filosóficos*. São Paulo: Boitempo, 2008.

MAURENTE, V. S. Neoliberalismo, ética e produtividade acadêmica: subjetivação e resistência em programas de pós-graduação brasileiros. *Interface-Comunicação, Saúde, Educação*, v. 23, e180734, 2019. Disponível em: https://www.scielosp.org/article/icse/2019.v23/e180734/. Acesso em: 2 maio 2023.

MOREIRA, D. A.; TIBÃES, H. B. B.; BRITO, M. J. M. Dualidade prazer-sofrimento na pós-graduação stricto sensu em enfermagem: entre pontes e muros. *Revista Brasileira de Enfermagem*, v. 73, 2020. Disponível em: https://www.scielo.br/j/reben/a/xkrzHjWFSVbXfGsMYLvhFzN/?lang=pt&format=html. Acesso em: 2 maio 2023.

NOVAES MALAGRIS, L. E. *et al*. Níveis de estresse e características sociobiográficas de alunos de pós-graduação. *Psicologia em Revista*, Belo Horizonte, v. 15, n. 2, p. 184-203, 2009. Disponível em: http://pepsic.bvsalud.org/scielo.php?script=sci_arttext&pid=S1677-11682009000200012&lng=pt&nrm=iso>. Acesso em: 17 jul. 2020.

NUNES, T. S.; GONÇALVES, J.; TORGA, E. M. M. F. Precarização e Função Social: análise dos significados do trabalho de docentes da pós-graduação. *Avaliação: Revista da Avaliação da Educação Superior*, Campinas, v. 27, p. 68-90, 2022. Disponível em: https://www.scielo.br/j/aval/a/gcRcJ7vSfMYJGbNHL6fdJNG/. Acesso em: 2 maio 2023.

OLETO, A. F.; MELO, M. C. O. L.; LOPES, A. L. M. Análise bibliométrica da produção sobre prazer e sofrimento no trabalho nos encontros da Associação Nacional de Pós-Graduação em Administração (2000-2010). *Psicologia: Ciência e profissão*, v. 33, p. 60-73, 2013. Disponível em: https://www.scielo.br/j/pcp/a/P6fKWKXw67nVqSGBdrfRq7y/?format=html&lang=pt. Acesso em: 2 maio 2023.

SILVA, F. G. *Inconsciente e adoecimento psíquico na psicologia soviética*. 2019. Relatório (Pós-doutorado em Saúde Coletiva) - Programa de Pós-Graduação em Saúde Coletiva, Faculdade de Medicina da Universidade Estadual Paulista "Julio de Mesquita Filho", Botucatu, 2019.

SILVA, M. A. S. *Compreensão do adoecimento psíquico:* de L. S. Vigotski à Patopsicologia Experimental de Bluma V. Zeigarnik. 2014. Dissertação (Mestrado em Psicologia)– Programa de Pós-graduação em Psicologia, Universidade Estadual de Maringá, Maringá, 2014.

SILVA, A. S. P.; MARSICO, G. A cultura acadêmica do sofrimento: será que isso existe?. *Estudos de Psicologia*, Campinas, v. 39, 2022. Disponível em: https://www.scielo.br/j/estpsi/a/LfpjhL4xxhhGbXJXvqWmCmQ/?lang=pt. Acesso em: 2 maio 2023.

SILVA, M. A. S.; TULESKI, S. C. Patopsicologia Experimental: Abordagem histórico-cultural para o entendimento do sofrimento mental. *Estudos de Psicologia*, Natal, v. 20, p. 207-216, 2015. Disponível em: https://www.scielo.br/j/epsic/a/7N-DBHg3kD8ZnYmSRKQq8MNF/. Acesso em: 2 maio 2023.

TOLSTIJ, A. *El hombre y la edad*. Moscou: Editorial Progresso, 1989.

TULESKI, S. C. A Unidade do Psiquismo Humano para Vigotski e a Desagregação desta na Esquizofrenia. *Psicologia: Teoria e Pesquisa*, Brasília, v. 35, p-11.

TULESKI, S. C.; ALVES, A. M. P.; FRANCO, A. F. O que revela e o que encobre o produtivismo acadêmico? Problematizando a face objetivo-subjetiva do fenômeno e seu impacto social-individual. *In:* FACCI, Marilda Gonçalves Dias; URT, Sônia Cunha (org.). *Precarização do trabalho, adoecimento e sofrimento do professor*. Teresina: EDUFPI, 2017. p. 199-229.

VASCONCELOS, I.; LIMA, R. L. Trabalho e saúde-adoecimento de docentes em universidades públicas. *Revista Katálysis*, v. 24, p. 364-374, 2021. Disponível em: https://www.scielo.br/j/rk/a/gPZCCBpkHMbpbnMQ3bD9GPp/. Acesso em: 2 maio 2023.

VIGOTSKI, L. S. *A construção do pensamento e da linguagem.* São Paulo: Martins Fontes, 2000.

VIGOTSKY, L. S. Estudo experimental do desenvolvimento dos conceitos *In:* VIGOTSKY, L. S. *A construção do pensamento e da linguagem.* 1. ed. São Paulo: Martins Fontes, 2001. p. 151-240.

VIGOTSKY, L. S. *Psicologia, desenvolvimento humano e marxismo*. São Paulo: Hogrefe, 2023.

VYGOTSKI, L. S. *Obras Escogidas IV.* Madrid: Visor Distribuciones, 1996.

VYGOTSKI, L. S. *Obras Escogidas V.* Madrid: Centro de Publicaciones del M.E.C. y Visor Distribuciones, 1997.

VYGOTSKY, L. S. *A transformação socialista do homem.* URSS: Varnitso, 1930. Disponível em: https://www.marxists.org/portugues/vygotsky/1930/mes/transformacao.htm. Acesso em: fev. 2007.

ZEIGARNIK, B. Wulfovna *Introducción a la Patopsicologia.* La Habana: Científico Técnica, 1979.

ZEIGARNIK, B. Wulfovna. *Psicopatologia.* Madrid: Akal, Editor, 1981.

CAPÍTULO 7

SOFRIMENTO PSÍQUICO DOCENTE: ATUAÇÃO DE PSICÓLOGAS ESCOLARES PARA O DESENVOLVIMENTO EMOCIONAL DE PROFESSORES NA PERSPECTIVA DA PSICOLOGIA HISTÓRICO-CULTURAL

Ana Ignez Belém Lima
Artur Bruno Fonseca de Oliveira

INTRODUÇÃO: CONTEXTUALIZANDO AS EMOÇÕES DOCENTES EM CONTEXTO DE SOFRIMENTO E ADOECIMENTO

A temática acerca do sofrimento psíquico no âmbito da docência tem sido pauta para muitos debates, inspirando estudos diversos, principalmente a partir da pandemia de Covid-19. Nesse sentido, pesquisas que investiguem o tema sob os mais diversos ângulos são necessárias para contribuir com políticas públicas que enfrentem essa problemática.

No cenário de um capitalismo cada vez mais excludente, que coloca sobre os trabalhadores da educação a responsabilidade pelo sucesso ou fracasso de estudantes e aumenta o nível de exigências, estimula o individualismo, há terreno fértil para diferentes formas de adoecimento. Os psicólogos, então, são convocados a lidar com o tema, sem que, para isso, também lhes sejam dadas as devidas condições e formações específicas.

A partir das ideias supracitadas, este capítulo foi desenvolvido tomando como eixo central uma pesquisa de doutorado (Oliveira, 2022), cujo objetivo foi analisar a atuação de psicólogas escolares e educacionais do estado do Ceará junto aos professores no que tange ao desenvolvimento emocional na perspectiva de prevenção de sofrimento psíquico e de produção de saúde. Tal pesquisa se justificou pela necessidade de se pensar modos de atuar frente ao sofrimento e adoecimento psíquico de professores, que já vem sendo tema central nos trabalhos do Laboratório de Estudos da Subjetividade e da Saúde Mental da Universidade Estadual do Ceará, sob a ótica da Psicologia Histórico-Cultural de L. S. Vigotski.

A partir desse objetivo, realizamos entrevistas com psicólogas escolares e educacionais para conhecer como se dava a sua atuação, junto aos professores, no âmbito da Secretaria de Educação do Estado do Ceará (Seduc-CE), bem como para analisar se tais práticas promoviam, nos educadores, desenvolvimento emocional e, por sua vez, saúde mental.

O foco no desenvolvimento emocional deu-se pela evidência de uma contradição escancarada vivida pelas profissionais na Seduc-CE, já percebida a partir da leitura de documentos referenciais da própria secretaria. Esses mostravam que a atuação da Psicologia Escolar e Educacional se direcionava aos professores, orientando-os para o desenvolvimento de "competências socioemocionais" dos estudantes. Tratava-se de formações para que o professor tivesse condições de assim proceder. Contudo, os próprios docentes não eram pensados como sujeitos nesse processo de desenvolvimento socioemocional.

O termo desenvolvimento emocional é utilizado a partir do referencial teórico da Psicologia Histórico-Cultural e discutido mais adiante. É importante assinalar que esse termo foi escolhido porque marca importantes diferenças entre esse referencial teórico e aquele que embasa a noção de competências socioemocionais aplicada na prática das psicólogas escolares e educacionais da Seduc-CE.

Tendo situado o ponto de partida deste trabalho, iniciamos as reflexões contextualizando a prática docente e a produção de sofrimento e adoecimento de professores. Esse aspecto é amplamente denunciado em estudos (Campos; Leal; Facci, 2016; Santos; Pereira; Negreiros, 2020), que revelam o quanto esses profissionais se queixam das condições de trabalho, dos desafios que encontram em sua prática e da impossibilidade de superá-los, da sensação de desamparo frente à tarefa de ensinar os alunos etc. Frequentemente, essas queixas se evidenciam como adoecimento.

Por isso, é evidente que esses fenômenos não decorrem unilateralmente da "subjetividade do professor, de questões pessoais, mas estão, sim, atreladas à vida material, à forma como a sociedade se organiza para manter a relação de exploração entre aqueles que detêm os meios de produção e os que detêm a força de trabalho" (Facci; Urt, 2020, p. 12). Então, não é natural que o professor adoeça.

Desse modo, o adoecimento surge como uma alteração psicológica da subjetividade, que tem como cerne a história pessoal e social dos indivíduos. Conforme elucidado pela psicóloga soviética Bluma V. Zeigarnik (1979), o sofrimento e o adoecimento psíquico agem na subjetividade, impulsionados por relações e condições sociais desorganizadas que são encontradas na concretude da vida.

Uma pesquisa realizada por Santos e Facci (2012, p. 222), sobre como o adoecimento e o sofrimento dos professores têm sido abordados em publicações científicas, aponta para alguns determinantes do adoecimento psíquico dos professores, os quais estão relacionados:

> [...] à falta de reconhecimento da sua função; à falta de respeito dos alunos, dos governantes e sociedade em geral; a baixos salários; a diminuição dos espaços de discussão coletiva; a tripla jornada; a sobrecarga de trabalho; a baixa participação direta na gestão e planejamento do trabalho; a culpabilização pelos resultados negativos dos alunos; a invasão do espaço domiciliar; a inclusão de crianças com necessidades educacionais especiais em classes de ensino regular, entre outros.

Temos, com isso, que a prática docente possibilita o acesso desse profissional a um universo de afetos. Ou seja, as marcas afetivas ao longo da vida do profissional da educação estão presentes no seu modo de ser professor. Assim, as lutas por melhores condições de trabalho e por melhorias na educação, o estilo com que ensina, as preferências, a relação com os pares e a gestão, a relação com os alunos, as motivações e aspirações, dentre outros fatores, contribuem para o emergir de afetos relacionados à prática profissional.

Entende-se, com isso, que as emoções, dentro de uma perspectiva histórico-cultural, não são tomadas sob uma visão individualizada na relação com a situação vivida pelo sujeito, com sua história de vida e suas vivências. É importante que esses aspectos sejam considerados para que se compreenda como as emoções podem mobilizar experiências de sofrimento e adoecimento, bem como para que se busque formas de promover desenvolvimento emocional docente.

Baseando-nos nos aportes da Psicologia Histórico-Cultural sobre as emoções, entendemos que, de acordo com Vigotski (1999b), o desenvolvimento das emoções consiste em que se alterem as conexões iniciais para que se produza e surjam uma nova ordem e novas conexões mentais. Ou seja, o desenvolvimento emocional reflete uma série de transformações de ordem psíquica.

Para Sawaia (2009), o trabalho com as emoções favorece uma atuação no que há de mais singular da ação política emancipadora, ou seja, potencializa o sujeito para agir em sua realidade de forma intencional, transformando-a. Isso ocorre porque, de acordo com a referida estudiosa, emoção é uma dimensão ético-política da ação transformadora. É, por isso, ferramenta necessária para atualização e transformação pessoal dos profissionais da educação.

Existem forças repressoras das emoções na formação e na prática docente, tais como tecnicismo, aligeiramento dos processos, falta de oportunidade de expressão. Elas levam os profissionais a serem subordinados a uma lógica que tolhe a liberdade e gera impedimentos para o desenvolvimento da criatividade, por exemplo, em um contexto que deveria propiciá-lo.

Podemos, então, observar uma relação importante entre as emoções e a produção de adoecimento psíquico ou saúde mental. Entendemos a saúde mental como um estado em que a produção de novas concepções e sentidos sobre a realidade e sobre si mesmos está preservada, favorecendo a dinamicidade do sujeito e seu movimento de transformação no mundo.

É possível ver que as emoções estão ligadas a essa condição dinâmica e transformadora da saúde mental. Já em situações de adoecimento, ao contrário, produz-se paralisação, aprisionamento em sua condição e limitação na atividade. As emoções aqui não estão dinamizadas, mas embotadas. Depreende-se disso que o desenvolvimento emocional pode contribuir para a proteção à saúde mental dos professores.

A ATUAÇÃO EM PSICOLOGIA ESCOLAR QUE PROMOVA DESENVOLVIMENTO EMOCIONAL

Na realidade escolar, tem-se uma forte expectativa de que a Psicologia possa solucionar muitos problemas, incluindo supostos desajustes e desadaptações (Ramos, 2011). Em se tratando da saúde mental de todos aqueles que compõem o cenário escolar, as expectativas sobre a suposta ajuda da Psicologia são ainda maiores, tendo em vista a tradição da Psicologia em adentrar o ambiente escolar produzindo um fazer que privilegia aspectos individuais, intrapsíquicos (Patto, 1999; Fonseca; Negreiros, 2021).

No entanto, numa perspectiva crítica, entende-se que o trabalho da Psicologia no campo educacional deve considerar múltiplos fatores que determinam os fenômenos que ocorrem na escola. A partir dessa perspectiva, a atuação da Psicologia na escola toma como uma de suas frentes o trabalho junto aos professores.

PESQUISAS E PRÁTICAS SOBRE O SOFRIMENTO E O ADOECIMENTO COM
FUNDAMENTOS NA PSICOLOGIA HISTÓRICO-CULTURAL

Sendo assim, apesar de a Psicologia, como já abordado antes, ter um histórico de intervenções na educação distantes de uma abordagem contextualizada e crítica (Patto, 2005; Fonseca; Negreiros, 2021), contribuindo para silenciar questões sociais e políticas no ambiente escolar, podemos remeter a avanços no que se refere a uma atuação mais condizente com a concretude das questões escolares. Sabemos, contudo, que, junto aos avanços, ainda coexistem práticas tradicionais acríticas e a-históricas.

Então, a Psicologia Escolar e Educacional, numa linha crítica, tem permanecido em luta na busca de uma prática mais preventiva, incluindo o trabalho junto aos professores e os desafios da profissão:

> [...] a Psicologia Escolar tem se caracterizado como uma prática de atuação preventiva e relacional que enfatiza a função do educador no desenvolvimento dos estudantes, visando propiciar ações em benefício da saúde psíquica de todas as pessoas que compõem essas instituições (Koehler, 2018, p. 14).

Na pesquisa de doutorado a partir da qual foi possível construir este capítulo, evidenciou-se contradições da atuação em Psicologia Escolar e Educacional, o que é reflexo do modo como esse campo de atuação tem se constituído. Ora desenvolveu-se práticas reprodutoras, ora desenvolveu-se práticas transformadoras. Vale dizer que o desenvolvimento emocional esteve mais atrelado a essas últimas. Vamos aprofundar essa discussão.

Práticas reprodutoras

Na pesquisa de doutoramento desenvolvida, as práticas reprodutoras estiverem muito relacionadas a seguir normativas (im)postas por organismos internacionais que exercem influência sobre a educação de países em desenvolvimento, como o Brasil. Essas influências possuem um histórico de impregnarem o campo educacional com a lógica neoliberal de que a escola deve preparar os estudantes para serem produtivos no mercado de trabalho (Magalhães, 2021, p. 64).

Hoje, as exigências recaem sobre o desenvolvimento de habilidades socioemocionais, sendo os professores aqueles que estão à frente desse desafio. Nesse cenário, à Psicologia, cabe formar os professores para que consigam efetivar esse intento. O papel da Psicologia que vai nesse sentido já é conhecido:

> A Psicologia Escolar e Educacional, desde o seu nascimento, se constituiu a partir de um caráter tecnicista e seu desenvolvimento no Brasil esteve relacionado aos processos de urbanização e industrialização do país e a uma visão de que a Educação seria a principal representante do projeto de uma nação moderna (Naves; Silva, 2020, p. 3).

Assim, desde o nascimento do campo, nessa época, a educação recorreu aos conhecimentos psicológicos para solucionar problemas que se constituíam em verdadeiros entraves para a aprendizagem dos discentes e, por consequência, para a ascensão social, a formação de trabalhadores qualificados e o desenvolvimento nacional (Negreiros *et al.*, 2020).

Atualmente, essa lógica também se faz presente, apesar de assumir aparentemente outras faces. Afinal, "a demanda dos educadores aos psicólogos em grande parte representa essa cumplicidade ideológica, ainda fortemente presente no campo educacional" (Sousa *et al.*, 2016, p. 605). Complementar a essa ideia, Negreiros e colaboradores (2020) afirmam que a Psicologia se colocou, e, a nosso ver, tem ainda se colocado, a serviço da regulação e do controle das pessoas, assumindo o status de saber popularizado para a manutenção do sistema político e econômico.

E os professores nessa lógica? São cobrados, exigidos e pressionados. Diante disso, parecem não ter o que fazer a não ser aceitar. Ao professor é imputado, além disso, formar os alunos para agirem num padrão de conduta valorizado pelo capitalismo: alunos competentes socioemocionalmente, porque serão, no futuro, trabalhadores possuidores de melhor desempenho produtivo.

São supervisionados por profissionais da Psicologia, e a eficácia de seu trabalho é avaliada por meio de instrumentos psicológicos, chamados rubricas, como afirma uma psicóloga:

> Então era um instrumental que era aplicado aos alunos, antes do trabalho com as competências socioemocionais. A partir daí, cada turma definia, a partir dessas rubricas, quais as competências que deveriam ser trabalhadas no decorrer do ano letivo. O professor que aplicava sob a orientação, sob a supervisão dos psicólogos, né. A ideia inicial era que nós aplicássemos, depois não foi possível. Então o professor passou a aplicar. Então a gente organizava, a gente formava, a gente dava a capacitação para o professor fazer essa aplicação. (Psicóloga 1)

PESQUISAS E PRÁTICAS SOBRE O SOFRIMENTO E O ADOECIMENTO COM
FUNDAMENTOS NA PSICOLOGIA HISTÓRICO-CULTURAL

Vemos aqui o saber psicológico invadindo o campo educacional sem que houvesse qualquer diálogo entre ambos. Vemos a dominação de um saber sobre o outro num processo de psicologização dos fenômenos sociais e educacionais. Vemos o trabalho docente sendo esvaziado. Vemos responsabilidades docentes sendo acumuladas sem debates, diálogos, sem que esses tenham escolha alguma. Temos, com isso, uma face da prática de Psicologia Escolar e Educacional que cala, amordaça e subordina os professores.

Não há dúvidas de que essas práticas não contribuem para o desenvolvimento dos professores de um modo amplo, quiçá do seu desenvolvimento emocional. Na verdade, essa prática da Psicologia para o desenvolvimento de competências socioemocionais não dá espaços para que se trabalhem as emoções dos professores nem sua saúde mental. O professor participa do processo para ser um mero aplicador da proposta, não sendo pensado como sujeito.

Destarte, ao realizar práticas reprodutoras, além de contribuir para que as exigências e pressões sejam atendidas pelos professores, produzindo sofrimento e adoecimento nesse sentido, a Psicologia não desenvolve um trabalho que vise ao cuidado com as emoções, à promoção de saúde mental e ao desenvolvimento emocional.

Práticas transformadoras

De início, é importante considerar que essas práticas se constituem na contradição. Isso porque aquilo que os indivíduos precisam para superar as condições aviltantes, alienantes e reprodutoras, encontra-se no mesmo contexto de onde emergem todas essas condições. Ou seja, é justamente na materialidade concreta, que se apresenta com aspectos que produzem alienação, impedimentos e limitações, que se encontra a possibilidade de superação, transformação e libertação (Tanamachi; Meira, 2003).

Ao compreender as contradições existentes, é possível tencionar a práticas entre o que é (im)posto e o que é demanda da realidade concreta. E, de fato, isso ocorreu na experiência das psicólogas, pois tiveram de seguir um trabalho atendendo a demandas emergentes que surgiam nas escolas freneticamente, mas buscando não se restringir a uma atuação apaga fogo. Sobre esse processo de mudança na atuação, uma psicóloga revela que:

> E nós psicólogos acabamos, aos poucos, começou a ampliar
> um pouco essas nossas atividades. Porque no início estava
> muito focada n aplicação da rubrica junto aos professores

> diretores de turma. Só que outras demandas começaram a aparecer também nas escolas. Demandas de sofrimento mental, demandas de automutilação de alunos, demandas de ideação suicida e as escolas começaram a procurar os psicólogos também pra fazer momentos com alunos, pra ter momentos com os professores, né. (Psicóloga 2)

Os relatos das práticas é que essas queixas eram trabalhadas de um modo mais amplo, contextualizado, com formação de grupos e considerando múltiplos atores e fatores, como expões esta outra psicóloga:

> E hoje a gente atua muito assim... a gente atua com grupos de gestores. Em 2020, nós tivemos grupo de acolhimento a gestores, que durou de julho a dezembro de 2020. Então foi um trabalho muito bacana que a gente teve junto com os gestores. Então a cada encontro a gente trazia demandas da gestão da escola, a gente discutia temas de saúde mental, a gente discutia temas relacionados ao clima organizacional dentro das escolas. Então foi um trabalho muito bacana. A gente tem também um momento com alguns alunos relacionado a várias demandas deles. A gente tem também, estava desenvolvendo, até o final do ano passado, espero que a gente continue, círculos de construção de paz com professores e com gestores das escolas. Trazendo muito da questão das demandas e procurando acolhê-los. (Psicóloga 3)

O atendimento à queixa escolar, numa visão crítica, pode constituir-se numa prática que vai nessa direção quando parte da compreensão do fenômeno. Essa postura está de acordo com o que indica Angelucci (2007) sobre o atendimento à queixa escolar. Essa autora indica que "o primeiro objetivo, portanto, [...] deve ser compreender a situação na companhia dos atores que a constituem. Isso significa que o trabalho busca, prioritariamente, a proposição de diálogo com a instituição escolar" (Angelucci, 2007, p. 354).

Então, uma prática transformadora, a qual defendemos, é aquela que se preocupa, antes de buscar solucionar problemas de forma aligeirada, em desvelar o que está por traz dos fenômenos, ou seja, a base dinâmico causal desses fenômenos, em conformidade com a fundamentação teórico-metodológica da Psicologia Histórico-Cultural (Vigotski, 1999a).

Entendemos também que as práticas se fazem e refazem na realidade material, que devem:

> Buscar novos modos de fazer e instrumentalizarmo-nos para o desafio de desbravar a Educação e suas dificuldades atuais; é

> encontrar no arcabouço de conhecimentos da Psicologia recursos que contribuam para que os processos de ensino-aprendizagem sejam emancipatórios para todos os sujeitos nele envolvidos. É necessário adentrar e investigar a escola e pensa-la dentro de um contexto histórico-cultural e a partir das relações que nela são produzidas (Peretta, 2014, p. 294).

É importante considerar que o modo com que o sistema educacional se configura põe muitos desafios a práticas transformadoras. As solicitações de atendimentos às queixas escolares são muito frequentes e convidam para uma forma de atuação rápida, mas superficial e reducionista. Isso mostra que as escolas anseiam pela atuação das psicólogas, desde que sejam rápidas, pontuais e deem resultados visíveis. Proposta que pode ir de encontro a um viés crítico, porque profundo.

Ficamos refletindo sobre o reconhecimento da figura da profissional da Psicologia Escolar e Educacional, mas, além disso, sobre a expectativa que se tem acerca do trabalho das psicólogas sobre a solução de problemas e do risco de elas não possuírem o olhar crítico de se colocar nesse papel. Não queremos aqui negar a importância de que cada escola pública tenha um profissional. Queremos e lutamos para que as escolas públicas tenham psicólogas escolares e educacionais que possuam um embasamento e uma prática críticos. E isso nos remeteria também ao universo da formação dos psicólogos, em especial, no campo da educação.

Sendo assim, práticas transformadoras deram sinais que eram possíveis. E de fato se concretizaram, ainda que na contradição e nas restrições. É possível compreender, que a concepção de desenvolvimento emocional que está presente nas formas de atuação profissional transformadoras, é a oposta das práticas reprodutoras: uma visão contextualizada, que considera a unidade cognição-afeto, que envolve uma concepção integral de sistema psíquico, que busca focar nas relações intersubjetivas. Essa perspectiva coaduna com o que defende Andrada e colaboradores (2019, p. 5) a respeito da importância da compreensão do ser humano de forma integral:

> [...] compreensão do ser humano integral, cuja constituição articula as dimensões históricas, culturais e emocionais, em um processo permanente e contínuo, que envolve a apropriação de modos cada vez mais complexos de funcionamento psicológico. [...] desenvolvimento como processo revolucionário, valorizando as mudanças do sujeito e do meio, como ação transformadora da própria realidade social que habitam. Quando as(os) profissionais de Psicologia se utilizam de

tais premissas, tendem a promover ações favorecedoras do desenvolvimento e emancipação humanos, aspectos estes que adotamos como norteadores de nossos trabalhos nas escolas.

Então, a partir de uma visão ampla e integral, na qual se reúnem múltiplos aspectos constituintes do ser humano, de seu psiquismo e de sua atividade no mundo, é que se tem condições de trabalhar em prol da transformação. Afeto e cognição precisam estar unidos nessa proposta transformadora, visto que é essa unidade que proporciona a constituição de um funcionamento psicológico cada vez mais complexo. Entendemos esse funcionamento complexo como um psiquismo consciente, criativo e dinâmico; por sua vez, um ser humano capaz de atuar na sua realidade, apesar dos entraves.

Por isso, a partir do que temos discutido acerca das emoções no âmbito escolar e na vida como um todo, ressaltamos que não se trata de se esquivar da temática das emoções, mas de contemplá-la de uma forma diferente. Por isso, as emoções ganham, a partir dessa perspectiva, lugar central na constituição dos modos de relação do sujeito com o mundo, sendo as ações transformadoras aquelas que se constituem dos afetos potencializadores (Spinoza, 2009).

Vemos que as práticas transformadoras que as psicólogas articularam entram nessa linha, pois notamos a mobilização de críticas àquele modelo (im)posto, além da mobilização dos interesses, motivações, convicções, que, sem o cunho emocional, não teriam condições de promover novos rumos dados à prática. Todos esses fatores são potencializadores das emoções e, por isso, assumem uma função importante de dar força à concretização de práticas.

Essas práticas, em suma, se direcionaram para a formação de grupo de professores, cuja perspectiva utilizada, de acordo com uma professora: *"foi mais holística para que se abarcasse a concepção de educação integra"*. (Psicóloga 4). Tais encontros tiveram um tom mais vivencial, além da escuta de qualidade e "conversa ao pé do ouvido", que evidencia maior disponibilidade por parte do profissional para se engajar no cuidado com os professores.

Os encontros favoreceram a construção de uma rede de apoio emocional colaborativa, a partir das ricas partilhas e do estreitamento de laços. A psicóloga ressalta alguns retornos dos professores quanto à importância que os trabalhos de grupos tiveram para esses profissionais que lidavam diretamente com as dores dos alunos:

> [...] eles ansiavam por esses momentos. Era tipo "não vejo a hora de ser novamente a vez do nosso grupo", porque eram vários grupos. "não vejo a hora do giro voltar novamente, porque esse é um momento que eu tenho a minha catarse, é o momento que eu falo, que eu sou eu mesmo, que eu posso expressar minha angústia. Eu não tenho medo de me expressar aqui. Eu sinto o apoio mútuo". E não era só o apoio meu e da minha parceira, era o apoio do grupo mesmo. O grupo se fortalecia a partir do trabalho. (Psicóloga 5)

Podemos ver que práticas que oportunizam a expressão das emoções potencializam. Desse modo, o trabalho com as emoções que embasam uma prática transformadora no contexto escolar deve partir, de acordo com Andrada (2019, p. 10), de:

> [...] conhecer os ideários neoliberais que fundamentam as atuais diretrizes da Educação Básica e que buscam responsabilizar os indivíduos pela sua precarização e fracasso; reconhecer as dificuldades que se impõem na contemporaneidade à construção de uma escola pública de qualidade; compreender a complexidade como fator constituinte do espaço escolar, visto que nela aportam conflitos e contradições da sociedade em que está inserida; e constituição da coletividade como condição para tensionamentos que podem contribuir para a realização das transformações possíveis.

Aqui vemos uma concepção de emoções que levam em consideração o contexto, a materialidade da vida. São múltiplos os fatores que contribuem para os diversos estados emocionais dos sujeitos. Na citação, apontam-se alguns fatores centrais de ordem social e política que atravessam a realidade daqueles que se constituem como atores do cotidiano escolar e que são importantes de serem considerados nas propostas de práticas transformadoras, visto que "nossa capacidade de agir é aumentada e/ou diminuída pela variação do afeto em nós" (Ramos, 2020, p. 99), que, por sua vez, é produzido nas circunstâncias materiais da vida humana.

Compreender as emoções de modo amplo e contextualizado, como ressaltado, produz uma forma de atuação menos cômoda e mais desafiadora. Isso ocorre porque se trata de um grande desafio "construir formas de atuação do psicólogo que consigam romper com resistências que atravessem a barreira do fatalismo, da desesperança, das queixas recorrentes, da tristeza, dos sentimentos de fracasso e abandono" (Souza; Petroni; Dugnani, 2011, p. 264). O trabalho com as emoções nas escolas não precisa restringir-se ao âmbito intrapsíquico e individual, ao treinamento de como ter a conduta mais adaptativa, funcional, assertiva, a um conjunto de tarefas práticas generalistas.

Temos discutido aqui sobre como o meio se apresenta de forma complexa sobre a prática docente. Nem sempre as relações sociais estabelecidas nessa complexidade oportunizam a formação de funções psicológicas que caracterizam o desenvolvimento humano. Ao contrário, elas podem gerar desmobilização e, por isso, não contribuir para a transformação da realidade num processo adaptativo, conforme aborda Vigotski, já no livro *Psicologia Pedagógica* (2001), sem ainda nem ter construído a Psicologia Histórico-Cultural:

> Outro caso ocorre quando a supremacia e a superioridade estão com o meio, quando o organismo começa a adaptar-se ao meio com dificuldade, com excessiva tensão, e sempre iremos sentir uma discrepância entre a extrema complexidade do meio e a defensividade relativamente fraca do organismo. Nesse caso, o comportamento irá transcorrer com máxima perda de forças, com o máximo dispêndio de energias e o mínimo efeito da adaptação. [...] As emoções relacionadas ao sentimento de depressão, debilidade, sofrimento – os sentimentos negativos – pertencem a *esse grupo* (Vigotski, 2001b, p. 135-136).

Na tentativa de romper com essa lógica do meio que recai sobre os docentes de forma a deixá-los desmobilizados, temos o compartilhar de experiências. Apesar de essa prática não ser embasada na Psicologia Histórico-Cultural, constitui-se numa ferramenta que se adequa bem à essa perspectiva, pois remete a um contexto de cooperação que potencializa o caráter transformador da atividade humana ressaltado por Vigotski (1999b), fundador da abordagem discutida. Acreditamos, baseados nessas ideias, que "a superação do sujeito ocorre na relação com o outro e é mediada pelas condições materiais que acessa" (Ramos, 2020, p. 85). Ou seja, os inúmeros entraves vivenciados pelos professores em sua prática podem ser superados pela ação cooperativa e nas condições reais e materiais que se apresentam no cotidiano dessa prática, aspecto também defendido por Oliveira (2018).

Acreditamos, amparados pela compreensão de sujeito ativo em Vigotski (1999b), que os professores podem subsistir às condições precárias de trabalho e superar as dificuldades que enfrentam. Por exemplo, uma das práticas desenvolvidas por uma das psicólogas, os círculos de diálogos, objetivava a organização da comunicação em grupo, a construção de relacionamentos, facilitava tomada de decisões e resolução de conflitos, além de oferecer aos participantes a oportunidade de expressarem suas opiniões, suas dúvidas, seus anseios e de exercitar a escuta, como forma de desenvolver uma consciência plena dos acontecimentos envolvidos. Os encontros favoreceram a construção de uma rede de apoio emocional colaborativa, a partir das ricas partilhas, do estreitamento de laços, estando mediando toda essa construção.

Espaços como esse favoreceram o enfretamento das situações desafiadoras. Por isso, eles possuem a potencialidade de ajudar os professores a transformarem as "paixões tristes", em termos spinozanos, caracterizadas por proteger e esterilizar o poder de ação:

> [...] essas paixões tristes, não superadas, podem favorecer as defesas psíquicas tanto no nível pessoal quanto no coletivo, potencializando, assim, o esvaziamento do sentido da atividade a ponto de 'perda' da força vital que, por meio da atividade humana, afeta a nós mesmos, aos outros, bem como nos percebemos participantes e responsáveis no exercício da tecitura coletiva, quer seja institucional, quer seja de outrem (Ramos, 2020, p. 101).

A consciência dos conflitos vivenciados na prática docente, os quais mobilizam paixões tristes, pode ajudar que esses atores desenvolvam poder de agir, conforme discute Yves (2014) a respeito da relação entre consciência do conflito e poder de agir da classe trabalhadora nos seus dramas cotidianos. Com a consciência, encontram-se os recursos necessários para a mínima superação dos entraves.

As "paixões tristes" dos docentes são transformadas em "paixões alegres", as quais "se tornam um suporte e convite ao docente para movimentar-se da passividade à atividade" (Ramos, 2020, p. 103). A reflexão, a partir da escuta do outro e da expressão de si, leva à compreensão da formação do seu modo de perceber, sentir e agir em relação a tudo o que o cerca: à vida, ao outro e a si próprio (Souza *et al.*, 2014). Esse movimento é de conscientização, que une afeto e cognição em prol de uma ação articulada, coerente, contextualizada, baseada nos limites e nas possibilidades de si e das condições reais e materiais que se apresentam.

Assim:

> [...] o professor, ao refletir suas vivências, ao nominar os afetos tendo por base o conhecimento, é possibilitado ampliar o modo de significar o vivido, bem como adquirir novos instrumentos

> psicológicos e regular suas ações, seus afetos e pensamentos cotidianamente na lida com os desafios de sua prática (Ramos, 2020, p. 104).

.Aqui vemos uma concepção de regulação emocional que se baseia numa dinâmica profunda do sistema psíquico (Martins; Carvalho, 2016). Portanto, essa visão faz frente a concepções cognitivistas e tecnicistas de regulação emocional.

Vale dizer que, em muitas situações, as emoções tidas como negativas podem constituir-se em um fator que desvela experiências negativas. O incômodo, a chateação e o desgosto podem denunciar algo a ser revisto. Por isso, também consideramos importante que as supostas emoções negativas sejam consideradas. Além disso, não pactuamos com a ideia de tomar emoções positivas e negativas de uma forma dicotômica.

Nessa linha, uma psicóloga evidenciou que desenvolvia trabalhos com grupos de professores que favoreciam o cuidado com a saúde mental por meio da expressão emocional. Eles ocorriam no formato de círculos de construção de paz, que, segundo ela:

> É uma técnica de escuta, que você dá o local de fala para as pessoas falarem, serem escutadas, né. Isso não vai ser algo que vai ser discutido lá dentro, ou julgado. É mais assim... a gente trabalha com a comunicação não violenta, essa questão da escuta ativa, é algo que se trabalha muito. Essas questões pra facilitar diálogo, intercomunicação, poder falar do vivido. E aí os círculos são uma técnica de grupo, digamos assim, pra gente poder ter esse momento de compartilhar ideias. (Psicóloga 6)

Quando, caminhando na direção de romper com os processos de sofrimento e adoecimento, há possibilidades de haver regulação emocional, e vemos que se amplia o poder de ação e a mobilização do sujeito; logo, temos saúde mental protegida. Em resumo, a ação dos sujeitos e o seu estado emocional diz muito sobre sua condição de saúde mental; logo, o desenvolvimento emocional contribui para a melhoria das condições de saúde mental.

Alguns estados emocionais, dadas as condições do meio e das relações, podem apresentar-se como primitivos, de acordo com Souza e colaboradores (2019, p. 239), o que gera entraves na ação sobre a realidade:

> [...] a depender das relações que se estabelecem entre o sujeito e seus pares e/ou com o meio, as condições concretas que

> condicionam sua forma de se constituir enquanto homem podem apresentar reações mais primitivas, em que a emoção se torna senhora, isto é, enviesa-se sua leitura sobre a realidade e sua capacidade de agir sobre ela encontra-se diminuída pelo domínio do que se sente e pelo desconhecimento das causas do sentir.

Lembramos, com isso, do que discute a psicóloga Lituana Zeigarnik (1979) sobre os processos de adoecimento psíquico, nos quais o biológico assume um lugar diferente do psiquismo desenvolvido e organizado. Esse lugar é de dominância sobre os aspectos histórico-culturais e sociais que constituem e determinam a atividade do sujeito. As reações primitivas são essas em que o biológico assume o lugar de domínio sobre a cognição, a consciência e a autorregulação por meio dos signos.

A mudança de dominação biológica à dominação histórico-cultural sobre o comportamento humano dá-se, a partir do que temos visto na prática das psicólogas escolares e educacionais e do que as principais pesquisas aqui apontadas discutem, pela relação social de cooperação. Não poderia ser de outra forma, visto que, baseados na Psicologia Histórico-Cultural, as neoformações psíquicas passam outrora pela formação de vínculos, pois toda função psicológica foi antes uma relação social (Vigotski, 2007).

Síntese: caracterizando a prática da psicologia escolar que vise ao desenvolvimento emocional e à prevenção de adoecimento psíquico

Apresentamos, neste momento, uma síntese dos postulados da unidade de análise da presente pesquisa, conforme foi abordado no percurso metodológico. Vale lembrar que a unidade de análise é a prática das psicólogas escolares e educacionais junto aos professores. Escolhemos pensá-la esquematicamente com o intuito de que a unidade se apresente de forma clara e objetiva. Ressaltamos que a aproximação com o campo e os estudos teóricos fundamentam a sua constituição.

Eis os aspectos que caracterizam a prática da psicologia escolar que vise ao desenvolvimento emocional e à prevenção de adoecimento psíquico:

a. Inicialmente, a finalidade do trabalho das psicólogas escolares e educacionais, mesmo quando esse ocorre junto aos professores, recaiu sobre os alunos. Por exemplo, buscou-se desenvolver as competências socioemocionais dos alunos, e não dos professores, sendo estes os instrumentos para o desenvolvimento daqueles. Assim, o trabalho das psicólogas escolares e educacionais da Seduc-CE, muitas vezes, envolve os professores como uma via de acesso aos alunos.

b. As práticas desenvolvidas pelas psicólogas escolares e educacionais da Seduc-CE apresentam certa ambiguidade, ora são descontextualizadas e reproduzem ideologias dominantes, ora buscam atender às demandas emergentes do trabalho docente; ora se caracterizam como algo que é (im)posto por instâncias superiores, ora como algo formulado pelas próprias psicólogas; ora possuem caráter tecnicista, ora ganham profundidade ao se pôr a criar espaços de reflexão.

c. A prática desenvolvida pelas psicólogas da Seduc-CE embasam-se em concepções de desenvolvimento emocional que acabam acompanhando essa ambiguidade, pois tais concepções ora tomam as emoções de forma reducionista, como aspecto intrapsíquico e descontextualizado, ora contextualizam essas emoções e mobilizam esforços não só individuais para dar suporte aos professores.

d. Esse próximo aspecto característico da unidade de análise tem a ver com o anterior: as práticas das psicólogas da Seduc-CE tomam, aos poucos, uma dimensão de confrontação frente às determinações que são (im)postas, sendo pauta de debates e posicionamentos por parte dessas profissionais junto aos superiores.

e. A linha de trabalho cujo objetivo foi dar suporte emocional aos professores atende a demandas emergenciais, sobretudo em meio à pandemia e ao isolamento social, situação que agravou questões emocionais dos professores. Assim, o trabalho foi de promoção de saúde mental, mas não preventivo.

f. As condições de trabalho das psicólogas limitam suas ações. São poucos profissionais para uma rede numerosa, impedindo o acompanhamento das atividades; o contrato de trabalho é terceirizado, não havendo vínculo de estabilidade como os demais servidores públicos, e os salários também não correspondem às formações e à carga horária de trabalho extensa.

g. A prática das psicólogas caracteriza-se por certas indefinições, incertezas e inseguranças a respeito do que realmente fazer na realidade do sistema educacional do Ceará, sendo muitos os determinantes para isso: limitações de logística e estrutura, (im)posições e expectativas dos outros atores do sistema educacional, formação profissional que nem sempre se encaixa com a realidade que se apresenta.

h. A prática das psicólogas escolares e educacionais apresenta melhores efeitos quando se articulam ações que envolvem o coletivo.

Como forma de contribuir para a prática, não somente das psicólogas da Seduc-CE, elencamos, a partir da própria experiência delas junto às discussões realizadas anteriormente, aspectos a serem considerados no trabalho da psicologia escolar e educacional para o desenvolvimento emocional dos professores:

a. priorizar o desenvolvimento emocional na prática da psicologia escolar e educacional, com ações cujo foco sejam os professores, sendo estes tomados não como mera via de acesso aos alunos;

b. visar à prevenção, proteção e promoção de saúde mental dos docentes a partir do desenvolvimento de recursos pessoais para lidar com as afetações – ou suportá-las num sentido de resistência – que emergem do contexto escolar, sobretudo aquelas relacionadas às mudanças e à desvalorização;

c. tomar as emoções de forma contextualizada, compreendendo os diversos estados emocionais como sendo influenciados por múltiplos fatores; agregam-se ao trabalho com o desenvolvimento emocional, então, questões institucionais, relacionais, organizacionais, políticas, sociais, culturais;

d. tomar as emoções como fator que está em unidade com a cognição, sendo essas funções psicológicas integradoras do psiquismo sistêmico e total, sabendo, com isso, que uma função constitui a outra num processo dialético;

e. considerar ações que não busquem simplesmente corrigir as emoções negativas que supostamente não levariam a uma conduta assertiva, adequada e ajustada a padrões esperados, mas que as considerem como um sinal de que algo não está bem no contexto e nas relações, sendo, por isso, necessárias de serem expressas, acolhidas, avaliadas e analisadas;

f. por isso, é necessário trabalhar as emoções positivas e negativas, entendendo que esse binômio traduz uma contradição que é constituinte do humano e, por isso, precisam ser compreendidas dialeticamente e dialogicamente, não como âmbitos que compõem uma hierarquia, sendo uma mais importante que a outra;

g. potencializar a ação humana criativa transformadora de si e da realidade, sendo as emoções vistas não como destruidoras e desorganizadoras, como se assevera tanto a respeito delas, mas, de fato, as tomando como força que edifica a atividade;

h. priorizar a intervenção coletiva, sabendo que, no diálogo e no suporte, estão as condições de mediação suficientes para o desenvolvimento integral do sujeito, incluindo os aspectos emocionais.

Com esses aspectos trazidos de forma esquemática, concluímos esta seção e passamos às considerações finais.

CONSIDERAÇÕES FINAIS

A partir das reflexões e discussões apresentadas, podemos depreender que a psicologia escolar e educacional pode contribuir para o desenvolvimento emocional dos professores desde que adote uma visão de desenvolvimento emocional que não seja intrapsíquica, a-histórica, descontextualizada da materialidade da vida e que tome as emoções como aspecto isolado de toda o psiquismo.

Isso é verdadeiro porque, quando essa perspectiva de atuação se sobressaiu à prática vinculada ao desenvolvimento de competências socioemocionais, vimos professores sendo atendidos em suas necessidades concretas, tendo suas vozes ouvidas, consideradas e validadas.

Quando as psicólogas tiveram uma pequena brecha para atuar de forma mais livre, sem imposições, observamos práticas que deram espaço para a expressão das emoções docentes, o que colaborou minimamente para o desenvolvimento emocional dos professores, dentro da lógica na qual nos pautamos neste trabalho: a Psicologia Histórico-Cultural.

Vemos, com isso, a necessidade de construção de espaços formativos em psicologia escolar e educacional, que oportunize a aprendizagem do manejo das emoções a partir dos aspectos indicados na síntese deste trabalho, os quais foram articulados a partir da base materialista histórica e dialética. Assim, produz-se modos de atuar que não sejam tecnicistas, pragmáticos e reducionistas.

Com isso, ressaltamos, inclusive, a importância deste trabalho para a criação e o planejamento de políticas públicas em educação, que contemple os aspectos emocionais integrados da forma como apontamos na síntese da pesquisa. Assim, ressaltamos que não basta a presença – insuficiente, diga-se de passagem – de profissionais da psicologia nas escolas e no sistema educacional, como preconiza a Lei n.º 13.935/201, que determina que o Poder Público assegure o atendimento psicológico e socioassistencial aos alunos da rede pública de educação básica.

É necessário que compreendam seu papel como um compromisso na construção de uma práxis que produza desenvolvimento humano, contribuindo para não reproduzir e/ou promover, junto a todos os atores que compõem o sistema educacional, ações estanques, desigualdade social, processo de exclusão e silenciamento de vozes, psicologização e patologização da educação e das emoções.

REFERÊNCIAS

ANDRADA, P. C. de *et al.* Atuação de Psicólogas(os) na Escola: Enfrentando Desafios na Proposição de Práticas Críticas. *Psicologia: Ciência e Profissão* [on-line], v. 39, p. 1-16, 2019.

ANGELUCCI, C. B. Por uma clínica da queixa escolar que não reproduza a lógica patologizante. *In:* SOUZA, B. de P. (org.). *Orientação à queixa escolar.* São Paulo: CaSa do Psicólogo, 2007. p. 353-378.

CAMPOS, H. R.; LEAL, Z. F. R.; FACCI, M. G. D. Direito à educação, formação do adolescente e adoecimento docente no Estado capitalista. *Revista Educação em Questão,* Natal, v. 54, n. 40, p. 205-230, jan./abr. 2016.

CAMPOS, H. R. Vygotsky: a consciência como relação. *Psicologia & Sociedade,* Belo Horizonte, v. 26, n. esp. 2, p. 124-139, 2014.

YVES, C. Vygotski: a consciência como relação. (M. A. B. Ramos, Trad.). *Psicologia & Sociedade*. v. 26, n. spe. 2, 124-139, 2014. Scielo Brasil. https://www.scielo.br/j/psoc/a/nWXWNmJWys9nVR9QCp9DxJL/abstract/?lang=pt

FACCI, M. G. D.; URT, Sonia da Cunha. Apresentação. *In:* FACCI, Marilda Gonçalves Dias; URT, Sonia da Cunha. *Quando os professores adoecem*: demandas para a psicologia e para a educação. Campo Grande, MS: Ed. UFMS, 2020. p. 11-20.

FONSECA, T. da S. NEGREIROS, F. Psicologia Escolar e Educação profissional e Tecnológica nos IFPIS: demandas, práticas e indícios de criticidade. *Revista Psicologia Escolar e Educacional*, Parnaíba, v. 25, p. 1-10, 2021.

KOEHLER, S. E. Aprendizados e tensões: o psicólogo escolar como gestor na educação profissional. *In:* NEGREIROS, F.; SOUZA, M. P. R. de (org.). *Práticas em psicologia escolar:* do ensino técnico ao superior. Teresina: EDUFPI, 2018. p. 1-256

MAGALHÃES, J. E. P. Competências Socioemocionais: gênese e incorporação de uma noção na política curricular e no ensino médio. *E-Mosaicos,* Rio de Janeiro, v. 10, n. 23, p. 62-84, 2021.

MARTINS, L. M.; CARVALHO, B. A atividade humana como unidade afetivo-cognitiva: um enfoque histórico-cultural. *Psicol Estud.* São Paulo,, v. 21, n. 4, p. 699-710, 2016.

NAVES, R. M.; SILVA, S. M. C. da. Atuação das psicólogas escolares no sul e sudoeste goiano: concepções e desafios. *Gerais: Revista Interinstitucional de Psicologia*, Belo Horizonte v. 13, n. 03, p. 1-14, 2020.

NEGREIROS, F. *et al.* Inserção profissional da/o psicóloga/o escolar em instituições públicas do Piauí: georreferenciamento e políticas educacionais. *Cadernos de Educação*, São Paulo, v.19, n. 39, jul./dez. 2020.

OLIVEIRA, A. B. F. de O. *Uma análise Histórico-Cultural da atuação da Psicologia Escolar e Educacional na Secretaria de Educação do Estado do Ceará*: entre contextos e descontextos de desenvolvimento emocional docente. 2022. 159p. Tese (Doutorado em Educação) – Universidade Estadual do Ceará, Programa de Pós-Graduação em Educação, Fortaleza, 2022.

OLIVEIRA, Be. C. de. *Psicólogos escolares e professores:* a parceria como mediação de práticas educativas efetivas. 2018. 125p. Dissertação (Mestrado em Psicologia) – Pontifícia Universidade Católica de Campinas – PUC Campinas, Centro de Ciências da Vida, Programa de Pós-Graduação em Psicologia, Campinas, 2018.

PATTO, M. H. S. *Exercícios de indignação:* escritos de educação e psicologia. São Paulo: Casa do Psicólogo, 2005.

PATTO, M. H. S. *A produção do fracasso escolar:* histórias de submissão e rebeldia. São Paulo: Casa do Psicólogo, 1999.

PERETTA, A. A. C. e S. *et al.* O caminho se faz ao caminhar: atuações em Psicologia Escolar. *Psicologia Escolar e Educacional* [on-line]. v. 18, n. 2, p. 293-301, 2014. Scielo Brasil https://www.scielo.br/j/pee/a/sQsP3pTJkRT6hhdZmkrtMWr/abstract/?lang=pt

RAMOS, D. K. Representações sociais sobre a atuação do psicólogo escolar: um estudo com profissionais da educação. *Temas em Psicologia,* Ribeirão Preto, v. 19, n. 2, p. 503-511, 2011.

RAMOS, V. R. L. *Docência, sofrimento e potência de ação*: o drama de ensinar no Ensino Médio público pelo olhar da Psicologia. 2020. Tese (Doutorado em Psicologia – Pontifícia Universidade Católica de Campinas, Centro de Ciências da Vida, Programa de Pós-Graduação Stricto Sensu em Psicologia, Campinas, 2020.

SANTOS, D. A. dos; FACCI, M. G. D. O adoecimento e sofrimento psíquico de professores: difusão em produções científicas. CONGRESSO INTERNACIONAL DE PSICOLOGIA, 5. *Anais* [...]. Maringá: Universidade Estadual de Maringá, 2012.

SANTOS, L. B.; PEREIRA, Á. I. S.; NEGREIROS F. Ensino profissional e tecnológico e medicalização das queixas escolares: representações sociais docentes. *Educando para educar,* Maringá, v. 20, p. 25-37, 2020.

SAWAIA, B. B. Psicologia e desigualdade social: uma reflexão sobre liberdade e transformação social. *Psicologia & Sociedade,* São Paulo, v. 21, n. 3, p. 364-372, 2009.

SOUZA, M. P. R. de et al. Psicólogos em secretarias de educação paulistas: concepções e práticas. *Psicologia Escolar e Educacional*, São Paulo. v. 20, n 3. França, 2016, p. 601-610. Scielo Brasil chrome-extension://efaidnbmnnnibpcajpcglclefindmkaj/https://www.scielo.br/j/pee/a/NwsJ7PxDFG6KT4dn3wVYPZq/?format=pdf&lang=pt

SOUZA, V. L. T.; PETRONI, A. P.; DUGNANI, L. A. C. A arte como mediação nas pesquisas e intervenção em psicologia escolar. *In:* GUZZO, R. S. L.; MARINHO--ARAÚJO, C. M. (org.). *Psicologia Escolar:* identificando e superando barreiras. Campinas, SP: Editora Alínea, 2011. p. 9-169

SOUZA, V. L.T. de *et al.* O psicólogo na escola e com a escola: a parceria como forma de atuação promotora de mudanças. *In:* GUZZO, Raquel Souza Lobo (org.).

Psicologia Escolar: desafios e bastidores na educação pública. Campinas, SP: Editora Alínea, 2014. p. 30-60

SOUZA, V. L. T. de *et al.* Emoções e práxis docentes: contribuições da psicologia à formação continuada. *Ver. Psicopedag.*, São Paulo, v. 36, n. 110, p. 235-245, 2019.

SPINOZA, B. *Ética.* 1. ed. Belo Horizonte: Autêntica Editora, 2009.

TANAMACHI, E. R.; MEIRA, M. E. M. A atuação do Psicólogo como Expressão do Pensamento Crítico em Psicologia e Educação. *In:* ANTUNES, M. A. M.; MEIRA, M. E. M. *Psicologia Escolar*: Práticas Críticas. São Paulo: Casa do Psicólogo, 2003. p. 11-62.

VIGOTSKI, L. S. *Teoria e método em Psicologia.* São Paulo: Martins Fontes, 1999a.

VIGOTSKI, L. S. *Psicologia da Arte.* São Paulo: Martins Fontes, 1999b.

VIGOTSKI, L. S. *Psicologia Pedagógica.* São Paulo: Martins Fontes, 2001

VIGOTSKI, L. S. *A formação social da mente.* São Paulo: Martins Fontes, 2007.

ZEIGARNIK, B. *Introducción a la patopsicología.* Havana: Científico Técnica, 1979.

CAPÍTULO 8

SOBRE O ADOECIMENTO DOCENTE: QUANDO A PESQUISA APONTA PARA O PROCESSO DRAMÁTICO HUMANO

Alcione Ribeiro Dias
Sonia da Cunha Urt

INTRODUÇÃO

O presente capítulo parte de nossa pesquisa[27] sobre o adoecimento docente no ensino superior, na perspectiva da Psicologia Histórico-Cultural. Naquele estudo, entendemos de forma complexa o fenômeno do adoecimento, apontando-o como um processo social, universal, que se particulariza no espaço cotidianamente desumanizado e contraditório da universidade e que se expressa na dimensão individual – no adoecimento, principalmente psíquico, dos docentes.

O principal objetivo, aqui, é apresentar, analisar e discutir questões desveladas pelos docentes (participantes da pesquisa) relativas ao enfrentamento das exigências contraditórias da atividade docente. Resultantes de um processo grupal, tais questões revelam aspectos objetivos e subjetivos de suas vivências no papel de educadores. Trata-se de um momento da pesquisa que, pelo seu formato dialógico, permitiu aos participantes uma maior compreensão e expressão, em unidade dinâmica, sobre o que conferia significação e sentido ao seu trabalho, trazendo para pauta do processo de adoecimento as relações sociais.

Abordaremos mais especificamente neste texto a quarta fase da referida pesquisa. A primeira fase se configurou em um estudo descritivo dos dados de afastamento ao trabalho, no período de 2005 a 2019, em que

---

[27] Pesquisa de mestrado em Educação, realizada no Programa de Pós-Graduação em Educação da Universidade Federal de Mato Grosso do Sul (PPGEdu/UFMS), intitulada "Adoecimento docente no ensino superior na perspectiva da Psicologia Histórico-cultural" (Dias, 2021).

constatamos o crescente adoecimento físico-psíquico dos docentes. A segunda fase – aplicação de questionários – nos permitiu constituir uma visão particular sobre condições e satisfação no trabalho, motivos estímulo e motivos geradores de sentido na correlação com o quadro de saúde e adoecimento e, ainda, algumas formas de enfrentamento utilizadas pelos docentes frente ao adoecimento. Na terceira fase, exploratória, analisamos entrevistas individuais, a partir das quais foi possível confirmar, nas vivências singulares, elementos do modo de produção e da relação ambiente e personalidade que operam na direção do adoecimento.

Na quarta fase, os docentes, em pequenos grupos, conheceram e dialogaram sobre os dados produzidos nas três fases anteriores da pesquisa. Naquele momento, a partir do reconhecimento da realidade sobre o adoecimento da universidade, foi sendo construída uma memória histórica em grupo. Essa consciência histórica tomou uma tonalidade crítica, criando outras reflexões, explicações e perguntas acerca do adoecimento dos docentes – interrogando o passado, chegamos às dúvidas do presente; apontando o futuro/ um novo caminho dos nossos estudos, um olhar para o processo dramático humano, para as relações sociais, grupais, constitutivas do desenvolvimento psíquico.

Nossas reflexões sobre o drama humano partem da compreensão de que a formação e o desenvolvimento do psiquismo humano se dão pela relação dialética entre condições objetivas e subjetivas. Nessa perspectiva, há um contínuo movimento entre as condições sociais e a base biológica humana, mediado pelas relações sociais. Trata-se de uma ideia de psiquismo que concebe o ser humano de maneira singular e integral, no universo de sua vida concreta e considerando as particularidades de suas relações sociais (Vigotski, 1999, 2007; Moreno, 2020).

Na pesquisa, constatamos que o *meio*, como fonte estimuladora de desenvolvimento, não tem proporcionado condições sociais e materiais contributivas para a saúde de boa parte dos docentes. Diante de crises – "contradições entre as ações e os motivos que as engendram" (Leontiev, 2021, p. 228) –, acirradas pelo modo de produção capitalista, eles não conseguem agir nas suas realidades de trabalho a partir de suas funções psicológicas superiores – como autocontrole de conduta, o agir volitivo e o planejamento de formas coletivas de enfrentamento. O que parece operar são os processos psíquicos elementares, de origem biológica e caracterizados por ações involuntárias e por reações imediatas ou automáticas à crise. A patologia física-psíquica parece evidenciar-se no sujeito na intrínseca relação dialética entre o ambiente e o desenvolvimento psíquico (Vygotski, 1995; Dias, 2021).

Esse entendimento nos afasta de uma visão tradicional e abstrata sobre psiquismo humano e da visão biológica e apartada de condições sociais. Se concebemos a formação psíquica e a existência humana em constante mudança, podemos prospectar um caminho de compreensão e transformação da existência humana e da condição de saúde dos trabalhadores-docentes. A superação da crise e do adoecimento docente passa pelas relações sociais, pelo drama da humanização das relações humanas e pela superação das precárias condições de trabalho; e, numa perspectiva mais abrangente, pela superação da exploração do homem pelo homem.

A seguir, apresentamos a forma como os docentes, na quarta etapa da pesquisa, como produto de suas subjetividades, evidenciaram a relação entre adoecimento e seus dramas humanos; posteriormente, analisamos e debatemos o próprio método de pesquisa utilizado – em que confirmamos a importância da vivência grupal no tratamento da questão do adoecimento psíquico.

ENCONTROS DE PESQUISA EM GRUPO

A proposta de uma quarta etapa de pesquisa (sessões únicas com quantidade pequena de participantes) foi concebida com a intenção de construir uma explicação mais complexa para o fenômeno do adoecimento, a partir do olhar dos próprios docentes. Para isso, trabalhamos com sessões sociodramáticas, estruturadas na perspectiva da pedagogia psicodramática (Moreno, 2008; Romaña, 2019). A ética dialógica da metodologia sociodramática permitiu a participação ativa dos docentes no processo de investigação. Criamos meios para que os participantes da pesquisa se apropriassem dos dados reais referentes aos afastamentos de docentes da universidade, assim como dos dados sintetizados dos questionários e entrevistas realizadas nas etapas anteriores da pesquisa (Dias, 2021).

Foram realizadas três sessões sociodramáticas, totalizando nove participantes de pesquisa. A sessão sociodramática cumpre três etapas metodológicas, quais sejam: aquecimento (inespecífico e específico), ação dramática e compartilhamento. Após o acolhimento, boas-vindas e agradecimento aos participantes, esclarecemos sobre o objetivo e o processo do encontro de pesquisa em grupo, confirmando o contrato de sigilo grupal e o assentimento dos participantes. Informamos previamente que faríamos pausas durante o processo de apresentação de dados para os comentários e que os docentes poderiam manifestar-se a qualquer momento.

Moreno (1975) define o aquecimento como o momento do esforço no sentido do ato, uma preparação para a ação propriamente dita. Na primeira fase do aquecimento, são realizadas atividades iniciadoras cuja finalidade é promover o estado de *aqui e agora*[28], a concentração e o nível de energia para a necessidade do momento – "chegada para a pesquisa". Na etapa *aquecimento,* apresentamos os dados relativos ao volume de afastamento e caracterização das patologias registradas – a maior causa de afastamentos referia-se aos transtornos mentais e comportamentais. Na primeira pausa programada, pedimos que expressassem seus *sentimentos,* as sensações mediante os dados apresentados.

Seguindo para um *aquecimento mais específico* do grupo, apresentamos os dados dos questionários respondidos pelos professores da universidade: uma síntese da visão sobre a atividade docente, fatores de adoecimentos, satisfação com a atividade e formas de enfrentamento do adoecimento. Nessa segunda fase do aquecimento, a partir de sinais fisiológicos corporais e expressões verbais, evidenciados de forma voluntária pelos participantes de pesquisa ou provocados pelo pesquisador – chegando-se a conteúdo armazenado na memória afetivo-cognitiva que o participante necessita expressar –, surge *o tema protagônico* (Moreno, 1975). Na segunda pausa para diálogo, a pergunta se dirigiu à percepção e atenção, ou seja, indagando de que forma eles perceberam os dados apresentados, o que lhes chamou mais a atenção ou despertou *o interesse* em relação ao tema protagônico: adoecimento.

Para finalizar essa etapa, apresentamos uma síntese das falas dos professores que haviam participado de entrevistas individuais e perguntamos ao grupo sobre as *necessidades* dos docentes, sobre o que eles haviam percebido até então. Os docentes trouxeram suas expressões afetivas, memórias e explicações. Eles dialogaram fazendo encadeamentos históricos, descrições e análises de fatos e contextos e debateram sobre causas e efeitos a partir de suas perspectivas.

Nesse espaço de livre manifestação dos participantes de pesquisa, propiciado pelo procedimento da sessão, os docentes trouxeram informações sobre as relações sociais com alunos, chefias e pares – colegas professores. Após ouvi-los, demos continuidade ao processo de pesquisa, iniciando a etapa de *ação dramática,* a partir da proposição de personagens. Apresenta-

---

[28] O *aqui e agora* da existência é um conceito dialético. A única forma em que existem passados e futuros percebidos é no aqui (este lugar) e no agora (este momento). O *aqui e agora* poderá ter feito parte de numerosos passados e ainda se deslocar para inúmeros futuros (Moreno, 1975).

mos quatro personagens, representando dois docentes adoecidos e dois não adoecidos, criados a partir de sínteses dos dados coletados; cada participante poderia escolher assumir um desses personagens ou criar o seu próprio.

Na dramatização, esses personagens foram para a realidade imaginária[29], para um local hipotético ("um café"), onde conversaram sobre os dados relativos ao adoecimento, que acabaram de conhecer. A ação aconteceu a partir do movimento espontâneo de cada grupo. Há um momento de assunção de personagens e o momento dos diálogos na cena. A pesquisadora faz interferências somente para manter o aquecimento e o foco ou atenção no tema proposto. No momento de fechamento da cena, a pesquisadora assumia um personagem – o docente adoecido, que intervêm na cena, com uma intencionalidade de solicitar a expressão de *pensamentos abstratos* dos participantes; pedindo que estes dialoguem com o "docente adoecido", que é seu colega, podendo sugerir formas de enfrentamento ao adoecimento (Dias, 2021).

Ao final, os participantes se despedem de seus personagens e voltam para o "cenário da pesquisa" para realizar o *compartilhamento*. Nessa terceira etapa do método de intervenção socioeconômico, os docentes são estimulados a se manifestarem sobre: como estão, como se sentiram no encontro de pesquisa em grupo, suas expressões afetivas, trazendo também comentários, as suas reflexões cognitivas – análises, sínteses e generalizações. No compartilhamento, os participantes comentaram sobre as possibilidades de *autoconsciência* que a metodologia de pesquisa possibilitou. É um momento de apropriação afetivo-cognitiva (objetivação) da vivência grupal.

A pesquisadora fez os agradecimentos, todos se despediram e encerrou-se a sessão sociodramática de pesquisa. Os dados, informações que foram construídas coletivamente, compõem o conjunto de conhecimentos que subsidiou nossa análise. Descreveremos, a seguir, como foi estruturado o processo de compreensão do adoecimento, a partir das sessões de pesquisa em grupo – sessões sociodramáticas.

---

[29] Na Socionomia ou Psicodrama, o instrumento: palco *do como se*, presente no momento da ação dramática, é possibilitador da *realidade suplementar*, recurso do método que permite aos participantes agirem para tratar os temas protagônicos – propostos por quem dirige a sessão ou trazidos pelo grupo (Moreno, 1975).

A PESQUISA E AS LÓGICAS DE COMPREENSÃO SOBRE O ADOECIMENTO

Para o processo de análise daquela etapa de pesquisa em grupos, os dados produzidos nas três sessões sociodramáticas foram organizados em quadros segundo os critérios: expressões afetivas e suas correspondentes reflexões cognitivas – divididas em descrição e explicação. Descrever e explicar são possibilidades referendadas por Vigotski (1995) para um efetivo processo de análise. Estruturamos quadros para perceber as diferentes ressonâncias a cada passo da sessão sociodramática e em cada um dos três grupos. Faremos aqui uma síntese das ressonâncias da etapa de *aquecimento*, que ocorreu a partir de dados gerais da universidade, questionários e entrevistas; da etapa de *ação dramática*, a partir das falas da cena com personagens e com o "docente-adoecido".

Na etapa inicial do encontro de pesquisa em grupo, apresentamos dados da *realidade* do adoecimento docente na universidade, o que permitiu ao grupo abordar o conteúdo (o adoecimento) pelo nível conceitual analítico. As ressonâncias trazidas pelo grupo sobre a realidade do adoecimento, à luz de suas vivências e memórias, incluíam, em unidade, os aspectos afetivos e cognitivos.

O estudo de dados sobre o afastamento ao trabalho na universidade permite localizar o fenômeno do adoecimento. Porém, o que se tem a partir do processo grupal vai além de uma descrição de dados ou de uma correlação de causa e efeito. Podemos observar explicações que incluem: conteúdos universais da educação, conteúdos particulares daquela universidade e dramas singulares dos participantes de pesquisa, em suas próprias palavras:

> Não tem ciência, não tem intervenção no mundo que não seja política. Nesse sentido a percepção de governos menos comprometidos com as nossas pautas causa uma sensação de desesperança muito forte, frustração e uma descrença completa. As políticas educacionais voltadas para a formação estão alheias ao cenário de adoecimento e tem o drama dos professores não concursados, trabalhando na rede pública de ensino. Estarmos formando gente para fazer isso, e não se consegue vislumbrar uma possibilidade de saída desse impasse. A situação é muito dramática e nos afeta bastante. As mudanças no governo fazem com que o docente viva em sobressaltos. A gente está diante de um processo de desumanização crescente, obviamente ligado ao sistema – ao qual a

PESQUISAS E PRÁTICAS SOBRE O SOFRIMENTO E O ADOECIMENTO COM
FUNDAMENTOS NA PSICOLOGIA HISTÓRICO-CULTURAL

> Universidade atende. É impressionante como os marcadores temporais – os anos 2010, 2015 e 2017, informam sobre essa influência das políticas, da gestão e das mudanças administrativas na Universidade, no adoecimento (Dias, 2021, p. 247).

Assim, os docentes pesquisados avaliaram os impactos das questões de classe, gênero e raça, no ambiente universitário; incluindo a proletarização do professor, o adoecimento majorado nas mulheres e a queda do nível de renda familiar daqueles que entram hoje na universidade. Demonstram suas frustrações em relação às expectativas de ascensão social, que o papel de docente talvez lhes permitisse. Reconheceram a competitividade na universidade, inclusa entre os pares, e a pressão para alcançar metas de produção – sem sentido e geradoras do "individualismo pesado"; "isso é, realmente, um fator de adoecimento e você vai perdendo o sentido, com o tempo" (Dias, 2021, p. 248). Para eles, é preocupante não falar sobre adoecimento nas reuniões institucionais, conforme relata um professor (Dias, 2021, p. 248):

> O docente entra para a Universidade para dar aula e tem que decidir um monte de coisas que ele não sabe. Vai tirando realmente o encanto. Sobre a precarização da atividade, infelizmente, não conseguimos vislumbrar uma perspectiva. Até o celular virou instrumento de trabalho, virou uma tortura. Acontece reunião de professores para discutir banalidades sobre alunos e as questões, os sentimentos dos professores, o emocional, tudo isso fica ignorado.

Os altos índices de adoecimento mental e o câncer geraram preocupação e tristeza no grupo. Por outro lado, eles concluíram que também foi aliviante verificar que o que era somente um sentimento tenha tomado forma, se objetivado – tornado um concreto pensado ou uma síntese de múltiplas determinações e relações que constituem a realidade concreta do adoecimento. O concreto pensado não é uma cópia fiel do mundo real; trata-se de uma representação que reflete o processo dialético de análise e síntese, que parte do abstrato ao concreto. Nesse sentido, parece ter sido bom ver os números, numa referência a um concreto contraditório que lhes tornam pertencentes ao grupo de docentes-humanos.

Entendemos que, nesse momento, ao se deparar com a realidade objetiva do adoecimento na universidade, os participantes da pesquisa puderam formar uma *imagem subjetiva da realidade objetiva (do adoecimento)*, o que parece ter orientado os docentes, subjetiva e objetivamente, na visão de suas realidades concretas. Ao final da pesquisa, veremos que eles passam a criar outras condições para sua própria transformação – o que nos faz pensar na retomada de propriedades dos seus psiquismos (Martins, 2015; Vigotski, 1995).

Para a segunda etapa, que é da *ação dramática*, o grupo foi aquecido para vivenciar simbolicamente as relações sociais. Destaque-se a atenção para a necessidade de um novo aquecimento preparatório para a ação, favorecendo a vivência do jogo de papéis. Ou seja, por meio de personagens sintéticos, foi possível trazer a convivência de docentes, tratando do tema adoecimento. Isso mostra que a realização simbólica ocorreu no primeiro momento da cena dramática (encontro entre os docentes/personagens) e permitiu ao grupo percorrer um nível conceitual de síntese – ou seja, elaborar sínteses ali, no momento da vivência, sobre o conteúdo tratado.

O espaço de "cafezinho" com os colegas foi símbolo de pausa necessária, de alegria e convivência, de saudosismo, de momento necessário; visto que reconhecem ser reduzido o espaço de encontro entre os docentes. Alguns se veem sem essa condição de integração.

Na conversa sobre o adoecimento, está a vivência da produtividade e da competição. Eles percebem que entram no jogo do produtivismo e do aligeiramento e que não conseguem colocar limites. A comparação de produção de artigos e competências para lidar com tarefas tecnológicas surge entre os pares, e para eles é muito difícil não se envolver e não entrar na lógica de produção, especialmente no papel de coordenação. Vejamos o relato de um docente, apresentado em Dias (2021, p. 251):

> O planejamento estratégico, que negócio horrível, loucura. Não dá para fazer, quando a gente não vê resultado, não vê sentido. Tanta burocracia deixa a gente louco, é difícil. Quando você está responsável por uma grade curricular você tem que ficar forçando para que alguns colegas se expressem, para as coisas acontecerem. Sem a opinião deles, quando chegar lá na frente vai dar problema. É uma questão muito difícil. O coordenador fica rendido, se ninguém fala com ninguém, o trabalho é insano, é doentio. Algumas pessoas não se assustam mais com isso, mas conflito nas relações no trabalho, com colegas, pares, líderes é uma experiência desagradável e adoece. O produtivismo acadêmico adoece bastante também. O pior, é a gente internalizar essa lógica da dominação, dentro de si. Ficar se torturando e ficar sofrendo, para cumprir com tudo: com os prazos, todas as demandas da Universidade.

PESQUISAS E PRÁTICAS SOBRE O SOFRIMENTO E O ADOECIMENTO COM
FUNDAMENTOS NA PSICOLOGIA HISTÓRICO-CULTURAL

O tempo de pausa e de encontro com os pares parece momentaneamente retirar o docente do alheamento – do trabalho alienado que desfaz do ser humano o seu gênero. A condição de escolha da atividade docente aparece subjugada ao volume de ações prescritas e à intensidade de motivos estímulo não geradores de sentido. Soma-se a precarização do trabalho e a produtividade geradora de competição e tem-se os ingredientes para a ruptura dos limites – lê-se ruptura entre sentido e significado; onde parece estar o "doentio" do trabalho. Internalizar a lógica da dominação e destruir o pertencimento humano, aqui está o "insano" (Silva, 2012; Marx, 2008).

Ainda na etapa de *ação dramática*, o grupo se transpõe para o nível de generalização, por meio da realização imaginária – especialmente no momento da cena dramática em que os docentes dialogam com um personagem imaginário trazido pela pesquisadora. Eles apresentam uma lógica discursiva que expressa as contradições vividas por eles próprios. Por meio das abstrações – a construção do pensamento de como agir na realidade para enfrentar o adoecimento, a título de "dar conselhos ao personagem", sugerido pela pesquisadora –, eles identificam algumas possibilidades de superação.

Um ponto gerador de crise aparece no embate interno que o docente vive entre um motivo estímulo – "que desempenha a função de fator estimulante", a classificação da sua universidade, e um motivo gerador de sentido – "aquele que confere à atividade docente um sentido pessoal", por exemplo, a relação com os alunos (Leontiev, 2021, p. 220). Esse exemplo é trazido pelo docente que investe na busca por apresentar números requeridos pelos sistemas de avaliação da universidade e, ao mesmo tempo, fica em conflito ao não conseguir dar aulas e obter resultados com os alunos sem recursos tecnológicos para acompanhar – tratava-se de um momento de ensino remoto e da pandemia. Outro exemplo de crise diz respeito a não entender os critérios de avaliação, considerá-los arbitrários para valorar o que o docente faz; e, por outro lado, esperar que o outro (coordenação) atribua valor ao seu trabalho, inclusive porque esses critérios gerariam impactos em salários e posições institucionais.

Leontiev (2021, p. 123) preconiza que a mais importante distinção entre as atividades humanas é a diferença de seus objetos; o objeto de uma atividade confere a ela certa orientação – o objeto da atividade é seu motivo efetivo, e, por trás desse motivo, há a necessidade que ele sempre responde. O conceito de atividade estará necessariamente ligado ao conceito de motivo.

Um motivo estímulo pode também ser percebido como contraditório. A ouvidoria da universidade, por exemplo, é defendida pelo docente como espaço institucional que garante a livre manifestação de qualquer pessoa, ao mesmo tempo que a consideram um espaço de caça às bruxas, na linha do aluno-cliente. Ou, ainda, o sindicato, instância considerada espaço de representação e mobilização de categoria, cuja baixa adesão concretiza que a categoria não se mobiliza a participar – o próprio docente que acredita nesse caminho sofre por não conseguir sensibilizar colegas para essa participação.

Em Dias (2021, p. 252), o docente aponta outra questão conflituosa, uma situação do dia a dia que exige dele "fazer dentro do possível, fazer rápido aquela ação e se livrar. Vai continuar acontecendo desse jeito, então é recuar e manter a sua sanidade, sua saúde ou recuperá-la, é melhor do que ter razão"; tarefa essa que se contrapõe à sua autoexigência, à postura crítica, que não lhe autoriza: "eu não vou mentir ou omitir números... eu não vou fazer assim". Trata-se do drama da decisão do docente na encruzilhada entre o planejar e agir com inteligência prática (fazer a tarefa exigida da forma mais rápida e prática) ou atender ao pensamento abstrato e crítico, que lhe é tão peculiar; questionando a ação solicitada.

Temos ainda a crise entre "seguir ou desistir", que passa por conseguir atualizar os seus motivos geradores de sentido e ter autocontrole da conduta. Dias (2021, p. 252) relata que o docente ressalta a importância da atenção ao que lhe agrada na docência, para não desistir; justificando que, às vezes, "desistir pode fazer mais mal, do que persistir". Dias (2021, p. 252) assevera que, quando o docente afirma "se apegar às coisas que te dão mais prazer e minimizar as coisas que não", ele parece que entende ser necessário focar no motivo gerador de estímulo e agir com controle e limite sobre as outras demandas, mas nem sempre ele consegue agir nessa direção.

Existem momentos de mudanças apontados pelos docentes como precipitadoras de crises, quais sejam: entrada na universidade, mudança de departamento ou para a pós-graduação, assumir coordenação e etapa de decisão de aposentadoria. No desenvolvimento do psiquismo, quando acontecem mudanças na atividade, o lugar que essa atividade costumava ocupar nas relações sociais não é mais o mesmo, gerando um esforço para modificar sua relação, por meio de alterações do motivo da atividade. Nessa transição, há o surgimento de contradições, sendo necessário constituir outra forma de se relacionar com o mundo e concretizar suas necessidades. Leontiev (2021, p. 228) destaca que, nas crises, de desenvolvimento e de maturidade, pode ocorrer:

> [...] um deslocamento dos motivos em objetivos, a alteração de sua hierarquia e o nascimento de novos motivos, novos tipos

PESQUISAS E PRÁTICAS SOBRE O SOFRIMENTO E O ADOECIMENTO COM
FUNDAMENTOS NA PSICOLOGIA HISTÓRICO-CULTURAL

> de atividade; os objetivos anteriores são psicologicamente
> desconsiderados, e as ações que respondem a eles deixam
> de existir absolutamente ou se convertem em operações
> impessoais.

Segundo Vygotski (1995), crises são inevitáveis no processo de desenvolvimento, dada a unidade biológico-cultural, a inserção nas relações sociais e a submissão ao processo histórico não linear. O problema não são as crises, mas permanecer nelas. Alterações no meio podem proporcionar condições para que o sujeito as supere ou se submeta – adaptação a partir de motivos estímulo. Mas, como o desenvolvimento psíquico é, em sua essência, um processo sociogenético, serão também relevantes as alterações na estruturação da consciência, nos processos funcionais instituintes da imagem subjetiva da realidade objetiva – a sensação, a percepção, a atenção, a memória, a linguagem, o pensamento, a imaginação, a emoção e o sentimento; para um caminho de transformação, e não de conformação (Martins, 2015; Vygotski, 1995).

É possível trazer algumas sugestões propostas pelos docentes na *ação dramática* que nos pareceram estar no campo da autoconsciência – desenvolvimento da consciência do ser humano como produto da relação social. O agir e o dialogar na cena possibilitou não só o reproduzir do vivido – professores dialogando no ambiente social do cafezinho –, mas o imaginar de acordo com a exigência do personagem do professor adoecido; que pediu ao grupo respostas para sua situação. A imaginação dos docentes tornou possível construir imagens antecipadas de ações de enfrentamento.

Alguns se sentiram aliviados por reconhecer a possibilidade de questionar e procurar entender a tarefa que lhes é solicitada – o que poderá dar a essa atividade o atributo de motivo gerador de sentido ou estímulo. Outros entenderam que não se afastar do trabalho, por licença médica, não significa que não se esteja em sofrimento no exercício cotidiano. Houve comentários sobre descobrir modos de se reinventar, reconhecendo estar numa sociedade de lutas – em especial para as mulheres. Se falou também sobre se valorizar, procurar se posicionar, a partir da definição de limites, redução de padrões de exigência e movimentos de colaboração; operar numa lógica de saúde.

Também foi possível para alguns identificar motivos geradores de sentido (relação com os alunos; percepção de efetividade do ensino; valoração da pesquisa) e recuperação do significado de sua profissão (dar qualidade à produção escrita; debater com colegas as questões do adoecimento;

participar efetivamente das reuniões e dos momentos em que se discutem os processos de avaliação e qualificação da universidade; valorar a ciência junto à sociedade; ampliar a participação nos movimentos de classe). Surgiram propostas de docentes na direção de buscar o outro, retomar as relações, conforme relatado por Dias (2021, p. 257): "a solução não está no indivíduo. É muito bom falar disso, francamente, com as pessoas. Sensação imediata é alívio".

CONSIDERAÇÕES SOBRE O PSIQUISMO DOCENTE

No movimento dialético de apropriação e subjetivação e de transformação da realidade, tendo como via a atividade de trabalho, os docentes vivenciam os motivos geradores de sentido, que são aqueles que impulsionam a atividade e conferem um sentido pessoal; e convivem com os motivos estímulos – aqueles que impulsionam a ação, mesmo sem darem origem ao sentido. Cabe lembrar que todo esse movimento opera nas relações sociais e que a presença do outro – aluno, pares, chefias ou representantes institucionais e sociais – confirmou-se como preponderante no âmbito dos estímulos geradores de sentido (Leontiev, 2021).

São os motivos geradores de sentido da atividade que mantêm uma unidade consciente entre motivos (o porquê) e fins (o para quê) e têm lugar de destaque na estrutura afetivo-motivacional da personalidade – podemos entender que são alimentadores da saúde, desde que conscientes para o próprio docente e não completamente dissociados do significado da atividade. Quanto aos motivos estímulos, estes parecem gerar sensação de bem-estar ou mal-estar – temos evidências de que será a percepção e atenção dadas a esses estímulos que vão definir o grau de interferência destes na saúde do docente (Leontiev, 2021; Martins, 2015).

O psiquismo se manifesta objetivamente na atividade docente e subjetivamente como reflexo psicológico, como ideia e imagem, como consciência. A consciência e a atividade formam uma unidade. A atividade do docente origina-se de determinados motivos e encaminha-se para determinados fins. Supomos que, paralisado na crise, sem conseguir reordenar os processos funcionais de forma a dar novas respostas ao meio – superar contradições mantendo seu sentido, ou mesmo alterando-o voluntariamente –, o docente terá um desgaste que entendemos ser um sofrimento agudo (intensidade) ou prolongado (frequência), gerador de sintomas físicos e psíquicos.

Na interação com o meio no desenvolvimento da atividade, o docente transita entre a alienação (oposição entre os sentidos e significados da ativi-

PESQUISAS E PRÁTICAS SOBRE O SOFRIMENTO E O ADOECIMENTO COM
FUNDAMENTOS NA PSICOLOGIA HISTÓRICO-CULTURAL

dade) e a consciência (escolher o motivo que se impõe), movimentando-se também entre doença e saúde. É possível supor que processos psíquicos funcionais afetados gerem ruptura na unidade consciência-atividade, caracterizando o adoecimento. Utilizamos intencionalmente a palavra "afetar" (de afeto), visto que emoção e sentimentos estão presentes em todos os processos funcionais. Atividade humana é unidade afetivo-cognitiva; os aspectos cognitivos e afetivos são indissolúveis na consciência.

Leontiev (2021) afirma que a consciência humana está regularmente ligada à estrutura da atividade humana, e sua estrutura é composta de três elementos: conteúdo sensível, significado e sentido. O conteúdo sensível diz respeito às sensações, imagens e representações que criam a base e as condições de toda a consciência. A significação é entendida como o reflexo da realidade, que não depende da relação individual do homem com ela, visto que, ao nascer, o homem encontra um sistema de significações pronto, elaborados historicamente, e pode apropriar-se dele. São produtos de condições objetivas que deram origens e refletem a realidade objetivamente existente de um modo especial, por meio de generalização. A questão individual dessa apropriação (sem que se perca seu conteúdo social) diz respeito ao sentido, determinado individualmente por meio das apropriações, ou não, das significações, pelo grau em que estas são apropriadas e pelo que elas representam para o sujeito.

CONSIDERAÇÕES FINAIS

Com base em nossas práxis no campo socioeducativo, conhecimentos e vivências pessoais do campo psicoterápico, pelos estudos que nos fazem reconhecer diferenças e, sobretudo, aproximações entre as proposições de Moreno e de Vygotski é que optamos pela Socionomia – ciência dos grupos e seus métodos: *roleplaying*, sociodrama, psicodrama e psicoterapia de grupo – como possibilidade de tratamento psicoterápico e socioeducativo do drama humano. A proposta sociodramática consiste em operar a partir do grupo e dos sujeitos históricos que o constituem, considerando a unidade afetivo-cognitivo e a tricotomia social: universal-particular-singular. O trabalho sociodramático traz a subjetivação da realidade objetiva vivida pelo grupo (Vygotski, 1995; Moreno, 1975, 2008; Romaña, 2019).

Retornamos ao procedimento da quarta etapa da pesquisa para esclarecer em que medida entendemos o método socionômico adequado para o tratamento de temáticas dramáticas humanas – dentre elas, o adoecimento docente.

> Estudar algo historicamente significa estuda-lo em movimento. Esta é a exigência fundamental do método dialético. Quando em uma investigação se abarca o processo de desenvolvimento de algum fenômeno em todas as suas fases e mudanças, desde que surge até que desaparece, isso implica pôr em evidência sua natureza, conhecer sua essência, já que somente em movimento demonstra o corpo que existe (Vygotski, 1995, p. 67-68).

O encontro de pesquisa em grupo foi realizado segundo o formato de uma sessão sociodramática. A nossa finalidade, ao propormos esse procedimento de pesquisa, foi utilizarmos de forma integrada – nas ações com o grupo de participantes pesquisados – os níveis de realização dramática e os níveis de compreensão lógica, conforme descrito no Quadro 1, a seguir.

Quadro 1 – Estrutura do procedimento da pesquisa, com sessão sociodramática

Etapas da sessão de pesquisa	Nível de ação e lógica de compreensão	Estrutura da pesquisa em grupo Adoecimento docente
Aquecimento Inespecífico	Nível analítico/real	Contexto Dados de afastamento
Aquecimento Específico	Nível sintético/simbólico	Dados de questionário e entrevista – Personagens
Ação Dramática	Nível de generalização/ imaginário	Dando voz aos personagens – o recado ao docente adoecido
Compartilhamento	Aspectos afetivo-cognitivos	Reflexões e ressonâncias

Fonte: Dias (2021, p. 101).

Essa correlação foi feita por Romaña (1987), no trabalho de aproximação do psicodrama à pedagogia. Romaña (1987, 2019) esclarece que, no cenário sociodramático, podem acontecer ações que reproduzam a *realidade* dos participantes do grupo, ou ações que *simbolizem* o tema do grupo, ou, ainda, as *fantasias* ou algo *imaginário*. A autora esclarece que a variação dos níveis de realização dramática permite uma maior possibilidade de expressão da complexidade humana. Moreno (1975) afirma que realidade e fantasia são funções que se movimentam simbolicamente no palco sociodramático – no campo da realidade suplementar; as reproduções, as contradições, conflitos e os acontecimentos dos sujeitos expressam-se em linguagem falada, corporal e cênica.

Assim, na sessão sociodramática de pesquisa, os docentes puderam transitar pelos três níveis de realização dramática (real-simbólico-imaginário), tendo por possibilidade as três lógicas de compreensão sobre o adoecimento: a análise, a síntese e a generalização. Os docentes produziram perspectivas de enfrentamento ao adoecimento, e concluímos que:

> [...] algumas sugerem a limitação de estímulos (concentração de atenção), outras a delimitação de foco, direcionamento a determinados estímulos em detrimento de outros (intensidade da atenção) e ainda, existem aquelas ações que correspondem à fluidez da atenção (distribuição), a rápida transferência de centralidade de um estímulo a outro (Dias, 2021, p. 253).

Além disso, sobre a etapa de pesquisa em grupo, consideramos que:

> O campo de relações sociais estabelecido na pesquisa, foi favorável à percepção do processo do adoecimento, expressão das contradições associadas ao fenômeno e apresentação de novos significados – acompanhando o movimento dialético desejado pelo método (Dias, 2021, p. 254).

Reconhecemos que os resultados obtidos na pesquisa, no que se refere à consciência possibilitada pelo método, podem ser ainda mais amplos no caso de se propor um tratamento sistematizado sobre a questão para as pessoas em situação de adoecimento. Entendemos que o método grupal, é a estratégia metodológica mais propícia para a formação e desenvolvimento psíquico humanos. Os métodos morenianos possibilitam uma linguagem dramática e dialógica, que se comprova efetiva como estratégia de pesquisa, de ações educativas e tratamento grupal, uma vez que favorece a compreensão de complexos fenômenos sociais.

REFERÊNCIAS

DIAS, A. R. *Adoecimento docente no ensino superior na perspectiva da perspectiva da Psicologia Histórico-cultural*. 2021, 402 f. Dissertação (Mestrado em Educação – Programa de Pós-Graduação em Educação, Faculdade em Educação da Universidade Federal de Mato Grosso do Sul, Campo Grande, 2021.

LEONTIEV, A. N. *Atividade. Consciência. Personalidade*. Bauru: Mireveja, 2021.

MARTINS, L. M. *O Desenvolvimento do Psiquismo e a Educação Escolar:* contribuições à luz da psicologia histórico-cultural e da pedagogia histórico crítica. Campinas, SP: Autores Associados, 2015.

MARX, K. *Manuscritos Econômico- Filosóficos*. São Paulo: Boitempo Editorial, 2008.

MORENO, J. L. *Psicodrama.* São Paulo: Cultrix, 1975.

MORENO, J. L. *Quem sobreviverá*: fundamentos da sociometria, da psicoterapia de grupo e do sociodrama. São Paulo: Daimon, 2008.

MORENO, J. L. *Sociometria – método experimental e a ciência da sociedade*: abordagem para uma nova orientação política. São Paulo: FEBRAP, 2020.

ROMAÑA, M. A. *Pedagogia Psicodramática e educação consciente.* Tradução de Alcione Ribeiro Dias, Campo Grande: Entre Nós, 2019.

ROMAÑA, M. A. *Psicodrama pedagógico.* Campinas: Papirus, 1987.

SILVA, F. G. Alienação e o processo de sofrimento e adoecimento do professor: notas introdutórias. *Revista LABOR*, Fortaleza, v. 1, n. 7, p. 49-64, 2012.

VIGOTSKI, L. S. Sobre os sistemas psicológicos. *In:* VIGOTSKI, L. S. *Teoria e Método em Psicologia.* 2. ed. Tradução: Claudia Berliner. São Paulo: Martins Fontes, 1999. p. 103-135.

VIGOTSKI, L. S. *A formação social da mente*: o desenvolvimento dos processos psicológicos superiores. 7. ed. São Paulo: Martins Fontes, 2007.

VYGOTSKI, L. S. *Obras escogidas – Problemas del desarrollo de la psique.* Vol. 2. Madri: Visor, 1995.

CAPÍTULO 9

SOFRIMENTO DE ESTUDANTES NA PÓS-GRADUAÇÃO *STRICTO SENSU* – CONTRIBUIÇÕES DA PSICOLOGIA HISTÓRICO-CULTURAL PARA A COMPREENSÃO DO FENÔMENO

Silvia Maria Cintra da Silva
Leonardo Barbosa e Silva
Renata Fabiana Pegoraro
Gilberto José Miranda
Noelle Tavares Ferreira
Yonara Borges Silva

INTRODUÇÃO

Trazemos, neste capítulo, o recorte de uma pesquisa[30] cujo objetivo foi analisar o impacto da pandemia da covid-19 em relação ao sofrimento psíquico de estudantes de cursos de pós-graduação *stricto sensu* de instituições de ensino superior (IES) públicas do Estado de Minas Gerais.

A equipe já havia realizado estudos sobre o sofrimento desse público em contexto anterior à pandemia e restrito a uma única instituição de ensino. Trata-se de uma temática importante para o desenvolvimento da pesquisa nacional, bem como para transições educacionais de menor sofrimento. Os estudos correlatos são sempre muito impactantes ao demonstrar o elevado grau de problemas emocionais e psíquicos associados à pós-graduação.

No entanto, o mergulho global na pandemia de Covid-19 trouxe elementos complicadores na medida em que exigiu práticas de isolamento social e uso intensivo de tecnologias remotas. Se, por si, seriam complicadores

---

[30] A pesquisa foi financiada pela Fapemig - "Edital 001/2021 - Demanda Universal", e possui o aval do Comitê de Ética em Pesquisa com seres humanos sob o CAAE n.º 50957621.6.0000.5152

das atividades típicas da pós-graduação, por outro lado, são assumidos de formas diferentes para um público nacional marcado intensamente pelas desigualdades sociais. Portanto, são alteradas radicalmente as práticas de realização dos créditos, mediadas por videoconferências e de reduzido contato com colegas. Ainda assim, para quem não dispunha de acesso pleno aos equipamentos e aos planos de tráfego de dados, a inserção na nova realidade foi imensamente dificultada. Isso se pode afirmar acerca da atividade de orientação, em vários estudos destacada como uma das fontes de maior sofrimento discente. E o que dizer das pesquisas cujo objeto exigiam trabalhos de campo ou experimentais em ambientes fechados ou de intenso contato pessoal; tudo isso imerso num ambiente de rigoroso controle de prazos e resultados.

Levando esses aspectos em consideração, decidiu-se observar o fenômeno do sofrimento em discentes da pós-graduação, destacando o impacto da pandemia em seus cursos. Tratou-se de um estudo de caráter quantitativo e qualitativo, desenvolvido por meio da aplicação de questionário on-line, pela Plataforma *SurveyMonkey*, enviado por *e-mail* a todos as/os estudantes de programas de pós-graduação stricto sensu (mestrado e doutorado) das 11 universidades federais de Minas Gerais, e da realização de rodas de conversa com estudantes que responderam ao questionário *on-line* e quiseram discutir com maior profundidade alguns dos itens ou das respostas ao instrumento. A amostra por conveniência foi constituída de 696 participantes. O questionário, que também incluiu Escalas de Stress Percebido e de Preocupações e Indicador de Dificuldades, buscou levantar informações concernentes ao perfil do pós-graduando, motivo para o ingresso na pós-graduação, histórico acadêmico, saúde e qualidade de vida. A amostra por conveniência foi constituída de 696 participantes. Os questionários foram analisados inicialmente pelo programa do *Statistical Package for Social Sciences* (SPSS) e, posteriormente, tanto esses como as rodas de conversas foram compreendidos por meio de estatísticas descritivas e da análise de conteúdo, com inspiração em Bardin (2016).

O SOFRIMENTO PSÍQUICO EM ESTUDANTES DA PÓS-GRADUAÇÃO

Em junho de 2022, a Organização Mundial da Saúde (OMS) publicou uma extensa revisão sobre a saúde mental mundial; dados da pesquisa apontam que, em 2019, quase 1 bilhão de pessoas viviam com algum tipo de transtorno mental. De acordo com o *site Onu News*: "Desafios globais como desigualdade social, pandemia de Covid-19, guerra e crise climática são ameaças à saúde global. Segundo o estudo, depressão e ansiedade aumentaram mais de 25% apenas no primeiro ano da pandemia" (ONU, 2022, n.p.).

O documento também assinala que condições graves de saúde mental tiram, em média, de 10 a 20 anos de vida das pessoas que delas padecem; além disto, a pobreza também é fator de destaque, pois contribui não apenas para o desenvolvimento de tais problemas como para a dificuldade de serviços adequados ao seu enfrentamento.

Como assinalamos anteriormente, trazemos dados de uma pesquisa realizada durante o período da pandemia de Covid-19, em que o mundo todo vivenciou a morte de milhares de pessoas e um intenso agravamento das desigualdades sociais, notadamente das condições materiais de vida. No caso do Brasil, estudo publicado em janeiro de 2021, realizado pelo *thinktank* (grupo de pesquisas), do Lowy Institute, de Sydney, Austrália declarou que o nosso foi "o pior país do mundo na gestão da pandemia de Covid-19" (Costa; Silva; Arrais Neto, 2021, p. 4).

As implicações nefastas dessa política negacionista (Costa; Silva; Arrais Neto, 2021; Duarte; César, 2021) fizeram-se presentes de diferentes modos, somadas à crise estrutural do capitalismo, com a intensificação da exploração da classe trabalhadora. No que tange à educação, Carneiro e Novais (2021) e Costa, Silva e Arrais Neto (2021) ressaltam a grande discrepância no acesso a materiais como tablets, notebooks e celulares, além da conexão, qualidade e disponibilidade da internet para a continuidade dos estudos. Enquanto estudantes de escolas da rede privada, de modo geral, prosseguiram com aulas no ensino remoto, na rede pública, foram meses sem atividades, a despeito das várias tentativas de se oferecer algum tipo de aula, tarefa ou orientação aos discentes.

No âmbito universitário, a situação não foi tão diferente. No caso de várias universidades públicas, as aulas foram retomadas na modalidade remota após o primeiro semestre de 2020, com a necessidade de inúmeras adaptações por parte de gestores, coordenadores de curso, docentes, estudantes e técnicos. Editais lançados pelas instituições visaram à concessão de auxílio inclusão digital emergencial para estudantes de graduação e pós-graduação.

Os desafios postos para a pós-graduação *stricto sensu* das universidades públicas também foram grandes, conforme relatam Carneiro e

Novais (2021). Houve ajustes para a continuidade dos semestres letivos, prorrogação de prazos para exames de qualificação e defesas de mestrado e doutorado, suspensão de processos seletivos para o ingresso de novas/os estudantes, dentre outras medidas. Entretanto, relatos de desconsideração quanto às novas dificuldades colocadas pela pandemia e pelo isolamento social apareceram na pesquisa "Sofrimento Psíquico na Educação Superior: um olhar sobre estudantes da pós-graduação *stricto sensu*".

Ademais, segundo Costa, Silva e Arrais Neto (2021, p. 6):

> Outro contingente de trabalhadores/as, talvez em situação menos insalubre, manteve-se confinado em seus domicílios aderindo à modalidade de trabalho remoto, o qual, se não expõe as pessoas ao perigo da rua, deixam-nas expostas a jornadas de trabalho prolongadas e agudizadas pela sobreposição ao trabalho doméstico, à pressão psicológica por produtividade, ao controle exacerbado e a situações de assédio moral. São condições a que trabalhadores/as estão submetidos/as e que podem gerar estados de adoecimento psíquico-emocional e até suicídio [...].

Compuseram esse contingente tanto docentes como discentes de cursos de pós-graduação *stricto sensu*, sendo estes as/os participantes de nosso estudo. E é justamente a partir do panorama apresentado, configurado por questões sociais, políticas, históricas e econômicas, que precisamos pensar sobre o sofrimento psíquico nesse nível de ensino. Segundo Silva e Tuleski (2015, p. 208), calcada em uma concepção naturalizada de sociedade e de ser humano, muitas vezes, a psicologia tem atuado a serviço de e corroborado ideologias dominantes em vigência, declarando "as divergências de comportamento como desadaptações, no crescente processo de patologização da vida e culpabilização dos indivíduos em particular".

Como escreve Vigotski (2004, p. 2):

> Em um dos extremos da sociedade [capitalista], a divisão entre o trabalho intelectual e o físico, a separação entre a cidade e o campo, a exploração cruel do trabalho da criança e da mulher, pobreza e a impossibilidade de um desenvolvimento livre e completo do pleno potencial humano, e no outro extremo, ócio e luxo; disso tudo resulta não só que o tipo humano originalmente único torna-se diferenciado e fragmentado em vários tipos nas diversas classes sociais que, por sua vez, permanecem em agudo contraste umas às outras, mas também na corrupção e distorção da personalidade

> humana e sua sujeição a um desenvolvimento inadequado, unilateral *em todas estas diferentes variantes do tipo humano.*

Precisamos pensar a formação em cursos de pós-graduação *stricto sensu*, isto é, mestrados e doutorados, a partir dessa sociedade adoecida e adoecedora, em que o produtivismo e as inúmeras e muitas vezes extenuantes condições para a realização das pesquisas levam à desumanização de estudantes. No cerne dessa discussão, cabe uma atenção aos denominados transtornos mentais, considerando-se não uma perspectiva biologicista e individualizante, mas balizada pelas condições concretas de vida dos sujeitos.

A expressão "transtorno mental", presente em classificações semiológicas trazidas pelo Código Internacional de Doenças (CID) e pelo Manual Diagnóstico Estatístico de Transtornos Mentais (DSM), está alinhada à perspectiva biomédica sobre a compreensão da saúde e da doença, na qual há ausência de subjetividade: a pessoa é reduzida à sua condição individual, deixando-se de lado seu modo de vida e os aspectos culturais, históricos e sociais presentes em seu cotidiano. Em uma perspectiva histórico-cultural, González Rey (2011, p. 28) aponta que "saúde e doença são entendidas como sistemas complexos em desenvolvimento, como configurações de um conjunto de processos diferentes, que em um momento particular, facilitam ou impedem à pessoa a geração de alternativas saudáveis diante das experiências vividas".

Nessa perspectiva histórico-cultural, portanto, o sofrimento psíquico não equivale a uma lista de sinais e sintomas, mas se relaciona ao modo de vida do sujeito (por exemplo, forma como organiza seu tempo, como se alimenta, as atividades com as quais se ocupa no dia a dia) e seu envolvimento com as ações que realiza, as quais permitem que o processo de viver as experiências promova sentidos subjetivos. Como destaca o autor:

> O modo de vida integra de forma naturalizada modos de relacionamento e sequências de práticas de relação sobre as quais a pessoa perde sua capacidade crítica, passando a considerá-las normais, o que a leva à eliminação de sua capacidade crítica diante desses comportamentos, reduzindo assim as suas possibilidades de mudança em relação a eles (González Rey, 2011, p. 41).

Esse trecho possibilita refletir sobre a relação entre a estagnação nos modos de vida e a presença de sofrimento psíquico e, além disso, compreender a promoção de saúde como conjunto de ações que auxiliem os sujeitos a gerarem "novas alternativas de vida diante das condições objetivas pessoais e sociais que definem os limites objetivos das ações humanas" (González Rey, 2011, p. 45).

No caso de estudantes de pós-graduação *stricto sensu*, os modos de vida envolvem, por exemplo, "trabalho colaborativo entre orientadores, orientandos e grupos de pesquisa", "disciplinas que acontecem durante os estudos de pós-graduação", "as exigências de produtividade bibliográfica e prazos exíguos" (Freitas; Souza, 2018, p. 13-4).

Lembremo-nos, porém, de que, durante a pandemia, as atividades realizadas de modo remoto, isto é, aulas e orientações, somadas à falta de compreensão por parte de alguns programas de pós-graduação quanto à inquestionável necessidade de dilação de prazos para exames de qualificação e defesas, geraram grande sofrimento ao corpo discente, como podemos ler no seguinte excerto de um dos questionários da pesquisa: "*o programa de pós-graduação no qual estou inserida em nada flexibilizou com relação aos prazos limites, mesmo frente a essa pandemia, com mudança drástica no cenário atual, corte de investimentos, mudanças de hábitos nos laboratórios etc.*".

O desenvolvimento humano, segundo os pressupostos da Psicologia Histórico-Cultural, se dá nas e pelas relações sociais. Uma das principais contribuições de Vigotski para a compreensão da psicologia sobre o processo de desenvolvimento é o papel que a cultura desempenha neste, pois não se considera a "identidade entre a instância biológica e cultural, mas sim um processo no qual o cultural supera por incorporação o biológico, [e assim] tem-se que o aspecto cultural é o fundamento ontológico do ser social" (Silva; Tuleski, 2015, p. 211). No que concerne à educação, a escolarização tem papel fundamental e privilegiado para a humanização do sujeito. Nas palavras de Saviani (2021, p. 21):

> [...] o trabalho educativo é o ato de produzir, direta e intencionalmente, em cada indivíduo singular, a humanidade que é produzida histórica e coletivamente pelo conjunto dos homens. Assim, o objeto da educação diz respeito, de um lado, à identificação dos elementos culturais que precisam ser assimilados pelos indivíduos da espécie humana para que eles tornem humanos e, de outro lado e concomitantemente, à descoberta das formas mais adequadas para atingir esse objetivo.

Todavia, no sistema capitalista, essas relações e as atividades realizadas pelo sujeito são geridas por um processo alienante e de precarização; destarte, o processo de desenvolvimento é impossibilitado e, muitas vezes, gera sofrimento e adoecimento. Neste sentido, de acordo com Patopsicologia Experimental, desenvolvida pela psicóloga lituana Bluma V. Zeigarnik (1979), na pessoa adoecida, a dimensão biológica assume um papel diferente e cria condições que alteram a atividade psíquica. Partindo-se da relação dialética entre meio social e organismo, cabe destacar que alterações nas condições materiais concretas reverberarão no corpo e implicarão em mudanças na personalidade do sujeito.

> Falamos de mudanças na personalidade quando, devido à influência da doença, os interesses do paciente se tornam mais restritos, diminuem suas necessidades, quando ele se torna indiferente ao que antes o inquietava, quando suas ações perdem a finalidade, quando o homem deixa de regular seu comportamento e não está em condições de avaliar adequadamente suas possibilidades (Zeigarnik, 1979, p. 109, tradução livre).[31]

Assinalados os pressupostos teóricos que embasam a pesquisa, a seguir, trazemos uma breve revisão bibliográfica acerca da temática do sofrimento psíquico na pós-graduação *stricto sensu*.

BREVE REVISÃO DA BIBLIOGRAFIA

Em relação ao tema do sofrimento psíquico na pós-graduação, foi realizado um levantamento nas seguintes bases de dados: BVS, PubMed, SciELO, Periódicos Capes e Biblioteca Digital Brasileira de Teses e Dissertações (BDTD), com os descritores: pandemia, estudantes, pós-graduação e sofrimento psíquico, entre o ano de 2020 e abril de 2023. Nessa busca, foram encontrados apenas três artigos, apresentados a seguir.

Dentre as pesquisas, a de Glatz e colaboradores (2022) analisou o sofrimento psíquico e as adaptações advindas da pandemia, como o ensino remoto emergencial (ERE). A pesquisa, que se classifica como sendo de campo e com métodos mistos, qualitativos e quantitativos, contou com a participação de 77 pós-graduandos e deu enfoque ao eixo do ERE e seu impacto na saúde mental dos pós-graduandos. De acordo com os resultados encontrados, destacam-se as dificuldades socioeconômicas para aquisição

---

[31] No original: "Hablamos de cambios en la personalidad cuando, por influencia de la enfermedad, se estrechan en el paciente los intereses, disminuyen las necesidades, cuando se vuelve indiferente hacia aquello que antes lo inquietaba, cuando sus acciones pierden su finalidad, cuan· do sus actos se hacen ilógicos, cuando el hombre deja de regular su conducta y no está en condiciones de valorar adecuadamente sus posibilidades".

de dispositivos e aparatos digitais para as aulas remotas, a falta de interações sociais e a fusão do espaço de estudo com o de lazer e familiar:

> Todos esses empecilhos suscitaram inúmeros sentimentos e emoções negativas, como a ansiedade, o estresse, o desânimo, a dificuldade em se concentrar, a sensação de improdutividade e de baixo rendimento acadêmico, associando-se, ainda, a uma autocobrança excessiva e a um grande desgaste mental. Evidentemente, todos esses fatores, aliados ao medo da contaminação, da morte e do luto negado, impactaram, de forma profunda, a saúde mental dos pós-graduandos (Glatz *et al.*, 2022, p. 20).

A outra pesquisa é a de Prado e Freitas (2022), uma revisão narrativa que analisa também a saúde mental dos pós-graduandos e as repercussões na pandemia. Os pontos evidenciados pela pesquisa são a importância da relação entre o orientador e orientando, vista como suporte, e fatores institucionais e de infraestrutura da pós-graduação, como financiamento das pesquisas e políticas públicas de inclusão e permanência dos discentes, que impactam profundamente na saúde mental. As autoras destacam o papel da universidade, em que, face ao crescimento de programas de pós-graduação no país nos últimos anos e, por conseguinte, do número de estudantes, demanda planejamento e realização de ações em prol da saúde mental do corpo discente.

Soma-se a essa discussão o artigo de Lazcano (2022), que reflete sobre os impactos da pandemia em estudantes estrangeiros de países latino-americanos, dando ênfase aos medos, angústias e vulnerabilidades enfrentadas no período. A pesquisa se constituiu por meio de uma imersão etnográfica no espaço, analisou e recuperou as conversas de um grupo do *WhatsApp* com 11 estrangeiros e realizou entrevistas. Dentre os resultados encontrados, os pós-graduandos vivenciaram o medo de morrer ou adoecer "longe de casa", já que não puderam retornar para seu país no período da Covid-19. Além disso, vivenciaram medos com relação à exacerbação do nacionalismo e à necropolítica no Brasil (Lazcano, 2022).

As três pesquisas explicitaram as questões socioeconômicas e cobranças por produtividade como dificuldades enfrentadas na pandemia pelos pós-graduandos. Mesmo tendo em vista o caráter da crise sanitária que foi a pandemia, as exigências com relação à produtividade continuaram e, em alguns casos, houve a prorrogação e redução das bolsas ofertadas (Glatz *et al.*, 2022; Lazcano, 2022; Prado; Freitas, 2022). Frente às incertezas relativas ao período da Covid-19, a questão econômica e a exigência de produtividade foram mais um entrave na saúde mental de mestrandas/os e doutorandas/os.

Com base nos artigos analisados, percebe-se que o sofrimento psíquico na pós-graduação durante a pandemia é uma realidade complexa, marcada por desafios socioeconômicos, impactos do ERE e questões relacionadas à saúde mental das/os estudantes. Além disso, as pesquisas destacam a importância da relação orientador/a-orientando/a, dos fatores institucionais e de infraestrutura, além de evidenciar as experiências únicas de estudantes estrangeiras/os. A pressão por produtividade e as incertezas econômicas durante a covid-19 emergem como obstáculos adicionais. Conclui-se que, apesar dos avanços nas pesquisas, há lacunas significativas na literatura, destacando-se a necessidade de maior atenção e estudo sobre esse tema crucial. Outrossim, considerando-se os longos prazos envolvidos no processo editorial de periódicos científicos, podemos prever que ainda haverá mais produções referentes a essa temática nos próximos anos.

O SOFRIMENTO NA PÓS-GRADUAÇÃO STRICTO SENSU E SEUS PERFIS

Esta pesquisa representa a continuação de um estudo anterior conduzido em 2019, intitulado "Sofrimento Psíquico na Educação Superior: um olhar sobre estudantes da pós-graduação *stricto sensu*", na Universidade Federal de Uberlândia (UFU). A iniciativa surgiu como resposta a uma demanda da Pró-reitoria de Pesquisa e Pós-graduação (Propp) da instituição devido ao aumento do sofrimento psíquico entre as/os estudantes de pós-graduação nos últimos anos.

A pesquisa abordou duas fases distintas de coleta de dados. Inicialmente, uma abordagem documental foi empregada, consistindo no levantamento e na análise da literatura relacionada aos estudantes de pós-graduação stricto sensu no Brasil nos últimos 11 anos (2010-2020). Fontes como SciELO, Lilacs, PePSIC, BVS-Psi, Biblioteca Digital Brasileira de Teses e Dissertações, Google Acadêmico e o Portal de Periódicos Capes/MEC foram utilizadas. Posteriormente, a fase empírica envolveu a aplicação de um questionário *on-line* às/aos estudantes dos 53 programas de pós-graduação *stricto sensu* da Universidade Federal de Uberlândia, com o intuito de coletar informações sobre o perfil das/os pós-graduandas/os em consonância com os objetivos gerais e específicos do estudo.

A nova pesquisa ampliou o escopo tanto espacial como institucionalmente. Foram preenchidos, de modo completo, 696 questionários, por estudantes que cursam programas de pós-graduação das 11 universidades federais de Minas Gerais: Universidade Federal de Alfenas (Unifal-MG), Universidade Federal de Itajubá (Unifei), Universidade Federal de Juiz de Fora (UFJF), Universidade Federal de Lavras (Ufla), Universidade Federal de Minas Gerais (UFMG), Universidade Federal de Ouro Preto (Ufop), Universidade Federal de São João del-Rei (UFSJ), Universidade Federal do Triângulo Mineiro (UFTM), Universidade Federal dos Vales do Jequitinhonha e Mucuri (UFVJM), Universidade Federal de Uberlândia (UFU) e Universidade Federal de Viçosa (UFV). Por se tratar de uma amostra por conveniência, a distribuição entre as instituições não se deu de forma equânime, tampouco proporcional ao volume de matrículas. Dessa forma, tem-se discentes da Unifal (23), Unifei (27), UFJF (27), UFLa (47), UFMG (119), UFOP (29), UFSJ (58), UFU (166), UFV (83), UFTM (59) e UFVJM (21).

Inicialmente, foi enviado um *e-mail* a todas as coordenações de programas de pós-graduação *stricto sensu* das supracitadas instituições[32], com informações sobre a pesquisa e uma solicitação para que o *link* com o questionário fosse encaminhado a todos os discentes dos PPGs. Cerca de dois meses após esse envio, devido ao baixo número de respostas, enviamos outra mensagem às/aos coordenadoras/es, solicitando o contato do/a representante discente (e-mail e telefone) para que ele/a se comunicasse com outros/as estudantes do programa de pós-graduação e incentivasse a participação no estudo. Também foi reiterado o pedido para o reenvio do questionário às/aos mestrandas/os e doutorandas/os, com o *link* para o questionário.

O questionário foi disponibilizado na plataforma *SurveyMonkey* e continha 100 questões, que englobaram dados sociodemográficos, interesse pela pós-graduação, condições para permanência e conclusão do curso; foram incorporados os seguintes instrumentos: Escala de Stress Percebido e Escala de Preocupações (cf. Rezende, 2017) e Indicador de Dificuldades (adaptado de Faro, 2013a). Também nos apoiamos no questionário aplicado na V Pesquisa do Perfil Socioeconômico dos Estudantes das Universidades Federais, realizada pela Andifes e pelo Fonaprace (2019).

---

[32] Para tanto, foi elaborada uma planilha do Excel com os nomes das 11 instituições, dos respectivos programas de pós-graduação, dos coordenadores, e-mail e telefones.

Trata-se de um público majoritariamente feminino (67,7%), com faixa etária entre 25 e 29 anos (38,3%), solteiro (65,2%), autodeclarado branco (62,1%), que não trabalha (43,7%), que reside onde estuda (62,9%) e cuja renda *per capita* mensal média familiar supera um salário-mínimo e meio. Chama a atenção que esse perfil é mais feminino e mais elitista do que aquele na média nacional ou entre cursos de graduação. Segundo a Capes (2023), 54% de matrículas em cursos de pós-graduação são ocupadas por pessoas do sexo feminino, 13 pontos percentuais a menos do que a amostra estudada. Por outro lado, quando se observa a composição demográfica da graduação, tem-se um público matriculado mais negro e popular (Fonaprace/Andifes, 2019; Oliveira, 2019), refletindo os efeitos das políticas de democratização do acesso e da permanência inauguradas nos últimos anos. Já o público estudado é mais branco e com nível de renda superior.

Confirma a impressão de que se está diante de um perfil menos excluído quando se observam outros indicadores importantes. A maioria faz quatro ou mais refeições por dia (68,0%), com atividades físicas regulares, três (35,8%) ou mais (13,8%) vezes por semana, abandonando o público que não pratica qualquer atividade (27,7%). Esse quadro também destoa daquele encontrado na graduação, pois lá o número de refeições diárias nem é elevado, e o público é majoritariamente sedentário.

Acerca da saúde e dos cuidados, tem-se um público que raramente (40,7%) recorre aos serviços médicos, mas, quando o faz, preferencialmente recorre à rede particular com planos de saúde (51,3%). No que tange à saúde mental, a maioria está em acompanhamento psicológico (37,6%), ou esteve no último ano (15,0%) ou há mais de um ano (21,6%). A maioria nunca tomou medicação psiquiátrica (57,7%), todavia quase um quarto da amostra está fazendo uso (23,9%), dado que merece maior aprofundamento, especialmente ao se pensar na medicalização da educação (Leonardo; da Silva; Leal, 2021). Quanto à ingestão de bebidas alcoólicas, a maioria bebe menos de uma vez por semana (37,2%), sendo uma ou duas doses a quantidade típica. Sobre o uso de tabaco ou drogas ilícitas, a maioria esmagadora manifesta nunca ter feito uso.

Seguindo com a caracterização do corpo de participantes da pesquisa, também chamam a atenção os seus aspectos acadêmicos. Muito embora elitista do ponto de vista racial ou de renda, não se pode afirmar que o seja também pela perspectiva da trajetória educacional. A maioria construiu um percurso em instituições públicas, tanto na educação básica (61,2%), quanto na educação superior (68,1%). Por seu turno, o nível de educação formal de familiares também merece nota. A maioria dos pais (69,9%) ou mães (64,7%) da amostra não chegou a cursar o ensino médio. Portanto, a amostra é composta principalmente de estudantes de primeira geração na graduação e na pós-graduação. Ademais, seu ingresso nos programas deveu-se, majoritariamente, ao desejo de seguir a carreira acadêmica (67,4%), superando os desejos de aprofundar conhecimento (47,0%), de se qualificar ou se inserir no mercado de trabalho (39,1%), realizar pesquisa (34,9%), ampliar sua renda (31,0%), atender a questões pessoais (19,4%) e por falta de opção (3,3%).

Além do desejo motivador, importa salientar que tais estudantes estão cursando os programas de pós-graduação sem bolsa (51,7%), e a maioria já numa etapa final do curso, com créditos concluídos (33,8%), concluindo a pesquisa (23,8%) ou aguardando a defesa (5,8%), o que redunda em uma fração menor de estudantes que estão ainda cumprindo créditos (36,6%). Ao serem questionadas/os sobre a autoavaliação de desempenho, a maioria se encontra muito satisfeita, atribuindo-se notas entre 80% e 100%.

Não obstante se reconheçam bem-sucedidas/os, os dados colhidos demonstram que a travessia não se fez sem penosos percalços. Observando a relação estabelecida com livros, manifestações culturais e prática política, percebeu-se que a grande maioria das pessoas que nutriam hábitos de leitura, de frequência a peças de teatro, a shows, a cinema e a participação política, manifestou a redução do hábito ao ingressar no programa. Já para as pessoas que não nutriam tais hábitos, quase a totalidade indicou que o ingresso não alterou a frequência.

Também chama a atenção a percepção de que a pandemia afetou significativamente a vida acadêmica (75,4%), gerando queda na satisfação com a orientação (nove pontos percentuais a menos), as aulas (15 pontos percentuais a menos), a pesquisa (23 pontos percentuais a menos) e com colegas (48 pontos percentuais a menos).

O perfil social e acadêmico da amostra que se observou nas linhas anteriores possui um delineamento claro. Entretanto, deve-se reforçar um aspecto importante para esta pesquisa: a relação entre dificuldades, o sofrimento e o desempenho acadêmico. Nossa amostra foi submetida a duas questões cujos objetivos eram extrair a percepção acerca do impacto das dificuldades e do sofrimento no desempenho nos cursos. De modo geral, pode-se dizer que quase todas as pessoas respondentes acusaram que seus desempenhos foram seriamente afetados por variada ordem de dificuldades (97,4%) ou sofrimentos (97,6%). As dificuldades disponíveis como alternativas eram de ordem social (convívio, violências), afetiva (relacionamentos amorosos), econômica (renda ou trabalho) etc. Entre as dificuldades mais indicadas, estavam os problemas emocionais (54,8%), a carga excessiva de trabalho (65,3%) e as dificuldades financeiras (67,1%). De outro lado, os sofrimentos que mais impactaram foram a procrastinação (65,1%), o desânimo (66,0%) e a ansiedade (77,1%).

Os volumes são tão elevados que a tentativa de encontrar perfis mais imunes ao problema retornaram ineficazes, pois a variação para sexo, raça, estado civil, renda, entre outros, não se mostrou significativa. Isso indica que as dificuldades e o sofrimento são dois problemas indiferenciados ou universais entre o público investigado. Passemos agora à observação daqueles estressores mais relevantes.

Estressores relevantes

Faro (2013a) propôs duas escalas para identificar os principais estressores em estudantes, na academia. A primeira é a Escala de Preocupações, composta por 15 itens, os quais têm o propósito de mostrar o quanto cada situação apresentada afeta as preocupações discentes. A segunda escala é composta pelo Indicador de Dificuldades, a qual apresenta 14 situações classificadas como dificuldades que podem afetar o nível de estresse das/os estudantes.

Tendo por base as escalas de Faro (2013a, b), Miranda *et al.* (2022) realizaram um estudo, na UFU, com o propósito de identificar quais preocupações e dificuldades enfrentadas pelas/os estudantes da pós-graduação *stricto sensu* estavam relacionadas ao respectivo nível de estresse. Foi identificado que as dificuldades e as preocupações que mais fortemente explicam o nível de estresse eram: falta de motivação; pressão interna pelo bom desempenho; interferência da demanda dos estudos sobre outros aspectos de vida; aspectos financeiros pessoais; dificuldades relativas ao prazo para a elaboração da tese ou dissertação; falta de incentivo e dificuldade de compatibilizar os estudos com a vida pessoal e familiar.

Na Tabela 1 são apresentadas as estatísticas descritivas relativas à Escala de Preocupações identificadas na presente pesquisa.

Tabela 1 – Estatística Descritiva das Preocupações - Estudantes em Programas de Pós-Graduação de Minas Gerais (2022)

	Dificuldades	Mediana	Média	Desvio Padrão	Mínimo	Máximo
P1	Pressão interna pelo bom desempenho (cobrança pessoal elevada etc.)	9	8,50	2,01	0	10
P2	Interferência da demanda dos estudos s/outros aspectos de sua vida	8	7,51	2,35	0	10
P9	Possibilidade de não atingir o desempenho esperado pela banca	8	7,37	3,08	0	10
P11	Tempo para concluir a tese ou dissertação	8	7,22	3,20	0	10
P12	Questões relativas ao calendário e prazos da pós-graduação	8	7,19	3,12	0	10
P14	Possível decepção quanto à inserção profissional	8	6,47	3,65	0	10
P6	Pressão externa acerca da conclusão (social, acadêmica etc.)	7	6,35	3,38	0	10
P10	Questões financeiras por estar estudando em tempo parcial ou integral	7	6,13	3,74	0	10
P3	Aproveitamento das disciplinas ofertadas	6	5,62	3,24	0	10
P5	Dificuldade do tema escolhido	6	5,51	3,13	0	10
P8	Apresentações orais	6	5,45	3,50	0	10
P15	Possibilidade de notas inferiores às esperadas	6	5,24	3,62	0	10
P7	Aproveitamento das supervisões	5	4,81	3,10	0	10
P4	Baixa quantidade de contatos com o orientador	4,5	4,47	3,65	0	10
P13	Questões relativas ao horário das aulas na pós-graduação	3	3,47	3,44	0	10

N = 546

Fonte: própria pesquisa

As dificuldades mapeadas na Tabela 1 foram ordenadas classificando-se em primeiro lugar aquelas que tiveram as maiores frequências. Pode-se notar que os achados desta pesquisa corroboram a pesquisa de Miranda *et al.* (2022), pois as dificuldades classificadas em primeiro e segundo lugar, "pressão interna pelo bom desempenho" e "interferência da demanda dos estudos sobre outros aspectos de sua vida" já haviam sido analisadas como explicativas do estresse naquela investigação.

Na Tabela 2 são apresentadas as estatísticas descritivas relativas à Escala de Dificuldades identificadas nesta pesquisa.

Tabela 2 – Estatística Descritiva das Dificuldades - Estudantes em Programas de Pós-Graduação de Minas Gerais (2022)

Dificuldades	Mediana	Média	Desvio Padrão	Mínimo	Máximo
D12 Compatibilizar os estudos com a vida pessoal e familiar	8	7,36	2,936	0	10
D14 Pressão para publicação	8	6,91	3,235	0	10
D11 Aspectos financeiros pessoais	8	6,55	3,503	0	10
D13 Tempo para estudar	7	6,84	2,97	0	10
D4 Falta de motivação	7	6,64	3,138	0	10
D9 Prazo para confecção da tese ou dissertação	7	6,48	3,248	0	10
D8 Prazos de entrega dos trabalhos das disciplinas	5	4,81	3,485	0	10
D10 Aspectos financeiros da pesquisa	5	4,55	3,87	0	10
D7 Falta de incentivo	5	4,49	3,421	0	10
D2 Relacionamento estudante-orientador(a)	4	4,19	3,47	0	10
D1 Relacionamento com os(as) outros(as)estudantes	4	4,15	3,083	0	10
D5 Mudança do tema inicialmente proposto.	3	3,92	3,486	0	10
D3 Relacionamento estudante-coordenação	3	3,35	3,152	0	10
D6 Incompatibilidade entre o tema desejado e o proposto pelo orientador	1	2,23	2,992	0	10

N = 546

Fonte: própria pesquisa

PESQUISAS E PRÁTICAS SOBRE O SOFRIMENTO E O ADOECIMENTO COM
FUNDAMENTOS NA PSICOLOGIA HISTÓRICO-CULTURAL

As dificuldades mapeadas na Tabela 2 também foram ordenadas classificando-se em primeiro lugar aquelas que tiveram as maiores frequências. É interessante observar também que as dificuldades "aspectos financeiros pessoais"; dificuldade de "compatibilizar os estudos com a vida pessoal e familiar"; "falta de motivação"; "prazo para confecção da tese ou dissertação" e "falta de incentivo" já haviam sido detectadas como explicativas do nível de estresse das/os estudantes na pesquisa de Miranda *et al.* (2022).

No entanto, alguns estresses se tornaram mais relevantes durante a pandemia, quais sejam "pressão para publicação"; "tempo para estudar" e "prazos para entrega dos trabalhos das disciplinas". Interessante observar que, de certa maneira, estes estressores estão ligados ao uso do tempo, que parece ter sido bastante afetado durante o período pandêmico. Pode-se hipotetizar que as condições de trabalho das/os estudantes (forma remota) podem não ter sido as mais adequadas para a realização dos seus estudos.

Além disso, vale destacar que a pandemia trouxe um conjunto de demandas sociais novas a partir do isolamento social. Novos cuidados de higiene e distanciamento comprometeram alguns tempos livres, agora dedicados aos cuidados da casa, dos alimentos e dos enfermos. Deve-se também recordar que o Brasil, dada sua política de enfrentamento reconhecidamente equivocada, entregou mais de 700 mil mortos, espalhando sentimentos de luto no tempo e no espaço. Por fim, entre aquelas/es que sobreviveram, houve casos em que as sequelas comprometeram severamente a autonomia pessoal para o desenvolvimento de atividades simples, requerendo da família outros suportes.

Por outro lado, deve-se igualmente recordar que o impacto sobre as vidas normalmente é distinto em vários aspectos, sobretudo em se tratando de um país de tamanhas desigualdades sociais. Não tem como novidade o fato de que as desigualdades de gênero, de renda, de classe e de raça permitam uma sobrecarga desigual de dificuldades e sofrimentos.

Ora, era de se esperar que discentes submetidos a regimes rigorosos de produção e tempo envolvidos nas práticas de estudo e pesquisa na pós-graduação encontrassem intensificadas as situações de sofrimento. No entanto, cumpre destacar que os percentuais de estudantes que manifestam as dificuldades e sofrimentos foi tão elevado que quase atingiu a totalidade de participantes da pesquisa. Isso dificultou a discriminação por marcadores sociais. Ainda assim, entre os estressores destacados, sobressaíram-se aqueles relativos à gestão do tempo, apontando uma possível pista para a compreensão dos aspectos da vida social e acadêmica afetados pela pandemia. Ao que tudo indica, essa pista merece atenção especial para futuros estudos.

Podemos ilustrar essas questões com alguns excertos dos questionários:

"A CAPES permitiu a prorrogação de bolsas e prazos e o programa não divulgou isso, trazendo constrangimentos aos discentes e aumentando conflitos com orientadores pouco flexíveis, como consequência, impactando no sofrimento psíquico do momento."

"Me sinto extremamente pressionada por conta das publicações e do não reconhecimento da minga condição de trabalhadora e mãe. Penso que os PPGs deveriam consideram essas questões no sentido de estender os prazos para concluir o curso."

"A dificuldade financeira é uma das maiores dificuldades para o aluno bolsista que tem dedicação exclusiva, pois o valor mal cobre as despesas pessoais e o que sobra deve ser guardado para as taxas absurdas de publicação nos periódicos."

CONSIDERAÇÕES FINAIS

Nos doentes estão apagados os sentimentos éticos mais elevados; são indiferentes aos que lhes são próximos; não os comove a tragédia dos amigos, nem suas próprias contrariedades; são descuidados, indiferentes a si próprios e aos outros; a sua conduta é desprovida de voluntariedade e não é orientada para um fim (Zeigarnik, 1979, p. 111).[33]

As respostas ao questionário permitiram-nos constatar que houve estreita relação entre as dificuldades pessoais, o sofrimento psíquico e o desempenho acadêmico durante a pandemia da covid-19, embora isso já se manifestasse anteriormente, mas com menor intensidade. As dificuldades mais citadas foram as financeiras, a carga excessiva de trabalho e problemas emocionais e os sofrimentos que mais impactaram foram a ansiedade, o desânimo a procrastinação. De certo modo, é como se houvesse uma sobreposição de dificuldades, considerando-se aquelas já existentes e as decorrentes das demandas sociais geradas pela pandemia em nosso país.

---

[33] No original: "En los enfermos están apagados los sentimientos éticos superiores; son indiferentes hacia sus allegados, no los conmueve la tragedia de los amigos, ni las propias contrariedades; son descuidados, indiferentes hacia sí y hacia los otros; su conducta está despojada de voluntariedad y no se dirige a un fin."

O trecho de Zeigarnik, relativo ao adoecimento psíquico, alerta-nos para a necessidade de que as instituições de Ensino Superior se atentem ao cuidado com a saúde mental de pós-graduandas/os, posto que são estudantes e precisam não apenas finalizar seus respectivos cursos, mas também apropriar-se dos diferentes elementos concernentes à trajetória acadêmica, como as disciplinas, a realização da pesquisa, os trâmites burocráticos, a relação com o/a orientador/a, a interação com seus pares e outras vivências inerentes a esse momento.

Trata-se, afinal, da formação de futuras/os docentes e pesquisadoras/es e é imprescindível que lhes sejam propiciadas condições institucionais para que não percam sua capacidade crítica para enfrentar as adversidades cotidianas com amparo na coletividade (González Rey, 2011). Nesse sentido, embora já estejamos distantes do auge da pandemia da covid-19, muitas das propostas e alterações oriundas daquela época mantiveram-se no cotidiano das universidades, como aulas, orientações e bancas de qualificação e defesa na modalidade remota. Em que pese a possibilidade de contato com docentes de outras IES, flexibilidade e facilidade em termos de horários e deslocamento, a perda do contato *tête-à-tête*, do convívio com estudantes de outros cursos do *campus*, falta de acesso a eventos artísticos e culturais etc. são pontos que precisam ser considerados.

Com os resultados da Avaliação de Propostas de Cursos Novos (APCN) publicados pela Capes neste ano de 2023, mais cursos de mestrado e doutorado abrirão suas portas para novas/os estudantes... este é mais um argumento para que as políticas públicas destinadas a esse nível de ensino bem como os planos institucionais de desenvolvimento das universidades públicas prevejam e contemplem propostas voltadas à permanência e à conclusão de curso, atentando-se ao sofrimento psíquico de discentes e docentes. Essas ações certamente extrapolam a dimensão subjetiva e alcançam o desenvolvimento e o fortalecimento da própria ciência no país.

REFERÊNCIAS

BARDIN, L. *Análise de conteúdo*. 3. ed. São Paulo: Edições 70, 2016.

CARNEIRO, E. N.; NOVAIS, D. S. A construção da autonomia no uso das atividades remotas em tempos de pandemia na universidade pública: um relato de experiência. *Revista Fragmentos de Cultura – Revista Interdisciplinar de Ciências Humanas*, [*s. l.*], v. 30, n. 4, p. 783, 2021.

CAPES. Mulheres são maioria na docência e gestão da educação básica. Brasília, 2023. Disponível em https://www.gov.br/mec/pt-br/assuntos/noticias/2023/marco/dia-da-mulher-mulheres-sao-maioria-na-docencia-e-gestao-da-educacao-basica. Acesso em: maio 2024.

COSTA, R. M. P.; SILVA, A. V. L. da; ARRAIS NETO, E. A. Aspectos nefastos da pandemia da Covid-19 sobre a política de educação no Brasil. *Research, Society and Development*, [*s. l.*], v. 10, n. 3, p. e29310313313–e29310313313, 2021.

DUARTE, A. de M.; CÉSAR, M. R. de A. Negação da Política e Negacionismo como Política: pandemia e democracia. *Educação & Realidade*, [*s. l.*], v. 45, 2021.

FARO, A. Estresse e estressores na pós-graduação: estudo com mestrandos e doutorandos no Brasil. *Psicologia: Teoria e Pesquisa*, [*s. l.*], v. 29, p. 51-60, 2013a.

FARO, A. Um modelo explicativo para o bem-estar subjetivo: estudo com mestrandos e doutorandos no Brasil. *Psicologia: Reflexão e Crítica*, Porto Alegre, v. 26, n. 4, p. 654-662, 2013b.

FONAPRACE/ANDIFES. *V Pesquisa Nacional do Perfil das Instituições Federais do Ensino Superior para a Assistência Estudantil – um mapeamento de capacidades e instrumentos*. Brasília: [*s. n.*], 2019. Disponível em: http://www.andifes.org.br/v--pesquisa-nacional-de-perfil-socioeconomico-e-cultural-dos-as-graduandos-as--das-ifes-2018/. Acesso em: 8 mar. 2024.

FREITAS, M. de F. Q. de; SOUZA, J. Pensar a formação e a pesquisa na pós-graduação stricto sensu. *Educar em Revista*, [*s. l.*], v. 34, n. 71, p. 9-18, 2018.

GLATZ, E. T. M. de M. *et al.* Ensino remoto emergencial e a saúde mental de pós--graduandos: o sofrimento psíquico discente em tempos de pandemia. *Revista de Educação da Universidade Federal do Vale do São Francisco*, [*s. l.*], v. 12, n. 28, p. 2022, 2022. Disponível em: https://www.periodicos.univasf.edu.br/index.php/revasf/article/view/1873. Acesso em: 29 nov. 2023.

GONZÁLEZ REY, F. *Subjetividade e saúde: superando a clínica da patologia*. São Paulo: Cortez, 2011.

LAZCANO, C. Entre medos e angústias. *Revista Brasileira de Pós-Graduação*, [*s. l.*], v. 17, n. 38, p. 1-29, 2022.

LEONARDO, N. S. T.; DA SILVA, S. M. C.; LEAL, Z. F. de R. G. *A (des)patologização do processo de escolarização:* contribuições da psicologia histórico-cultural. [*S. l.*]: SciELO-EDUEM, 2021.

MIRANDA, G. J. *et al.* Dificuldades, Preocupações e Estresse na Pós-Graduação. *Revista Gestão Universitária na América Latina-GUAL*, [s. l.], v. 15, n.2, p. 24-43, 2022.

OLIVEIRA, A. L. M. de. *Educação Superior brasileira no início do século XXI: inclusão interrompida?* 2019. Tese (Doutorado em Economia) Universidade Estadual de Campinas, 2019.

ONU. *1 bilhão de pessoas vivem com algum transtorno mental, afirma OMS.* [S. l.], 2022. Disponível em: https://news.un.org/pt/story/2022/06/1792702. Acesso em: 26 nov. 2023.

PRADO, A. da S.; FREITAS, J. de L. O sistema de pós-graduação brasileiro e a saúde mental dos estudantes: que fragilidades a pandemia da COVID-19 revela?. *Revista de Educação da Universidade Federal do Vale do São Francisco*, [s. l.], v. 12, n. 28, 2022. Disponível em: https://www.periodicos.univasf.edu.br/index.php/revasf/article/view/1839. Acesso em: 29 nov. 2023.

REZENDE, M. S. de, MIRANDA, G. J., PEREIRA, J. M., & CORNACCHIONE, Jr, E. B. Stress e desempenho acadêmico na pós-graduação stricto sensu em ciências contábeis no Brasil. *Arquivos Analíticos de Políticas Educativas*, Arizona, v. 25, n. 96, p. 1-20, 2017.

SAVIANI, D. *Pedagogia histórico-crítica:* primeiras aproximações. [S. l.]: Autores Associados, 2021.

SILVA, M. A. S. da; TULESKI, S. C. Patopsicologia Experimental: Abordagem histórico-cultural para o entendimento do sofrimento mental. *Estudos De Psicologia*, Natal, v. 20, n. 4, p. 207-216, 2015.

SILVA, S. M. C. da *et al.* Motivos para o ingresso na pós-graduação stricto sensu - uma pesquisa com estudantes de uma IES pública. *Psicologia Escolar e Educacional*, Maringá, v. 27, n.1, p. 1-12, 2023.

VIGOTSKI, L. S. *A transformação socialista do homem.* [S. l.]: 2004. Disponível em: https://www.marxists.org/portugues/vygotsky/1930/mes/transformacao.htm. Acesso em: 29 nov. 2023.

ZEIGARNIK, B. V. *Introducción a la Patopsicologia.* La Habana: Científico Técnica, 1979.

PARTE 4

ATENÇÃO PSICOSSOCIAL E PROCESSO DE SOFRIMENTO E ADOECIMENTO

CAPÍTULO 10

UMA ANÁLISE DA CAMPANHA SETEMBRO AMARELO® 2023: CAMPANHA DE PREVENÇÃO EM SAÚDE OU MARKETING DA PSIQUIATRIA?

Nilson Berenchtein Netto
Bruno Peixoto Carvalho
Renata Bellenzani

Como o hipnotizador, o líder tem por método dispor das aparências de modo que o verdadeiro seja substituído pelo verossímil. Mantém a multidão à distância, e a afasta da realidade para lhe apresentar uma realidade melhor, mais bonita, em acordo com suas esperanças. Seu talento consiste em transformar os acontecimentos, os fins coletivos em imagens que impressionam e exaltam. Com ele, o trivial se converte em excepcional
(Moscovici, 1985, p. 177)

INTRODUÇÃO

Este ensaio analisa o material da campanha publicitária Setembro Amarelo® no ano de 2023. O referido material foi recolhido no site oficial da campanha (www.setembroamarelo.com) e inclui: cartilhas, panfletos e folheto, materiais produzidos para divulgação em mídias sociais (no formato carrossel), vídeos de divulgação da campanha com informações sobre o suicídio e trechos com falas de profissionais médicos sobre o suicídio, fatores de risco, formas de prevenção e o que fazer diante de situações envolvendo uma pessoa com ideações suicidas ou apresentando alguns dos fatores de risco.

A campanha Setembro Amarelo® foi lançada em 2014, no Brasil, com o objetivo de promover a prevenção ao suicídio, e teve como seus promotores a Associação Brasileira de Psiquiatria (ABP) e o Conselho Federal de Medicina (CFM). A partir de 2017, a ABP passou a divulgar – além das ações da campanha – diretrizes para adesão à campanha por parte de outras entidades na sua promoção, apresentando-se como representante oficial da campanha, estabelecendo regras para o uso das logos da campanha e para a distribuição dos materiais, dentre outras coisas (ABP; CFM, 2023a).

Se, por um lado, é certo que a campanha conferiu relativa visibilidade ao tema do suicídio, por outro, a sua incidência na redução dos índices de suicídio é coisa que ainda resta por ser demonstrada. O estudo de Lima e Brandão (2021), que visou a estabelecer correlações estatísticas entre os dados de mortalidade por suicídio nos anos anteriores à existência da campanha e nos anos após o seu início, compreendendo o período de 2009 a 2019 no estado do Ceará, constatou não haver diferença estatisticamente significativa entre o período pré-campanha e pós-campanha, além de uma tendência estável de crescimento das mortes por suicídio com significância estatística. Esse aumento está em acordo com a tendência já documentada no Brasil de crescimento da taxa de mortalidade por suicídio em contraste com a tendência mundial de redução. Estudo de Oliveira e colaboradores (2020) sobre a prevalência do suicídio antes e depois da campanha constatou que – entre 2013 e 2016 – a incidência de suicídios no Brasil aumentou em 66%, o que em nada permite corroborar com a eficácia da campanha.

Do ponto de vista da sua efetividade no enfrentamento ao suicídio, resulta claro que não se pode atestar o sucesso da campanha publicitária promovida pela ABP e pelo CFM. É preciso entender, entretanto, que o enfrentamento ao suicídio, longe de ser o fim explicitamente almejado pela campanha, é um meio para a promoção, a difusão e o convencimento da ideia de que as pessoas atentam contra a própria vida em função de padecerem de certos processos patológicos, e não de estarem enfrentando obstáculos sociais concretos que colocam a morte de si como uma alternativa a seguir vivendo sob as mesmas condições. Daí que, com insistente regularidade, a literatura psiquiátrica e a publicidade da campanha Setembro Amarelo® afirmem uma associação simplista e mal fundamentada entre transtornos psiquiátricos e suicídio, como aquela que diz que "Sabe-se que pratica-mente 100% de todos os casos de suicídio estavam relacionados às doenças mentais, principalmente não diagnosticadas ou tratadas incorretamente" (ABP; CFM, 2023b).

A seguir, examina-se a campanha Setembro Amarelo® em relação às ideias que veicula para a população e os profissionais de saúde e às estratégias retórico-argumentativas empregadas em favor da ideia de que o sofrimento

PESQUISAS E PRÁTICAS SOBRE O SOFRIMENTO E O ADOECIMENTO COM
FUNDAMENTOS NA PSICOLOGIA HISTÓRICO-CULTURAL

humano pode ser reduzido a categorias diagnósticas formuladas como doenças do corpo e para as quais, portanto, a psiquiatria representaria a melhor resposta.

ANÁLISE DA CAMPANHA

Iniciada em 1º de setembro, a campanha Setembro Amarelo® 2023 trouxe como lema a frase "Se precisar, peça ajuda" e contou entre suas ações com a divulgação da campanha na Times Square em Nova Iorque, com direito a uma notícia no site da ABP (ABP, 2023a), com o ilustrativo título "A campanha Setembro Amarelo® atingiu patamares inéditos neste ano de 2023!", celebrando a exposição, o que serve de indício da natureza marcadamente midiática e do grau de espetacularização alcançado por ela.

Breve descrição dos materiais da campanha

Os materiais analisados no site da campanha incluem: as cartilhas *Suicídio: informando para prevenir* (ABP; CFM, 2014), *Informações importantes sobre doenças mentais e suicídio* (ABP; CFM, 2023c), *Prevenção ao suicídio: como ajudar?* (Silva; Santos; Santos, 2023), *Carta aos pais, responsáveis e educadores* (ABP; CFM, 2023d), um documento com diretrizes para a promoção e divulgação da campanha (ABP; CFM, 2023a), o folheto *Fatores de risco e sinais de alerta* (ABP; CFM, 2023e), um card (ABP; CFM, 2023f), um texto de apresentação na página inicial da campanha, *A campanha Setembro Amarelo® salva vidas* (ABP; CFM, 2023b), as notícias *Presidente da ABP participa de audiência pública sobre prevenção do suicídio no Senado* (ABP, 2023b) e *Campanha Setembro Amarelo® é divulgada na Times Square* (ABP, 2023a), dois carrosséis com cards para redes sociais *O que fazer?* (ABP; CFM, 2023g) e *Pósvenção* (ABP; CFM, 2023h) e 18 vídeos da campanha.

A campanha e sua legitimação

O texto da página inicial no site da campanha ocupa-se de dois objetivos. De um lado, fornece algumas informações e dados sobre o suicídio; de outro, ocupa-se de oferecer a legitimação necessária à própria campanha. Outros materiais também reproduzem essa estrutura, como a cartilha *Prevenção ao suicídio. Como ajudar?* (Silva; Santos; Santos, 2023), que traz seções como "Não podemos ignorar: dados sobre suicídio", um subtítulo "Como reconhecer que alguém precisa de ajuda?" e encerra com um texto que, entre outras coisas, diz "Essas ações descritas na cartilha podem ajudar a salvar vidas e essa é a função da campanha" (Silva; Santos; Santos, 2023, p. 13). O texto da página inicial é intitulado "A campanha Setembro Amarelo® salva vidas!" (ABP; CFM, 2023b), e ali a campanha é autorreferida como "a maior campanha antiestigma do mundo" (n.p.). Na notícia sobre a projeção da marca na Times Square, pode-se ler em fala do presidente da ABP, Antonio Geraldo: "Estamos no maior centro comercial dos Estados Unidos internacionalizando a nossa campanha. Denunciando e falando da necessidade de políticas públicas para a nossa população tão carente e tão necessitada de tratamento psiquiátrico" (ABP, 2023a, n.p.). A referência à campanha como a maior antiestigma do mundo também comparece no *card* que anuncia o início da campanha (ABP; CFM, 2023f): "A maior campanha de combate ao suicídio do mundo começou!".

É digno de nota o empenho com que a campanha se ocupa em demonstrar socialmente a sua relevância, mesmo em ações aparentemente inócuas, como a exibição dela na Times Square. É difícil imaginar o impacto para uma campanha de prevenção em saúde de tal exposição. A qual público essa ação se destina? Seriam os brasileiros residentes em Nova Iorque? Ou a importância de tal ação residiria no potencial viral da exposição no principal centro financeiro do capitalismo? Outrossim, a afirmação de que a campanha salva vidas padece da imprecisão propositada de campanhas publicitárias que fazem afirmações o mais das vezes sem sustentação, como aquelas do tipo "nove em cada dez profissionais indicam o produto x" ou, ainda, "este produto elimina 99% do odor ou das bactérias". Não é a mesma coisa dizer diretamente "vacinas salvam vidas" ou "o leite materno é um fator importante na redução da mortalidade infantil", que dizer "A campanha Setembro Amarelo® salva vidas" (ABP; CFM, 2023b, n.p.), como está estampado no texto da página inicial da campanha na internet. Nos dois primeiros casos, a comunicação manifesta uma afirmação já bem documentada no campo de investigação científica em saúde visando a popularizá-la. No último, trata-se – no melhor dos casos – de um desejo, mas um desejo ainda não documentado adequadamente, como já argumentado na introdução deste trabalho. Se a campanha salva vidas, então é preciso demonstrar se e como ela incidiu nos dados referentes à mortalidade por suicídio. Isso ainda não aconteceu.

Por fim, convém examinar a afirmação de que a campanha é a maior campanha antiestigma do mundo. Antes de tudo, seria necessário circunscrever bem o que é uma campanha antiestigma ou antipreconceito na acepção dos promotores da campanha, mas isso não é encontrado em lugar algum entre os materiais de campanha. Passo seguinte a este envolveria determinar quais indicadores permitem a comparação entre campanhas antiestigma por todo o globo, como a extensão no tempo (duração), o número de pessoas alcançadas, os impactos nos indicadores referentes aos preconceitos/estigmas em particular, os recursos financeiros mobilizados, dentre outros. Mesmo esses indicadores permitiriam apenas auferir o tamanho relativo das campanhas umas em relações às outras, jamais a sua importância relativa como uma campanha de saúde, ou seja, como campanha que tenha impacto nos indicadores de saúde da população. Em síntese, é possível mobilizar investimentos, meios de comunicação e publicidade, realizar numerosas ações, de modo a fazer de uma campanha a maior campanha antiestigma do mundo sob a perspectiva dos indicadores aqui mencionados e, ainda assim, obter efeitos inócuos na saúde da população.

Em que pese não haja explícita documentação factual a respeito do tamanho relativo da autoproclamada campanha antiestigma e tampouco sobre sua eficácia na prevenção ao suicídio, sua repetição, como mantra nos materiais da campanha, serve para inculcar no seu público um argumento circular repetido *ad infinitum* com uma força de verdade e está associada a outra campanha publicitária da Associação Brasileira de Psiquiatria: a "Campanha contra a Psicofobia" – esta última definida como preconceito contra pessoas com algum transtorno mental. A campanha contra a psicofobia pode ser traduzida em uma de suas fórmulas: "A psicofobia impede o tratamento de quem precisa", "A psicofobia leva milhares de pessoas ao suicídio por ano", "A psicofobia causa sofrimento" (ABP, 2014a). Uma mirada ingênua para essa fórmula poderia conduzir à ideia de que a ABP está, neste caso, a se ocupar do preconceito dirigido às pessoas com diagnósticos psiquiátricos. Ocorre que essa fórmula é uma espécie de apelo sentimental da psiquiatria contra aqueles pesquisadores e profissionais de saúde que partem da premissa de que o sofrimento psíquico deve encontrar sua gênese na vida social mesma, e não na existência de uma suposta doença mental cuja existência ontológica como categoria clínica ainda não está demonstrada. A seguir, registramos alguns trechos da campanha que ilustram o caráter alarmista com que a ABP e o CFM associam suicídio à doença mental e o modo taxativo como se elimina da discussão qualquer consideração alternativa à ideia de que as pessoas tiram as próprias vidas porque se encontram doentes.

> Cerca de 50 a 60% das pessoas que morreram por suicídio nunca se consultaram com um profissional de saúde mental ao longo da vida (ABP; CFM, 2023i).
>
> **90% dos suicídios poderiam ser prevenidos**, pois praticamente 100% das pessoas que suicidam apresentam uma doença mental. **Negar isso é preconceito** (ABP, 2023b).
>
> As principais causas relacionadas ao suicídio estão relacionadas ao diagnóstico de doenças mentais. **Quase 100% das pessoas que cometeram suicídio foram diagnosticadas com um transtorno mental**. O presidente afirma que os casos poderiam ser evitados se não houvesse preconceito: "90% dos suicídios poderiam ser prevenidos, pois praticamente 100% das pessoas que suicidam apresentam uma doença mental. **Negar isso é preconceito**." (ABP, 2023b).
>
> Depressão, transtorno bipolar, dependência química e tantas outras doenças mentais, se não tratadas, podem levar ao suicídio. **Mas é o preconceito que impede pessoas de procurarem ajuda** e vidas deixam de ser salvas (ABP; CFM, 2023i).

Um leitor atento poderia perguntar se não seria o caso de que os 40 a 50% das pessoas que se consultaram com profissionais de saúde ao longo da vida e cometeram suicídio não poderiam ter as causas de suas mortes atribuídas a outras determinações.

A recusa à simplificação do sofrimento psíquico pelo rótulo diagnóstico psiquiátrico é equacionada com a própria negação do sofrimento das pessoas que têm suas questões concreto-existenciais traduzidas em um transtorno. No texto da página inicial da campanha contra a psicofobia (ABP, 2014b), também iniciada em 2014, encontra-se a seguinte definição:

> Após a entrevista [com Chico Anysio, que fora diagnosticado e tratado para depressão e serviu como ícone para a campanha], percebeu-se a necessidade de criar uma palavra que descrevesse todo o preconceito sofrido não só pelo humorista, mas por todas as pessoas que padecem de doenças mentais, assim como os psiquiatras, que se dedicam a cuidar dos pacientes com tanto afinco.

A ideia de que os psiquiatras que tratam pessoas com diagnósticos psiquiátricos sofrem preconceito por isso é, para dizer o mínimo, esdrúxula, mas serve como antídoto a todo e qualquer investigador ou profissional que

PESQUISAS E PRÁTICAS SOBRE O SOFRIMENTO E O ADOECIMENTO COM
FUNDAMENTOS NA PSICOLOGIA HISTÓRICO-CULTURAL

se oponha à ideia de que a forma de avaliar o sofrimento psíquico é pela coleção de sintomas psiquiátricos ou de que a intervenção sobre o sofrimento deva privilegiar as formas médico-farmacológicas em detrimento das intervenções orientadas para o campo psicossocial. Essa posição é – além de autoritária – anti-iluminista, pois interdita o debate sobre o sofrimento psíquico a partir da assunção de que o que diz a psiquiatria ou os psiquiatras não pode ser objeto de contestação, já que o conhecimento advém de sua autoridade. Objetivamente, isso aparece na cartilha *Informações importantes sobre doenças mentais e suicídio* (ABP; CFM, 2023c, p. 2), como consta:

> Jogue fora o seu preconceito, pois as doenças da mente, assim como as doenças cardíacas,
>
> renais ou endócrinas, são tratáveis.
>
> O médico que cuida das doenças mentais é o psiquiatra.
>
> [...]
>
> Existem muitas doenças mentais e para cada uma existe um tratamento adequado, seja para depressão, transtornos ansiosos, alimentares, dependência química, dentre outras. Mas é importante ressaltar que há tratamentos eficazes.

Nessa passagem, o sofrimento psíquico é comparado a doenças orgânicas. E como o médico é o profissional capacitado para o diagnóstico e tratamento de doenças, fica estabelecido – por extensão – que a psiquiatria é a detentora do saber sobre o sofrimento psíquico e a ela cabe proferir a última palavra sobre essa forma de padecimento. A ideia de que os psicofármacos são o melhor tratamento disponível para os chamados transtornos mentais ou, ainda, a de que esses transtornos correspondam majoritariamente a causas de natureza orgânica estão longe de terem sido suficientemente estabelecidas, como demonstram os estudos de Timimi (2021), Golden (1991), Mayes (2009) e mesmo do insuspeito Instituto Nacional de Saúde dos EUA (NIH, 1998) sobre a ausência de um estatuto ontológico do TDAH como categoria diagnóstica e os estudos de metanálise de Storebø e colaboradores (2023), que concluíram que o emprego de metilfenidato como tratamento para os sintomas do alegado transtorno em crianças e adolescentes possui certeza de evidência muito baixa, e de Boesen e colaboradores (2022) e Cândido (2021), que constaram o mesmo sobre o uso em adultos. Em relação à depressão, condição mais frequentemente associada ao suicídio na literatura médica, ainda poderíamos acrescentar as contribuições de Moncrieff e colaboradores (2023), que constataram não haver evidências de qualidade em favor da tese da baixa serotoninérgica na depressão (tese em que se baseia a administração dos chamados antidepressivos) e o estudo de Kennis e colaboradores (2020), que documenta não haver evidência em favor das teorias biológicas sobre a etiologia da depressão.

Em relação ao argumento circular sobre o suicídio, tem-se a seguinte fórmula adaptada da campanha contra a psicofobia: 1) a quase totalidade das pessoas que tiram suas vidas ou que tentaram fazê-lo possuem algum transtorno mental; 2) a psiquiatria é o ramo da medicina que tem por objeto os transtornos mentais; 3) a maior parte dos suicídios poderia ter sido evitada com o tratamento médico adequado. No texto de apresentação da página da campanha, consta:

> Embora os números estejam diminuindo em todo o mundo, os países das Américas vão na contramão dessa tendência, com índices que não param de aumentar, segundo a OMS. Sabe-se que praticamente 100% de todos os casos de suicídio estavam relacionados às doenças mentais, principalmente não diagnosticadas ou tratadas incorretamente. Dessa forma, a maioria dos casos poderia ter sido evitada se esses pacientes tivessem acesso ao tratamento psiquiátrico e informações de qualidade (ABP; CFM, 2023b, n.p.).

O texto não abre margem para dúvidas: a doença mental é um dos mais importantes fatores de risco para o suicídio, e a atuação psiquiátrica, o principal meio para preveni-lo. A psiquiatria garante, com isso, seu mercado de clientes e estará sempre a salvo, uma vez que, mesmo naqueles casos em que a pessoa que tirou a própria vida estava sob tratamento psiquiátrico, se poderá aduzir que estava sendo tratada incorretamente. A seguir, são apresentados alguns registros de como essa estratégia circular de convencimento é corroborada em vídeos da campanha com relatos de Dráuzio Varela (médico de forte presença como especialista nos meios de comunicação brasileiro), de Alex (jogador de futebol) e de Alfredo Minervino (médico psiquiatra), nesta sequência:

> *Nós precisamos ter um diagnóstico, às vezes com um simples medicamento, com um tratamento psicoterápico as pessoas abandonam esse tipo de ideia* (ABP; CFM, 2023j).

> *Eu tô aqui pra falar pra vocês que procure um psiquiatra mais perto de você e ele vai poder realmente tirar essa cortina da sua*

vida e cê vai ver que tem como você ter uma vida melhor, ter uma vida mais iluminada, e só com um profissional que cê pode fazer, se encoraje realmente a procurar esse tratamento pra você porque tem condição sim de você ter uma vida melhor do que você está tendo (ABP; CFM, 2023k).

Mas as próprias pessoas e os outros médicos, os outros colegas, tem um caráter fundamental de ouvir, de compreender, de não julgar, principalmente não julgar e de poder incitar essas pessoas pra que elas possam buscar o psiquiatra, pra que elas possam buscar uma ajuda especializada pra que essa ideação possa sumir e o risco de suicídio por si só também sumir (ABP; CFM, 2023l).

Nos três depoimentos, produzidos por pessoas com qualificações profissionais distintas – um médico não psiquiatra, um jogador de futebol e um psiquiatra –, a mesma afirmação: o psiquiatra é fator indispensável para responder adequadamente quando há suspeita de que alguém possa produzir a morte de si. O depoimento de Alfredo Minervino é especialmente contundente a esse respeito, quando, ao tratar da importância de outros profissionais e pessoas próximas a alguém com ideações suicidas, reduz a importância desses agentes àqueles que devem ouvir e acolher antes de conduzir o sujeito a um psiquiatra. A importância dos não psiquiatras é levar as pessoas com ideação suicida a um psiquiatra. A inspiração machadiana da campanha é notável.

Outro elemento importante de onde a campanha arranca força para sua legitimação é o uso de dados estatísticos sobre o suicídio, em geral, tratados de forma simplista, sem contextualização ou espaço para questionar as alegadas causas do suicídio (traduzidas como fatores de risco), muitas vezes, sem a fonte da informação, e em alguns casos a apresentação dos dados altera-os grosseiramente, no sentido de ampliar a gravidade do fenômeno do suicídio. Convém, por isso, analisar mais de perto aquelas informações oferecidas – e os dados de pesquisa que as suportam – em favor da estreita associação estabelecida pela campanha e seus promotores entre suicídio e doença mental.

No texto de apresentação da página da campanha (ABP; CFM, 2023b), podemos encontrar sumariados os principais dados sobre o suicídio, que são empregados sensacionalística e descontextualizadamente. Os dados são: a) segundo levantamento da Organização Mundial de Saúde (OMS), em 2019 (WHO, 2021), registravam-se 703 mil suicídios em todo o mundo; b) no Brasil, estima-se 14 mil casos por ano, uma média de 38 suicídios por dia; c) e que "praticamente 100% de todos os casos de suicídio estavam relacionados às doenças mentais" (aqui não se faz qualquer alusão sobre se essa associação é relativa aos dados mundiais ou nacionais ou, ainda, qual a fonte de tal afirmação contundente). Há, também, alguns dados que mais poderiam parecer um erro na confecção do material, mas que se repetem e inflam demasiadamente para o público-alvo da campanha a gravidade relativa do fenômeno do suicídio. Na página, pode-se ler:

> No Brasil, **12,6% por cada 100 mil** homens em comparação com 5,4% por cada 100 mil mulheres, morrem devido ao suicídio. As taxas entre os homens são geralmente mais altas em países de alta renda (**16,6% por 100 mil**). Para as mulheres, as taxas de suicídio mais altas são encontradas em países de baixa-média renda (**7,1% por 100 mil**) (ABP; CFM, 2023b).

O "erro" grosseiro na exposição dessa informação pode ter um efeito nada desprezível no leitor: transforma a incidência de um fenômeno na população em algo da razão de 12,6 para cada 100 mil homens para algo da razão de 12.600 para cada 100 mil homens, e a ocorrência de 7,1 para cada 100 mil mulheres em uma incidência de 7.100 suicídios para cada 100 mil mulheres. Para uma campanha que se pretende informativa, esse erro é demasiado robusto.

Em síntese, da campanha, pode-se, preliminarmente, afirmar: a) que se apoia em um tema cuja relevância é autoevidente (a morte de si); b) que retorce o fenômeno visado (o suicídio) para que seja circunscrito ao campo do patológico, objeto da medicina psiquiátrica; c) que a campanha da ABP está mais dirigida ao convencimento de que o suicídio é questão de ordem médica – e, nisso, ela é um sucesso –, por meio de um argumento circular e simplista (a quase totalidade dos suicídios está associada a um quadro de transtorno mental / o psiquiatra é o profissional habilitado a tratar transtornos mentais / procure um psiquiatra e ajude a salvar uma vida) do que a produzir qualquer mudança quantitativa detectável nas taxas de suicídio entre a população brasileira. E isso apesar da campanha publicitária na Times Square! A campanha da marca registrada Setembro Amarelo, ao contrário do que possa parecer, não é uma campanha em saúde, mas de popularização da compreensão psiquiátrica da vida social e da extensão dos serviços psiquiátricos à população. Se, por um lado, como campanha de saúde, o Setembro Amarelo® não foi capaz de demonstrar sua importância, seguramente, está-se diante de um *case* que merece seu lugar nos cursos de publicidade e propaganda.

A campanha e sua substância

A seguir, discutimos a associação simplista e alarmista estabelecida entre suicídio e transtorno mental, de forma mal referenciada nos materiais da campanha, bem como alguns dados em favor de tal associação. Em referência a isso, Bertolote e colaboradores (2004, p. 147), apoiando-se em George Minois, fazem a seguinte afirmação:

> A associação entre suicídio e transtornos mentais tem sido amplamente investigada e discutida, deixando incontestado o papel fundamental da prevenção e do tratamento dos transtornos mentais na prevenção do suicídio. Esta associação existe, pelo menos na mente dos psiquiatras, desde o século XVII.

No século XVII, mais precisamente em 1673, Jean Baptiste Poquelin, o Molière – apesar da mente dos psiquiatras daquele século –, exprimia em sua peça *La malade imaginaire* posição bastante diversa em relação à ideia de que os psiquiatras poderiam curar os seus doentes. Enquanto a pequena-burguesia, encarnada pelo hipocondríaco Argán, se deixava seduzir pela corporação dos médicos, a classe trabalhadora, tipificada em Toinette, a empregada de Argán, desvendava com maestria as prestidigitações dos doutores: "Os médicos não são feitos para curar os seus doentes, mas sim para receitar-lhes remédios e tirar-lhes dinheiro" (Molière, 2022, p. 196). Em que pese a remissão de Bertolote e colaboradores (2004) ao século XVII remonte à gênese mesma do modo de produção capitalista e da psiquiatria como polícia médica a responder à emergente questão social (Carvalho; Piza, 2016) engendrada neste processo, teremos que deixar o início dessa história para outro momento e começar pelos tempos que a nós se avizinham. Resta apenas registrar que a ideia de que algo é verdadeiro porque antigo (em sua versão senso comum: "os antigos já diziam...") remonta – para dizer o mínimo – ao pré-iluminismo.

A associação entre suicídio e transtornos mentais, alegadamente estabelecida no século XVII pela psiquiatria, decerto não descreveu uma linha reta até o momento em que a psiquiatria passou a defender despudoradamente que quase 100% dos suicídios têm na sua origem a doença mental. Além disso, a nós interessam menos os números e mais o processo; a eles, interessam menos os processos e mais os números. Segundo Lukács (2012, p. 71):

> Com efeito, os fatos "puros" das ciências naturais surgem da seguinte maneira: um fenômeno da vida é transportado, realmente ou em pensamento, para um contexto que permite estudar as leis às quais ele obedece sem a intervenção perturbadora de outros fenômenos. Esse processo é reforçado pelo fato de que os fenômenos são reduzidos à sua pura essência quantitativa, à sua expressão em número e em relações de número. Os oportunistas jamais se dão conta de que faz parte da essência do capitalismo produzir os fenômenos dessa maneira.

Até os anos 2000, circulava pelas produções e falas de psiquiatras mundo afora a afirmação recorrente de que mais[34] de 90% dos casos de suicídio estariam relacionados com transtornos mentais[35]. Há variações nessa afirmação, entre as quais "cerca de 90% dos casos"[36] ou ainda "de 80 a 100%"[37]. Na origem desse tipo de afirmação, encontram-se estudos, comuns na década de 1990, que utilizavam a técnica da autópsia psicológica, dos quais Bertolote e colaboradores (2004) destacam os de Cavanagh, Owens e Johnstone (1999), Conwell e colaboradores (1996); Foster, Gillespie e McClelland (1997) e Vijayakumar e Rajkumar (1999). Desses, o único artigo que permite e, mais que isso, estabelece tal afirmação é o de Conwell e colaboradores (1996).

Foi com base na revisão de Beskow, Runeson e Åsgård (1990) que Conwell e colaboradores (1996, p. 1001, tradução nossa) afirmaram que "Estudos de autópsia psicológica conduzidos em diversos países demonstraram com grande consistência que 90% das vítimas de suicídio, ou mais, tinham psicopatologias diagnosticáveis[38] no momento da morte". A revisão de Beskow e seus colaboradores, como indica o próprio título ("Autópsias psicológicas: métodos e ética"), tem um caráter bastante qualitativo, apesar de também fazer análises quantitativas, buscando estabelecer uma base comum para as autópsias psicológicas poderem ganhar maior cientificidade e produzir dados mais robustos.

---

[34] "É amplamente conhecido que ao redor de 90% daqueles que cometeram suicídio tinham um diagnóstico psiquiátrico quando de sua morte" (Bertolote; Feischmann, 2002a, p. 183, tradução nossa).

[35] Cumpre um papel fundamental e permite aprofundar esse debate a produção da pesquisadora norueguesa Heidi Marie Hjelmeland e seus diversos colaboradores e colaboradoras.

[36] "Estima-se que cerca de 90% dos indivíduos que puseram fim às suas vidas cometendo suicídio tinham alguma perturbação mental e que, na altura, 60% deles estavam deprimidos" (OMS, 2006, p. 5).

[37] "Os estudos, tanto nos países desenvolvidos quanto nos países subdesenvolvidos, revelam uma prevalência total de transtornos mentais de 80 a 100% em casos de suicídios com resultado letal" (OMS, 2000, p. 4, tradução nossa).

[38] A própria ideia de psicopatologias diagnosticáveis, dado o método diagnóstico em questão, merece observação, já que, na ausência de um diagnóstico, e a partir do levantamento de algumas informações clínicas e biográficas, se constata que o sujeito padecia de um transtorno determinado. É curioso método do diagnóstico *post festum*.

PESQUISAS E PRÁTICAS SOBRE O SOFRIMENTO E O ADOECIMENTO COM
FUNDAMENTOS NA PSICOLOGIA HISTÓRICO-CULTURAL

A proposta de Beskow, Runeson e Åsgård (1990) era avaliar um conjunto de 25 artigos que cobriam o intervalo entre os anos de 1956 e 1986[39] e utilizavam, de formas diversas, a autópsia psicológica. Não há absolutamente nada nesse artigo que permita a afirmação feita por Conwell e seus colaboradores se remetendo a ele, tampouco aos artigos nele revisados. A estratégia, entretanto, é simples. Extraem-se conclusões próprias a um cálculo numérico simples, baseadas em uma metodologia, sob vários aspectos, questionável (um diagnóstico psiquiátrico realizado *post mortem*), que traduz e quantifica como sintomas determinados fatos e acontecimentos da vida daqueles que se suicidaram, e isso a despeito de os autores do estudo original terem afirmado que "o uso de sistemas e esquemas diagnósticos muito distintos reflete a falta de critérios em comum pra os transtornos mentais durante 30 anos. Isso torna difíceis comparações entre diferentes estudos. Em estudos futuros, é recomendada a utilização da versão atual do DSM" (Beskow; Runeson; Åsgård, 1990, p. 314, tradução nossa). O que era uma inconsistência para uns transformou-se em "grande consistência" para os outros.

Da revisão dos autores cabe destacar outro aspecto levantado por eles: a indicação da mudança qualitativa na utilização das autópsias psicológicas, pois as primeiras iniciativas tinham um caráter acentuadamente qualitativo, "sendo principalmente estudos de caso singular e forneciam uma compreensão psicológica profunda do indivíduo. As últimas são investigações de grupos com uma perspectiva majoritariamente unidimensional. O conceito chave é o transtorno mental" (Beskow; Runeson; Åsgård, 1990, p. 314, tradução nossa).

Autópsia psicológica foi o termo que se utilizou para um conjunto de estratégias avaliativas empregadas para investigar, de modo retrospectivo, os aspectos volitivos (intenção) envolvidos em determinadas mortes, objetivando verificar se tratarem ou não de suicídios[40]. Essas estratégias foram desenvolvidas especialmente pela equipe do Centro de Prevenção ao Suicídio – CPS (Suicide Prevention Center – SPC), grupo fundado em Los Angeles, em 1958, numa parceria entre o Serviço de Saúde Pública dos EUA e a Universidade do Sul da Califórnia, tendo entre seus diretores os professores Norman Farberow e Edwin Shneidman, figuras bastante reconhecidas e celebradas nos estudos e pesquisas sobre suicídio. Essa parceria

---

[39] A publicação incluiu suicídios entre os anos de 1959 e 1990.

[40] A OMS dedicou uma publicação inteira à questão da determinação médico-legal das mortes por suicídio (OMS, 1976).

aconteceu a convite do médico-chefe do Instituto Médico Legal, Theodore Curphey, diante da dificuldade conclusiva em casos em que a intencionalidade da morte tinha caráter duvidoso para que se decidisse entre acidente ou suicídio no laudo médico. Curphey (1969) relata que, sendo o objeto de seu escopo um fenômeno de ordem psicológica, seria de grande valia a contribuição dos especialistas das ciências sociais, entre os quais elenca, além dos sociólogos, os psicólogos e os psiquiatras. Diante dessa situação objetiva, a equipe do CPS desenvolveu um conjunto de estratégias para essa finalidade, entre as quais figuraram entrevistas com pessoas que conheciam o falecido e/ou que estiveram com ele nos dias que antecederam sua morte, entre elas, "esposa, filhos mais velhos, vizinhos, patrões, médicos, etc." (Curphey, 1969, p. 131). Apesar de já haver elementos patologizantes naquelas análises, o objetivo era muito mais conhecer os motivadores e identificar a intenção do sujeito do que traçar um perfil patológico e estabelecer sua generalização. As categorias perseguidas pela coleta de dados eram:

> [...] anamnese ou detalhes da história de vida do paciente (tais como relatos de tentativas prévias de suicídio); b) dados psiquiátricos e psicológicos (tais como índices de depressão e agitação; por exemplo, perda recente de apetite, perda de interesse ou mudanças nos tipos de costumes); c) informação sobre comunicações, ou seja, indicações de conteúdo mórbido do pensamento expresso em asseverações como estas: "já não posso seguir adiante", "pouco vale a vida", ou "não valho nada"; e d) informação do tipo detetivesca que pode não ser de caráter psicológico mas que, entretanto, aparece frequentemente no curso das investigações intensivas e que projeta novas luzes sobre o modo da morte, por exemplo, o descobrimento de pequenos tampões colocados no ralo da banheira, que indicam que a vítima havia feito preparativos cuidadosos para morrer, assegurando-se de que a banheira pudesse conter água suficiente para se afogar (Curphey, 1969, p. 131).

Note-se que, com a inversão e redução operadas posteriormente, essas informações de caráter concreto-qualitativo passaram a ter um caráter abstrato-quantitativo, servindo à elaboração de um perfil preditivo. Mesmo a patologização operada por aquele médico forense e seus colaboradores do CPS tinha outra representação, com muito mais nuances e matizes do que se tornou comum em nossos dias, como podemos ilustrar com uma passagem em que, diante da afirmação hipotética "todos os suicidas são dementes", Farberow, Shneidman e Litman (1969, p. 15) afirmaram:

> Em nosso estudo sobre 700 notas autênticas de suicidas, descobrimos que embora os sentimentos muitas vezes expressos sejam intensos, transtornados e difusos no momento de cometer o ato suicida, outras vezes, quase tão frequentes como as primeiras, a qualidade dos argumentos, o juízo e a lógica expressados, são razoáveis, sempre que se aceite as premissas básicas. Em uma minoria importante de casos de suicídio, geralmente de pessoas anciãs com alguma doença física, a explicação é lógica e racional e não contém nada de psicótica. A maioria das pessoas que atentam contra suas vidas é atormentada e ambivalente, ou seja, padecem de neurose ou de algum transtorno da personalidade, mas não são dementes. Seria sofisma afirmar que porque o suicídio é um ato de loucura, todo aquele que se suicida está louco.

Aqueles "especialistas das ciências sociais" já padeciam do "patologismo", todavia, como ainda tinham algum vínculo com a realidade objetiva, a seu modo, com a linguagem e as concepções daquele tempo, expressavam isso de maneira menos alienada, provavelmente porque ainda buscavam entender o que o suicídio era e o que levava as pessoas a tirarem suas próprias vidas, para buscar formas de lidar com ele, enquanto os médicos psiquiatras e todos aqueles sob seu jaleco buscam é decretar o que o suicídio é, o que o provoca e como lidar com ele.

Esse movimento de abstração da vida social corresponde ao próprio movimento do desenvolvimento da sociedade capitalista, tal como afirma Lukács (2012, p. 72):

> Marx oferece uma descrição bastante convincente desse 'processo de abstração' da vida quando aborda o trabalho, mas não se esquece de insistir, de maneira igualmente convincente, no fato de que se trata aqui de uma característica histórica da sociedade capitalista.

O escopo da análise de Marx é a própria substância do capital, o processo de abstração do trabalho, que nos permite observar, a partir dela, suas manifestações em outras esferas da vida, de tal modo que "[...] as abstrações mais gerais surgem somente na evolução mais concreta, em que uma coisa aparece como sendo comum para muitos, comum a todos. Então ela não pode mais ser pensada unicamente sob sua forma particular" (Lukács, 2012, p. 72). Por certo, o processo de abstração na própria esfera sobre a qual nos debruçamos antecede o momento específico que observamos aqui e que, dada a natureza desse capítulo, não poderemos retomar desde sua gênese. Entretanto, será de grande valia acompanhar seu processo, para entendermos o que subjaz ao nosso objeto.

Durante o primeiro decênio dos anos 2000, destacaram-se as publicações do psiquiatra José Manoel Bertolote – que, à época, era o responsável pela área de saúde mental da OMS – e seus colaboradores (Bertolote; Fleischmann, 2002a; Bertolote; Fleischmann, 2002b; Bertolote *et al.*, 2003; Bertolote *et al.*, 2004). Utilizando o mesmo tipo de investigação dos artigos anteriormente mencionados (a metanálise), inclusive se remetendo a eles, esses investigadores avaliaram um conjunto de dados levantados por 31 artigos que estabeleceram, entre 1959 e 2001, a relação entre suicídios e transtornos mentais utilizando autópsias psicológicas. Nesses artigos, Bertolote e colaboradores afirmaram que "A maioria (98%) deles tinha o diagnóstico de pelo menos um transtorno mental" (Bertolote *et al.*, 2004, p. 147, tradução nossa), ou ainda que "os resultados globais mostraram que 98% daqueles que cometeram suicídio tinham um transtorno mental diagnosticável" (Bertolote; Fleischmann, 2002a, p. 183)[41].

Em síntese, tem-se uma situação em que o dado de que 98% dos casos de suicídio incluídos na metanálise, cujos diagnósticos foram definidos a partir do controverso método da autópsia psicológica (que incluiu 15.629 casos), por pesquisadores convencidos da ideia de que comportamentos, pensamentos e certas atitudes emocionais são conversíveis em sintomas de uma doença psiquiátrica, generaliza-se para a afirmação de que 98% da população de suicidas possuía um quadro de transtorno mental associado. Apenas no ano 2000, foram 812.000 casos de suicídio documentados mundialmente. Se remontarmos mais 40 anos até o ano de 1959, torna-se desarrazoada a generalização desses dados para representar a incidência de transtornos mentais entre as pessoas que tiraram a vida no planeta ao longo de quatro décadas. Esse tipo de ultrageneralização – agarrada na quantificação e descolada dos determinantes da vida social – é uma flagrante impostura intelectual:

> [O empirista vulgar] Acredita poder encontrar em todo dado, em toda cifra estatística, em todo *factum brutum* da vida econômica um fato importante para si. Não vê que a mais simples enumeração de "fatos", a justaposição mais despojada de comentário já é uma "interpretação", que nesse nível os

---

[41] Uma versão pouquíssimo alterada desse artigo, publicada como capítulo de livro no Brasil, traz a seguinte variação: "Os resultados obtidos mostraram que 98% das pessoas que se suicidaram tinham um diagnóstico de doença mental por ocasião do ato fatal" (Bertolote; Fleischmann, 2002b, p. 40).

> fatos já foram apreendidos a partir de uma teoria, de um método, que eles são abstraídos do contexto da vida no qual se encontravam originariamente e introduzidos no contexto de uma teoria. Os oportunistas mais refinados, malgrado sua repugnância instintiva e profunda por toda teoria, não o contestam de modo algum, mas invocam o método das ciências naturais, a maneira como estas são capazes de mediar os fatos "puros" pela observação, abstração e experimentação e são capazes de fundamentar suas relações (Lukács, 2012, p. 71).

Na década seguinte, vê-se uma inversão na forma de se apresentar a informação, que passa dos "mais de 90%", pelos 98% e se transforma em "praticamente 100% dos suicidas"[42,43,44], tal como aparece na própria propaganda da marca Setembro Amarelo®. Some-se a isso a inserção nas últimas versões do DSM (5, de 2013 e 5-TR, de 2022), no capítulo intitulado "Condições para estudos posteriores", a proposta de um novo transtorno a ser estudado para inclusão em edições futuras, chamado "Transtorno do Comportamento Suicida" (APA, 2015, p. 801). Assim, a ultrageneralização ganha corpo, de tal modo que o suicídio passa de um fenômeno associado a algum quadro de transtorno psiquiátrico ao estatuto de um transtorno psiquiátrico em si. Uma vez que o suicídio seja – ele mesmo – um transtorno mental, os psiquiatras poderão, finalmente, decretar: 100% dos suicidas possuem um transtorno psiquiátrico. Simão Bacamarte teria ficado corado com essa recente proeza da psiquiatria, ao constatar que a realidade conseguiria ser tão mais caricatural que o conto do seu criador, mas isso é apenas uma suposição, pois não tributamos muito útil ou científica uma autópsia psicológica de Machado de Assis, seja ao modo dos frenologistas, seja ao modo da psiquiatria contemporânea. Acompanhemos mais de perto esse mesmo

---

[42] "Sabemos hoje que praticamente 100% dos suicidas tinham uma doença mental, muitas vezes não diagnosticada e não tratada." (ABP; CFM, 2014, p. 46).

[43] Uma variação, dentro da lógica dos quase 100%, pode ser observada no relatório produzido pela OMS em 2014: "Nos países de renda elevada, os transtornos mentais estão presentes em até 90% das pessoas que morrem por suicídio, e entre os 10% sem diagnósticos claros, os sintomas psiquiátricos assemelham-se aos das pessoas que morrem por suicídio." (WHO, 2014, p. 40).

[44] Na campanha do Setembro Amarelo® "aproximadamente 100% dos casos de suicídio registrados estão associados com histórico de doença mental" (ABP; CFM, s/d, p. 3). Nessa mesma cartilha, "Praticamente 100% das pessoas que tentam ou cometem suicídio tem alguma doença psiquiátrica, sendo diagnosticada ou não". Ou ainda, de forma mais precisa "uma revisão de 31 artigos científicos publicados entre 1959 e 2001, englobando 15.629 suicídios na população geral, demonstrou que em mais de 96,8% dos casos caberia um diagnóstico de transtorno mental à época do ato fatal (Bartolote e Fleischmann, World Psychiatry Journal, 2002). Esse foi mais um estudo científico a estabelecer, inequivocamente, um elo entre os dois, comportamento suicida e doença mental" (ABP; CFM, 2019, p. 9).

movimento machadiano da psiquiatria. Uma breve nota introdutória na versão mais recente do DSM informa o leitor a que se destina aquela sessão:

> Neste capítulo são apresentados conjuntos de critérios propostos para condições para as quais são encorajadas pesquisas futuras. Os itens específicos, os limiares e as durações contidos nesses conjuntos de critérios de pesquisa foram definidos por consenso de especialistas – informados por revisão da literatura, reanálise de dados e resultados dos ensaios de campo (field trials), quando disponíveis – e se propõem a oferecer uma linguagem comum para pesquisadores e clínicos interessados em estudar tais transtornos. Espera-se que essas pesquisas permitam que os profissionais da área compreendam melhor essas condições e instrumentem as decisões quanto à possível inclusão nas próximas edições do DSM. A Força-tarefa e os Grupos de Trabalho do DSM-5[45] submeteram cada um desses critérios propostos a uma cuidadosa revisão empírica e incentivaram amplos comentários dos que atuam na área, bem como do público em geral. A Força-tarefa determinou que havia evidências insuficientes para garantir a inclusão dessas propostas como diagnósticos oficiais de transtornos mentais na Seção II. Esses conjuntos de critérios propostos não se destinam ao uso clínico; somente os conjuntos de critérios e transtornos na Seção II do DSM-5 são reconhecidos oficialmente e podem ser utilizados para fins clínicos (APA, 2015, p. 801).

Até o DSM-4 (1994) e 4-TR (2000), o suicídio era compreendido como sintoma e/ou marcador diagnóstico de diversos transtornos, o que em si já era bastante questionável, no sentido da patologização. Na medida em que o DSM, a partir de sua 3ª edição, reduziu o diagnóstico a uma coleção de sintomas, alguém que até o momento do suicídio (ou da tentativa) não estava enquadrado em nenhum transtorno, a partir da aquisição de mais um sintoma, passava a se enquadrar.

Joseph Obegi (2019) é um personagem importante na proposição da suicidalidade como síndrome, com sinais e sintomas clinicamente delineados para compor o manual diagnóstico da psiquiatria em sua 5ª edição e, ulteriormente, validá-lo para uso clínico. De acordo com o autor, em 2019, foram propostos dois outros diagnósticos: o distúrbio afetivo suicida agudo (*acute suicidal affective disturbance* – Asad), por Rogers, Chu e Joiner (2019);

---

[45] Importa salientar, ainda, que a Força Tarefa do DSM-5 possuía 69% dos seus membros em situação de conflito de interesse por suas relações com a indústria farmacêutica (Zorzanelli, 2014).

e a síndrome da crise suicida (*suicidal crisis syndrome* – SCS) por Schuck e colaboradores (2019). Obegi (2019) entende que as três propostas possuem a finalidade de descrever a mesma entidade nosológica, que ele, por sua vez, a título de facilitar sua apresentação, nomeou como síndrome suicida, que se referiria a:

> [...] um conjunto de aspectos cognitivos, afetivos, e sinais e sintomas comportamentais que descrevem pessoas que estão preocupadas em terminar prematuramente suas vidas e muitas vezes procuram ativamente realizar suas próprias mortes. Supõe-se que seja um episódio episódico condição com sintomas semelhantes aos do estado, para ter um curso que é frequentemente progressivo e tem um início que pode ser gradual ou agudo. A síndrome suicida pode ocorrer independentemente de outras condições psiquiátricas e pode preceder ou seguir o seu início (Obegi, 2019, p. 2).

O artigo de Obegi (2019) tem o propósito de apresentar a suicidalidade como diagnóstico específico válido, além de visar a responder às objeções mais frequentes, entre as quais, em uma espécie de *plot twist*, a defesa de que "o suicídio é causado por uma doença mental". Para tanto, o autor remete, entre outros, aos estudos de Hjelmeland e seus colaboradores:

> Primeiro, combina co-ocorrência com causa, baseando-se em estudos que utilizam autópsias psicológicas. Não só este método de diagnóstico dos mortos foi questionado (Hjelmeland, Dieserud, Dyregrov, Knizek, & Leenaars, 2012), mas também estudos recentes sugerem que a percentagem de falecidos com transtornos mentais, normalmente citada como 90%, tem sido superestimada (Obegi, 2019, p. 6).

> Metanálises recentes estabeleceram que os transtornos do DSM não predizem o suicídio em níveis muito melhores do que o acaso (Franklin *et al.*, 2017), e uma revisão recente de estudos qualitativos de autópsia psicológica concluiu que os informantes raramente implicam transtornos mentais em suas narrativas de por que as pessoas próximas a eles morreram por suicídio (Hjelmeland & Knizek, 2016) (Obegi, 2019, p. 6).

A evolução da patologização do suicídio, como brevemente demonstrado nesse trabalho, não é um movimento que ocorre de modo isolado, mas é uma das expressões do processo de patologização da vida social pela psiquiatria, que corresponde ao movimento ocorrido na evolução do próprio *Manual Diagnóstico e Estatístico dos Transtornos Mentais*, notadamente a partir de sua 3ª edição, e esse processo, por sua vez, profundamente ligado à medicalização, aos estudos clínicos, em que "se elaboram e precisam, ao mesmo tempo, a noção do diagnóstico e do medicamento eficaz sobre o transtorno que se pretende definir" (Laurent, 2010, p. 87). E como quase tudo em psiquiatria encontra uma resposta fora da vida e no campo da abstração, a solução em uma pílula química, a medicação psiquiátrica, cumpre um duplo papel: "é ao mesmo tempo agente terapêutico e prova fiável capaz de mostrar que o grupo de pacientes responde por boas razões" (Laurent, 2010, p. 87).

CONSIDERAÇÕES FINAIS

Uma das expressões do processo de redução do ser social às esferas menos complexas do ser, à esfera do ser natural, é, por um lado, a localização dos processos exclusivamente no organismo individual de determinadas populações, por outro, a justificação e manutenção das relações sociais e do modo capitalista de produção e reprodução da vida o mais intactos possível (Berenchtein Netto, 2014; Berenchtein Netto; Souza, 2015; Berenchtein Netto; Carvalho, 2018). Nesse sentido, concordamos com Araujo (2022, p. 73), quando afirma que:

> O absurdo de tais pesquisas organicistas se revela ao tentarmos interpretar, a partir de seu referencial, as causas associadas aos perfis populacionais que mais se matam. Segundo tal raciocínio, "curiosamente" a população pobre, periférica, preta, indígena, as dissidências sexuais e de gênero e alguns idosos carregariam deficiências inatas em seu desenvolvimento metabólico ou em sua estrutura cerebral.

A psiquiatria e a suicidologia são respostas consonantes com o movimento de abstração da vida, são produto desse mesmo movimento e, por isso, aparentam ter uma correspondência com a realidade, especialmente em sua forma mais imediata e superficial. Nesse sentido, apesar de compreendermos a proposta de uma suicidologia crítica (White *et al.*, 2016; Araujo, 2022), parece-nos mais profícua a crítica, tanto desta, quanto daquela, tanto pela necessária crítica da fragmentação da ciência burguesa e sua ultraespecialização, quanto pelo fato de que, sendo o suicídio um fenômeno da vida em sua inteireza, não cabe uma "ciência" de sua especificidade. Em análise dos reflexos do processo abstrativo do desenvolvimento do capitalismo sobre a produção ideológico-científica, Lukács (2012, p. 72) afirma em sua análise dos reflexos do processo abstrativo do desenvolvimento do capitalismo, quando afirma:

> Surgem fatos "isolados", conjuntos de fatos isolados, setores particulares com leis próprias (teoria econômica, direito etc.) que, em sua aparência imediata, mostram-se largamente elaborados para esse estudo científico. Sendo assim, pode parecer particularmente "científico" levar até o fim e elevar ao nível de uma ciência essa tendência já inerente aos próprios fatos.

Apesar de todo o exposto, a análise crítica da campanha Setembro Amarelo® aqui empreendida refere-se menos ao modo como nela são expressas informações, orientações e apelos sensacionalistas e mais ao processo de abstração e tudo o que ele encobre, cumprindo uma função apologética à ordem social burguesa em favor da permanência das coisas como estão. Voltando ao século XVII – quando nas mentes dos psiquiatras já vigorava a associação entre doença mental e suicídio –, Ignacio Gonzáles Olivares, em 1667, promotor da Real Audiência Pretorial de Havana, demonstra com límpida franqueza a natureza da preocupação dos proprietários de terras e escravizados durante o escravismo colonial, uma das faces mais brutais da dominação capitalista, em relação à vida daqueles trabalhadores: "[...] a escravidão é uma condição necessária, indispensável para a existência social desta ilha, pelo menos por enquanto. Assim, é necessário investigar formas de parar ou reduzir o suicídio sem alterar a ordem da sociedade existente" (Pérez Júnior, 2005, p. 51). Antes de pôr em causa as condições de vida daquela sociedade determinada, o que era motivo de preocupação explícita dos proprietários era evitar que esses trabalhadores – sua propriedade – tirassem as próprias vidas. Em tempos de trabalho livre assalariado, a psiquiatria cumpre o papel de substituir a análise em totalidade da vida social por uma mistificação da biologia como causa dos dramas humanos. Há perguntas simples ignoradas desde o século XVII pela psiquiatria, como a que se segue: o que tem produzido tanto sofrimento nas pessoas, a ponto de fazer com que abdiquem de suas próprias vidas?

Sejam processos iminentes, como um acontecimento devastador, a perda de alguém significativo ou a perda do emprego, ou processos mais desdobrados ao longo do tempo, como a incapacidade de sustentar a si e à sua família financeiramente, a vivência do preconceito e de processos prolongados de violência, dentre outros que ocorrem numa sociedade marcada fortemente pela desigualdade econômica e social, pela intensificação e precarização do trabalho, pela concorrência e pelo individualismo, todas essas determinações vitais que medeiam a experiência concreta dos sujeitos restam abstraídas no diagnóstico psiquiátrico e na suposição do transtorno como causa. Parece-nos ser muito diferente afirmar que mais que 90%, quase 100%, ou ainda que o próprio suicídio seja um transtorno mental, que entender que "o suicídio não é mais do que um entre os mil e um sintomas da luta social geral" e o modo como ele se articula com o conjunto desses sintomas, quais suas causas e como combatê-las. Marx, utilizando as reflexões do escrivão de polícia monarquista Jacques Peuchet, afirmou:

> [...] o número anual dos suicídios, aquele que entre nós é tido como uma média normal e periódica, deve ser considerado um sintoma da organização deficiente de nossa sociedade; pois, na época da paralisação e das crises da indústria, em temporadas de encarecimento dos meios de vida e de invernos rigorosos, esse sintoma é sempre mais evidente e assume um caráter epidêmico. A prostituição e o latrocínio aumentam, então, na mesma proporção. Embora a miséria seja a maior causa do suicídio, encontramo-lo em todas as classes, tanto entre os ricos ociosos como entre os artistas e os políticos. A diversidade das suas causas parece escapar à censura uniforme e insensível dos moralistas[46] (Marx, 2006, p. 23-24).

Da mesma maneira que "para o homem faminto não existe a forma humana da comida, mas somente a sua existência abstrata como alimento [...] o homem carente, cheio de preocupações, não tem nenhum sentido para o mais belo espetáculo; o comerciante de minerais vê apenas o valor mercantil, mas não a beleza e a natureza peculiar do mineral" (Marx, 2004, p. 110), esse ser humano miserável, regido pela forma abstrata das propriedades das coisas (medicamentos, vitaminas, suplementos) e pelo valor mercantil e por sua forma encarnada (dinheiro) tem no outro, que deveria ser o bem mais importante do humano, um obstáculo, um adversário, quando não um inimigo. As relações sociais, origem e fonte inesgotável de humanização, se convertem em *locus horrendus*. Nos termos de Marx (2006, p. 28): "Que tipo de sociedade é esta, em 'que se encontra a solidão no seio de tantos milhões; em que se pode ser tomado por um desejo implacável de matar a si mesmo, sem que ninguém possa prevê-lo? Tal sociedade não é uma sociedade; ela é, como diz Rousseau, uma selva, habitada por feras selvagens". A superação desse estado de coisas exigirá a superação da própria psiquiatria como resposta abstrata às formas do sofrimento humano.

---

[46] Apenas como diferenciação pontual, para evidenciar que não se trata apenas de trazer o social como um elemento, pode-se comparar com a seguinte passagem de Durkheim (2000, p. 15): "[...] cada sociedade possui uma disposição definida de indivíduos doados voluntariamente para o suicídio".

REFERÊNCIAS

AMERICAN PSYCHIATRIC ASSOCIATION. *Manual diagnóstico e estatístico de transtornos mentais*: DSM-5. 5. ed. Porto Alegre: Artmed, 2015.

ARAUJO, T. B. Suicídio, política e sociedade: elementos para uma suicidologia crítica. *In:* NAVASCONI, P. V.; LIMA, L. *(Re)pensando o suicídio* – Subjetividades, interseccionalidade e saberes pluriepstêmicos. Salvador: Edufba, 2022. p. 67-94.

ASSOCIAÇÃO BRASILEIRA DE PSIQUIATRIA. *Psicofobia*. [Card]. 2014a. Disponível em: https://static.wixstatic.com/media/26b667_a9d46d8848ca4ee886835e951e-2b5fa5~mv2.png. Acesso em: 12 out. 2023.

ASSOCIAÇÃO BRASILEIRA DE PSIQUIATRIA. *Seu preconceito causa sofrimento*. 2014b. Disponível em: https://www.psicofobia.com.br/. Acesso em: 12 out. 2023.

ASSOCIAÇÃO BRASILEIRA DE PSIQUIATRIA. *Campanha Setembro Amarelo® é divulgada na Times Square*. 2023a. Disponível em: https://www.abp.org.br/post/setembro-amarelo-times-square. Acesso em: 12 out. 2023.

ASSOCIAÇÃO BRASILEIRA DE PSIQUIATRIA. *Presidente da ABP participa de audiência pública sobre prevenção do suicídio no Senado*. 2023b. Disponível em: https://www.abp.org.br/post/audiencia-publica-prevencao-suicidio. Acesso em: 12 out. 2023.

ASSOCIAÇÃO BRASILEIRA DE PSIQUIATRIA; CONSELHO FEDERAL DE MEDICINA. *Comportamento suicida*: conhecer para prevenir. Brasília: ABP/CFM, 2019.

ASSOCIAÇÃO BRASILEIRA DE PSIQUIATRIA; CONSELHO FEDERAL DE MEDICINA. *Suicídio:* informando para prevenir. Brasília: 2014. Disponível em: https://www.flip3d.com.br/web/pub/cfm/index9/?numero=14#page/2. Acesso em: 12 out. 2023.

ASSOCIAÇÃO BRASILEIRA DE PSIQUIATRIA; CONSELHO FEDERAL DE MEDICINA. *Diretrizes para divulgação e participação da campanha Setembro Amarelo*. 2023a. Disponível em: https://www.setembroamarelo.com/_files/ugd/e0f082_161a6f790d0d43d1bc11d6b0a81346c0.pdf. Acesso em: 12 out. 2023.

ASSOCIAÇÃO BRASILEIRA DE PSIQUIATRIA; CONSELHO FEDERAL DE MEDICINA. *A campanha Setembro Amarelo® salva vidas*. 2023b. Disponível em: https://www.setembroamarelo.com/. Acesso em: 12 out. 2023.

ASSOCIAÇÃO BRASILEIRA DE PSIQUIATRIA; CONSELHO FEDERAL DE MEDICINA. *Informações importantes sobre doenças mentais e suicídio*. 2023c. Disponível em: https://www.setembroamarelo.com/_files/ugd/26b667_40fee44055664bb-588883c8a73ebe8a6.pdf. Acesso em: 12 out. 2023.

ASSOCIAÇÃO BRASILEIRA DE PSIQUIATRIA; CONSELHO FEDERAL DE MEDICINA. *Carta aos pais, responsáveis e educadores*. 2023d. Disponível em: https://www.setembroamarelo.com/_files/ugd/26b667_419ffc1a2fce4bf-590f69123f259a909.pdf. Acesso em: 12 out. 2023.

ASSOCIAÇÃO BRASILEIRA DE PSIQUIATRIA; CONSELHO FEDERAL DE MEDICINA. *Fatores de risco e sinais de alerta*. 2023e. Disponível em: https://www.setembroamarelo.com/_files/ugd/26b667_76a3f9245c004fa4be1d7b7c26c847a8.pdf. Acesso em: 12 out. 2023.

ASSOCIAÇÃO BRASILEIRA DE PSIQUIATRIA; CONSELHO FEDERAL DE MEDICINA. *Começou*. [Card]. 2023f. Disponível em: https://static.wixstatic.com/media/26b667_08d1ea479e3545fd8a151546d5518b2c~mv2.png. Acesso em: 12 out. 2023.

ASSOCIAÇÃO BRASILEIRA DE PSIQUIATRIA; CONSELHO FEDERAL DE MEDICINA. *O que fazer?*. [Carrosel para redes sociais]. 2023g. Disponível em: https://static.wixstatic.com/media/26b667_6d0f35bcde704e16a03046051e34e-bca~mv2.jpg, . Acesso em: 12 out. 2023.

ASSOCIAÇÃO BRASILEIRA DE PSIQUIATRIA; CONSELHO FEDERAL DE MEDICINA. *Pósvenção*. [Carrosel para redes sociais]. 2023h. Disponível em: https://static.wixstatic.com/media/26b667_75cbb6bb2d784e1dbddbf8d86a0e14f1~mv2.jpg. Acesso em: 12 out. 2023.

ASSOCIAÇÃO BRASILEIRA DE PSIQUIATRIA; CONSELHO FEDERAL DE MEDICINA. *Combater estigmas é salvar vidas*. 2023i. 1 vídeo (44s). Disponível em: https://www.setembroamarelo.com/?wix-vod=-video-id=b2a563acc2748bde3716052121245b4b&wix-vod-comp-id-comp-ke4c0m1g. Acesso em: 12 out. 2023.

ASSOCIAÇÃO BRASILEIRA DE PSIQUIATRIA; CONSELHO FEDERAL DE MEDICINA. *Dr. Drauzio Varella – Setembro Amarelo*. 2023j. 1 vídeo (1m48s). Disponível em: https://youtu.be/g6bJgBkWB1E. Acesso em: 12 out. 2023.

ASSOCIAÇÃO BRASILEIRA DE PSIQUIATRIA; CONSELHO FEDERAL DE MEDICINA. *Alex 12 – Setembro Amarelo.* 2023k. 1 vídeo (37s). Disponível em: https://youtu.be/M8F_65pGq2s. Acesso em: 12 out. 2023.

ASSOCIAÇÃO BRASILEIRA DE PSIQUIATRIA; CONSELHO FEDERAL DE MEDICINA. *Qual a importância de outros médicos?* 2023l. 1 vídeo (56s). Disponível em: https://youtu.be/M8F_65pGq2s. Acesso em: 12 out. 2023.

BERENCHTEIN NETTO, N. Suicidio, trabajo y sociedad: la "muerte voluntaria" ver el modo de producción capitalista. *Salud trab*, v. 22, n. 1, p. 29-37, jun. 2014. Disponível em: https://ve.scielo.org/scielo.php?script=sci_arttext&pid=S1315-01382014000100004. Acesso em: 12 out. 2023.

BERENCHTEIN NETTO, N.; CARVALHO, B. P. Contribuições da Psicologia Histórico Cultural para a Compreensão da Morte de Si. *In:* MARQUETTI, Fernanda (org.). *Suicídio:* Escutas do Silêncio. São Paulo: Editora Unifesp, 2018. p. 23-62.

BERENCHTEIN NETTO, N.; SOUZA, T. M. S. Adolescência, educação e suicídio: uma análise a partir da Psicologia Histórico-Cultural. *Nuances:* estudos sobre Educação, Presidente Prudente/SP, v. 26, n. 1, p. 163-193, jan./abr. 2015. Disponível em: https://doi.org/10.14572/nuances.v26i1.3825. Acesso em: 12 out. 2023.

BERTOLOTE, J. M. *et al.* Suicide and mental disorders: do we know enough? [Editorial]. *British Journal of Psychiatry,* v. 183, n. 5, p. 382-383, 2003. Disponível em: https://psycnet.apa.org/doi/10.1192/bjp.183.5.382. Acesso em: 12 out. 2023.

BERTOLOTE, J. M. *et al.* Psychiatric Diagnoses and Suicide: Revisiting the Evidence. *Crisis,* v. 25, n. 4, p. 147-155, 2004. Disponível em: https://doi.org/10.1027/0227-5910.25.4.147. Acesso em: 12 out. 2023.

BERTOLOTE, J. M.; FLEISCHMANN, A. Suicide and psychiatric diagnosis: a worldwide perspective. *World Psychiatry,* v. 1, n. 3, p. 181-185, out. 2002a. Disponível em: https://www.ncbi.nlm.nih.gov/pmc/articles/PMC1489848/pdf/wpa010181.pdf. Acesso em: 12 out. 2023.

BERTOLOTE, J. M.; FLEISCHMANN, A. Suicídio e doença mental: uma perspectiva global. *In:* WERLANG, B. G.; BOTEGA, N. J. (org.). *Comportamento Suicida.* Porto Alegre: Artmed, 2002b. p. 35-44.

BESKOW, J.; RUNESON, B.; ÅSGÅRD, U. Psychological autopsies: methods and ethics. *Suicide and Life-Threatening Behavior,* v. 20, n. 4, p. 307-323, 1990. Disponível em: https://doi.org/10.1111/j.1943-278X.1990.tb00219.x. Acesso em: 12 out. 2023.

BOESEN, K. *et al.* Extended-release methylphenidate for attention persona hyperactivity disorder (ADHD) in adults. *Cochrane Database of Systematic Reviews*, v. 2, 2022. Disponível em: https://doi.org/10.1002/14651858.CD012857.pub2. Acesso em: 12 out. 2023.

CÂNDIDO, R. C. F. *et al.* Immediate-release methylphenidate for attention deficit hyperactivity disorder (ADHD) in adults. *Cochrane Database of Systematic Reviews*, v. 1, 2021. Disponível em: https://doi.org/10.1002/14651858.CD013011.pub2. Acesso em: 12 out. 2023.

CARVALHO, B. P.; PIZA, H. C. T. A história da loucura numa perspectiva marxista. *Dialektiké,* Natal, v. 1, n. 3, p. 18-35, 2016. Disponível em: https://doi.org/10.15628/dialektike.2016.5549. Acesso em: 12 out. 2023.

CAVANAGH, J.; OWENS, D.; JOHNSTONE, E. Suicide and undetermined death in south east Scotland. A case–control study using the psychological autopsy method. *Psychological Medicine,* v. 29, n. 5, p. 1141-1149, 1999. Disponível em: https://doi.org/10.1017/S0033291799001038. Acesso em: 12 out. 2023.

CONWELL, Y. *et al.* Relationships of age and axis I diagnoses in victims of completed suicide: A psychological autopsy study. *The American Journal of Psychiatry*, v. 153, n. 8, p. 1001-1008, 1996. Disponível em: https://psycnet.apa.org/doi/10.1176/ajp. 153.8.1001. Acesso em: 12 out. 2023.

CURPHEY, T. J. El especialista em ciências sociales y el suicídio. *In:* FARBEROW, N. T.; SHNEIDMAN, E. S. *¡Necesito Ayuda! Estudio sobre el suicidio y su prevención.* México, D.F.: La prensa medica mexicana, 1969. p. 128-135.

DURKHEIM, E. *O suicídio*: estudo de sociologia. São Paulo: Martins Fontes, 2000.

FARBEROW, N. T.; SHNEIDMAN, E. S.; LITMAN, R. E. El Centro de Prevención del Suicidio. *In:* FARBEROW, N. T.; SHNEIDMAN, E. S. *¡Necesito Ayuda! Estudio sobre el suicidio y su prevención*. México, D.F.: La prensa medica mexicana, 1969. p. 6-19.

FOSTER, T.; GILLESPIE, K.; MCCLELLAND, R. Mental disorders and suicide in Northern Ireland. *British Journal of Psychiatry*, v. 170, n. 5, p. 447-452, 1997. Disponível em: https://doi.org/10.1192/bjp. 170.5.447. Acesso em: 12 out. 2023.

GOLDEN, G. Role of attention deficit hiperactivity disorder in learning disabilities. *Seminars in Neurology,* v. 11, n. 1, p. 35-41, mar. 1991. Disponível em: https://www.thieme-connect.de/products/ejournals/abstract/10.1055/s-2008-1041203. Acesso em: 12 out. 2023.

KENNIS, M. *et al.* Pro-spective biomarkers of major depressive disorder: a systematic review and meta-analysis. *Molecular psychiatry.* v. 25, n. 2, p. 321-338, 2020. Disponível em: https://www.ncbi.nlm.nih.gov/pmc/articles/PMC6974432/. Acesso em: 12 out. 2023.

LAURENT. D. El fármaco desde la lógica de la técnica. *In:* BARDON, C.; PUIG, M. *Suicidio, medicamentos e orden publico.* Madrid: Gredos, 2010. p. 54-63.

LIMA, D. P. A.; BRANDÃO, C. B. 5 anos de campanha Setembro Amarelo: estamos conseguindo prevenir suicídios? *Research, society and development,* Vargem Grande Paulista, v. 10, n. 7, p. 1-8, 2021. Disponível em: https://rsdjournal.org/index.php/ rsd/article/download/16312/14653/209478. Acesso em: 12 out. 2023.

LUKÁCS, G. *História e consciência de classe.* São Paulo: Martins Fontes, 2012.

MAYES, R. *Medicating children.* Cambridge: Harvard, University Press, 2009.

MARX, K. *Manuscritos econômico-filosóficos.* São Paulo: Boitempo, 2004.

MARX, K. *Sobre o suicídio.* São Paulo: Boitempo, 2006.

MOSCOVICI, S. *La Era de las Multitudes*: um tratado histórico de Psicología de las Masas. México, D.F.: Fondo de Cultura Económica, 1985.

MOLIÈRE. *O Tartufo – Dom Juan – O doente imaginário.* São Paulo: Editora Unesp, 2022.

MONCRIEFF, J. *et al.* The serotonin theory of depression: a systematic umbrella review of the evidence. *Mol. Psychiatry,* v. 28, p. 3243-3256, 2023. Disponível em: https://doi.org/10.1038/s41380-022-01661-0. Acesso em: 12 out. 2023.

NIH CONSENSUS STATEMENT. *Diagnosis and treatment of attention deficit hiperactivity disorder,* v. 16, n. 2, nov. 1998. Disponível em: https://yfrp.pitt.edu/ sites/default/files/NIH%20Consensus%20Statement%20on%20ADHD.pdf. Acesso em: 12 out. 2023.

OBEGI, J. H. Is suicidality a mental disorder? Applying DSM-5 guidelines for new diagnoses. *Death Studies,* v. 45, n. 8, p. 1-13, 2019. Disponível em: https://doi.org /10.1080/07481187.2019.1671546. Acesso em: 12 out. 2023.

OLIVEIRA, M. E. *et al.* Série temporal do suicídio no Brasil: o que mudou após o Setembro Amarelo? *Revista Eletrônica Acervo Saúde,* v. sup., n. 48, 2020. Disponível em: https://acervomais.com.br/index.php/saude/article/view/3191. Acesso em: 12 out. 2023.

ORGANIZAÇÃO MUNDIAL DA SAÚDE. *Prevenção do suicídio*: um recurso para conselheiros. OMS: Genebra, 2006.

ORGANIZACIÓN MUNDIAL DE LA SALUD. *El suicídio y los intentos de suicídio*. Ginebra: OMS, 1976.

ORGANIZACIÓN MUNDIAL DE LA SALUD. *Prevención del suicidio - Un instrumento para trabajadores de Atención Primaria de Salud*. Ginebra: OMS, 2000.

PÉREZ JÚNIOR, L. *To die in Cuba*: suicide and society. Chapel Hill: University of North Carolina Press, 2005.

ROGERS, M. L.; CHU, C.; JOINER, T. The necessity, validity, and clinical utility of a new diagnostic entity: Acute suicidal affective disturbance. *Journal of Clinical Psychology*, v. 75, n. 6, p. 1-12, 2019. Disponível em: https://doi.org/10.1002/jclp. 22743. Acesso em: 12 out. 2023.

SCHUCK, A. *et al.* Suicide crisis syndrome: A review of supporting evidence for a new suicide-specific diagnosis. *Behavioral Sciences & the Law*, v. 37, n. 3, p. 223-239, 2019. Disponível em:https://doi.org/10.1002/bsl.2397. Acesso em: 12 out. 2023.

SILVA, A. G.; SANTOS, B. A. G. L.; SANTOS, S. P. *Prevenção ao suicídio. Como ajudar?.* 2023. Disponível em: https://www.setembroamarelo.com/_files/ ugd/26b667_55036a1a7a524da981f83732745c06fc.pdf. Acesso em: 12 out. 2023.

STOREBØ, O. J. *et al.* Methylphenidate for children and adolescents with attention deficit hyperactivity disorder (ADHD). *The Cochrane database of systematic reviews*, v. 3, 2023. Disponível em: https://doi.org/10.1002/14651858.CD009885.pub3. Acesso em: 12 out. 2023.

TIMIMI, S. *Insane medicine:* How the Mental Health Industry Creates Damaging Treatments and How you can Escape Them. Las Vegas: Palgrave, Macmillan, 2021.

VIJAYAKUMAR, L.; RAJKUMAR, S. Are risk factors for suicide universal? A case--control study in India. *Acta Psychiatrica Scandinavica*, [s.l.], v. 99, n. 6, p. 407-411, 1999. Disponível em: https://psycnet.apa.org/doi/10.1111/j.1600-0447.1999. tb00985.x. Acesso em: 12 out. 2023.

WHITE, *et al. Critical Suicidology* – Transforming Suicide Research and Prevention for the 21st Century. Canada: UBC Press, 2016.

WORLD HEALTH ORGANIZATION. *Suicide worldwide in 2019:* Global Health Estimates. Geneve: WHO, 2021.

WORLD HEALTH ORGANIZATION. *Suicide worldwide in 2019*: Global Health Estimates. Geneve: WHO, 2021.

ZORZANELLI, R. Sobre os DSMs como objetos culturais. *In:* ZORZANELLI, R.; BEZERRA JÚNIOR, B.; COSTA, J. F. (org.). *A criação de diagnósticos na psiquiatria contemporânea*. Rio de Janeiro: Garamond, 2014. p. 55-68.

CAPÍTULO 11

A AGUDIZAÇÃO DO SOFRIMENTO DE MULHERES: UM ESTUDO DE CASO SOBRE A DEPRESSÃO COM ATOS SUICIDAS COMO CRISE PSICOLÓGICA SOCIALMENTE DETERMINADA

Renata Bellenzani
Ana Cristina Ribas dos Santos
Bruna Bones

DELIMITAÇÃO TEÓRICO-METODOLÓGICA DO PROBLEMA EM SEUS NEXOS COM A TOTALIDADE SOCIAL: UMA INTRODUÇÃO

Este estudo aborda o tema mais geral da saúde mental das mulheres na relação com as condições de vida precarizadas sob o capitalismo, que implicam relações de subordinação-exploração (Saffioti, 1987) que atingem as mulheres trabalhadoras de modo geral e, mais intensamente, as negras e pobres. Mais especificamente, focamos a discussão desafiadora do tema do sofrimento feminino com ideações e tentativas de suicídio, buscando contribuir na sua abordagem, transitando do nível social (sem secundarizá-lo ou fragmentá-lo), ao nível psicológico/psicossocial (não atomizado ou naturalizado). Destacamos algumas das categorias de análise desde a Psicologia Histórico-Cultural, que Berenchtein Netto (2007), debruçando-se sobre o fenômeno do suicídio, aporta em suas análises: ato afetivo-volitivo, significados e sentidos. Para o autor, o suicídio como ato volitivo ocorreria quando "a ideia de suicídio se materializa no ato suicida, com o planejamento [que] se configura em prática, tendo uma série de mediações afetivo-volitivas" (Berenchtein Netto, 2007, p. 133). O ato pode ser consciente ou alienado, "atendendo a interesses particulares ou coletivos", conforme a vontade do indivíduo ou de outras pessoas (Berenchtein Netto, 2007, p. 133).

Buscando avançar desde a mesma base teórico-metodológica, por meio de alguns estudos de campo, propomos a compreensão deste fenômeno ao nível individual como a expressão de uma crise psicológica que se expressa como agudização de um estado de sofrimento em processo, em geral de longa duração, produzido na relação da pessoa com o meio social. Portanto, seguindo a trilha do pesquisador sobre o tema, o suicídio deve ser compreendido como atividade humana intimamente ligada ao sistema social onde seu processo ocorre, no qual tal atividade é determinada "pela forma e meios de comunicação material e espiritual" (Berenchtein Netto, 2007, p. 135) e se originam por intermédio do processo de produção conduzido pelos indivíduos dentro de um dado contexto social (Berenchtein Netto, 2007, p. 135). Nas investigações sobre a "construção subjetiva do indivíduo suicida e a construção do próprio ato suicida, faz-se necessário compreender a forma como se estrutura a consciência humana e sua relação com a atividade dos homens e com a própria realidade, mediados pelas emoções e pela vontade" (Berenchtein Netto, 2007, p. 134).

Buscamos, portanto, contribuir junto à boa parte dos trabalhos desta obra coletiva, com elucidações acerca de como, por meio de determinadas mediações, se articula a atuação conjunta de *processos críticos destrutivos* (Breilh, 2006) – conceito da epidemiologia social – forjados pelo "nó" classe, raça, gênero (Saffioti, 1987, 2004), e que acabam por se imiscuir nas histórias de vida, na atividade humana e no desenvolvimento psicológico singular das pessoas. As construções de sentidos destas, sobre os fatos e as situações vividas sob o condicionamento de tais processos, que integram componentes conceituais e afetivo-volitivos, atuam como mediações, também, em seus processos de sofrimento e adoecimento, tendo os modos de vida de coletividades e grupos como condições objetivas e subjetivas que dão substratos às necessidades, às atividades, aos significados e aos sentidos. Sobre os modos de vida e as formações sociais, os primeiros especificam, particularizam, aos estratos de classe interseccionados com cor/raça e gênero, os processos que se apresentam com maior peso ou de uma forma mais prejudicial à saúde e fornecem os contornos do perfil epidemiológico.

> Sempre existe esse movimento de proteção/destruição num determinado grupo, isto é, sempre estão em curso os momentos de proteção ou destruição da reprodução social, mas o fato de eles se expressarem numa ou noutra direção, num dado grupo e num dado momento, depende do caráter ou da lógica com que funciona a reprodução social (Breilh, 2006, p. 204).

Na visão de Breilh (1991), a saúde-doença coletiva ou individual faz parte do todo social, e os fenômenos epidemiológicos constituem uma

PESQUISAS E PRÁTICAS SOBRE O SOFRIMENTO E O ADOECIMENTO COM FUNDAMENTOS NA PSICOLOGIA HISTÓRICO-CULTURAL

extensão da realidade. A saúde-doença é produto da história e das condições sociais de um dado momento, que se articulam de maneira complexa. Os processos individuais de saúde-doença são o resultado da trama que envolve as forças econômicas, políticas e culturais, não sendo possível sua apreensão desde a dicotomia entre o biológico e o social. Portanto, os processos biopsíquicos, analisados como expressões de saúde-doença mental, se subordinam aos processos sócio-históricos no curso da determinação social, e, uma vez havendo uma tendência mais incisiva do potencial destrutivo dos processos sociais, há uma maior tendência de se produzirem estagnações desse desenvolvimento humano/psíquico, desorganizações e/ou desagregações do psiquismo (Silva, 2022; Almeida, 2018), correspondentes às distintas formas de sofrimento psíquico apreensíveis hoje no campo da saúde mental.

Dentre os vários *processos críticos destrutivos* que atuam na reprodução da vida das mulheres subordinadas à reprodução ampliada do capital, estão as diferentes formas de violências sofridas pelas mulheres na família primária, na escola, no trabalho, nas instituições estatais, nas relações afetivas e maritais etc. Todas essas formas, lastreadas nos sistemas de subordinação-exploração (patriarcado/machismo, racismo e capitalismo) com suas tendências dominantes de socialização e sociabilidade, acabam por configurar *processos críticos destrutivos* que alçam posições de destaque. Ou seja, tornam-se hierarquicamente superiores, em termos de seu alto potencial determinante de tensões e privações sobre o psiquismo e a atividade humana no caso de nossos estudos, das mulheres dos estratos mais pobres da classe trabalhadora.

Os tensionamentos do indivíduo com o meio social, sobretudo com durabilidade extensa, podem expressar-se na dinâmica da personalidade pela emergência de emoções/sentimentos-pensamentos de esvaziamento do sentido da própria vida na relação com os significados culturalmente dominantes em dado momento histórico sobre a vida em sentido mais geral (Martins, 2007). Base para as condutas suicidas, emergem, também, sentidos que afirmam a convicção de que não vale a pena, ou não é mais possível, continuar vivendo; ou ainda, uma vivência de sentido de que o morrer colocará fim na dor sentida, dada a insuportabilidade do sofrimento, sua perpetuação por período de tempo demasiado longo e, sobretudo, o perceber-se, por de fato em alguma medida se encontrar, despossuída dos meios para modificar de imediato as situações que o produzem. Ademais, no movimento dos modos de andar a vida (Canguilhem, [1943]1995;

Donnangelo, 2014; Almeida, 2018), os efeitos da violência como processo crítico-destrutivo muito determinante não são únicos e tampouco isolados. Além de seus efeitos e desdobramentos cumulativos, fazem-se atuantes também outras experiências potencialmente prejudiciais ao bem-estar e à integridade humanas. Essa é a formulação que o trabalho tenta desenvolver e avançar, utilizando-se da análise de caso de uma mulher participante de um estudo em curso[47]. Ele investiga a vida de mulheres que têm em comum o fato de terem sobrevivido após tentativas recentes de suicídio e estarem sob cuidados de serviços do Sistema Único de Saúde por diagnósticos de transtornos depressivos de maior gravidade, na capital Campo Grande, estado de Mato Grosso do Sul.

Antes da apresentação e análise do caso, são aprofundadas algumas formulações teórico-metodológicas já introduzidas até aqui e que orientam a pesquisa em desenvolvimento e as reflexões do presente capítulo: a *teoria da determinação social do processo* saúde-doença, o *feminismo marxista* e a *Psicologia Histórico-Cultural*, já com alguns direcionamentos ao tema central – a relação das violências na *sociedade capitalista-patriarcal-racista* com o sofrimento feminino de teor depressivo, agudizado, expresso em determinados pensamentos-emoções/sentimentos e tentativas, condutas, de pôr fim à própria vida. Na dinâmica da personalidade, as tentativas se revelam como atos afetivo-volitivos no fluxo de uma trajetória singular de vida, configurando-se para um conjunto de pessoas como "desfechos" de ápices de crises psicológicas ou de saúde mental[48].

[47] O presente trabalho faz parte do estudo de mestrado do Programa de Pós-graduação em Psicologia da Universidade Federal do Mato Grosso do Sul (UFMS), que teve início em 2022, está em andamento e intitula-se "Ideação e tentativa de suicídio por mulheres: histórias de vida e o acesso a cuidados em saúde mental a partir da atenção primária no SUS", sob orientação da professora Renata Bellenzani, sendo um dos subprojetos de um projeto guarda-chuva: "Aportes teórico-metodológicos para uma Psicologia Histórico-Cultural em Saúde (Mental) Coletiva".

[48] O tema da crise será retomado adiante. Há um capítulo desta obra – Capítulo 12 – que trata mais especificamente do tema, sobre como o conceito de crises normais do desenvolvimento pode elucidar em alguma medida as crises de saúde mental. Trata-se de uma linha de teorização (que apresentamos neste trabalho, ainda carente de mais evidências empíricas, o que avançaremos no andar da pesquisa em curso): identificar histórias de vida em que se produzem sofrimentos psíquicos intensos, quais seriam os tipos de mediações que, ao se revestirem de conteúdos/formas desumanizadoras (pari passu às crises normais, ou "dentro" destas), preparariam as condições para futuras crises psicológicas/de saúde mental. A investigação do tema da crise dá-se por um conjunto de subprojetos que integram um projeto de pesquisa guarda-chuva, interinstitucional (UFMS e UFPR) coordenado, respectivamente, por Renata Bellenzani, originalmente, e atualmente por Melissa Almeida, com o título: "Aportes teórico-metodológicos para uma Psicologia Histórico-Cultural em Saúde (Mental) Coletiva". Este projeto que, como já descrevemos em nota anterior, acopla o estudo de mestrado que dá base a este capítulo e integra um dos três eixos temáticos: *Eixo II - Determinação social da saúde mental e do sofrimento psíquico e a atenção psicossocial no Sistema Único de Saúde*, da Linha 2: *Processos psicológicos e suas dimensões socioculturais* do Programa de Pós-Graduação em Psicologia da UFMS. Disponível em: https://ppgpsico.ufms.br/linhas-de-pesquisa/.

Segundo Berenchtein Netto (2007, p. 138), o que motiva o suicídio é determinado pelo sentido, processo esse que ocorre quando "os significados, ao afetarem as pessoas são mediados pelas experiências singulares delas, de forma a gerar sentidos diferentes, o que explica o fato de, em um mesmo contexto alguns realizarem o ato e outros não". O significado e o sentido do suicídio interligam-se de maneira complexa com diferentes aspectos que fazem parte da vida. O significado é construído a partir das relações sociais, enquanto o sentido se constituiu a partir da "totalidade da vida", mediante as relações intersubjetivas e diferentes experiências do indivíduo, vida essa que se encontra inserida dentro de um dado contexto histórico e social (Berenchtein Netto, 2007). Na sociedade capitalista e neoliberal, o significado do suicídio, assim como o de vida, é mediado pelos "significados dominantes", característicos de tal sociedade: a concepção de indivíduo (um corpo como propriedade privada, ideologicamente significado como "livre"), a competição/competitividade (objetivando o acúmulo de capital como garantia de sucesso e bem-estar), a responsabilização do indivíduo pelos seus sucessos e fracassos e a desresponsabilização da sociedade e de seu papel na construção dos atos individuais (Berenchtein Netto, 2007). "O próprio sistema social, ou seja, a configuração da organização dessas singularidades, acaba corroborando para um alto índice de suicídios" (Berenchtein Netto, 2007, p. 139)

O patriarcado e o racismo, por sua vez, constituem sistemas de subordinação-exploração mais antigos que o capitalismo, sobretudo em sua forma atual de neoliberalismo. Contudo, ele os rearticula com novas qualidades em um processo simbiótico (Saffioti, 1987). Nesse sentido, os três sistemas (capitalismo, patriarcado e racismo) não apresentam uma hierarquia entre si, na visão dessa autora, pois "esta fusão ocorreu em tal profundidade, que é praticamente impossível afirmar que tal discriminação provém do patriarcado, ao passo que outras se vinculam ao sistema de classes sociais e ou ao racismo" (Saffioti, 1987, p. 61). Para sintetizar essa formulação, Saffioti (2004) cunhou a expressão metafórica de "nó", constituído por gênero, raça/etnia e classe social, como pilares que estruturam as relações em sociedade, ou, ainda, como categorias de fonte de inequidade, nos termos de Breilh (2006, p. 213).

Embora o vasto número de pesquisas epidemiológicas corrobore a associação estatisticamente significativa do "sexo feminino" com os desfechos clínicos de sofrimento mental, dentre os quais estão a depressão e as tentativas de suicídio (Bahia *et al.*, 2017; Oliveira, 2021; Meneghel *et al.*,

2012; Meneghel *et al.*, 2015), identificamos o contraste com a baixíssima quantidade de estudos em uma perspectiva psicológica ou clínica interdisciplinar. Faltam estudos que pautem o curso do desenvolvimento e a história de vida singular, tomando cada mulher como representante de determinados estratos de classe e grupos sociais. De modo que, para investigar seus processos psicológicos atípicos no curso dos quadros de sofrimento, com suas crises, tanto quanto as especificidades de sua vida, devem ser abarcados, como referentes indispensáveis, seus modos de vida grupais coletivamente construídos e determinados dentro do processo de reprodução social e das classes, com suas intersecções de gênero e cor/raça.

Entender quais são as emoções/sentimentos-pensamentos predominantemente concatenados aos atos afetivo-volitivos, nas tentativas de pôr fim à própria vida, na dialeticidade dos níveis singular, particular e universal (Almeida; Bellenzani; Schühli, 2020; Pasqualini; Martins, 2015), constitui um desafio científico e social considerável, na direção do qual o presente trabalho intenta contribuir. Propomos que os quadros de transtornos e seus principais sinais e sintomas sejam entendidos de modo diferente de como o são no paradigma positivista-funcionalista da epidemiologia e psiquiatria clássicas, que orientam boa parte dos estudos, alguns dos quais citamos por apontarem a variável "sexo feminino" como a de maior risco. Para a epidemiologia crítica, a saúde deve ser percebida como processo, considerando sua dimensão histórica, incorporando o "princípio do movimento", que se contrapõe à concepção fragmentada e estática das variáveis identificadas como fatores de risco dentro do paradigma que questionamos.

Os contornos que determinam a saúde desenvolvem-se a partir de um conjunto de processos, e, à medida que as relações sociais acontecem, algumas condições podem apresentar-se benéficas/protetoras, destrutivas ou ambos, simultaneamente; os processos se articulam com os condicionamentos sociais ou as relações sociais de cada momento histórico; podem apresentar-se de maneira permanente, ou mesmo de maneira ocasional ou descontínua, e essa condição somente poderá alterar-se mediante transformações no modo de vida (Breilh, 2006). Assim, devemos conceber os (supostos) transtornos, ou seus sinais e sintomas, entre os quais estão as ideações e tentativas de suicídio, como elementos bastante relevantes, embora parciais, de *crises no andar a vida*, crises com facetas psicológicas e comportamentais mais imediatamente visíveis, incômodas, cujos processos em sua produção, no entanto, extrapolam o nível individual-orgânico-comportamental, como buscaremos evidenciar com o estudo do caso que elaboramos, embasados pelas formulações teórico-metodológicas que orientam o conjunto dos trabalhos desta obra.

FORMULAÇÕES DA PSICOLOGIA HISTÓRICO-CULTURAL NA ABORDAGEM GERAL DO PSIQUISMO: CONCEITOS-CHAVES PARA A INVESTIGAÇÃO DO SOFRIMENTO COM CONDUTAS SUICIDAS

A Psicologia Histórico-Cultural compreende o desenvolvimento do psiquismo normal e patológico como uma unidade, que reúne as dimensões biológicas e sociais, evidenciando a "lógica dialética, que opera com os contrários em unidade e não em oposição" (Tuleski, 2019). A periodização do desenvolvimento, levando em conta a atividade dominante, assevera que, ao longo do desenvolvimento do indivíduo, o psiquismo na relação com a atividade (Leontiev, 1961) passa por mudanças que evidenciam qualidades novas e particulares, indicando um novo período desenvolvimental.

Segundo observa Pasqualini (2020, p. 67), "a depender das circunstâncias histórico-sociais nas quais se processa o desenvolvimento do indivíduo, seu psiquismo percorrerá caminhos bastante distintos não só em conteúdo, mas também na forma/estrutura dos processos psíquicos". Assim, esse apontamento contribui como referência para pensar o curso normal do desenvolvimento do psiquismo, bem como seu percurso atípico ou patológico.

Formulações dessa escola, tais como a relação atividade-consciência, bem como "a unidade afetivo-cognitiva como movimento da própria relação entre atividade e consciência humana do sujeito" (Monteiro; Facci, 2023), são instrumentais para o desvelamento da determinação social do sofrimento psíquico, na direção da superação do paradigma biomédico dominante, desde a raiz desse processo no seio da sociedade, aos modos de andar a vida dentro da dinâmica de desgaste-reprodução no modo de produção capitalista.

A conduta e as emoções humanas se formam a partir das relações sociais, no contato estabelecido com outros homens e com a cultura, mediante a influência de conteúdos e acontecimentos sociais e históricos. A emoção está diretamente relacionada à organização das funções psíquicas superiores e se manifesta por meio dos processos que envolvem a memória, o pensamento e a imaginação (Leite; Silva; Tuleski, 2015). Com base na lei genética do desenvolvimento de Vigotski (1995), toda conduta e as funções psicológicas superiores se revelam primeiro em sua forma coletiva, interpsicológica, por intermédio de situações externas aos indivíduos, para depois se tornarem intrapsicológicas, vindo a se constituir como base do psiquismo. Assim, a emoção está diretamente ligada e compõe as funções psíquicas superiores, podendo "manifestar-se nos motivos para a ação, ser expressa pela linguagem ou mesmo pela atividade do indivíduo, tornar-se consciente a partir de pensamentos e da imaginação, os quais, por sua vez, também são movidos por desejos e necessidades" (Leite; Silva; Tuleski, 2015, p. 45).

Assim, nos modos de andar a vida dos grupos, sob determinações mais gerais das relações sociais de produção capitalista-patriarcal-racista (evocando a lógica do "nó", que nos ensina Saffioti), são muito edificados padrões desumanizados e desumanizadores na dinâmica social geral, tais como: subordinação de necessidades humanas à lógica mercadoria; precarização do trabalho ou impossibilidade de acessar trabalho que possibilite a reprodução da vida e o desenvolvimento individual; superexploração da força de trabalho, principalmente as mulheres e dentre elas as negras; a não remuneração por um conjunto de trabalhos realizados na esfera da reprodução biológica, bem como sua invisibilidade e o baixo reconhecimento social; a produção imanente da pobreza e culpabilização dos pobres, segundo a lógica meritocrática, que também corrobora a noção de fracasso individual; a corrosão das relações de solidariedade e intensificação de relações concorrenciais; a naturalização de assédios e violências como meios de intensificar a exploração e a subordinação; entre outros. É preciso buscar a inteligibilidade, na referência com "este meio social corrosivo", da produção crescente nas pessoas de emoções/sentimentos-pensamentos intensamente negativos, que "colocam em crise" sua vontade de viver. As emoções podem apresentar-se de forma acentuadamente angustiante, passando a mediar outras funções psicológicas e a atividade humana, repercutindo na dinâmica geral da personalidade, nas relações interpessoais e no curso pessoal da vida.

Leite, Silva e Tuleski (2015, p. 45), citando Vigotski (2001), salientam que o pensamento se constitui a partir de uma "base afetivo-volitiva", não havendo cisão entre a razão e a emoção, tendo em vista serem processos inter-relacionados, que integram uma unidade. Contudo, as mesmas autoras salientam que o atual momento histórico propicia a fragmentação das funções psíquicas superiores e, também, das emoções. A cultura do individualismo e do consumismo, que orienta a atividade do homem no atual cenário social, é aspecto passível de comprometer a configuração das emoções (Bauman, 2004 *apud* Leite; Silva; Tuleski, 2015). E, como as emoções possuem relação direta com as funções psíquicas superiores e com a atividade, alguns aspectos, como os socioculturais, entre eles a classe social, e as relações que são estabelecidas socialmente, são aspectos que configuram as emoções (Leite; Silva; Tuleski, 2015).

Por meio dos conceitos-chave atividade, consciência e personalidade, desenvolvidos por Vigotski e colaboradores, é possível compreender o processo dinâmico de funcionamento do psiquismo, bem como suas alterações patológicas. O psiquismo humano se organiza no percurso normal do desenvolvimento a partir da unicidade das funções psíquicas que avançam de um "funcionamento biológico ou primitivo para culturalmente formado ou superior (Vigotski, 2000a, 2000b, 2000c *apud* Tuleski, 2019, p. 2). As funções reflexas presentes no nascimento vão aos poucos, durante o curso do desenvolvimento, adquirindo maior complexidade, retratando qualidades diferentes que são impulsionadas a partir das mediações oportunizadas pelas relações sociais.

O avançar do desenvolvimento evidencia sua dinamicidade e dialética, a depender da *situação social de desenvolvimento*. Desta forma, pensando no curso do desenvolvimento humano desde a tenra infância, o contato de uma criança com a realidade social faz com que esta adquira novas habilidades, com as quais atuará novamente no meio social, impactando diretamente na *situação social de desenvolvimento,* que, por sua vez, se modificará para atender às novas demandas da criança (Tuleski, 2019, p. 2).

As crises que se apresentam ao longo do desenvolvimento humano são ultrapassadas a partir da modificação da situação social e, também, dos ganhos de desenvolvimento alcançados pelos indivíduos em cada período, da infância, adolescência, vida adulta juvenil e vida adulta mais avançada. Sobretudo na infância e idade de transição, quando *a situação social de desenvolvimento* não se altera para atender às novas demandas e quando o meio não oferece mediações apropriadas, ou oferece mediações potencialmente ruins à preservação da integridade da unidade psicofísica da pessoa (no bojo dos modos de andar a vida imiscuídos por processos críticos destrutivos, em uma sociedade com padrões desumanizantes), podemos hipotetizar que tanto as crises desenvolvimentais normais podem prolongar-se e exacerbar-se, dificultando sua superação para um momento mais estável no desenvolvimento (Vigostki, 1996 *apud* Tuleski, 2019), como, também, podem eclodir "dentro", ou pari passu das crises desenvolvimentais, outras crises de ordem distinta, como as crises psicológicas mais conhecidas como crises em saúde mental, em que se verificam modificações relevantes na estrutura e dinâmica interfuncional do sistema atividade-consciência-personalidade, com sinais de sua desagregação ou desorganização, evidenciando-se involução ou estagnação no desenvolvimento humano e no andar da vida.

Na teoria histórico-cultural, o adoecimento psíquico pode ser compreendido como "a desintegração do psiquismo, em que funções, capacidades, habilidades mais complexas e recentes que se referem ao desenvolvimento ontogenético desintegram-se primeiro" (Silva, 2022, p. 87). Devido à interfuncionalidade do psiquismo, se uma função psíquica apresenta comprometimento, todo o sistema pode sofrer alterações. A "perda ou desorganização de processos complexos", anteriormente adquiridos ou em formação, refletem a desintegração psíquica nos processos de adoecimento (Silva, 2022).

Importante pontuar que concebemos a agudização de estados de sofrimento, que culmina em atos suicidas, também como crises, diferentes em sua acepção mais geral das crises desenvolvimentais típicas, mas podendo guardar com estas elementos em comum, premissa teórica que ainda carece de mais investigações empíricas para poder avançar, com o que o presente estudo pretende contribuir, ainda que modestamente. Em geral, as pessoas não têm consciência da totalidade que envolve a produção de seu sofrimento e crises, assim como Berenchtein Netto (2007, p. 134), citando Vigotski (2000), observa ser comum que o indivíduo não tenha total consciência dos motivos que levam ao ato suicida. Segundo ele, não é possível encontrar os motivos somente investigando o ato, tornando-se complexo afirmar que existam diferentes motivos ou qual deles teria precipitado o ato. Os motivos não estão separados da consciência, e somente por meio dos aspectos emocionais envolvidos na situação é possível elucidar com certa precisão os verdadeiros motivos para o ato.

Evidencia-se, no processo de desenvolvimento do psiquismo com suas crises normais e, por vezes, crises em saúde mental, o papel central da atividade. As variações em suas condições, formas, seus conteúdos e motivos, bem como das diferentes emoções que a medeiam, revelar-se-ão ao longo do curso de toda a vida, segundo as vicissitudes às quais o psiquismo estará exposto. A atividade pode ser definida como:

> [...] a forma de relação viva através da qual se estabelece um vínculo real entre a pessoa e o mundo que a rodeia. Por meio da atividade o indivíduo atua sobre a natureza, sobre as coisas e sobre as pessoas. Na atividade, o indivíduo desenvolve e realiza suas propriedades internas, intervém como sujeito em relação às coisas e como personalidade em relação às pessoas (Petrovski, 1985, p. 142-143 *apud* Tuleski; Eidt, 2020, p. 44).

A atividade humana ocorre a partir da intencionalidade, à medida que procura atender a uma necessidade; e, para que a necessidade seja satisfeita, faz-se necessário um objeto que a satisfaça. Para que a atividade se realize, é necessária a mobilização de diferentes processos internos e externos, processos esses denominados de ações; e, pela concatenação de diferentes ações, será possível a satisfação da necessidade que desencadeou a atividade (Tuleski; Eidt, 2020). O ser humano está a todo o momento realizando diferentes atividades a fim de atender a variadas necessidades, desde as fisiológicas, destinadas à sobrevivência, como também as necessidades mais psicossociais complexas, que se produzem na relação com a complexificação da vida social ao longo da história do gênero humano, tais como necessidade de comunicação, conexões afetivas, reconhecimento e validação social identitária e no desempenho de papéis historicamente constituídos nas esferas de socialização e sociabilidade, como família, trabalho, comunidade e política.

Sobre a natureza especial das necessidades humanas, Leontiev (1961, p. 4) salienta que, diferentemente dos animais, o homem satisfaz suas necessidades naturais e historicamente construídas por meio de objetos e modos específicos, refletindo nesse processo o "resultado do desenvolvimento social", pois "o homem elabora e produz com seu trabalho os objetos que satisfazem suas necessidades". Desta forma, havendo mudanças nas necessidades, outras e novas necessidades também se apresentam para o homem. Nas palavras do autor, "o surgimento de novas necessidades no curso do desenvolvimento histórico-cultural da humanidade está vinculado também ao surgimento de novas maneiras de satisfazê-la" (Leontiev, 1961, p. 5). O motivo da atividade caracteriza-se como aquilo que afeta o homem, "excita-o a agir e dirige a ação a satisfazer uma necessidade determinada" (Leontiev, 1961, p. 6).

Mesmo havendo uma necessidade que se apresente na forma de um desejo ou tendência, essa necessidade não garantirá a realização de uma atividade. Para que a atividade ocorra, tem de haver um objetivo que atenda à necessidade e que, funcionando como estímulo, mova a ação em direção a um propósito. Segundo Leontiev (1961), imagens, representações, pensamentos, conceitos e ideias morais servem também como estímulos que impulsionam o homem a agir. Almeida (2018, p. 139), citando Leontiev (1978) ressalta que a atividade humana "é um sistema incluído no sistema de relações sociais, sendo que à atividade de cada ser humano depende de seu lugar na sociedade, das condições que o afetam e de como vai se conformando em circunstâncias individuais que são únicas". Assim, a função da atividade é "situar o ser humano na realidade objetiva e transformar essa realidade em uma forma da subjetividade" (Leontiev, 1978 *apud* Almeida, 2018, p. 139).

Almeida (2018, p. 380), em seu estudo sobre pessoas com depressão e bipolaridade, teoriza que os comprometimentos expressos na "unidade biológica-social da personalidade", com raízes nos processos críticos ligados à reprodução das classes, podem ter como resultado modificações na hierarquia da atividade e dos motivos, alterando ainda a instância afetivo-volitiva da atividade, refletindo na personalidade e nos processos psicológicos. Assim, a depressão se mostra por meio da diminuição do nível da atividade, representando, em um primeiro momento, a atividade nas relações sociais e, em um segundo momento, a manifestação na pessoa.

Em Vigotski (2004), a consciência é descrita como constituída por "dois polos em uma relação dialética", em que, por um lado, "o indivíduo é social" e, de outro, por meio da experiência na realidade, ele vai constituindo sua subjetividade (Santos; Leão, 2012, p. 641). Já sobre a personalidade, Silva (2009, p. 176), citando Leontiev (2004), observa que ela "é um produto da atividade social e suas formas poderão ser explicadas somente nestes termos". Dentro dessa concepção, a partir da socialização, a personalidade de uma pessoa vai se constituindo. Segundo Vigotski e Leontiev, a atividade se evidencia e serve como a base para a formação da personalidade, mediada pela consciência (Almeida, 2018). A personalidade, ou singularidade, de uma pessoa constituiu-se desde muito cedo por meio das atividades nas situações sociais de desenvolvimento, inicialmente de um convívio mais restrito, que vai se ampliando para o viver em sociedade, com as convivências e interiorizações de elementos da cultura, no conjunto das relações estabelecidas, com destaque às relações de produção e reprodução da vida, que atendam às necessidades social e historicamente produzidas.

PESQUISAS E PRÁTICAS SOBRE O SOFRIMENTO E O ADOECIMENTO COM
FUNDAMENTOS NA PSICOLOGIA HISTÓRICO-CULTURAL

ESTUDO DO CASO: HISTÓRIA DE VIDA E MARCOS DE PROCESSOS CRÍTICOS DESTRUTIVOS NO CURSO DO DESENVOLVIMENTO DE ROSA

Rosa, o nome fictício, é uma das mulheres entrevistadas[49] no âmbito da pesquisa em curso já mencionada na Introdução. Selecionamos sua história de vida para o estudo de caso, pois ela explicita diferentes vivências ocorridas ao longo do curso de seu desenvolvimento individual e de sua vida, que evidenciam suas experiências singulares na relação de determinação mais geral com processos críticos destrutivos referentes aos sistemas de exploração-subordinação.

O fato de Rosa ser ainda uma jovem dá-nos acesso a relatos cujos fatos estão bastante acessíveis à sua memória, parecendo haver segurança e precisão cronológica quanto às informações. Em nossa compreensão, os processos configuraram, a princípio, certas mediações na forma de pensamento-emoções, significados-sentidos em seu sistema atividade-consciência-personalidade, que, no decorrer do tempo, acabam por configurar modificações relevantes nos padrões da atividade, com redução do nível da atividade e predomínio do tônus afetivo-volitivo de desânimo, desvalor de si, desamparo, solidão, falta de esperança. Há uma visível deterioração de sua saúde mental e agudização de seu sofrimento em determinados períodos, como a idade de transição, expressos na forma de crises psicológicas concomitantes com crises de desenvolvimento.

Apresentamos as informações e alguns fatos significativos da sua história de vida, bem como as vivências e os sentidos que a entrevistada

---

[49] A pesquisa "Ideação e Tentativa de Suicídio por Mulheres: histórias de vida e o acesso a cuidados em saúde mental a partir da atenção primária no SUS", atualmente em curso, foi divulgada nas unidades de saúde, UBSF e Caps, da capital Campo Grande/MS. Aquelas usuárias que manifestaram interesse em participar da pesquisa foram convidadas a uma entrevista, que ocorreu na própria unidade de saúde, logo após o primeiro contato e/ou em horário previamente agendado. A maioria das participantes da pesquisa faz acompanhamento psiquiátrico e psicológico em um Caps, entretanto Rosa, no momento, é apenas usuária de uma UBS. A entrevista de Rosa ocorreu em local externo à unidade de saúde, em horário agendado conforme sua disponibilidade, e houve registro de informações por meio de questionário sociodemográfico. A entrevista semiestruturada percorreu temas como: seu contexto atual de vida, relação mantida com o serviço de saúde/saúde mental do SUS, história da família de origem, os relacionamentos afetivo-amorosos, a educação/instrução, trabalho, condição econômica, vivência de perdas e lutos, saúde geral e saúde mental, histórico do comportamento suicida, superação das ideações e da tentativa de suicídio e perspectivas de futuro. Todos os relatos foram gravados em áudio e posteriormente transcritos para análise dos dados. As unidades de saúde escolhidas para a pesquisa também fazem parte do estudo "Ideação e Tentativa de Suicídio: Atuação profissional na atenção primária", desenvolvido por Daniela Bruno dos Santos, também na capital Campo Grande/MS, tendo como objetivo caracterizar e analisar as concepções e as práticas dos profissionais da atenção básica à saúde, sobre os cuidados direcionados a pessoas com condutas suicidas.

atribui a tais experiências, que compõem sua singularidade e personalidade. Organizamos as informações respeitando a cronologia dos acontecimentos, pois, desta forma, se tenta traçar uma linha ontológica.

Rosa tem 19 anos, é de cor/raça branca, solteira e sem filhos, possui ensino médio completo e, no momento da entrevista, trabalhava como babá. Os pais de Rosa conheceram-se na Igreja Católica que frequentavam. Seu pai trabalhou como professor universitário e como torneiro mecânico, e sua mãe, de origem mais humilde, sempre trabalhou como funcionária doméstica. Estavam noivos e moravam juntos quando sua mãe ficou grávida e, antes mesmo de seu nascimento, em virtude de conflitos conjugais com violência doméstica, seus pais já haviam se separado. Rosa tem outros irmãos por parte de pai (cinco mais velhos) e de mãe (uma mais velha), sendo a única filha de seus pais e a caçula entre os irmãos. Vive apenas com a mãe e não mantém contato com os demais irmãos.

Após a separação, sua mãe passou a ser perseguida e constantemente ameaçada de morte pelo ex-companheiro, que portava arma de fogo e a utilizava como ameaça. Sobre a violência doméstica, Rosa relata: *"nossa vida era muito difícil e tinha muitos boletins de ocorrência contra meu pai"*, *"ele era uma boa pessoa, mas quando ficava agressivo era muito extremo"*. Ao ser perguntada a respeito, Rosa descreve um contexto de indiferença e falta de apoio durante longo período em que a violência transcorria: referindo-se aos parentes. Diz: *"eu não sei se as pessoas não sabiam, ou se elas fingiam não saber, porque às vezes é mais fácil você fingir que nada está acontecendo"*. Além das agressões físicas, Rosa relata que também era molestada sexualmente pelo genitor desde muito cedo.

Rosa identifica que, aos 3 anos de idade, começou a apresentar dificuldades no comportamento, que ela relaciona com maus tratos, negligências e violências, e salienta: *"eu comecei a regredir"*, referindo-se ao seu desenvolvimento. Descreve-se assim na época: *"Eu era uma criança que vivia no mundo da lua. Não sabia o que fazer, como reagir, nunca tive amigos"*, *"sempre fui meio avoada"*. Associa esses estados com as dificuldades que ela começou a experimentar, de desempenho em atividades escolares e de interação social, e destaca o fato de que eram visíveis as marcas de violência em seu corpo. Após algumas conversas com os pais, a escola acionou o Conselho Tutelar, que encaminhou Rosa a um Centro de Atenção Psicossocial (Caps) em Campo Grande/MS. Sobre o encaminhamento para ajuda especializada, observa, referindo-se à sua saúde mental: *"viram que eu não estava tão legal assim e que eu precisava de ajuda"*. Com relação aos estudos e aprendizado,

Rosa salienta: *"meu Deus, como é difícil estudar, eu sempre soube que eu tinha alguma coisa porque era extremamente difícil estudar", "não sei como que eu consegui passar, ir passando de ano".*

Ainda durante a infância de Rosa, sua mãe se casou novamente, e ela passou a sofrer, ainda antes da adolescência, abuso sexual por parte do padrasto. A partir dos 7 anos de idade, também passou a sofrer abuso sexual por parte do cunhado, marido da única irmã por parte de mãe, que ocorriam em sua casa e na casa da irmã, em momentos em que Rosa, mesmo criança, era responsabilizada com certa regularidade a cuidar dos sobrinhos menores. Sobre os abusos por parte do cunhado, diz: *"minha irmã ficou sabendo, mas preferiu manter o casamento".* Também relata ter sofrido assédio sexual por parte de um membro da igreja que frequentava, e, mesmo com a denúncia informal, a situação foi "abafada" pela instituição. A família não realizou denúncia formal dos assédios e abusos sexuais sofridos.

Sobre o que se recorda sentir, na ocasião, ainda criança, ao ser objeto de tantas violências e negligências de proteção, ela diz: *"sentia muita raiva da minha mãe, por tudo, pelos abusos, mas hoje entendo, pois ela não entendia muito bem".* Rosa pondera que hoje tem o entendimento de que sua mãe apresenta algum problema intelectual, um retardo de desenvolvimento, pois tem dificuldades de compreensão e necessita da sua ajuda para diferentes situações do dia a dia. Sobre a mãe, observa: *"minha mãe não tem comportamento de mãe, de mulher, ela tem comportamento de criança, ela não entende as coisas".* Destaque ao fato de Rosa atribuir à mãe sua permanência na escola, que insistia para a filha estudar, pois ela mesma não pôde: *"Então, mesmo doente, mesmo muito triste, eu ia para a escola, eu ia acabada para a escola, mas ia".* Aos 10 anos de idade, seu pai morreu em decorrência de câncer; ela suspeita hoje que ele apresentasse já na ocasião da infância da entrevistada transtorno de personalidade borderline, sem, contudo, ao longo da vida, ter tido qualquer avaliação, diagnóstico ou tratamento em saúde mental.

Sobre o próprio acompanhamento psiquiátrico e psicológico que iniciou ainda na primeira infância, diz: *"eu não tenho diagnóstico, nunca tive, porque no início da minha infância eu era considerada bipolar".* Outros diagnósticos também foram considerados: *"síndrome de Estocolmo, estresse pós-traumático e TEA", "mas quando eu fui crescendo, os médicos viram que não tinha muito a ver", "poderia ser só uma fase, então começaram a me tratar como depressiva".* Com relação a como a família lidou com as questões de saúde mental de Rosa, ela analisa: *"ninguém da família aceita questões psicológicas, tanto da minha mãe como do meu pai, são famílias bem conservadoras".*

Rosa afirma que vivencia suas ideações suicidas desde os 8-9 anos de idade e que aos 12 anos praticou sua primeira tentativa de suicídio, por meio da ingestão de medicamentos e cortes nos pulsos, ficando três meses em internação psiquiátrica. Ela tem o entendimento de que isso ocorreu, principalmente, por ela não seguir corretamente o tratamento psiquiátrico, não ter amigos e sofrer *bullying* na escola, o que antecedeu a agudização de um estado de sofrimento anteriormente a essa tentativa. O *bullying* na escola era praticado pela diretora, descrita como alguém que a perseguia, fazia comentários pejorativos como pessoa e como mulher, desacreditando-a, invalidando sua condição de saúde mental comprometida e moralizando aspectos de sua conduta. Sobre as dificuldades na escola, descreve: *"a minha diretora me chamava de drogada, ela me desrespeitava. Ela achava que eu mentia com relação a tudo o que eu passava"* [sobre os abusos e violências sexuais]. A violência ocorrida na escola e praticada por um dirigente da instituição estabeleceu um novo ciclo de violência que se estendeu por um bom tempo, reforçando seu desamparo e sofrimento, o que pode ser percebido nesta fala: *"eu sempre perguntava para Deus por que que eu tinha que ter nascido; por que que eu tinha que sofrer tanto"*.

Dos 3 aos 14 anos de idade, esteve em acompanhamento psicológico e psiquiátrico pelo SUS, tendo alta do Caps aos 14 anos: *"eles falavam que eu estava fazendo frescura e estava tentando manipular os médicos"* [sobre a equipe do Caps e justificativa para sua alta]. A segunda tentativa de suicídio ocorreu aos 14 anos, por ingestão de medicamentos que, fazendo Rosa passar mal, foram expelidos por vômitos. Diante do ato malsucedido, Rosa diz: *"eu me senti uma fracassada, porque nem pra morrer servia"*. Segundo ela, os acontecimentos que precipitaram esse segundo episódio também estavam relacionados aos abusos sofridos (por parte do pai, padrasto e cunhado), à morte do pai, à sua dificuldade em fazer amigos e à convicção de não ser compreendida por ninguém. Também se somaram aos motivos anteriores a forte interferência do cunhado, que abusava dela, em sua vida escolar, e o *bullying* sofrido na escola, praticado pela diretora da instituição. Nas palavras de Rosa: *"a minha Diretora me chamava de drogada"*, *"ela tomou meu celular"*, *"me chamava de prostituta"*; observa ainda ter vivenciado uma situação avaliada por ela como "terrível".

Sobre suas iniciações afetivo-sexuais, Rosa tem o primeiro relacionamento aos 15 anos, descrito por ela como uma relação conturbada, abusiva, com idas e vindas constantes, na qual sofreu diferentes formas de humilhação. Descreve o relacionamento como: *"trágico"*, *"extremamente*

PESQUISAS E PRÁTICAS SOBRE O SOFRIMENTO E O ADOECIMENTO COM
FUNDAMENTOS NA PSICOLOGIA HISTÓRICO-CULTURAL

abusivo", "cuspia no meu rosto, me desrespeitava", "me tratava muito mal na frente de todos". Na escola, em algumas ocasiões, *"eu tinha que ajoelhar e pedir perdão pra ele".* Aos 16 anos, ela engravidou desse namorado, tendo ciência da gravidez apenas quando experimentou um aborto espontâneo. Este fato, ocorrido em meio aos conflitos e tratamentos violentos do rapaz, é contado com expressão emocional de muito sofrimento. A relação terminou após três anos. Destacamos que se trata de um dado vivencial recente, pois Rosa tinha 18 anos e, atualmente, tem 19. Há mais ou menos um ano, Rosa fez sua terceira tentativa de suicídio, por enforcamento, em uma árvore no quintal de sua casa. Ela diz: *"fui tentar me livrar do que sentia"* e, também, *"porque ninguém me escutava".* Explica os motivos que a levaram à tentativa de suicídio, dizendo: *"eu queria me livrar do sentimento que eu tive com esse menino, que me causou tanto mal. E do meu cunhado também; eu não aguentava mais".* E elabora alguns questionamentos que circundam o próprio ato: *"Por que é que eu não conseguia me livrar desse tipo de pessoa? Por que que até namorado tinha que ser terrível assim? Por que que eu fiquei tão apaixonada por uma pessoa que me faz tão mal".* Diz: *"cheguei à conclusão de que o amor que eu pensava que era amor, não era amor, né?!".*

Rosa expressa que, até ter o primeiro relacionamento afetivo-amoroso que se tornou abusivo, ela não tinha consciência das sucessivas situações de violência na relação com pai, cunhado e outros homens de seu círculo familiar-comunitário, o que é explicitado nesta fala: *"fui perceber que tinha algo errado quando tive meu próprio relacionamento".* Ao mesmo tempo a nível da mediação que os sentimentos exercem na atividade-consciência-perso-nalidade, o amor romântico se evidencia na fala/sentido:*"eu amava muito ele e, ele me tratava muito mal; mas eu amava muito e, como o meu pai [...] ele era muito bom, mas ele se transformava em um demônio às vezes",* evidenciando a construção do sentido ambivalente, confuso do significado do amor, pois, em suas experiências parentais e familiares, o pai que a amava e que ela amava era violento, e outras pessoas do seu círculo cujos papéis sociais também remetem ao amor, como mãe, irmã, professora, eram negligentes, quando não violentas, em aspectos psicológicos.

Ela explica que as idas e vindas com o namorado agravaram seu estado psicológico: *"ia mexendo muito com o meu coração, com o meu psicológico".* Diante do término do relacionamento, fala: *"eu me senti muito triste, porque eu pensei que fosse minha culpa, que eu tinha feito tudo errado".* Mesmo reconhecendo o quanto essa relação a machucou, ressalta: *"tento fazer o máximo possível pra não chegar próximo dele de novo, porque eu sei que eu posso voltar com ele"*; *"ele era como meu pai"*. Com relação aos motivos que a levaram a tentar suicídio pela terceira vez, a última, ressalta: *"parecia droga", "sentia tanta perda, tanto do bebê quanto dele* [namorado] *que eu fiquei maluca. [...] para mim eu não podia mais viver sem ele, foi horrível"*. Desta forma, salienta-se a dinâmica afetivo-cognitiva dramática no momento do ato suicida, a dissociação entre o pensamento e a emoção, evidenciada na fala: *"me sentia vazia; eu não sabia o que eu estava sentindo mais, se era ódio, raiva, amor, tristeza, dor"*. Percebe-se que, como gatilho, a situação mais imediata envolvendo o ato suicida possui relação direta com as emoções na relação afetiva e com a violência nesse relacionamento, que, por sua vez, se soma a outras violências já vividas há mais tempo e em outras relações.

Outro aspecto que chama a atenção diz respeito às respostas do meio social, sobretudo familiar e escolar, diante de seu sofrimento e das tentativas de suicídio. Rosa observa que a reação da família é de exigir da vítima sua recuperação heroica: *"você tem que ser forte, você não pode deixar isso acontecer"*. A resposta familiar tem o sentido de crítica, de julgamento, e, a partir deste, Rosa se questiona: *"como que eu posso fazer para isso não acontecer?"*. Novamente recai sobre ela a responsabilidade de lidar não só com suas emoções, mas, também, a incumbência de buscar sozinha caminhos ou soluções para seus problemas e sofrimentos. A reação da mãe diante do seu sofrimento é explicitada nesta fala: *"minha mãe me machuca muito; não sei se ela percebe, mas ela não me entende"*.

Sobre a inserção em atividades de trabalho, precocemente iniciadas, ela descreveu que, desde a infância, lhe eram exigidas várias tarefas domésticas e que também passou a receber algum pagamento, realizando algumas dessas a terceiros: cortar grama, realizar serviços de limpeza, auxiliar de comércio e babá, sua atividade atual. Quando criança, nada ou pouco recebia pelo trabalho que realizava e, quando recebia, comprava brinquedos. A partir da maioridade recente, manteve-se em vínculos informais de trabalho. Trabalhou por três meses como auxiliar em uma empresa de logística, gostava do que fazia e ganhava muito bem, contudo não foi contratada após o período de experiência. Como babá, atualmente, cuida de duas crianças pequenas, normalmente no período noturno e durante a madrugada, recebendo por diária sem qualquer consideração a essa especificidade de turno, sem vínculo empregatício, configurando claramente a exploração das mulheres sem qualificação profissional específica, no trabalho de cuidado naturalizado para as mulheres. Rosa diz gostar do trabalho como babá, se sente compreendida e respeitada, tem gratidão por ser entendida e, na esfera interpessoal, tratada com certo afeto: *"foi o único emprego que os meus patrões me entendiam"*. Com relação a outras oportunidades de trabalho, relata: *"não consigo ser contratada"*, *"por conta da minha certa limitação"*, *"é complicado as pessoas me entenderem, porque eu sou um pouco diferente, eu sei disso"*.

Há quase seis anos, está em acompanhamento psiquiátrico particular custeado por ela e pela mãe, em acompanhamento psicológico custeado pela patroa da mãe, faz uso de medicação, frequenta os Neuróticos Anônimos e ainda não possui um diagnóstico psiquiátrico definido, um problema a seu ver. Sobre ainda não ter um diagnóstico, diz: *"eu sempre me senti muito insegura porque eu não sabia o que eu tinha"*. Rosa tem planos de voltar a estudar, gostaria de cursar Direito e ser policial. Gosta de leitura, de passear com seus animais de estimação e fazer trilha na natureza.

DISCUSSÃO

A partir de alguns episódios significativos da história de vida de Rosa e de seus desdobramentos, evidencia-se o movimento dialético, desde a unidade afetivo-cognitiva, da relação atividade-consciência-personalidade, em períodos significativos ligados às crises normais do desenvolvimento, ou seja, infância e idade de transição. Destacamos que pareceu haver uma agudização do sofrimento no período de ampliação dos vínculos com pares, relacionais, incluindo as vivências ligadas ao exercício da vida sexual, marcadas por novas violências. Houve um movimento dialético de maior consciência-angústia das ambiguidades e contradições representadas pelas figuras parentais, principalmente o pai violento, sobre quem ela tem sentimentos muito intensos, verbalizados como amor. No desenvolvimento humano na idade pré-escolar e na primeira infância, segundo Vigotski (1999) e Almeida (2018), ocorre a assimilação de funções sociais e padrões de comportamento, de conceitos morais, bem como avanços na conscientização acerca das próprias ações – alterações da personalidade, comuns ao desenvolvimento humano que, na trajetória de Rosa, se encontram, via de regra, mitigadas. Conforme teorizado por Delari Jr. (2011), também pontuamos o aspecto dramático do desenvolvimento humano geral, que tende a se agudizar nas crises. O drama "retrata o desenvolvimento humano como transformação ao longo do tempo, de todo um conjunto de relações sociais e do sistema de relações interfuncionais que lhes é correlato – comparável ao desenrolar de um enredo encenado em vários atos" (Delari Jr., 2011, p. 185). O drama reflete as peculiaridades da ação humana, o movimento dinâmico da personalidade, assim como as lutas internas, "envolve não só um processo diacrônico (ao longo de sucessivos atos), mas também uma dinâmica sincrônica (num mesmo instante histórico da vida humana), vista como conflito e luta interior" (Vigotski, [1929], 2000 *apud* Delari Jr., 2011, p. 185).

A vida jovem de Rosa é marcada por violências múltiplas, bem como ausentes, insuficientes, inapropriadas ou contraditórias mediações, estas de teor pouco afetivo, de suporte, escuta e validação de seus relatos e dela como pessoa. As violências foram vividas desde muito precocemente, sem que o desenvolvimento das funções do pensamento e da emoção, logo, da consciência e da autodeterminação da conduta, tivesse avançado a ponto de ela poder elaborar as contradições vividas, levando a um acúmulo de vivências dramáticas que alienaram aspectos na formação da personalidade. Obteve poucos acolhimentos, não lhe ofertaram explicações pertinentes para suas prováveis dúvidas, aspectos esses que configuram situações sociais de desenvolvimento com atendimento, muito aquém de uma série de necessidades. Por meio de tais violências ocorridas durante a infância e adolescência, com respostas muito tênues de proteção, suporte e oferta de instrumentos objetivos e subjetivos para uma elaboração afetivo-cognitiva mais apropriada dos fatos, Rosa vai elaborando seus sentidos, ancorados nos significados sociais do patriarcado às suas experiências: *"me sentia culpada por tudo isso acontecer", "lembro que eu não queria ter nascido, que eu nasci só para sofrer"*.

Ao observarmos a vida de Rosa, destacamos que as situações de desamparo e não acolhimento contribuíram significativamente para sua perda de sentido em relação ao mundo e às relações sociais nas quais está inserida. Nas palavras de Martins (2007), essa perda de sentido, também compreendida como alienação da personalidade, manifesta-se na vida de Rosa por meio de sentimentos de falta de poder, gerando sensações de impotência e absurdo. Segundo a autora, essa condição equivale à baixa expectativa com as relações que a rodeiam, resultando em um autoestranhamento, relacionado ao grau de dependência entre sua atividade e as recompensas situadas fora dela. Os elevados níveis de opressão evidenciados na trajetória singular de Rosa sustentam a tese de que seu desenvolvimento humano e, por conseguinte, seus modos de andar a vida foram obstruídos pelas situações de violência das quais foi vítima (Martins, 2007). Esse contexto de violência não apenas moldou sua percepção de si mesma, mas também influenciou significativamente suas interações sociais. Tratam-se de mudanças na atividade

PESQUISAS E PRÁTICAS SOBRE O SOFRIMENTO E O ADOECIMENTO COM
FUNDAMENTOS NA PSICOLOGIA HISTÓRICO-CULTURAL

psicológica pela emergência de conteúdos afetivo-cognitivos propícios à desorganização das funções psicológicas complexas ainda em formação, como o pensamento conceitual e a subordinação dos fatos e das emoções ao seu exame. Por conseguinte, houve um desenvolvimento aquém da consciência acerca de sua real condição como vítima, bem como da construção da noção de si como pessoa não reduzida à vítima (real) e paciente, com potenciais a serem desenvolvidos e realizados, o que prejudicou a orientação da conduta na direção de obter do meio social respostas mais resolutivas, na busca de maior proteção e realização pessoal.

Ofertado foi, e assim lhe coube, o papel e a atividade de frequentadora de serviços de saúde mental e portadora de algum transtorno, sem que se possa negar uma provável função protetiva que isso teve, embora não ao alcance da consciência de Rosa. Não se pode deixar de destacar também uma possível função protetora da escola e da continuidade de sua trajetória de escolarização, que, com certeza, atuaram na promoção de seu desenvolvimento, mesmo que sendo, ao mesmo tempo, um local hostil, cujas violências sofridas foram significativas. Efetiva-se, assim, por uma cadeia cumulativa de ocorridos, o potencial destrutivo das violências relacionadas à condição feminina, como processo crítico particular por meio do qual se especificou a ordem estrutural do capitalismo e do patriarcado.

Trata-se de uma formação social que explora trabalhadores e trabalhadoras e oprime pela ameaça, coerção, subjugação, invalidação e pelas violências físicas, mais intensamente, as mulheres – desdobrando-se em mais riscos e danos à sua saúde mental. Os alarmantes índices de tentativas e óbitos por suicídio, especialmente entre os jovens, evidenciam a dificuldade em planejar o futuro perante a enorme frustração (Almeida, 2018), advinda do sentimento de fracasso diante da realidade vivenciada e da inadequação ou inexistência do suporte social diante de suas necessidades, favorecendo processos de alienação, ou quebras de sentidos, da personalidade (Martins, 2007).

Merece destaque a precocidade de sua inserção nos itinerários de atendimentos e serviços de saúde mental, cujos encaminhamentos pelas instituições possivelmente lhe deram algum espaço de suporte social e recuperação dos danos sofridos. Uma vida marcada desde a tenra infância por diferentes formas de violência, assédios e abusos sexuais, praticados por familiares e pessoas próximas, concomitantes à exploração na esfera do trabalho e à maior dificuldade de jovens pobres, com baixa qualificação, de se inserirem e se manterem no mercado formal de trabalho. Essa situação é agravada no caso de Rosa pelo estigma de paciente psiquiátrica. Na sociedade capitalista, observa-se o estreitamento dos motivos das atividades educacionais, laborais, de relacionamento com pares e afetivas, familiares e a limitação para a construção de motivos geradores de sentidos. Em uma situação-limite, "a destituição de sentido dos motivos da atividade leva à perda de sentido da vida, levando ao desejo de morrer ou ao planejamento da própria morte" (Almeida, 2018, p. 355).

Ao longo do itinerário como paciente de saúde mental, diversas hipóteses diagnósticas psiquiátricas foram levantadas, pois, afinal, quem chega a um serviço de saúde mental apresentando-se com *deficits* e/ou alterações em funções psicológicas tem "evidentemente" alguma psicopatologia, logo, a tarefa é designar exatamente qual – mesmo que pouco seja levado em séria consideração que Rosa estava em períodos precoces do desenvolvimento – e que tais funções estariam em formação, ou ainda que algumas neoformações patológicas poderiam ser reativas, quiçá momentâneas, ao estresse sofrido, demandando outras respostas do meio. A falta de definição, que explicasse "o que eu tenho", adquiriu o sentido de problema significativo, necessidade frustrada, para a preservação de si. Ela se ressente com o sistema e os profissionais de saúde, predominando o sentido pessoal de ser incompreendida e, ao mesmo tempo, não compreender a si mesma e tudo o que viveu em sua curta vida. Ser uma paciente sem diagnóstico exato é algo que se faz presente até o momento, relacionando-se com sentimento de insegurança e tristeza. Queixa-se: *"eles não conseguem nem identificar o que eu tenho, o que eu sinto?"*; *"eu me sentia triste sobre* [a falta do diagnóstico] *e, até hoje"*.

Compreendemos que as mediações possíveis na relação dela com o meio social (familiares, instituições como Conselho Tutelar, Escola e Caps, profissionais de saúde, educação, garantia de direitos e o saber médico) ficaram restritas aos encaminhamentos que a colocaram em um curso de doente, ofertando tratamento medicamentoso e recursos dentro do paradigma psiquiátrico. Pois, em seus relatos, pouco ou nada aparece sobre outras medidas de proteção, acolhimentos, falas de terceiros relevantes, que, de alguma forma, oferecessem outras mediações objetivas e simbólicas, que poderiam tê-la ajudado, de forma mais objetiva e protetiva, na quebra do ciclo da violência; e, inclusive, que pudesse tê-la ajudado a entender que ela poderia não ter necessariamente uma doença mental, e, sim, ser alguém experimentando um sofrimento legítimo, pertinente, uma "reação humana normal" diante de todas as ameaças e dos danos vivenciados. Essa falta e a sensação de indefinição sobre "o que eu tenho", num meio social que afirma de várias formas "você tem algo, só não podemos lhe dar ao certo o nome disso", dificulta ainda atualmente operações do pensamento, da linguagem, no processo de dar sentido às suas experiências, para a compreensão de suas emoções e condutas, obstaculizando a elaboração de uma consciência mais integral de si e suas atividades significativas no meio social. Rosa se sente estranha, desorganizada e em uma constante situação de insegurança e incompletude.

OS PROCESSOS CRÍTICOS DESTRUTIVOS MAIS RELEVANTES: VIOLÊNCIA DE GÊNERO E PRECARIEDADE DO TRABALHO

A violência à qual as mulheres estão mais suscetíveis destaca-se em nossa sociedade e revela que "a violência no Brasil está diretamente relacionada ao gênero, raça e classe. Além da acumulação das grandes fortunas em poucas mãos, o capitalismo traz consigo, também, a acumulação dos corpos femininos, violentados e/ou mortos em benefício de um modelo econômico" (De Assis; Podewils, 2021, p. 7). O feminicídio, a exclusão e a alienação advindos da discriminação social e as mortes por pressão estética em busca do ideal de beleza são exemplos das violências à que as mulheres estão mais expostas (De Assis; Podewils, 2021), dentre outros aspectos explicitados anteriormente.

Sobre o ciclo das violências sofridas, por muito tempo invisibilizadas pelo meio, conceituadas como violência de gênero, Narvaz (2005, p. 36), citando Bourdieu (1999), Fontes (1993) e Saffioti (1999), observa que "institucionalizada a ordem patriarcal, a obediência e a submissão das mulheres e das crianças ao homem-pai fica naturalizada, solo fértil para os abusos masculinos". Dentro desse entendimento, constata-se que mulheres, adolescentes e crianças são as principais vítimas da violência doméstica e familiar. A associação da cultura adultocêntrica e falocêntrica configura aspectos que ratificam a cultura da violência contra mulheres, adolescentes e crianças do sexo feminino (Azevedo; Guerra, 1995; Narvaz, 2002 *apud* Narvaz, 2005). Enquanto dever, a obediência à autoridade paterna impede que mulheres de diferentes idades, em nome da manutenção do bem-estar da família, denunciem o transcorrer dos abusos sexuais (Azevedo; Guerra, 1995; Felipe, 1999; Ferrari, 2002; Furniss, 1993; Herman, 1991; Narvaz; Koller, 2004 *apud* Narvaz, 2005).

Com o tempo, o convívio com situações de violência acaba por naturalizar e banalizar as práticas abusivas, configurando aprendizados a partir de experiência de relacionamentos nestes termos (Koller, 1999 *apud* Narvaz, 2005), assim como podem propiciar "distorções cognitivas através das quais as vítimas incorporam os valores dos opressores de forma não crítica" (Narvaz, 2005, p. 42). A indicação social do "ser mulher" (dócil, amorosa, devota, recatada e, sobretudo, amante) e a tentativa de cumprir a esse ideal aprisionam a mulher ao desejo do outro; ao mesmo tempo que a silencia a torna impotente, e não vista. Assim, "ser mulher em uma sociedade profundamente patriarcal leva um número desproporcional delas a entrar em colapso" (Garcia, 1997 *apud* Zanello *et al.*, 2015, p. 242). Tal colapso poderia expressar-se na forma de limitações à sua existência e profunda depressão, resultante da falta de alternativas e outras possibilidades para o "ser mulher".

Na esfera do trabalho, as dificuldades de Rosa para conseguir um trabalho que traga alguma segurança financeira e no qual se sinta respeitada da forma como é, também, fonte de preocupações, incertezas e inseguranças. Sua fala reforça o aprendizado social que teve, de que a sua condição de saúde mental é um obstáculo ao seu desenvolvimento pelo trabalho, o que se percebe quando diz: *"uma pessoa que tem problema psicológico é julgada, [...] é muito difícil arranjar um emprego; quando a pessoa percebe que você tem certas limitações ela começa a te olhar diferente".*

Com relação ao trabalho das mulheres no atual momento econômico, Hirata (2010, p. 4) salienta que "o trabalho precário é majoritariamente feminino". Essa afirmação assevera o quanto são latentes as desigualdades entre homens e mulheres no mercado de trabalho, assim como são evidentes as desigualdades na família e no âmbito doméstico. Diante da economia globalizada e neoliberal, houve "remodelação das novas formas de organização do trabalho e da divisão sexual do trabalho, mas manutenção de formas de segregação e hierarquização pré-existentes" (Hirata, 2010, p. 3). A intensificação do trabalho para Hirata (2010, p. 4), citando Kase e Sugita (2006), "é uma das consequências da precarização e da flexibilização do emprego, mesmo se ela também tem causas relacionadas com o processo de trabalho propriamente dito e as novas formas de organização do trabalho num sentido estrito". A intensificação do trabalho apresenta como consequência o adoecimento físico e psíquico e o distanciamento entre o trabalhador assalariado e o desempregado, significando em última instância a "institucionalização da precariedade" (Castel, 2009 *apud* Hirata, 2010, p. 4).

Dentro das novas configurações da divisão sexual do trabalho, encontramos as atividades de cuidado, ou *care*, para designar os(as) cuidadores(as) de idosos, crianças, pessoas com necessidades especiais e doentes. Em nosso caso de estudo é o que se singulariza na trajetória de Rosa, atualmente babá em situação de informalidade. As atividades de cuidado são executadas prioritariamente por mulheres, tanto no âmbito da própria casa ou na casa de terceiros, ou em instituições, trabalho esse que pode ou não ser remunerado. Para Hirata (2010, 2022), o trabalho em atividades de cuidado segue a lógica da naturalização e essência do cuidado como atividade inerente ao feminino, provocando exatamente por este núcleo a desvalorização e precarização dessa profissão, pois há a correlação de que o trabalho doméstico é gratuito, situação apontada pela autora como "servidão voluntária". Assim, é comum que o trabalho de cuidado não seja visto como profissão e, consequentemente, valorizado e reconhecido. Na pesquisa mais recente de Hirata (2022), ela ressalta que a experiência de profissionais de cuidado em três países diferentes confirma essa visão ampliada da precarização. Isso se reflete na ausência de pagamento por horas extras e jornadas de trabalho que excedem as normas acordadas, alimentando o imaginário social associado a essa "servidão voluntária". Apontamos com efeito esses aspectos análogos à situação de precarização do trabalho de cuidado na vivência de Rosa.

CONSIDERAÇÕES FINAIS

A partir da história de vida da nossa entrevistada, fica evidente que as circunstâncias sociais do seu desenvolvimento foram marcadas por diferentes formas de violência, que impactaram seu desenvolvimento. Rosa teve seu corpo exposto e manipulado, não foi protegida pelos familiares e adultos com quem convivia, teve suas emoções invalidadas pelo meio e seu comportamento julgado de diferentes formas. Além das crises esperadas no transcorrer do desenvolvimento normal, outras crises, relacionadas a vivências traumáticas, concorreram para a desorganização do seu psiquismo. Almeida (2018, p. 346), em seu estudo sobre a formação social dos transtornos de humor, constatou que o "processo de adoecimento se relacionava com a desestruturação daqueles que se constituíam como os aspectos mais centrais de cada personalidade, que respondiam a um tipo de necessidades". Acreditamos que uma das necessidades não atendidas desde quando criança, e que também estava presente na adolescência, diz respeito à necessidade de proteção diante das ameaças que se objetivaram como violências e de ser acolhida e ter seus pedidos de ajuda validados.

Ao avançar do desenvolvimento, da adolescência para a condição de mulher jovem e paciente psiquiátrica, adensam-se os processos críticos ligados ao trabalho e mantêm-se aqueles ligados à violência, que se ampliam da esfera familiar para a esfera amorosa, além da questão reprodutiva (gravidez e aborto) e social (escola e desafios/pressões profissionais). Rosa experimenta, assim, situações-limite de angústias, com emoções de desamparo muito intensas, desesperança e sensação de total fracasso, solo fértil para a expressão mais aguda de sua desistência de viver, ou de sobreviver. Crises cujos ápices foram externalizados via os atos contra a própria integridade e vida, ora mais impulsivos, ora mais planejados, como na última tentativa de suicídio. Mesmo assim, um ano após a última tentativa, Rosa sente, também, emoções que a impulsionam como esperança de seguir adiante e o desejo de experimentar uma vida diferente, almejando conquistas significativas, como a possibilidade de estudar mais, construir uma carreira e manter um estado psicológico "firme", como ela nomeia. O desejo de cursar Direito e se tornar policial pode indicar uma reorganização da personalidade-atividade, com sinais de conscientização sobre as obstruções que enfrentou, mas que não paralisam o andar da vida de modo absoluto e irreversível.

Apesar da evidente constatação de que o sofrimento é singular a uma pessoa, manifestando-se em uma unidade biopsíquica específica, a análise desse caso e de outros em andamento no âmbito do projeto de pesquisa visa a destacar a maior determinação das vivências sociais no curso do desgaste da saúde mental. Essas vivências constituem as bases do sofrimento como processos universais e particulares, tornando-se singular em cada unidade biopsíquica. Dentre essas experiências, destacam-se "o desgaste no trabalho, o assédio moral, a violência sexual, o preconceito, as situações de humilhação, as agressões homofóbicas, o casamento ou gravidez indesejada" (Delari Jr., s/d *apud* Almeida, 2018, p. 327). Assim como as desigualdades de gênero, o desemprego, as privações decorrentes da pobreza, os lutos e as perdas diversas, as várias formas de violação de direitos e as diversas obstruções ao desenvolvimento configuram as experiências particulares que indivíduos podem enfrentar em suas trajetórias de vida.

Baseando-nos na teoria da determinação social do processo saúde-doença, tão como nas bases marxistas do feminismo e na Psicologia Histórico-Cultural, e a partir da exposição da história de vida de Rosa, avaliamos ter sido possível aprofundar a elucidação da determinação social do sofrimento psíquico, em particular da sua expressão depressiva com atos suicidas. Defendemos o maior alcance explicativo, *sine qua non* nas bases materialistas, para compreender a relação direta entre o sofrimento psíquico, o adoecimento e o comportamento suicida e as condições de vida familiar, de sociabilidade e de trabalho, para as mulheres em diferentes momentos do ciclo desenvolvimental e de vida.

A história de vida de Rosa e de sua mãe, mulheres da classe trabalhadora, evidencia o "peso" da violência de gênero na sua maior diversidade de contextos e relações sociais (não somente com parceiros íntimos). Dentro de uma perspectiva de gênero, não há como desconsiderar a relação imbricada entre os fenômenos tratados aqui e sua relação com o peso do desemprego, da dependência financeira, do baixo nível socioeconômico e da pobreza, produzidos na ordem do capital que se serve do patriarcado e do racismo. O momento histórico atual e as forças que o compõem, de diferentes formas, especificam-se em trajetórias de vida permeadas por desgastes intensificados, culminando em desorganização e/ou desintegração do psiquismo. Isso se manifesta por meio de quadros patológicos, e a morte, por vezes, surge como uma possibilidade de solução para o sofrimento, marcando não apenas a história de vida da nossa entrevistada, mas, provavelmente, de muitas outras mulheres.

Tendo em vista as estatísticas oficiais que evidenciam que as mulheres são as mais impactadas por quadros de adoecimento, como a depressão, e pelas ideações e tentativas de suicídio, a Psicologia Histórico-Cultural, a partir da periodização do desenvolvimento psíquico normal e patológico, e a teoria da determinação social do processo saúde-doença orientaram a pesquisa na direção de elucidar os efeitos articulados e cumulativos de processos críticos destrutivos capazes de se singularizarem em obstruções ou impedimentos no desenvolvimento integral de muitas mulheres e homens em nossa sociedade. Outros estudos se fazem necessários nessas perspectivas e poderão contribuir para a melhor compreensão de fenômenos como os discutidos aqui, assim como subsidiar ações institucionais de cuidado em saúde/saúde mental. Além da formulação ou aprimoramento de políticas outras de combate a processos críticos destrutivos que agem como determinantes estruturais do adoecimento e do suicídio das mulheres, ações voltadas à proteção da vida e da saúde, prevenção do suicídio, mas, sobretudo, munirem nossa luta de classe e feminista para superação da formação social em que tais fenômenos se forjam.

REFERÊNCIAS

ALMEIDA, M. R. *A Formação social dos transtornos do humor.* 2018. Tese (Doutorado em Saúde Coletiva) – Faculdade de Medicina de Botucatu, Universidade Estadual Paulista "Júlio de Mesquita Filho", Botucatu/SP, Brasil, 2018.

ALMEIDA, M. R.; BELLENZANI, R.; SCHÜHLI, V. M. A dialética Singular--particular-universal no sofrimento psíquico: articulações entre a psicologia histórico-cultural e a teoria da determinação social do processo saúde-doença. *In:* TULESKI, S. C., FRANCO; A. F.; CALVE; T. M. (org.). *Materialismo histórico--dialético e psicologia histórico-cultural:* expressões da luta de classes no interior do capitalismo. Paranavaí: EduFatecie, 2020. p. 227-270.

BAHIA, C. A. *et al.* Lesão autoprovocada em todos os ciclos da vida: perfil das vítimas em serviços de urgência e emergência de capitais do Brasil. *Ciência & Saúde Coletiva,* Rio de Janeiro, v. 22, n. 9, p. 2841-2850, 2017.

BERENCHTEIN NETTO, Nilson. Suicídio: *uma análise psicossocial a partir do Materialismo Histórico Dialético.* 2007. 168p. (Dissertação de mestrado) – Programa Psicologia Social, Pontifícia Universidade Católica de São Paulo, São Paulo

BREILH, J. *et al. Epidemiologia:* economia, política e saúde. São Paulo: Unesp, 1991.

BREILH, J. *Epidemiologia crítica:* ciência emancipadora e interculturalidade. Rio de Janeiro: Editora FIOCRUZ, 2006.

CANGUILHEM, G. *O normal e o patológico.* [1943] 4. ed. Rio de Janeiro: Forense Universitária, 1995.

DA SILVA, F. G. *Inconsciente e adoecimento psíquico na psicologia soviética.* Curitiba: Appris, 2022.

DE ANDRADE FILHO, J. A. L. *A produção social dos transtornos de ansiedade:* reflexões a partir da Psicologia Histórico-Cultural. 2022. Disponível em: https://repositorio.ufms.br/handle/123456789/4663. Acesso em: 8 mar. 2024.

DE ASSIS, L. L.; PODEWILS, T. L. Mulheres no capitalismo: notas para uma educação feminista. *Pesquisa, Sociedade e Desenvolvimento,* Vargem Grande Paulista v. 10, n. 7, p.1-15, p.e5910716234-e5910716234, 2021.

DELARI JR., A. Personalidade e brincadeira de papéis sociais: em diálogo com o educador. *Estação Mir* – Umuarama – PR. Artigo não indexado, 2013.

DELARI JR., A. Sentidos do "drama" na perspectiva de Vigotski: um diálogo no limiar entre arte e psicologia. *Psicologia em Estudo*, Maringá, v. 16, n. 2, p. 181-197; abr./jun. 2011.

DONNANGELO, M. C. F. *O Social na Epidemiologia*: Um legado de Cecília Donnangello. São Paulo: Instituto de Saúde, 2014. (Temas em Saúde Coletiva).

HIRATA, H. S. Novas configurações da divisão sexual do trabalho. *Revista Tecnologia e Sociedade*, Curitiba v. 6, n. 11, p. 1-7, 2010.

HIRATA, H. S. *O cuidado*: Teorias e práticas. São Paulo: Boitempo Editorial, 2022.

LEITE, H. A; DA SILVA, R.; TULESKI, S. C. A emoção como função superior. *Interfaces da Educação*, Paranaíba v. 3, n. 7, p. 37-48, 2015.

LEONTIEV, A. N. As necessidades e os motivos da atividade (1961) 12. In: Psicologia (Antologia). Academia de Ciências Pedagógicas da R.S.S.F.R. (org.) Smirnov, A. A.; Leontiev, A. N.; Rubinstein, S. L., e Tieplov, B. M., trad. russo para o espanhol por Florêncio Villa Landa, 1961

MARTINS, L. M. *A formação social da personalidade do professor:* um enfoque vigotskiano. Campinas: Autores Associados, 2007.

MENEGHEL, S. N. *et al*. Suicídio de idosos sob a perspectiva de gênero. *Ciência & Saúde Coletiva*, Rio de Janeiro v. 17, n. 8, p. 1983-1992, 2012.

MENEGHEL, S. N. *et al*. Tentativa de suicídio em mulheres idosas: uma perspectiva de gênero. *Ciência & Saúde Coletiva*, Rio de Janeiro v. 20, n. 6, p. 1721-1730, 2015.

MONTEIRO, P. V. R., FACCI, M. G. D. A base afetivo-cognitiva do sofrimento psíquico: reflexões a partir da psicologia histórico-cultural. *In:* BELLENZANI, Renata; CARVALHO, Bruno Peixoto. (org.). *Psicologia histórico-cultural na universidade [recurso eletrônico]*: saúde mental, sofrimento psíquico e psicopatologia, volume II. – Campo Grande, MS: Ed. UFMS, 2023. p. 64-98.

NARVAZ, M. G. *Submissão e Resistência:* explodindo o discurso patriarcal de dominação feminina. 2005. Dissertação (Mestrado em Psicologia) – Programa de Pós-graduação em Psicologia do Desenvolvimento, Universidade Federal do Rio Grande do Sul, Porto Alegre/RS, 2005.

OLIVEIRA, I. R. *Associações entre sexo/gênero e suicídio/tentativa de suicídio:* revisão integrativa. 2021. Trabalho de conclusão de curso (Graduação em Psicologia) – Instituto de Saúde e Sociedade, Universidade Federal de São Paulo, Santos, 2021.

PASQUALINI, J. C. A teoria histórico-cultural na periodização do desenvolvimento psíquico como expressão do método materialista dialético. *In:* MARTINS, Ligia Marcia; ABRANTES, Angelo Antonio; FACCI, Marilia Gonçalves Dias. (org.). *Periodização histórico-cultural do desenvolvimento do psiquismo:* do nascimento à velhice. 2. ed. Campinas: Editora Autores Associados, 2020. (Coleção Educação Contemporânea). p. 63-90.

PASQUALINI, J. C.; MARTINS, L. M. Dialética singular-particular-universal: implicações do método materialista dialético para a psicologia. *Psicologia & Sociedade*, Campo Grande, v. 27, p. 362-371, 2015.

SAFFIOTI, H. I. B. *O poder do macho.* Ministério Público do Estado da Bahia, 1987.

SAFFIOTI, H. I. B. *Gênero, patriarcado, violência.* Ministério Público do Estado da Bahia, 2004.

SANTOS, L. G. *Inconsciente: uma reflexão desde a psicologia de Vigotski.* 2015. Tese (Doutorado em Psicologia Social) – Pontifícia Universidade Católica de São Paulo, São Paulo, 2015.

SANTOS, L. G.; LEÃO, I. B. O inconsciente sócio-histórico: notas sobre uma abordagem dialética da relação consciente-inconsciente. *Psicologia & Sociedade,* Campo Grande v. 24, p. 638-647, 2012.

SANTOS, L. G.; LEÃO, Inara Barbosa. O inconsciente sócio-histórico: aproximações de um conceito. *Psicologia & Sociedade,* Campo Grande v. 26, p. 38-47, 2014.

SILVA, F. G. *Inconsciente e adoecimento psíquico na psicologia soviética.* Curitiba: Appris, 2022.

TULESKI, S. C. A Unidade do Psiquismo Humano para Vigotski e a Desagregação desta na Esquizofrenia. *Psicologia: Teoria e Pesquisa*, Brasília, v. 35, p. e35424, 2019.

TULESKI, S. C.; EIDT, N. M. A periodização do desenvolvimento psíquico: atividade dominante e a formação das funções psíquicas superiores. *In:* MARTINS, L. M.; ABRANTES, A. A.; FACCI, M. D. G. (org.). *Periodização histórico-cultural do desenvolvimento psíquico*: do nascimento à velhice. 2. ed. Campinas: Editora Autores Associados, 2020. p. 35-61. (Coleção Educação Contemporânea)

VIGOTSKI, L. S. Sobre os sistemas psicológicos. [1930] *In:* VIGOTSKI, L. S. *Teoria e método em psicologia.* 2. ed. São Paulo: Martins Fontes, 1999. p. 103-135.

VIGOTSKI, L. S. Obras ecológicas I: problemas teóricos e metodológicos de la psicologia. Madri: Visor, 1995.

VYGOTSKY, L. S. A transformação social do homem. Trad. Nilson Dória. (S.1.): Marxists Internet Archive, 2004. Versão inglesa do original russo Socialisticheskaja peredelka cheloveka. URSS: Varnitso, 1930.

WHO. *World Mental Realth Report:* transforming mental realth for all. Genebra, jul. 2022.

ZEIGARNIK, B.V. *O objeto e as tarefas da patopsicologia.* Tradução: Bruno Bianchi. Moscou, 1969.

CAPÍTULO 12

A ATENÇÃO PSICOSSOCIAL ÀS CRISES EM SAÚDE MENTAL: CONTRIBUIÇÕES DA PSICOLOGIA HISTÓRICO-CULTURAL

Milena Prestes Antunes
Victória de Biassio Klepa
Melissa Rodrigues de Almeida

INTRODUÇÃO

O processo de Reforma Psiquiátrica Brasileira (RPB) representou significativos avanços na garantia de direitos e no cuidado às pessoas em sofrimento psíquico, como resultado de intensos embates e lutas de movimentos sociais, tais como o Movimento dos Trabalhadores em Saúde Mental e o Movimento Nacional da Luta Antimanicomial (Amarante, 2007). Entretanto, a não inclusão da extinção progressiva dos manicômios no seu principal marco legal, a Lei 10.216/2001 (Brasil, 2001), somada a obstáculos variados impostos ao avanço da RPB, orquestrados cada vez mais como um projeto de contrarreforma (Nunes *et al.*, 2019), resulta em uma realidade de convivência entre a rede substitutiva e os hospitais psiquiátricos e similares (tais como as Comunidades Terapêuticas). Assim, embora a Lei 10.216/2001 regulamente as internações psiquiátricas, inclusive proibindo seu prolongamento com caráter asilar e prevendo que o cuidado em saúde mental deva ocorrer preferencialmente em serviços comunitários (Brasil, 2001), as crises em saúde mental ainda têm sido destinadas reiteradamente às internações em instituições psiquiátricas. Considera-se, portanto, a atenção à crise como uma questão estratégica para o avanço de uma reforma psiquiátrica antimanicomial, baseada no cuidado em liberdade no território.

O objetivo deste texto é discutir os acúmulos do campo da atenção psicossocial sobre a atenção às crises em saúde mental com base nas contribuições teórico-metodológicas da Psicologia Histórico-Cultural. O campo da atenção psicossocial instituiu-se no Brasil a partir do processo da RPB e congrega perspectivas heterogêneas, dentre as quais a Psicanálise, Esquizoa-nálise, Psicossociologia, Análise Institucional, Saúde Coletiva, entre outras. Em seu cerne, há a defesa pela estratégia psicossocial em contraposição ao modelo alisar (Yasui; Costa-Rosa, 2008) e biomédico (Schühli, 2020).

Entendemos as crises em saúde mental como parte do processo de *sofrimento psíquico*, conceito este tomado pelo campo da atenção psicossocial como forma de demarcar sua oposição à concepção biomédica embutida em termos como doença mental ou transtorno mental (Almeida, 2018; Bel-lenzani; Carvalho, 2023). Assim, o sofrimento psíquico é entendido como estagnação ou enrijecimento da pessoa diante de sua dinâmica de vida, expressos na forma de mal-estar, desconforto ou dor, também produzidos na própria vida (Kinoshita *et al.* 2016; Almeida, 2018). Destaca-se que, nesse campo, o conceito de sofrimento psíquico não se refere à patologização de processos próprios do cotidiano, mas a processos intensos o bastante para serem vividos como obstruções aos "modos de andar a vida" (Canguilhem, 1995). Tendo em vista a determinação social do sofrimento psíquico e dos processos gerais de saúde-doença (Laurell, 1983), consideramos a alie-nação do trabalho e seus desdobramentos sobre a vida social como fonte fundamental do sofrimento psíquico na sociedade capitalista (Bellenzani; Carvalho, 2023).

Mais especificamente, na análise das crises em saúde mental, consi-deramos também a dinâmica entre humanização-alienação[50] implicada no desenvolvimento psíquico (Abrantes; Eidt, 2019). Isso significa, em outras palavras, entender que a formação histórica do gênero humano efetiva-se a partir de um processo que produz, por um lado, possibilidades para que a atividade humana social e consciente se torne cada vez mais livre e universal e, por outro, cerceamentos ou impedimentos para que a vida dos indivíduos realizem essas possibilidades já alcançadas historicamente (Duarte, 1993). De modo geral, esses cerceamentos decorrem da dinâmica de *alienação*, fenômeno histórico próprio de sociedades caracterizadas pela divisão social do trabalho, propriedade privada e exploração da classe trabalhadora (Netto; Braz, 2007). Nessa dinâmica, o ser humano se torna alienado de suas pró-prias objetivações, de sua atividade vital, do gênero humano e dos demais seres humanos; ou seja, alienado perante a efetividade das forças essenciais

---

[50] Para pensar cientificamente o desenvolvimento psíquico, é também necessário considerar outras contradições além da humanização-alienação. Como exemplos, cita-se a importância de considerar as relações contraditórias entre apropriação privada do conhecimento e socialização do conhecimento; ciência e ideologia; atividade social e atividade individual; consciência social e consciência individual, entre outras (Abrantes; Eidt, 2019).

humanas – o que significa, em última instância, regressões significativas do ser social (Netto; Braz, 2007; Duarte, 1993). A partir desse movimento, em um processo dialético, os indivíduos desenvolvem suas consciências, atividades, capacidades e personalidades, apropriando-se das objetivações necessárias ao lugar que ocupam socialmente, produzindo e reproduzindo simultaneamente níveis de alienação e humanização.

Dessa forma, as discussões sobre a crise ganham centralidade, pois o problema do sofrimento psíquico afeta diretamente os níveis de produção dos trabalhadores. Nossas preocupações, entretanto, não são movidas pela necessidade de atender às demandas produtivas do capital, mas pelo reconhecimento solidário de que a classe trabalhadora vive hoje em um terreno fértil para o agravamento e cronificação de seu sofrimento. Trata-se de preocupações comprometidas com a construção e aprimoramento de práticas de cuidado em saúde mental e, ao mesmo tempo, com as transformações das condições sociais e materiais que produzem diversas formas de sofrimento psíquico.

Neste sentido, a análise das crises a partir da Psicologia Histórico-Cultural relaciona-se intimamente com a necessidade de instrumentalização teórico-metodológica tanto para o entendimento das crises quanto para seu consequente cuidado. Pressupõe-se que é necessário, para uma atuação adequada no campo da atenção à crise, entendê-la em sua totalidade, o que envolve saber por que elas acontecem, que aspectos as determinam, como se desenvolvem e se cronificam, o que significam, denunciam e reproduzem e, entre outras questões, qual seu papel na vida das pessoas.

A CONCEPÇÃO DE CRISE EM SAÚDE MENTAL

Ao sintetizar o modo como as situações de crise são reconhecidas socialmente, Dell'Acqua e Mezzina (1991) explicam que ocorrem quando se manifestam três dos cinco parâmetros arbitrariamente especificados: grave sintomatologia psiquiátrica aguda; grave ruptura de relação no plano familiar/ social; recusa dos tratamentos psiquiátricos; recusa obstinada de contato psiquiátrico; e situações de alarme no contexto familiar/social, com incapacidade pessoal de afrontá-las. Os mesmos autores ponderam que esses parâmetros identificam as situações que, por gravidade ou alarme, são enviadas ao hospital psiquiátrico com internação forçada e definidas como "perigosas para o sujeito e para os outros" (Dell'Acqua; Mezzina, 1991, p. 59).

No contexto brasileiro do século XXI, é possível identificar que a concepção psiquiátrica sobre as crises herda da Psiquiatria Preventiva norte-americana suas formulações, que vinculam a crise à noção de desequilíbrio (Caplan, 1966 *apud* Desviat, 2015), entendendo-a como a agudização de sintomas, que ocorre como parte do curso natural dos transtornos mentais. Com essa compreensão, a psiquiatria propõe a supressão das crises e o restabelecimento do estado de homeostase do organismo (Ferigato; Campos; Ballarin, 2007), o que, na prática, significa frequentemente a utilização de métodos de contenção física e química, bem como das internações.

Com o objetivo de apresentar novas concepções e respostas à crise, fundamentadas nos princípios da desinstitucionalização, Dell'Acqua e Mezzina (1991) explicitam o momento da crise como um ponto de máxima simplificação em que a) o sujeito simplifica a complexidade de sua existência e seu sofrimento em um sintoma e b) o serviço se equipa para reconhecer o sintoma, oferecendo-se como modelo de simplificação. Em contraposição, os autores italianos defendem uma resposta à crise voltada para a reconstrução "do percurso afetivo, social e institucional da pessoa" (Dell'Acqua; Mezzina, 1991, p. 56), de modo a contextualizar a crise a fim de compreendê-la.

A contraposição à concepção psiquiátrica das crises é também característica do campo da atenção psicossocial no Brasil. Amarante (2007, p. 83) defende uma compreensão de crise como "o resultado de uma série de fatores que envolvem terceiros, sejam estes familiares, vizinhos, amigos ou mesmo desconhecidos", podendo, além disso, apresentar-se como fruto de uma condição de precariedade de recursos da vida social. Nessa perspectiva, a crise pode ser resultado de "uma diminuição do limiar de solidariedade de uns para com os outros" (Amarante, 2007, p. 83). As crises em saúde mental como uma experiência processual de intenso sofrimento são entendidas ainda como resultantes de um acúmulo de situações de desgaste que inserem o sujeito em uma experiência-limite (Dell'Acqua, Mezzina, 1991; Vieira Filho, 2011). Na crise, são comuns "vivências de estranhamento, despersonalização, perda de referências identitárias, desorientação e descontrole" (Pereira; Sá; Miranda, 2017, p. 3734).

De acordo com Jardim e Dimenstein (2007), a crise pode ser entendida como expressão do embate entre forças contrárias, de um certo conflito entre o que está instituído e novas possibilidades. Nesse sentido, a crise sinaliza que os velhos arranjos que a pessoa possui passam a ser insuficientes para lidar com o sofrimento, sendo necessário o estabelecimento de novas formas de organização do sujeito e seu cotidiano (Roquette, 2019). Na mesma

PESQUISAS E PRÁTICAS SOBRE O SOFRIMENTO E O ADOECIMENTO COM
FUNDAMENTOS NA PSICOLOGIA HISTÓRICO-CULTURAL

direção, Fialho (2014, p. 38) explica que a crise expressa a "exaustão de um modelo relacional dentro de certo contexto"; enquanto Lima e colaboradores (2012, p. 428) consideram a crise como "um arranjo providencial que se tem à disposição quando todos os recursos psíquicos do sujeito já foram utilizados".

Além disso, a crise é descrita como uma experiência geradora de uma suspensão temporária no tempo e na localização espacial do sujeito (Franco Ferrari, 2010), ou a inserção inabitual em outro tempo e espaço (Ferigato; Campos; Ballarin, 2007). Trata-se de um momento de efervescência de questões, afetos, gestos e comportamentos que afetam tanto a vida do sujeito em crise como a daqueles a seu redor (Jardim; Dimenstein, 2007). Assim, o campo da atenção psicossocial considera que as crises englobam dimensões que vão além do sujeito e de sua singularidade, abrangendo contextos e aspectos grupais, culturais e subjetivos (Pereira; Sá; Miranda, 2013; Minozzo; Costa, 2013).

Nessa perspectiva, considera-se que a crise gera fraturas nas dinâmicas relacionais, intensificando a situação de vulnerabilidade social, processos de marginalização e sofrimento (Muramoto; Mangia; 2011; Fialho, 2014). De acordo com Muramoto e Mangia (2011), um ponto importante para a caracterização das crises refere-se ao empobrecimento generalizado de relações e trocas afetivas e materiais. Assim, a crise é associada a perdas, a interrupções de atividades nos espaços de lazer, trabalho, estudo e cultura (Pereira; Sá; Miranda, 2017).

Na oposição ao modelo asilar e biomédico e à perspectiva psiquiátrica da loucura, o campo da atenção psicossocial busca entender esse momento crítico de sofrimento, valorizando a vivência subjetiva da crise pela pessoa e sua singularidade. Assim, tem-se que as crises podem indicar possibilidades de superação do sofrimento (Ferigato; Campos; Ballarin, 2007) e oportunidades de transformação e crescimento (Dell'Acqua; Mezzina, 1991; Fialho, 2014; Garcia-Costa, 2014). Sendo transitória, a crise teria o potencial para ser um "momento de metamorfose, de saída de um lugar socio-historicamente construído para outro que está sendo reconstruído" (Ferigato; Campos; Ballarin, 2007, p. 35). Segundo Fialho (2014), a crise simboliza um potencial de oportunidades, de construção de novas identidades e possibilidades advindas do questionamento que o sujeito se faz sobre suas ações, seus relacionamentos, valores, modelos e suas crenças. Nesse sentido, entende-se que a crise é constituída por um movimento dialético entre opostos, de construção e destruição, abertura e fechamento, crise e criação (Pereira; Sá; Miranda, 2013, 2017). É no tensionamento com as forças instituintes que a crise revela seu caráter dinâmico e criativo, possibilitando transformações na vida (Garcia-Costa, 2014).

Em síntese, para o campo da atenção psicossocial, as crises denunciam a necessidade de novos arranjos e carregam consigo a potencialidade para gerar mudanças e oportunidades para formações qualitativamente novas no desenvolvimento. No entanto, quando não ocorrem as transformações nas condições e determinações que as produziram, as crises podem repetir-se ou prolongar-se, levando a uma cronificação no processo de sofrimento da pessoa. Considerando esse movimento na crise, tem-se a defesa pela desinstitucionalização (Jardim, 2014), visto que práticas manicomiais restringem o desenvolvimento das pessoas, produzindo mais adoecimento e reforçando a dinâmica da dependência institucional (Willrich *et al.*, 2011; Muramoto; Mangia, 2011).

Em oposição às formulações pela perspectiva psiquiátrica e em concordância com a conceituação das crises pela atenção psicossocial apresentadas anteriormente, a Psicologia Histórico-Cultural oferece contribuições importantes para a compreensão das crises em saúde mental, sobretudo, em suas formulações sobre a periodização e as crises de desenvolvimento.

De acordo com a periodização histórico-cultural do desenvolvimento psíquico, as crises de desenvolvimento constituem-se como períodos de transição que intercalam os ditos períodos ou idades estáveis – responsáveis pelos acúmulos quantitativos do desenvolvimento. Para Vygotski (2006a), ao contrário desses períodos de estabilidade, as crises se assemelham a um acontecimento revolucionário, dados a rapidez com que ocorrem e o significado que carregam. Trata-se de períodos marcados por mudanças qualitativas na personalidade, na consciência e no vínculo que a pessoa estabelece com a realidade em seu entorno, ou seja, em suas vivências (Vigotski, 2006; Abrantes; Bulhões, 2020; Pasqualini, 2020; Silva, 2014).

Por seu caráter impetuoso marcado por mudanças bruscas, as crises podem ser vistas, em um primeiro momento, como um período obscuro e completamente negativo. A descrição de Vygotski (2006a) das crises no desenvolvimento infantil engloba três peculiaridades fundamentais relacionadas a essa apreensão aparente: a) a indefinição entre começo e fim da crise e a presença de um "pico culminante" no meio; b) a dificuldade de educar a criança, a queda de seu rendimento escolar e a presença de conflitos agudos internos e externos; e c) a índole negativa do desenvolvimento, que destrói e extingue antigas características da criança e dificulta o verdadeiro entendimento do desenvolvimento infantil.[51]

Vygotski (2006a), por outro lado, não se limita a uma análise sintomática e fenomênica do desenvolvimento e compreende o período crítico como uma unidade indissolúvel entre *destruição* e *criação*. O polo positivo dessa unidade, para o autor, é o que constitui o principal sentido da crise.

> *O desenvolvimento não interrompe jamais sua obra criadora e até nos momentos críticos se produzem processos construtivos.* Mas, todavia, *os processos involutivos,* tão manifestos nas ditas idades, estão igualmente sujeitos aos *processos de formação positiva* da personalidade, dependem diretamente deles e forma com eles um *todo indissolúvel.* A atividade destrutiva se realiza nos períodos indicados na medida em que é imprescindível para o desenvolvimento das propriedades e das características da personalidade. [...] o conteúdo negativo do desenvolvimento nos períodos críticos é tão somente a faceta inversa ou velada das mudanças positivas da personalidade que configuram o sentido principal básico de toda idade crítica (Vygotski, 2006a, p. 259, grifos nossos).

De acordo com Vygotski (2006a), a reestruturação da situação social de desenvolvimento configura o conteúdo principal das idades críticas. Para compreender sua ocorrência, deve-se considerar a contradição central que constitui a crise de desenvolvimento: "a contradição explícita entre o modo de vida da criança e suas potencialidades, as quais já superaram este modo de vida" (Leontiev, 2010, p. 66), ou, ainda, a contradição entre a situação social objetiva e a posição interna do sujeito (Bozhovich, 1987). Para que essa contradição engendre desenvolvimento, a criança deve ser inserida adequadamente em novas relações sociais – ainda que com as mesmas pessoas –, capazes de fornecer condições para que suas novas possibilidades, necessidades e capacidades sejam efetivamente realizadas. Quando essa modificação ocorre, a criança não apenas muda de lugar em suas relações sociais, mas também toma consciência dessa mudança e a

---

[51] A despeito das diferenças terminológicas entre Vigotski e Leontiev para designar as crises de desenvolvimento (Abrantes; Eidt, 2019), entendemos que os autores concordam quanto à explicação do processo. Para Leontiev (2010), as crises seriam não as transformações qualitativas às quais Vigotski se refere, mas a prova de que uma mudança crítica não se deu a seu tempo. Por isso, se o desenvolvimento ocorresse de forma controlada, as crises seriam, então, evitadas. Ainda que Vigotski (2006a) use o termo crise como equivalente a "período crítico" e à "transformação qualitativa", o autor reconhece, do mesmo modo, que esses momentos do desenvolvimento podem estender-se e configurar um sofrimento desnecessário em certas condições – quando mudanças "não se dão a tempo".

interpreta (Leontiev, 2010, p. 82), seguindo, com uma nova atividade, para um novo período do desenvolvimento (Abrantes; Bulhões, 2020). Quando as modificações não ocorrem, por outro lado, a criança pode viver a crise de modo intensificado e agudo (Leontiev, 2010) ou até mesmo experimentar uma estagnação em seu desenvolvimento (Pasqualini, 2020).

As formulações até aqui apresentadas lançam luz a uma possível *conceituação das crises em saúde mental* em três principais sentidos. Primeiro, no sentido de compreendê-las como um processo em que destruição e criação constituem polos de uma mesma unidade. Segundo, no sentido de reconhecer, nas crises, um importante *conflito constitutivo* entre a situação social de desenvolvimento da pessoa e as suas necessidades. E, terceiro, no sentido de identificar que as crises em saúde mental configuram-se como um acontecimento revolucionário na vida do sujeito, mudando significativa e rapidamente a qualidade de suas vivências externas e internas.

A compreensão das crises em saúde mental como uma unidade entre processos criativos e destrutivos permite o reconhecimento de seu potencial para reorganizar processos psíquicos e promover desenvolvimento, ainda que por vias conturbadas. Esse potencial, entretanto, pode desenvolver-se apenas nos casos em que o meio social *viabiliza* sua realização concreta, oferecendo condições de suporte para a resolução da crise. É possível considerar que, ao contrário das crises de desenvolvimento, o polo criativo das crises relacionadas ao sofrimento psíquico encontra-se frequentemente obstruído, visto que o lugar social ocupado por essas duas crises difere consideravelmente. Enquanto as crises de desenvolvimento são mais aceitas socialmente por serem entendidas como próprias de algumas idades (mesmo que não sejam períodos considerados desejáveis)[52], as crises em saúde mental, de modo geral, dificilmente encontram condições sociais de acolhimento, suporte e validação. Encontram, pelo contrário, concepções e práticas que almejam sua supressão (ou cura), visando ao retorno a uma suposta "normalidade" – condição que pode intensificar seu caráter impetuoso, pois coloca a pessoa em uma condição de afastamento do coletivo (Vygotski, 1997), pela incompreensão de sua vivência pelo meio social, favorecendo sua cronificação. Nessa dinâmica, podemos entender que a hegemonia de práticas sociais que buscam suprimir as crises em saúde mental sem agir sobre suas determinações pesa para uma predominância do polo destrutivo das crises em saúde mental, em detrimento da emergência do polo criativo.

---

[52] Vale destacar que a presença de sofrimento nas crises de desenvolvimento não as caracteriza necessariamente como crises em saúde mental, ainda que seja possível supor que, em nossa sociedade, as crises de desenvolvimento, cujas mudanças não se dão a seu tempo, tendem a uma patologização.

PESQUISAS E PRÁTICAS SOBRE O SOFRIMENTO E O ADOECIMENTO COM
FUNDAMENTOS NA PSICOLOGIA HISTÓRICO-CULTURAL

Com isso, consideramos que as crises em saúde mental apresentam-se como a agudização ou intensificação de um processo de sofrimento que se manifesta a partir do sentimento de insuportabilidade, de desorganização psíquica, do sentimento de autoestranhamento (frequentemente acompanhado de enfraquecimento de sentidos pessoais) e, principalmente, de dificuldades significativas[53] no subcontrole do comportamento (ou autorregulação da conduta), podendo, no limite, manifestar-se sob a forma de comportamentos ou atos que potencialmente prejudicam a vida e a integridade da pessoa.

De acordo com Zeigarnik (1981), a alteração do subcontrole do comportamento ou do sentido crítico da pessoa sobre sua própria conduta pode manifestar-se de diferentes formas e em diferentes processos, tais como o raciocínio, a percepção, a autovaloração e a crítica da pessoa em relação às suas vivências psicopatológicas, por exemplo (Zeigarnik, 1981). Segundo a autora, tal alteração é definida como a "incapacidade[54] [da pessoa] de atuar preditivamente, de controlar seus atos e corrigi-los, adequando-os às condições reais" (Zeigarnik, 1981, p. 171, tradução nossa). Trata-se de uma alteração que afeta toda a estrutura da atividade (Zeigarnik, 1981) e que, de acordo com Alvarez (2003), demonstra a prevalência da motivação inconsciente na determinação da conduta, a qual se traduz nas dificuldades da pessoa de explicar os objetivos e as razões de seu comportamento. A partir de tais caracterizações, é possível supor que as crises em saúde mental, na medida em que expressam mais intensamente o sofrimento e a desorganização psíquica, também manifestam em maior grau as alterações do subcontrole do comportamento. Nesses períodos críticos, a pessoa passa a se comportar com pouca ou nenhuma intencionalidade, sentido crítico ou capacidade de autorregulação. Por exemplo, trata-se de uma dificuldade nítida em momentos de crises de pessoas em depressão ou mania, as quais, lutando para dominar suas emoções e seus afetos, tomam ações mais impulsivas (Almeida, 2018).

O reconhecimento do conflito constitutivo das crises, por sua vez, corrobora a formulação que atribui o surgimento das crises em saúde mental a uma situação caracterizada pela incompatibilidade entre o que o meio social oferece à pessoa e suas necessidades, potencialidades, concepções sobre si e sobre o mundo, desejos e expectativas; ou ainda, pela insuficiência de recursos ou mediações (internas ou externas) dispostas pela pessoa para

---

[53] Ainda que possivelmente temporárias.

[54] Aqui, damos preferência ao termo "dificuldade", entendendo que não se trata de uma incapacidade total, orgânica ou permanente.

a lida com o cotidiano, o sofrimento e as "infidelidades do meio" (Canguilhem, 1995). O mesmo reconhecimento também permite considerar que esse conflito, em última instância, pode ter a função de preservar a pessoa em seu processo de adoecimento, na medida em que *sinaliza um limite*. Considerando as crises como um momento, fase ou episódio de um processo maior de sofrimento psíquico (que pode estar em seu início, meio ou fim), é possível compreendê-las como uma *reação da personalidade* diante de um meio social incapaz de acolher suas necessidades. Desse modo, apresentam-se como uma espécie de denúncia contra as normas que regulam a vida individual ou coletiva do sujeito em crise, ou, então, como uma forma de comunicação de sofrimento, descontentamento ou protesto, cumprindo o importante papel de indicar a necessidade de mudanças e reorganizações em sua situação social de desenvolvimento[55].

A identificação de mudanças qualitativas nas vivências da pessoa em crise, por fim, relaciona-se com a hipótese de que os períodos de crise em saúde mental podem ser entendidos como um momento de reorganização (ou desorganização) que incide sobre o sistema psicológico da pessoa, suas relações inter e intrapessoais, sua hierarquia de motivos, sua autoconsciência, sua personalidade e sua vida de modo geral. A reorganização desses aspectos, como nas crises de desenvolvimento, não dizem respeito a meras mudanças quantitativas, mas a uma transformação de qualidade que coloca a pessoa em um novo momento de sua biografia. Essa hipótese encontra sua fundamentação na formulação de Vigotski (2006), que identifica nos períodos críticos a representação de significativas mudanças *internas*. São essas mudanças internas, segundo o autor, que configuram a *essência* das crises de desenvolvimento:

> [...] a essência de toda a crise reside na reestruturação da vivência interior, reestruturação que radica na mudança do momento essencial que determina a relação da criança com o meio, isto é, na mudança de suas necessidades e motivos que são os motores de seu comportamento (Vigotski, 2006, p. 385).

O sistema psicológico que opera durante as crises, por sua vez, pode ser compreendido como uma resposta à situação de sofrimento, conside-

---

[55] Estas formulações encontram base no exame de Vygotski (2006b) sobre os sintomas da crise dos três anos, período em que a criança se torna "rebelde" e passa a agir de modo contrário às normas educativas estabelecidas e ao regime de vida que lhe é imposto. Essa rebeldia se manifesta como um descontentamento expresso por gestos e palavras depreciativas com as quais a criança responde a tudo que lhe é proposto e feito. Para Vygotski (2006b), a crise dos 3 anos se revela sob a forma de um motim, de um protesto contra a educação autoritária, em que a criança exige independência por ter ultrapassado as normas e formas de tutela da primeira infância.

PESQUISAS E PRÁTICAS SOBRE O SOFRIMENTO E O ADOECIMENTO COM FUNDAMENTOS NA PSICOLOGIA HISTÓRICO-CULTURAL

rando que "existem também sistemas psicológicos que surgem em resposta às exigências de dada situação ou em relação com a solução de um ou outro problema" (Bozhovich, 1987, p. 251). Para a autora, "esses sistemas possuem caráter temporário, episódico e se desintegram quando termina a atividade a que eles servem" (Bozhovich, 1987, p. 251)[56]. No caso das crises em saúde mental, entretanto, a desintegração dessa nova relação interfuncional será determinada, sobretudo, pelas mediações e respostas que o meio social proporciona (ou não) à pessoa.

Como as de desenvolvimento, as crises em saúde mental não podem ser reduzidas a suas manifestações aparentes. Seus sintomas, portanto, devem ser investigados em seu verdadeiro sentido, não revelados imediatamente. O seguinte trecho de Leontiev (1980) permite traçar um paralelo com essa questão:

> As experiências do interesse e do aborrecimento, atração ou problemas de consciência não revelam a sua própria natureza ao sujeito. Embora pareçam forças internas estimulando sua atividade, a sua real função é apenas guiar o sujeito para a sua verdadeira origem, indicar o significado pessoal dos acontecimentos que têm lugar na sua vida, impelindo-o a parar por um momento, tal como está, o fluxo de sua atividade e examinar os valores essenciais que se formaram na sua mente, a fim de ele próprio neles se encontrar, ou talvez de os rever (Leontiev, 1980, p. 76).

As expressões do sofrimento sob a forma de crises podem, então, ser interpretadas como uma indicação à própria pessoa, primeiro, dos sentidos pessoais dos eventos relacionados ao seu sofrimento e, segundo, da urgência de considerar e rever suas necessidades e possibilidades. Para isso, a crise se manifesta de modo a interromper ou suspender a cotidianidade da vida, constituindo um momento de abertura para a transformação qualitativa na relação do sujeito com seu entorno. Essa dinâmica – determinada pela situação social de desenvolvimento na qual o sujeito se insere e da qual participa – demonstra que as crises podem ser, simultaneamente, momentos críticos e potentes tanto para estagnações quanto para suas próprias supe-

---

[56] As neoformações dos períodos críticos emergem da situação social de desenvolvimento da criança e possuem caráter transitório, isto é, "não se conservam tal como são na etapa crítica [...]. Se extinguem e são assumidas pelas formações novas da seguinte idade estável, se incluem nela como instâncias subordinadas [...]" (Vygotski, 2006a, p. 260). Ainda que as conquistas desses períodos sejam necessariamente transitórias, elas cumprem um papel fundamental no desenvolvimento na medida em que servem como uma "ponte de passagem" de um estágio a outro (Vygotski, 2006b).

rações (Almeida, 2018). No primeiro caso, é possível inferir que as crises em saúde mental podem representar crises de desenvolvimento cujo desfecho se constitui não como o desenvolvimento propriamente dito, mas como *obstrução* de novas formações e transformações guiadas pelo processo de humanização[57].

Analisar a gênese das crises em saúde mental pressupõe identificar a determinação de processos mais gerais que constituem a base do desenrolar das crises. O primeiro deles refere-se ao próprio *processo de desenvolvimento humano*, que ocorre na relação dialética entre acúmulos quantitativos e saltos de qualidade (Abrantes; Eidt, 2019) e é produto da dinâmica entre apropriação e objetivação mediada pela atividade (Duarte, 1993). Por se desenvolver no seio do modo de produção capitalista, essa atividade se submete também aos embates e tensões entre humanização e alienação, produzindo diferentes formas de ser e, principalmente, de adoecer. O segundo processo geral, por sua vez, se refere ao processo de sofrimento psíquico, compreendido por Kinoshita e colaboradores (2016) como um momento em que a capacidade do sujeito de *ser normativo* encontra-se prejudicada, dificultando o movimento de instituir novas normas e modificar as que institui (Canguilhem, 1995; Almeida; Bellenzani; Schühli, 2020).

De modo geral, a determinação tanto do sofrimento psíquico quanto das crises relaciona-se com as práticas sociais debilitadoras de uma dada sociedade, isto é, com eventos anômalos desintegradores ou comportamentos normativos vigentes, que possuem caráter alienante e produzem necessariamente tipos de vivências conflituosas e geradoras de sofrimento (Ratner, 1995), tais como as relações de exploração e opressão de classe, raça e gênero e as variadas expressões da violência. As crises em saúde mental podem ser consideradas como um processo de *intensificação* do sofrimento psíquico, que eleva este sofrimento à outra qualidade e surge quando o indivíduo se encontra em seu *limite*, estando esgotados todos os demais recursos psíquicos ou materiais que o permitiam vivenciar, e de alguma forma mediar, o sofrimento. Nesse estado de limite, o sujeito expressa o conflito central de sua crise de forma aparentemente confusa e desorganizada.

Essa expressão de sofrimento sob a forma de comportamentos tomados como "irracionais" pode estar atrelada a uma dificuldade ou ausência de

---

[57] Em outras palavras, consideramos a possibilidade de que os períodos críticos do desenvolvimento, marcados pela impetuosidade afetiva (Vygotski, 2006a) e pela frustração de necessidades (Bozhovich, 1987), podem, mediante ausência de mediações adequadas, dar origem a uma crise em saúde mental, viabilizando a deflagração de um processo maior de sofrimento.

entendimento recíproco entre a pessoa em crise e as pessoas de seu meio social. Há, assim, uma dificuldade da pessoa em crise de comunicar suas necessidades e do meio social de entendê-las[58].

Como consequência dessa falta de entendimento recíproco e dos processos e práticas sociais que patologizam as crises, supõe-se que as necessidades do sujeito não encontram os meios necessários para sua realização. Pode-se considerar, portanto, que, na base da produção das crises, se encontra a *não satisfação ou violação de necessidades,* sejam as mais básicas, sejam as mais complexas, resultantes do desenvolvimento histórico-social. Dito de outro modo, as necessidades do sujeito constituem uma relação de contradição com sua situação social de desenvolvimento, sendo a crise uma forma intensificada de expressão dessa contradição[59]. O meio social, neste caso, falha ao acolher as demandas enunciadas (ainda que de forma caótica) pelo sujeito, e, como consequência da ausência ou insuficiência de mudanças significativas na situação social de desenvolvimento, a crise se manifesta e determina, com maior ou menor intensidade, as relações interpessoais do sujeito e a formação ulterior de sua personalidade.

Em síntese, a determinação das crises em saúde mental reside especificamente em sua situação social de desenvolvimento, que, ao não corresponder às necessidades da pessoa, intensifica e transforma o sofrimento psíquico em crise[60]. Assim, compreendemos as crises em saúde mental como produto das relações estabelecidas entre o sujeito e seu meio social – intermediadas pelos grupos sociais dos quais participa –, e do modo como tal meio social "retroage sobre a crise, oferecendo ou não novas situações sociais de desenvolvimento" (Almeida, 2018, p. 374). São as relações sociais concretas – assentadas na condição social de classe, raça e gênero –, portanto, que determinam o conteúdo das crises em saúde mental e as possibilidades para sua superação.

---

[58] Esta formulação se apoiou na hipótese de Vygotski (2006c), que atribui a causa das reações hipobúlicas da crise do primeiro ano de vida à falta de entendimento recíproco entre a criança e os adultos de seu entorno.

[59] Como discutimos antes, consideramos que as crises podem ser decorrentes da insuficiência de recursos (internos ou externos) dispostos pelo sujeito para a lida com o cotidiano e seu sofrimento. Nesses casos, podemos localizar a não realização da necessidade de possuir ou acessar mediações apropriadas que acolham seu estado crítico e lhe ofereçam condições de superação.

[60] Nessa mesma direção, Bozhovich (1987) compreende que as características das crises de desenvolvimento indicam, essencialmente, frustração de necessidades.

AS PRÁTICAS DE CUIDADO ÀS CRISES EM SAÚDE MENTAL

Coerente com sua concepção de crise, o campo da atenção psicossocial vem desenvolvendo uma larga gama de estudos sobre as estratégias de cuidado às crises em serviços de saúde (Unidades de Pronto Atendimento, Centros de Atenção Psicossocial e Atenção Básica). De modo geral, esses estudos consideram que, historicamente, a assistência psiquiátrica estabeleceu uma relação de dominação, tutela e violência com indivíduos em sofrimento psíquico. Assim, as perspectivas críticas apontam para uma ideia de crise das instituições (Dell'Acqua; Mezzina, 1991) e para a necessidade de reconstrução das instituições terapêuticas, propondo, portanto, o questionamento das práticas em saúde e a oposição a uma atuação objetificante, marcada pela precarização das relações, e pelo uso do poder e do controle e intervenções fundamentadas na noção de incapacidades (Carvalho; Costa; Bucher-Maluschke, 2007).

Os mesmos estudos consideram que as intervenções pautadas em uma lógica coercitiva e manicomial colaboram para a produção de subjetividades precarizadas (Jardim; Dimenstein, 2007) ou ainda para a desapropriação da subjetividade (Machado; Santos, 2013). Nesse sentido, o processo de institucionalização colaboraria para a criação de uma dependência da instituição, interditando o desenvolvimento de autonomia desses sujeitos (Bonfada; Guimarães, 2012; Brito, Bonfada, Guimarães, 2015). Ademais, tem-se que o modelo de atenção asilar produz iatrogenia (Almeida *et al.*, 2014; Dimenstein; Gruska; Leite, 2015; Dimenstein *et al.*, 2012), tutela (Willrich *et al.*, 2013), exclusão social e um cuidado fragmentado (Costa, 2007; Dimenstein *et al.*, 2012).

Na contramão dessas práticas asilares, surge o movimento de Reforma Psiquiátrica, que propôs uma reorientação no modelo de cuidado. Em oposição à lógica psiquiátrica das intervenções dirigidas à cura ou à estabilização da doença e vinculadas às exigências de adaptação às normas da sociedade capitalista de controle social, eficiência e produtividade (Basaglia; Basaglia, 2005), surge, no Brasil, o modelo de atenção psicossocial. Trata-se de um modelo de atenção que orienta suas estratégias de cuidado pelos princípios e diretrizes de: desenvolvimento do indivíduo e compreensão do processo de adoecimento em sua singularidade (Willrich *et al.*, 2011; Almeida *et al.*, 2015; Zeferino, 2016), acolhimento (Dimenstein *et al.*, 2012), vínculo (Zeferino, 2016), autonomia (Souza *et al.*, 2019), emancipação (Dell'Acqua; Mezzina, 1991), cuidado no território (Vieira Filho, 2011), participação ativa dos usuários e familiares, tomada de responsabilidade (Pereira; Sá; Miranda, 2013), corresponsabilização (Lobosque, 2015), contratualidade (Willrich *et al.*, 2013; Venturini, 2016), reconhecimento e exercício da liberdade (Lima; Dimenstein, 2016), poder de decisão e afirmação da cidadania do usuário (Willrich *et al.*, 2011; Souza; Cortes; Pinho, 2018), organização da atenção em rede (Almeida *et al.*, 2015), intersetorialidade, interdisciplinaridade, desinstitucionalização (Fialho, 2014).

Com tais diretrizes e objetivos e em contraposição ao isolamento e à tutela, a atenção psicossocial defende que o cuidado à crise no território deve mobilizar os recursos pessoais e sociais. Coerente com a concepção de ser humano da Psicologia Histórico-Cultural, este campo compreende que a resolução das crises não é possível apenas pela via individual, sendo que o entendimento sobre o próprio sofrimento dá-se, como o próprio desenvolvimento humano, nas relações sociais. Assim, aponta-se a necessidade de intervenções práticas que envolvam uma rede de suporte à crise, composta por familiares, amigos, conhecidos, profissionais de saúde e outras pessoas que possuam relativa importância para a pessoa em crise. Nesse cenário, uma das ferramentas utilizadas pela atenção psicossocial é o Projeto Terapêutico Singular (PTS), o qual prevê um cuidado integral e articulado que envolve a rede, a relação com a família, com a comunidade e outros vínculos (Willrich *et al.*, 2011). Nessa direção, a atenção psicossocial tem desenvolvido estratégias que visam à construção de novas referências e novos sentidos da crise (Costa, 2007), com a produção de estratégias orientadas pela perspectiva de promoção de cuidado e autonomia, como a Gestão Autônoma da Medicação (GAM) e a clínica ampliada (Almeida *et al.*, 2015), por exemplo. Essas práticas se guiam pela noção de ética-cuidado, a qual valoriza a história, os valores, a rede de apoio, os comportamentos e saberes da pessoa em crise (Jardim; Dimenstein, 2007).

De modo geral, é possível perceber que se trata de práticas imbuídas de potencial para combater a medicalização social, isto é, o processo crescente de produção de respostas no campo biomédico para manifestações de contradições sociais, o qual tem contribuído para a consolidação de concepções organicistas e naturalizantes do sofrimento psíquico (Almeida; Gomes, 2014) e das crises – concepções expressas, por exemplo, nas práticas de atenção à crise centradas no uso de fármacos.

Em resumo, muitas dessas características e diretrizes convergem com uma atuação orientada pelos princípios teórico-metodológicos da Psicologia Histórico-Cultural. Assim, concordamos que intervenções que objetivam suprimir os sintomas da crise sem analisar os processos que os originam podem contribuir para o surgimento de sintomas iatrogênicos, para a emergência de novas crises ou, ainda, para sua cronificação, à medida que a contradição central que a motivou permaneça inalterada. Como destaca Almeida (2018), a ineficácia do meio social em acolher o sofrimento psíquico, bem como a não oferta de mediações apropriadas que contribuam para o suporte da vivência do momento crítico, tem um impacto negativo na reorganização da pessoa em crise.

Considerando a necessidade de propor e oferecer mediações apropriadas no cuidado à crise em saúde mental, recorremos às contribuições de Delari Jr. (2009), que sistematiza os princípios da superação, cooperação e emancipação como regentes da prática da Psicologia Histórico-Cultural. De acordo com o autor, a superação, "entendida como ato e necessidade de superarmo-nos, de irmos além dos nossos limites atuais" (Delari Jr., 2009, p. 5), tem como uma de suas condições concretas a cooperação entre as pessoas, que deve ter como finalidade a busca pela emancipação humana. Tais princípios, a nosso ver coerentes com as diretrizes da atenção psicossocial, oferecem subsídios para práticas de cuidado nas crises voltadas para a promoção do desenvolvimento de consciência sobre si, autoconsciência e autonomia.

Partindo de tais princípios, consideramos que as práticas de atenção à crise, que buscam potencialmente suavizar os sintomas e encurtar o período crítico (tendo em vista que a intensidade do sofrimento obstrui a vida da pessoa), devem mobilizar recursos e mediações que permitam uma reorganização das atividades e dos motivos, bem como das relações e vínculos da pessoa por meio de projetos dirigidos para a promoção de sua autonomia. Concebendo a atividade como via de recuperação psicológica como proposto por Silva (2014) apoiada em Zeigarnik entendemos que a reorganização da situação social de desenvolvimento do sujeito e de seus sistemas psicológicos torna-se fundamental no desfecho da crise. A compreensão e a ampliação de vivências de forma mais elaborada, a promoção de maiores níveis de autodomínio da conduta e de tomada de consciência da pessoa a respeito de seu processo de adoecimento – o que envolve o reconhecimento de seus limites e possibilidades – também parecem constituir estratégias relevantes para o cuidado às crises.

Os estudos da Psicologia Histórico-Cultural tem salientado a necessidade de entender o sofrimento psíquico a partir da dialética singular--particular-universal (Almeida; Bellenzani, Schühli, 2020), observando a singularidade em relação à universalidade mediada pela particularidade. Desse modo, parece-nos que a atenção à crise deve criar condições para que a crise expresse sua demanda global, por meio da reconstrução da história pessoal, observando a periodização do desenvolvimento individual – conforme a atividade, consciência e personalidade –, os processos de desgaste aos quais a pessoa está submetida, a situação-limite envolvida na crise, o conteúdo da crise e o contexto em que se dá o cuidado. De modo geral, esses aspectos remetem ao conceito de *vivência*, definido por Vigotski (2018) como a unidade entre as particularidades da personalidade e da situação por ela vivenciada, ou, então, como a síntese que refrata o momento definidor das influências do meio no desenvolvimento psicológico. Com base na vivência da crise, o Projeto Terapêutico Singular deve ser elaborado em conjunto com a pessoa em crise, de modo a buscar as modificações necessárias em sua situação social de desenvolvimento, atividade e personalidade.

Ademais, é importante que o plano de cuidado identifique os núcleos preservados da pessoa em crise, de modo que a atenção se volte para as capacidades e habilidades, e não apenas para suas dificuldades. Para isso, é fundamental a escuta e a produção de vínculos, por meio da postura de acolhimento. Entendemos ainda que um dos objetivos do profissional de saúde na atenção à crise é de fornecer à pessoa em crise certo senso de realidade, com cautela para a validação de seu sofrimento. É importante também oferecer à pessoa condições seguras para a expressão de seus sentimentos e conflitos internos, considerando que a ausência dessas expressões nas crises em saúde mental – por interdição própria, social ou medicamentosa – pode configurar-se como um fator prejudicial ao sujeito, não permitindo a tomada de consciência e o autodomínio sobre sua vivência da crise.

Considerando que as crises de desenvolvimento representam a "reestruturação das relações sociais recíprocas entre a personalidade da criança e as pessoas em seu entorno" (Vygotski, 1995b, p. 5, tradução nossa), inferimos que a resolução das crises em saúde mental possa significar uma reestruturação das relações do sujeito com o mundo e com as pessoas de seu entorno, o que conduziria a uma nova percepção da sua vida interna e externa. Vigotski (1999) afirma, ao estudar pessoas com diagnóstico de esquizofrenia, que a perda das relações sociais e interpsicológicas produz, em última instância, a perda das relações do sujeito consigo mesmo, isto é, de suas relações intrapsicológicas. Dessa forma, as relações sociais não só estão na gênese dos processos de desintegração ou desorganização, como também é por meio delas que são possíveis as mudanças positivas e sua superação. Assim, práticas que visam à superação das crises devem promover relações interpessoais solidárias pautadas no desenvolvimento mútuo e humanização, por meio da cooperação. Por isso, combatemos a institucionalização da crise, que limita as relações sociais do sujeito e reproduz relações de violência e tutela. Exemplo disso é o uso corrente e naturalizado da contenção em momentos de crise (Dell'Acqua; Mezzina, 1991; Venturini, 2016), que acentua a expropriação do sujeito de si em detrimento da construção de uma estratégia de atuação com consentimento, pactuada com o indivíduo em crise e voltada para a ampliação dos níveis de autonomia e autodomínio da conduta.

Pressupondo que a atenuação das crises é determinada pelas condições sociais nas quais a crise se manifesta (Pasqualini, 2020, Santos *et al.*, 2020), consideramos que as condições, concepções ou mesmo da ausência de cuidado marcam de modo importante as possibilidades de curso e desfecho da crise, dentre as quais se encontram a cronificação do sofrimento e sua superação. Assim, na atenção à crise, o mencionado processo de cooperação pode potencializar a transformação de motivos ocultos ao sujeito em motivos conscientes, permitindo a alteração significativa de suas vivências e, portanto, das formas e conteúdos de seu sofrimento. Com a tomada de consciência de motivos, torna-se possível à pessoa, ainda que limitada pelas condições reais de sua existência, fazer escolhas pautadas em seus projetos de vida, ou, então, minimamente, tomar consciência da ausência ou escassez dessas escolhas. Para que a atenção às crises tome as escolhas singulares da pessoa em crise, é importante que o Projeto Terapêutico Singular desenvolva a consciência das possibilidades não somente nos períodos de crise, mas nos próprios períodos de estabilidade.

Em vista da complexidade implicada na atenção à crise em saúde mental, existem posicionamentos e estratégias heterogêneas mesmo no campo da atenção psicossocial. Em relação à utilização de fármacos, por exemplo, é possível identificar ao menos duas posições. Por um lado, tem-se a posição que afirma que a centralidade dos psicotrópicos tem revelado o fracasso dos serviços e de nossa sociedade em lidar com as raízes sociais do sofrimento e das crises a partir da modificação das situações sociais de desenvolvimento da pessoa, apresentando-se como uma contenção velada que visa a uma pseudoconvivência em sociedade e retira a historicidade dos processos de sofrimento, sem garantir a produção de maiores níveis de consciência acerca da crise, assim como a responsabilidade e autonomia em sua vida (Jardim; Dimenstein, 2007; Willrich *et al.*, 2011; Minozzo; Costa,

PESQUISAS E PRÁTICAS SOBRE O SOFRIMENTO E O ADOECIMENTO COM
FUNDAMENTOS NA PSICOLOGIA HISTÓRICO-CULTURAL

2013). Por outro lado, tem-se a posição que considera que seria possível entender que os fármacos induzem estados temporários que podem trazer alívio a um intenso tormento psicológico (Moncrieff, 2008), aparecendo como um recurso complementar no cuidado à crise.

Apoiadas na Psicologia Histórico-Cultural, reiteramos que um desfecho para a crise que retome o processo de desenvolvimento precisará atuar sobretudo na criação e oferta de mediações sociais apropriadas e na reorganização da estrutura de motivos e atividades. Para isso, é preciso considerar, antes de tudo, o contexto de vida da pessoa, no capitalismo brasileiro, com suas profundas desigualdades sociais fundamentadas em uma sociedade de classes marcada pelo racismo estrutural e pela violência de gênero. Ademais, é importante entender seu desenvolvimento psicológico e cultural, os níveis de desenvolvimento do pensamento abstrato, de autodomínio da conduta, de consciência sobre si e autoconsciência, bem como a qualidade dos vínculos do sujeito com o mundo e sua estrutura motivacional. Dessa forma, a prescrição de fármacos destituída de uma articulação em rede, do desenvolvimento de processo de consciência sobre si e sua própria historicidade e da construção de estratégias criativas torna-se um método não só ineficaz, como contribui para ocultar as verdadeiras raízes da crise, ao silenciar ou docilizar os dramas e as revoltas expressos como crise.

Considerando que as relações sociais alienadas da sociedade capitalista apresentam-se como um obstáculo importante às práticas de cuidado emancipadoras, entendemos que o êxito ou fracasso da atenção às crises não depende apenas da atuação profissional isolada, mas de condições sociais mais gerais relacionadas às próprias relações materiais de produção desse tempo histórico.

CONSIDERAÇÕES FINAIS

Jardim (2014, p. 142), ao defender o termo "Atenção à Pessoa em Crise", explica que é a pessoa que está no centro da intervenção e que todas as teorias, os conhecimentos e os métodos científicos devem ser usados a favor dela, e não o contrário. No entanto, esse reconhecimento não tem sido suficiente para subsidiar, no campo da atenção à crise, práticas balizadas pelos princípios da atenção psicossocial, tais como acolhimento, promoção de autonomia, garantia de direitos, cuidado em liberdade, entre outros. Em outros termos, vemos que a existência de formulações avançadas e críticas sobre as crises em saúde mental neste campo não significam uma contraposição prática e real às intervenções biomédicas e manicomiais violentas – tais como internações compulsórias, protocolos de medicalização e contenção.

Na disputa entre modelos (Schühli, 2020), o modelo psicossocial se encontra atualmente em notável desvantagem em relação ao modelo biomédico. Temos o subfinanciamento crônico dos serviços públicos de saúde, a subcapacitação de profissionais para a atenção à crise (Freitas, 2019), a rotatividade das equipes por precárias condições de trabalho, a insuficiência e sobrecarga de profissionais para garantir cuidado e atenção de qualidade para a população adscrita aos territórios, entre outros. De modo geral, trata-se de condições que prejudicam a efetivação da atenção psicossocial, favorecendo: a) o encaminhamento de pessoas em crise a hospitais psiquiátricos ou comunidades terapêuticas (Freitas, 2019); b) o aumento de processos de vulnerabilidade social, marginalização e sofrimento (Muramoto; Mangia, 2011; Fialho, 2014); e c) a diminuição de níveis de autonomia e participação social desses sujeitos. Isso se torna especialmente problemático na medida em que, ainda hoje, a atenção à crise constitui-se como um dos problemas mais evidentes para as equipes da Rede de Atenção Psicossocial (Dimenstein *et al.*, 2012); e a crise persiste como a principal justificativa para internações e, no limite, para a existência das instituições manicomiais (Dell'Acqua; Mezzina, 2005).

Ao cenário de precarização dos serviços de saúde mental e disputa entre modelos, somam-se também as mazelas de um período econômico-político marcado por diversas contradições características do modo de produção capitalista desenvolvido sob os moldes da formação social brasileira. Mais especificamente, vemos que a retirada de direitos sociais e a piora das condições de vida, saúde, educação, aposentadoria e trabalho atualmente impõem-se sobre a vida de milhões de trabalhadores e trabalhadoras, determinando, de modo particular e específico, um aumento significativo dos índices de diversas formas de sofrimento psíquico no perfil epidemiológico da classe trabalhadora. Assim, ao mesmo tempo que a sociedade capitalista produz mais sofrimento, delega à psiquiatria a tarefa de dar respostas naturalizadas e adaptativas a esse sofrimento. E, como já denunciava Basaglia (1979), desde seu nascimento, a psiquiatria se constitui como uma técnica altamente repressiva usada pelo Estado para oprimir a classe trabalhadora que não produz. Disso entendemos que, em nome do cuidado às crises em saúde mental, são utilizados meios mais ou menos violentos, mais ou menos respaldados "cientificamente", conforme a necessidade do capital e do Estado de controlar particularmente os setores da classe trabalhadora mais superexplorados, tal como a população negra e periférica. Como apresenta Fanon (2008), ao abordar a formação da identidade negra em um cenário colonial, os processos de alienação, inferiorização e desumanização resultantes do racismo e do colonialismo têm suas expressões no psiquismo humano.

Com isso, consideramos urgente tanto a defesa – e o avanço – das conquistas advindas da Reforma Psiquiátrica no campo da Atenção à Crise pautadas nos princípios de uma luta antimanicomial e antirracista, quanto a luta pela construção de condições dignas de vida, considerando que, por si mesmos, bons sistemas de saúde não garantem ausência ou diminuição significativa de índices de adoecimento psíquico (Laurell, 1983).

Desse modo, vemos a necessidade de defender e forjar formas de atenção à crise centradas não nas demandas institucionais ou nas exigências produtivistas do capital, mas nas necessidades próprias das pessoas em sofrimento psíquico, de seu desenvolvimento e humanização. Isso se torna especialmente difícil quando consideramos tanto as condições precárias nas quais atuam os profissionais de saúde no Brasil quanto as dificuldades em encontrar respostas coletivas ao sofrimento produzido pelos processos de alienação da sociedade capitalista.

Nessa direção, defendemos não só a luta por melhorias dos serviços de saúde mental do país, mas, sobretudo, a luta pela emancipação universal dos sujeitos, dirigida à transformação radical da sociedade de classes. Com essas contribuições, aventamos a possibilidade de forjar condições de vida em que crises próprias ao desenvolvimento possam desenrolar-se da maneira como devem: produzindo "o novo" para o indivíduo em sua relação com o mundo, superando velhas contradições e afirmando novos desafios ao sujeito que se desenvolve (Abrantes; Eidt, 2019).

REFERÊNCIAS

ABRANTES, A. A.; BULHÕES, L. Idade adulta e o desenvolvimento psíquico da sociedade de classes. *In:* MARTINS, L. M.; ABRANTES, A. A.; FACCI, M. G. D (org.). *Periodização histórico-cultural do desenvolvimento psíquico*: do nascimento à velhice. Campinas/SP: Autores Associados, 2020. p. 241-265.

ABRANTES, A. A.; EIDT, N. M. Psicologia histórico-cultural e a atividade dominante como mediação que forma e se transforma: contradições e crises na periodização do desenvolvimento psíquico. *Obutchénie: Revista de Didática e Psicologia Pedagógica*, Uberlândia, v. 3, n. 3, p. 1-36, 22 nov. 2019.

ALMEIDA, A. B.; NASCIMENTO, E. R. P. do; RODRIGUES, J.; SCHWEITZER, G. Intervenção nas situações de crise psíquica: dificuldades e sugestões de uma equipe de atenção pré-hospitalar. *Rev. Bras. Enferm.*, Brasília, v. 67, n. 5, p. 708-714, out. 2014.

ALMEIDA, A. B. *et al.* Atendimento móvel de urgência na crise psíquica e o paradigma psicossocial. *Texto Contexto Enferm*, Florianópolis, v. 24, p. 4, p. 1035-43, 2015.

ALMEIDA, M. R. *A formação social dos transtornos do humor*. 2018. 415 f. Tese (Doutorado em Saúde Coletiva) – Faculdade de Medicina de Botucatu, Universidade Estadual Paulista "Júlio de Mesquita Filho", Botucatu, 2018.

ALMEIDA, M. R.; BELLENZANI, R.; SCHUHLI, V. M. A dialética singular--particular-universal do sofrimento psíquico: articulações entre a psicologia histórico-cultural e a teoria da determinação social do processo saúde-doença. *In:* TULESKI, S. C.; FRANCO, A. de F.; CALVE, T. M. (org.). *Materialismo histórico-dialético e psicologia histórico-cultural:* expressões da luta de classes no interior do capitalismo. Paranavaí: EduFatecie, 2020. p. 227-270.

ALMEIDA, M. R. de; GOMES, R. M.. Medicalização social e educação: contribuições da teoria da determinação social do processo saúde-doença. **Nuances:** Estudos sobre Educação, Presidente Prudente, v. 25, n. 1, p. 155-175, 2014.

ALVAREZ, A. A. Alteraciones de la personalidade. *Psicologia em Revista*. Belo Horizonte, v. 10, n. 14, p. 13-14, dez. 2003.

AMARANTE, P. *Saúde mental e atenção psicossocial*. 4. ed. Rio de Janeiro: Fiocruz, 2007.

BASAGLIA, F. As técnicas psiquiátricas como instrumento de libertação ou de opressão. *In: A psiquiatria alternativa:* contra o pessimismo da razão, o otimismo da prática. Conferências no Brasil. São Paulo: Brasil Debates, 1979. p. 13-27.

BASAGLIA, F.; BASAGLIA, F. Loucura/delírio. [1979]. *In:* BASAGLIA, F. *Escritos selecionados em saúde mental e reforma psiquiátrica*. Rio de Janeiro: Garamond, 2005. p. 259-298.

BELLENZANI, R.; CARVALHO, B. P. Questões histórico-conceituais em saúde mental: motivações e pressupostos gerais dessa obra (uma introdução). *In:* BELLENZANI, R.; CARVALHO, B. P. (org.). *Psicologia histórico-cultural na universidade* [recurso eletrônico]: saúde mental, sofrimento psíquico e psicopatologia, volume II. Campo Grande, MS: Ed. UFMS, 2023. P.1 5-32.

BRASIL. Ministério da Saúde. Lei n.º 10.216, de 6 de abril de 2001. Dispõe sobre a proteção e os direitos das pessoas portadoras de transtornos mentais e redireciona o modelo assistencial em saúde mental. *Diário Oficial da União*, 9 abr. 2001.

BRITO, A. A. C. de; BONFADA, D.; GUIMARAES, J.. Onde a reforma ainda não chegou: ecos da assistência às urgências psiquiátricas. *Physis,* Rio de Janeiro, v. 25, n. 4, p. 1293-1312, dez. 2015.

BONFADA, D.; GUIMARAES, J. Serviço de atendimento móvel de urgência e as urgências psiquiátricas. *Psicol. Estud.,* Maringá, v. 17, n. 2, p. 227-236, jun. 2012.

BOZHOVICH, L. Il'inichna. Las etapas de formación de la personalidade ver la ontogénesis. *In: La psicologia evolutiva y pedagógica en la URSS:* Antología. Moscú: Editorial Progresso, 1987. p. 50-273.

CANGUILHEM, G.. *O normal e o patológico*. 4. ed. Rio de Janeiro: Forense-Universitária, 1995.

CARVALHO, I. S.; COSTA, I. I.; BUCHER-MALUSCHKE, J. S. N. F. Psicose e Sociedade: interseções necessárias para a compreensão da crise. Rev. *Mal-Estar Subj.,* Fortaleza, v. 7, n. 1, p. 163-189, mar. 2007.

COSTA, M. S. da. Construções em torno da crise: saberes e práticas na atenção em Saúde Mental e produção de subjetividades. *Arq. Bras. Psicol.,* Rio de Janeiro, v. 59, n. 1, p. 94-108, jun. 2007.

DELARI JR., A. *Vigotski e a prática do psicólogo:* em percurso da psicologia geral à aplicada. Mimeo. Umuarama, 2009. 40 p. (2ª versão).

DELL'ACQUA, G.; MEZZINA, R. Resposta à crise. *In:* DELGADO, Jacques. *A loucura na sala de jantar*. São Paulo: Resenha, 1991. p. 53-79.

DESVIAT, M. *A Reforma Psiquiátrica*. 2. ed. Tradução: Vera Ribeiro. Rio de Janeiro: Editora Fiocruz, 2015.

DIMENSTEIN, M. *et al.* O atendimento da crise nos diversos componentes da rede de atenção psicossocial em Natal/RN. *Polis e Psique,* Porto Alegre, v. 2, p. 95-127, 2012.

DIMENSTEIN, M. D. B.; GRUSKA, V.; LEITE, J. F. Psychiatric Crisis Management in the Emergency Care Hospital Network. *Paidéia (Ribeirão Preto)*, Ribeirão Preto, v. 25, n. 60, p. 95-104, abr. 2015.

DUARTE, N. *A individualidade para-si*: contribuição a uma teoria histórico-social da formação do indivíduo. Campinas/SP: Autores Associados, 1993.

FANON, F. *Pele negra, máscaras brancas*. Salvador: EDUFBA, 2008.

FERIGATO, S. H.; CAMPOS, Rosana. T. Onoko.; BALLARIN, Maria Luisa G. S. O atendimento à crise em saúde mental: ampliando conceitos. *Revista de Psicologia da Unesp*, Assis, v. 6, n.1, p. 31-44, 2007.

FIALHO, Marcelo Brandt. Unidade 1: Contextos históricos e concepções teóricas da crise e urgência em saúde mental. *In*: ZEFERINO, M. T. *Crise e Urgência em Saúde Mental*: Módulo 2. Fundamentos da atenção à crise e urgência em saúde mental. Florianópolis, SC: Universidade Federal de Santa Catarina, 2014. p. 11-67.

FRANCO FERRARI, I. Centro de Acolhimento da Crise: Hospital Galba Velloso e algumas de suas respostas aos desafios da Reforma Psiquiátrica. *Psicol. Rev. (Belo Horizonte)*, Belo Horizonte, v. 16, n. 3, p. 517-536, abr. 2010.

FREITAS, C. de C. *A Gestão do Cuidado à Crise em Saúde Mental em uma Unidade de Pronto Atendimento 24h*. 2019. 146 f. Dissertação (Mestrado em Saúde Mental e Atenção Psicossocial) – Universidade Federal de Santa Catarina, Florianópolis, 2019.

GARCIA, A. M.; COSTA, H. de C. P. A crise no cotidiano dos serviços de saúde mental: o desafio de experimentar desvios e favorecer a potência inventiva. *Saúde debate*, Rio de Janeiro, v. 38, n. 101, p. 399-408, 2014.

JARDIM, K. F. de S. B. *Habitando o paradoxo*: atenção à pessoa em crise no campo da saúde mental. 2014. 163 f. Tese (Doutorado em Saúde Pública) – Escola Nacional de Saúde Pública Sérgio Arouca, Rio de Janeiro, 2014.

JARDIM, K.; DIMENSTEIN, M. Risco e crise: pensando os pilares da urgência psiquiátrica. *Psicologia em Revista*, Belo Horizonte, v. 13, n. 1, p. 169-190, 2007.

KINOSHITA, R. T. *et al*. Cuidado em saúde mental: do sofrimento à felicidade. *In*: NUNES, Mônica; LANDIM, Fátima Luna Pinheiro (org.). *Saúde mental na atenção básica*: política e cotidiano. Salvador: EDUFBA, 2016. p. 47-73.

LAURELL, A. C. A saúde-doença como processo social. *In:* NUNES, Everardo Duarte (org.). *Medicina social:* aspectos históricos e teóricos. São Paulo: Global, 1983. p. 133-158.

LEONTIEV, A. N. Uma contribuição à teoria do desenvolvimento da psique infantil. *In:* VYGOTSKI, Lev Semionovich; LURIA, Alexander R.; LEONTIEV, Alexis N. *Linguagem, Desenvolvimento e Aprendizagem.* 11. ed. São Paulo: Ícone, 2010. p. 59-83.

LEONTIEV, A. N. Actividade e consciência. *In:* MAGALHÃES-VILHENA, V. *Práxis:* a categoria materialista de prática social. Volume II. Lisboa: Livros Horizonte, 1980. p. 49-77.

LIMA, M. *et al.* Signos, significados e práticas de manejo da crise em Centros de Atenção Psicossocial. *Interface – Comunic., Saude, Educ.*, Botucatu, v. 16, n. 41, p. 423-34, 2012.

LIMA, M.; DIMENSTEIN, M.. O apoio matricial em saúde mental: uma ferramenta apoiadora da atenção à crise. *Interface (Botucatu)*, Botucatu, v. 20, n. 58, p. 625-635, set. 2016.

LOBOSQUE, A. M.. Unidade 1 – Preparação para o cuidado/ manejo das pessoas em situações de crise e urgência em saúde mental. *In:* ZEFERINO, M. T. *Crise e Urgência em Saúde Mental:* o cuidado às pessoas em situações de crise e urgência na perspectiva da atenção psicossocial. 4. ed. Florianópolis/SC: Universidade Federal de Santa Catarina, 2015. p. 11-48.

MACHADO, V.; SANTOS, M. A. dos. O tratamento extra-hospitalar em saúde mental na perspectiva do paciente reinternado. *Psicol. Estud.*, Maringá, v. 18, n. 4, p. 701-712, dez. 2013.

MINOZZO, F.; COSTA, I. I. da. Apoio matricial em saúde mental: fortalecendo a saúde da família na clínica da crise. *Revista Latinoamericana de Psicopatologia Fundamenta.* São Paulo, v. 16, n. 3, p. 438-450, set. 2013.

MONCRIEFF, J. *The myth of the chemical cure:* a critique of psychiatric drug treatment. New York: Palgrave Macmillan, 2008.

MURAMOTO, M. T.; MANGIA, E. F. A sustentabilidade da vida cotidiana: um estudo das redes sociais de usuários de serviço de saúde mental no município de Santo André (SP, Brasil). *Ciênc. Saúde coletiva*, Rio de Janeiro, v. 16, n. 4, p. 2165-2177, abr. 2011.

NETTO, J. P.; BRAZ, M. *Economia política:* uma introdução crítica. 8. ed. São Paulo: Cortez, 2007.

NUNES, M. de O. *et al.* Reforma e contrarreforma psiquiátrica: análise de uma crise sociopolítica e sanitária a nível nacional e regional. *Ciência & Saúde Coletiva, Rio de Janeiro,* v. 24, n. 12, p. 4489-4498, nov. 2019.

PASQUALINI, Juliana Campregher. A teoria histórico-cultural da periodização do desenvolvimento psíquico como expressão do método materialista histórico dialético. *In:* MARTINS, Lígia Márcia; ABRANTES, Angelo Antônio.; FACCI, Marilda Gonçalves. (org.). *Periodização histórico-cultural do desenvolvimento psíquico:* do nascimento à velhice. 2. ed. Campinas/SP: Autores Associados, 2020. p. 63-90.

PEREIRA, Melissa.; SÁ, Marilene de Castilho; MIRANDA, Lilian. Adolescência, crise e atenção psicossocial: perspectivas a partir da obra de René Kaës. *Saúde em Debate,* v. 37, n. 99, p. 664-671, out. 2013.

PEREIRA, M. de O.; SÁ, M. de C.; MIRANDA, L. Uma onda que vem e dá um caixote: representações e destinos da crise em adolescentes usuários de um CAPSi. *Cênc. Saúde coletiva,* Rio de Janeiro, v. 22, n. 11, p. 3733-3742, nov. 2017.

RATNER, C. Loucura. *In: A psicologia sócio-histórica de Vygotsky:* aplicações contemporâneas. Porto Alegre: Artes Médicas, 1995. p. 206-269.

ROQUETTE, R. D. *A atenção à crise em saúde mental:* refletindo sobre as práticas, a organização do cuidado e os sentidos da crise. 2019. Dissertação (Mestrado em Saúde Pública) – Escola Nacional de Saúde Pública Sérgio Arouca, Fundação Oswaldo Cruz, Rio de Janeiro, 2019.

SANTOS, A. C. *et al.* Princípios da periodização do desenvolvimento do psiquismo. *In:* TULESKI, Silvana Calvo; FRANCO, A. F.; CALVE, T. M. (org.). *Materialismo histórico-dialético e psicologia histórico-cultural:* expressões da luta de classes no interior do capitalismo. Paranavaí: EduFatecie, 2020. p. 198-226.

SCHÜHLI, V. M. *Tendências e contratendências do trabalho com grupos no contexto de disputa de modelos de atenção em saúde mental:* uma análise a partir de dois Centros de Atenção Psicossocial. 2020. 579f. Tese (Doutorado em Saúde Coletiva) – Faculdade de Medicina de Botucatu, Universidade Estadual Paulista "Júlio de Mesquita Filho", Botucatu, 2020.

SILVA, M. A. *Compreensão do adoecimento psíquico*: de L. S. Vigotski à Patopsico-logia Experimental de Bluma V. Zeigarnik. 2014. 256f. Dissertação (Mestrado em Psicologia) – Universidade Estadual de Maringá, Maringá, 2014.

SOUZA, A. S. de.; CORTES, H. M.; PINHO, P. H. Serviços de atendimento móvel de urgência frente às emergências psiquiátricas: Uma revisão narrativa. *Revista Portuguesa de Enfermagem de Saúde Mental*, Porto, n. 20, p. 72-80, dez. 2018.

SOUZA, A. S. de; PINHO, P. H.; VERA, S.; CORTES, H. M. Estratégias de atendi-mento à crise psíquica por um serviço de atendimento móvel de urgência. *J. nurs. Health*, Pelotas, v. 9, n. 1, p. 1-17, 2019.

VENTURINI, E. Saúde mental e direito: a contenção em psiquiatria. *In:* VELOSO, T. M. G.; EULÁLIO, M. C. (org.). *Saúde mental:* saberes e fazeres. Campina Grande: EDUEPB, 2016. p. 23-65.

VIEIRA FILHO, N. G. Sofrimento e desinstitucionalização: Construindo redes de apoio em saúde mental. Rev. *Mal-Estar Subj.,* Fortaleza, v. 11, n. 1, p. 309-333, mar. 2011.

VIGOTSKI, L. S. Sobre os sistemas psicológicos. *In:* VIGOTSKI, L. S. *Teoria e método em psicologia.* São Paulo: Martins Fontes, 1999. p. 103-135.

VIGOTSKI, L. S. A crise dos sete anos. Tomo IV. Madrid: Visor y A. Machado Libros, 2006.

VIGOTSKI, L. S. Quarta aula. O problema do meio na pedologia. *In:* PRESTES, Zoia; TUNES, Elizabeth (org.). *Sete aulas de L. S. Vigotski sobre os fundamentos da pedologia.* Rio de Janeiro: e-Papers, 2018. p. 73-92.

VYGOTSKI, L. S. El problema de la edad. *In: Obras Escogidas.* Tomo IV. Visor: Madrid, 2006a. p. 251-274.

VYGOTSKI, L. S. La crisis de los siete años. *In: Obras escogidas.* Tomo IV. Visor: Madrid, 2006b. p. 369-376.

VYGOTSKI, L. S. Crisis del primer año de vida. *In: Obras Escogidas.* Tomo IV. 2. ed. Madrid: Visor, 2006c. p. 319-340.

VYGOTSKI, L. S. La colectividad como factor de desarrollo del niño deficiente *In: Obras escogidas:* fundamentos de defectología. Tomo V. Madrid: Visor, 1997. p. 213-234.

WILLRICH, J. Q. *et al.* Periculosidade versus cidadania: os sentidos da atenção à crise nas práticas discursivas dos profissionais de um Centro de Atenção Psicossocial. *Physis*, Rio de Janeiro, v. 21, n. 1, p. 47-64, 2011.

WILLRICH, J. Q. *et al.* Os sentidos construídos na atenção à crise no território: o Centro de Atenção Psicossocial como protagonista. Rev. *Esc. Enferm. USP*, São Paulo, v. 47, n. 3, p. 657-663, jun. 2013.

YASUI, S.; COSTA-ROSA, A. A Estratégia Atenção Psicossocial: desafio na prática dos novos dispositivos de Saúde Mental. *Saúde em Debate*, Rio de Janeiro, v. 32, n. 78-79-80, p. 27-37, jan./dez. 2008.

ZEFERINO, M. T. *et al.* Percepção dos trabalhadores da saúde sobre o cuidado às crises na Rede de Atenção Psicossocial. *Esc. Anna Nery,* Rio de Janeiro, v. 20, n. 3, s.p. 2016.

ZEIGARNIK, B. W. *Psicopatología*. Madrid: Akal, [1976] 1981.

CAPÍTULO 13

"SE NÃO PODE COM O INIMIGO, JUNTE-SE A ELE!": A OPRESSÃO PATRIARCAL COMO PORTA DE ENTRADA AO CONSUMO DE DROGAS

Renata Jacintho Siqueira de Moraes

A frase exclamativa que dá título ao texto foi elaborada por Maria[61] enquanto contava sobre o momento de sua vida em que começou a beber e a usar *crack*. Ela e outras mulheres estiveram entre os participantes da pesquisa que deu origem à tese intitulada "Determinação social do consumo de drogas: estudo de histórias de vida em uma perspectiva marxista" (Moraes, 2018).

Bárbara, Cláudia, Dalva, Dione, Eliana, Glaucia, Maria e Patrícia expuseram vivências de obstruções, violências e sofrimentos, em sessões de grupos focais e entrevistas individuais[62], que consideraram ter *aberto as portas* para seu consumo de drogas.

As vivências são unidades nas quais, por um lado, o meio, aquilo que se localiza "fora da pessoa", está representado e, por outro lado, de modo indivisível, representa-se também as particularidades da personalidade, ou seja, reside a singularidade de "como eu vivencio isso" (Vigotski, 2010, p. 686). Para a Psicologia Histórico-Cultural, as relações e a cultura são a materialidade que permite a subjetivação e o desenvolvimento da personalidade, que modifica a direção e amplitude das capacidades biológicas (Vygotski, 1995).

As participantes da pesquisa tinham em comum o fato de consumirem drogas, mas não apenas isso. Eram mulheres trabalhadoras, que compartilhavam viver sob relações sociais de exploração e opressão, no mesmo território e tempo histórico, determinações que as levavam a reprodução da vida de modo similar (Moraes, 2018).

---

[61] Todos os nomes apresentados são fictícios.

[62] Optamos por não retomar neste momento a descrição dos procedimentos metodológicos adotados na pesquisa, que pode ser consultada no capítulo 6 da tese referenciada (Moraes, 2018), para priorizar nestas páginas avançar na análise pretendida.

Pretendemos, neste trabalho, revisitar o material trazido pelas participantes naquela oportunidade, com o objetivo de aprofundar o estudo sobre consumo de drogas realizado por essas sujeitas em particular.

Organizamos algumas informações sobre as participantes de modo a apresentá-las para o leitor, trazendo contexto para suas falas que serão reproduzidas e para as análises que serão expostas posteriormente.

Quadro 1 – Breve apresentação das histórias de vida

Participante	Dados biográficos
Bárbara **63 anos** **Branca**	Trabalhadora rural, empregada doméstica e se prostituiu. Analfabeta. Iniciou o uso de álcool com o primeiro marido há, aproximadamente, 40 anos. Teve três filhas. Foi vítima de violência doméstica. Atualmente está desempregada e é sustentada por uma filha. Estava em tratamento há um ano e meio.
Claudia **57 anos** **Branca**	Servidora municipal como cozinheira em uma instituição de ensino infantil. Ensino fundamental completo. Foi casada, teve três filhos. A intensificação no consumo de álcool foi há, aproximadamente, 20 anos, quando já estava viúva. Relaciona o consumo com os conflitos com os filhos e por sobrecarga em seu trabalho. Atualmente tem um companheiro. Foi internada por 60 dias em hospital psiquiátrico e estava em tratamento no Caps por, aproximadamente, dois anos.
Dalva **56 anos** **Branca**	Terceirizada na função de auxiliar de serviços gerais em empresa pública. Ensino fundamental incompleto. Sofreu agressões do pai na infância e presenciou violência contra sua mãe. O genitor era alcoolista. Foi casada e teve uma filha. Relatou início do consumo de álcool após a separação conjugal, há, aproximadamente, 25 anos. Viveu por, aproximadamente, cinco anos em situação de rua, de forma intermitente. Teve mais dois companheiros, com quem fazia consumo de crack. Atualmente não possui companheiro e reside com sua mãe, que mantém seu sustento. Tem uma relação distante com a filha. Esteve internada em hospital psiquiátrico e fazia tratamento no Caps por, aproximadamente, dois anos.
Dione **55 anos** **Negra**	Diarista. Ensino fundamental incompleto. Sofreu agressões de seu pai que era alcoolista e presenciou violência contra sua mãe. Foi casada por três vezes e atualmente não possui companheiro. Teve dois filhos, o mais novo está detido em uma instituição carcerária, pelo envolvimento com o tráfico de drogas. Foi vítima de violência doméstica e iniciou consumo de álcool com seu primeiro marido, há, aproximadamente, 30 anos. Em tratamento no Caps há, aproximadamente, dois anos.

Eliana **23 anos** **Negra**	Diarista. Ensino fundamental incompleto. Nasceu em uma comunidade permeada pelo tráfico de drogas, em situação de extrema pobreza. Começou a ingerir álcool e cocaína (inalada e crack) na adolescência. Foi mãe jovem e trabalhou no tráfico de drogas. Ficou presa por dois anos. Os filhos estavam em uma instituição de acolhimento e passava por um processo de destituição do poder familiar. Foi internada em hospital psiquiátrico e realizava tratamento no Caps por, aproximadamente, dois anos.
Glaucia **55 anos** **Branca**	Auxiliar administrativo em um hospital. Ensino fundamental completo. Foi casada e iniciou consumo de álcool após a separação do primeiro casamento. Possui duas filhas adultas e reside atualmente sozinha, com auxílio financeiro das filhas. Foi internada em hospital psiquiátrico e relatou ter tentado suicídio por três vezes. Estava em tratamento no Caps há, aproximadamente, dois anos.
Maria **36 anos** **Negra**	Auxiliar de produção em uma indústria de alimentos. Foi adotada na primeira infância. Sofreu violência sexual na infância pelo pai adotivo. Em seu casamento, foi vítima de violência doméstica, agressões físicas e sexuais. Prostituiu-se esporadicamente. Iniciou o consumo de álcool e cocaína inalada com o primeiro companheiro. Possui quatro filhos: os dois do primeiro casamento residem com a família paterna, e os dois do último casamento estão em instituição de acolhimento. Estava sofrendo processo de destituição do poder familiar. Em tratamento no Caps há, aproximadamente, dois anos.
Patrícia **46 anos** **Parda**	Vigilante noturna e sua última profissão foi como prostituta. Sofreu violência do pai. Fugiu de casa aos 16 anos. Sofria violência doméstica de seu primeiro marido e começou a consumir cocaína inalada com ele. Teve dois filhos no primeiro casamento: o filho mais velho consumia cocaína e se suicidou há cinco anos, o filho mais novo mora com ela e o atual companheiro. Teve uso de cocaína intensificado após a morte do filho. Estava em tratamento no Caps há, aproximadamente, dois anos.

Fonte: adaptado de Moraes (2018, p. 158-162)

Em uma visão panorâmica da caracterização, vemos que as participantes possuíam entre 23 e 63 anos, quatro delas se autoidentificaram como brancas, três como negras e uma como parda.. Exerciam em sua maioria a função de diarista, mas também auxiliar de serviços gerais em limpeza e cozinha em instituição pública e privada. A prostituição foi exercida por duas das participantes. Referiram ter baixa escolaridade, algumas são analfabetas, e duas delas com ensino fundamental completo. Todas as participantes mantiveram união estável ou casamento heterossexual por, pelo menos, uma vez, e todas eram mães. As 10 participantes disseram consumir álcool, e sete delas associavam com o consumo de cocaína (inalada ou crack).

Ao contarem sobre suas vivências, foi destacado pelas participantes a violência física e sexual na infância e de terem presenciado suas mães também serem vítimas de tais agressões. Contaram que o consumo de drogas e o agravamento de problemas em decorrência deu-se no ambiente doméstico, em especial, com seus parceiros amorosos. Esses dados biográficos foram também achados nas pesquisas de Oliveira e Silva e colaboradores (2021), Medeira, Maciel e Souza (2017), Costa, Passos e Gomes (2017) e Campos e Reis (2010), que realizaram pesquisas com mulheres que consomem drogas e analisaram outros estudos com estas mesmas características. O International Network for People who Use Drugs (Inpud), no documento *A War on Women who Use Drugs* (Inpud, 2014), explicita a existência da intrínseca relação entre as vivências de violências patriarcais e o consumo de drogas, o que também corrobora com o trazido em nossa pesquisa.

> *[...] eu mesma, antes de vim pra cá eu nunca tinha colocado um álcool na boca. Toda minha juventude nunca bebi. Mas depois que eu casei, que o homem começou a beber, família, pronto! Sabe? Eu trabalhando, ele ficava em casa pros bar. Sabe que isso aí me revoltou? Eu disse: quer saber de uma? Tem que se junta com o inimigo, <u>se não pode com ele, junte-se a ele.</u> Ai, pronto! Comecei. (Maria)*

Na frase se não pode com o inimigo, junte-se a ele", Maria sintetizou o que percebeu de similar entre sua história de vida e das colegas de grupo: o fato de que tinham em comum o consumo de drogas como uma aliança a um inimigo, em uma acepção dupla, caracterizando tanto os homens quanto a própria droga. Escutando-a, assim como as demais participantes, observamos que esse aspecto era a ponta do *iceberg*, algo da percepção empírica que continha um universo de vivências determinadas pela opressão patriarcal.

A OPRESSÃO PATRIARCAL COMO *PROCESSO CRÍTICO DESTRUTIVO* DETERMINANTE PARA O CONSUMO DE DROGAS

Para o estudo do consumo de drogas, valemo-nos da compreensão marxista em Saúde Coletiva, da teoria da Determinação Social do processo saúde-doença, que entende como as estruturas fundamentais da sociedade (de classe, gênero e raça) geram *processos sociais*, que atuam sob os sujeitos e seus grupos, fazendo ranger a vida biopsíquica, gerando processos de saúde e de doença (Laurell, 1982). Entende-se que os processos biológicos e psicológicos estão submetidos ao modo de produzir a vida social e historicamente.

Os processos sociais, chamados por Breilh (2006) de *processos críticos,* podem adquirir propriedades *protetoras* e benéficas, consideradas saudáveis, quando se convertem num apoio às defesas e aos suportes, favorável à vida, seja ela individual ou coletiva. Ou também, podem trazem propriedades deteriorantes, desgastantes (insalubres) e serão considerados processos *destrutivos* à vida singular ou coletiva.

Pela investigação realizada, desvelou-se processos críticos na vida das participantes na esfera do trabalho e no ambiente doméstico e familiar que determinaram o consumo de drogas (Moraes, 2018). Valemo-nos do termo consumo de maneira ampla para nos referir à relação entre seres humanos e drogas, adotando a posição organizada por Soares (2007, p. 4), que parte da premissa de "que o capitalismo imprimiu à droga a característica de uma mercadoria e aos usuários a qualidade de consumidores". A multiplicidade de termos criados ao longo da história, como drogadição, toxicomania, dependência, ou os mais atuais, como uso, abuso e transtornos relacionados ao consumo, expressam uma tentativa de normatização da relação entre sujeito e a droga, qualificando e separando tipos de consumo para prever um padrão de normalidade e de patologia. Ainda que as terminologias atuais guardem o benefício de considerar que nem todo consumo é problemático, compreendemos que a chave explicativa ainda se restringe à noção de doença e desvio, e não à compreensão do fenômeno em sua totalidade (Moraes, 2018).

Deste modo, nossa pretensão não é diagnosticar o padrão de consumo de drogas das participantes da pesquisa, mas, sim, perceber como o consumo de drogas articula-se a processos sociais vivenciados e quais os efeitos desse consumo em suas biografias. Na perspectiva aqui adotada, compreendemos que as drogas, como todas as mercadorias, são produzidas para atender a necessidades humanas socialmente desenvolvidas. E, portanto, seu consumo, bem como as implicações individuais e sociais produzidas neste ato, é entendido como um processo social subordinado à lógica geral de reprodução da vida sob o capitalismo (Santos; Soares, 2013).

Dentre os processos sociais vivenciados, aqueles relacionados à opressão patriarcal tiveram destaque nas histórias de vida das participantes na produção de obstruções, sofrimentos e violências, que se relacionam ao consumo de drogas.

Reconhecemos que as relações de exploração de classe *enodam-se*[63] às opressões patriarcais e raciais, estruturas de dominação econômicas e políticas que dão fundamentação e fazem perpetuar o modo de produção capitalista (Saffioti, 1987). "O gênero, a raça/etnicidade e as classes constituem eixos estruturantes da sociedade. Estas contradições, tomadas isoladamente, apresentam características distintas daquelas que se podem detectar no *nó* que formaram ao longo da história (Saffioti, 2015, p. 85).

O patriarcado é parte do sistema ideológico, considera os homens superiores às mulheres e coloca como patrimônio material do homem, a mulher e filhos, advindos dessa união. O patriarcado atravessou outras formas históricas de sociabilidade e no capitalismo é fundamentado por ideologias sexistas, que fixam papéis sociais aos homens e às mulheres na divisão sexual do trabalho, que contribuem e instrumentalizam a exploração e dominação do trabalho e da vida das mulheres (Saffioti, 1987).

Esse processo atinge de modo distinto as mulheres negras e brancas, visto que a perda da autonomia das mulheres negras deu-se, sobretudo, a partir da escravidão moderna, não para seus maridos, mas para serem "propriedade privada dos senhores brancos a quem deveriam servir como mão-de-obra e geradoras de mais trabalhadores pela reprodução e pela fecundação" (Costa; Passos; Gomes, 2017, p. 149). Como sintetiza Lélia Gonzales, "na medida em que existe uma divisão racial e sexual do trabalho, não é difícil concluir sobre o processo de tríplice discriminação sofrido pela mulher negra (enquanto raça, classe e sexo), assim como seu lugar na força de trabalho" (Gonzalez, 2020, p. 92).

A lógica da *divisão sexual e racial do trabalho* expressa-se tanto no mercado de trabalho quanto no interior da família. Referem-se à maneira como as sociedades têm se utilizado de características biológicas para produzir significações que aloquem a mulher, restrita ao espaço doméstico e às funções e aos cuidados, e, as pessoas negras, ao trabalho pesado e à condição de não humanidade (Saffioti, 2013; Costa; Passos; Gomes, 2017).

A tripla exploração-opressão de classe, raça e gênero produz obstruções concretas para a vida produtiva, visto que as mulheres negras são o setor mais pobre da população e, quando empregadas, são destinadas a postos de trabalho, com menores salários, com vivência recorrente de humilhações

---

[63] O termo enodam refere-se à formulação de Heleieth Saffioti, que cunhou a metáfora do *nó*, para explicar o modo como o patriarcado, o racismo e o capitalismo se imbricam na história e atuam conjuntamente na manutenção das dominações econômicas e políticas (Saffioti, 1987).

PESQUISAS E PRÁTICAS SOBRE O SOFRIMENTO E O ADOECIMENTO COM
FUNDAMENTOS NA PSICOLOGIA HISTÓRICO-CULTURAL

e assédios (Saffioti, 1987). No que se refere à esfera da reprodução da vida, à família e às atividades ali desempenhadas, resta às mulheres a obrigação do trabalho doméstico, configurando uma dupla ou até tripla jornada, a restrição dos vínculos com o mundo, a perda da autonomia, a violência doméstica, as obstruções a realização maternidade, a maternidade compulsória, dentre outras violências concretas ou simbólicas (Costa; Passos; Gomes, 2017).

A antropóloga mexicana Marcela Lagarde buscou compreender os processos pelos quais se dá a opressão patriarcal e elaborou a categoria analítica de *cativeiro,* o qual sintetiza que a opressão e exploração patriarcal dão-se, sobretudo, pela restrição das liberdades das mulheres, por seu assujeitamento à condição de propriedade patriarcal, definida pela função reprodutiva (Lagarde, 2005). A autora sistematiza que a opressão patriarcal busca definir as mulheres de forma estereotipada e organiza cinco categorias que descrevem simbolicamente esses cativeiros, sendo eles: a *mãesposa, a freira, a puta, a presidiária e a louca* (Lagarde, 2005). Lançamos mão das formulações de Lagarde, pois são convergentes com o trazido pelas participantes da pesquisa, quando narravam sobre como eram percebidas pela cultura e como percebiam a si mesmas. Aprofundaremos na exposição dessa teorização e articulação com os achados do nosso estudo mais adiante.

Identificou-se, assim, que a *opressão patriarcal* como um conjunto de *processos críticos destrutivos,* em nível estrutural, atua na determinação do consumo de drogas. Com isso, queremos dizer que as vivências de opressões de ordem patriarcal não foram fatores contingenciais ou que colaboraram como um risco para que as participantes realizassem o consumo de drogas. São determinantes na medida em que não está facultado às mulheres viverem ou não tais processos, tendo em vista que compõe o fundamento econômico e ideológico de nossa sociedade (Moraes, 2018).

É importante expor que as mulheres que escutamos trouxeram com maior facilidade a origem de seus sofrimentos e motivos para o consumo de drogas a partir do ambiente doméstico, nas relações familiares, em especial, no casamento (pelo isolamento, pelo trabalho doméstico e pela violência). Analisamos que isso se deve a uma duplicidade de motivos: primeiro, porque ideologicamente há um direcionamento para que as mulheres se entendam constituídas a partir das relações familiares, dando mais ênfase a esta esfera da vida do que à do trabalho, por exemplo; segundo, porque, de fato, para muitas mulheres, as atividades concernentes à reprodução singular, de cuidadora na família, constituem-se como centrais no cotidiano e, desta forma, são destacadas na conformação de suas subjetividades e dos processos de sofrimento (Moraes, 2018).

Exporemos na sequência os achados da pesquisa, buscando analisar os processos críticos vivenciados pelas participantes desde a infância e adolescência, passando pelo trabalho doméstico, pelo casamento, pela relação com os filhos e pelo trabalho produtivo, articulando as singularidades às questões coletivas.

A violência patriarcal como porta de entrada para o consumo de drogas

É recorrente o senso comum associar o consumo de drogas a uma vivência transgressora que aconteça fora do ambiente doméstico, como se o lar fosse sinônimo de proteção aos males sociais. Para as mulheres, contudo, é no ambiente doméstico que, desde a infância, se vivencia as primeiras e marcantes violências, sejam as subjetivas, sejam simbólicas ou as que deixam marcas no corpo (Saffioti, 1987). Dalva, Maria e Patrícia contaram vivências desde a infância marcadas pela opressão patriarcal no interior de suas famílias, em especial, da violência sofrida por suas mães e por elas mesmas.

> [...] minha infância já começou assim muito difícil, fui a filha mais velha, tive que cuidar de todos os meus irmãos, cinco. E minha mãe ficava internada muitas vezes, ela tomava sangue. [...]E do meu pai, nossa, apanhava que nem cachorro sem dono, apanhei muito do meu pai, apanhei muito da minha mãe. [...] Por causa da ruindade mesmo, porque ele era uma pessoa muito ruim (choro). E assim foi, quanto que com 14 anos eu fugi de casa, que eu fui levar a vida que daí eu levei, fugi de casa com 14 anos, casei com 15 com meu primo. (Patrícia)

> Eu mesmo não conheci meus pais verdadeiros. [...] Aí fui criada por outros pais, a mãe sempre doente, [...] vivia sempre no hospital, eu também fiquei uns tempos no hospital. [...] Desde quando eu nasci eu só sofri, porque minha mãe sempre ficava no hospital e esse meu padrasto desde oito anos abusava de mim sabe (choro). Eu fugia de casa ele me achava, me escondi lá nas minhas famílias ninguém acreditou em mim sabe, por isso tive que fugir. (Maria)

Os excertos das falas de Patrícia e Maria contam sobre as violências físicas, psicológicas e sexuais sofridas quando pequenas, perpetradas por seus pais. A violência de gênero sofrida por elas e demais participantes é uma das expressões de maior gravidade das relações patriarcais sob o capital, assentada na relação de dependência e subordinação da mulher e das crianças ao homem (Saffioti, 1987).

A violência subjuga concreta e simbolicamente e cumpre a função de manter em ordem o sistema patriarcal e as demais estruturas de nossa sociedade. Os atos violentos interpessoais, segundo Vázquez (1977), são expressões em âmbito singular da violência intrínseca à alienação, do estranhamento e da objetificação advinda da exploração do trabalho, que se estende aos demais âmbitos da vida. Conforme explica Safiotti (2001, p. 115), a "exploração-dominação da força de trabalho", vivida na divisão de classes na contradição capital e trabalho, tem reflexo no interior das relações familiares, não em diferenças de classe, mas em relações assimétricas de gênero, criando um conjunto de opressões no interior da própria classe, como o machismo e a violência de gênero.

Em nossa sociedade, há uma autorização, ainda que implícita, que o homem, por ser "proprietário" de sua mulher e filhos, poderá valer-se de qualquer método para ter suas vontades atendidas. Safiotti (2005, p. 7) sintetiza que:

> [...] a violência contra a mulher não escolhe idade, nem classe social, nem número de anos de escolaridade, nem grau de desenvolvimento econômico da região em que ocorre. Ao contrário, atinge mulheres em qualquer etapa da vida e em qualquer situação sócio-econômica, sendo nuclear na ordem social falocêntrica.

Breilh (2006) apresenta que o poder econômico, expresso na estrutura de classes, se utiliza de iniquidades, como a divisão sexual e racial do trabalho, para efetivar a concentração econômica e a dominação política da burguesia. Disto decorre que determinados grupos sociais particulares podem sofrer, na reprodução social da vida, processos críticos (destrutivos) relacionados ao machismo, o que implica especificidades na constituição de perfis epidemiológicos. Assim, a violência de gênero expressa na família, como um grupo social particular, constitui-se como *processo crítico destrutivo* na determinação do consumo de drogas, como expressão do uso da força e da coação originada de forma estrutural na reprodução ampliada da vida.

Tendo sido vitimadas desde criança, em suas próprias casas, Patrícia e Maria viveram o lar como um local perigoso, e não como o espaço ideologicamente colocado à proteção e ao cuidado. A violência patriarcal sofrida no ambiente doméstico gerou obstruções ao desenvolvimento nas mais diversas esferas da vida, visto que, no caso de Maria e Patrícia, sem suporte familiar e da comunidade ao redor, desacreditadas e sem condições psicológicas para enfrentar tamanha violência, fugiram de casa ainda na adolescência, não concluíram os estudos, se prostituíram e se casaram cedo, em relações que seguiram o mesmo padrão violento (Moraes, 2018).

A violência, sobretudo a sexual, deixa marcas profundas na relação das mulheres com o próprio corpo, deturpações na autopercepção, dúvidas em relação à sua capacidade, à sua autonomia e às suas vontades, pelo atravessamento da imposição do desejo do homem adulto que a subjugou (Saffioti, 2005). A naturalização da violência no espaço privado acaba por mantê-la e potencializá-la, com a produção de ciclos de violência, como no caso de Patrícia e Maria, com uma vida inteira submetidas a esse formato de relação social com seus companheiros amorosos.

> *Ele me levava pro banheiro com a casa cheia de gente [...] chegava no banheiro me batia na minha cara [...] E ninguém acreditava em nada que eu falava. E ele sabia bater do jeito que não marcava porque ele é polícia. Então foi indo, eu fui pegando um certo ódio dele com o tempo, ai eu não apanhava mais, aprendi a bater nele também. [...] Dai ele chegou em casa de noite pegou a cocaína e esticou e falou assim pra mim "você quer?" Ai ele foi me viciando [...] Ele já cheirava e foi daí que veio o vício.* (Patrícia)

> *Ele vivia bebendo, eu dava o dinheiro, porque eu não tinha tempo, eu dava dinheiro pra ele pagar as contar, ele não pagava as contas, não comprava nada dentro de casa, uma vez cortaram a luz, cortaram a água. Chegava cachaçado e vinha pra cima de mim, eu não ficava quieta, mas apanhava muito. [...] Sabe? Então um dia eu me enfezei, chegava em casa e comecei a sair com as minhas amigas, pegar dinheiro e ir pro bailão e curtir, sabe? Ai começou, inventou uma coisa lá [...] não sei se você sabe se falaram pra você isso, que ele queria me prostituir com os amigos dele? Os amigos do bar, entendeu, então como eu nunca aceitava por isso me batia, me judiava, ele trazia homem lá pra dentro casa.* (Maria)

Os excertos das falas de Patrícia e Maria apresentam a violência patriarcal enredada no cotidiano, em meio às dificuldades financeiras, aos problemas com os filhos e ao consumo de drogas. Nos dois casos, os companheiros que também realizavam consumo de drogas valiam-se da violência de gênero como mais uma forma de submetê-las, de oprimi-las.

O consumo de drogas é reconhecidamente vinculado à prática da violência doméstica. Problematizamos, contudo, que esse consumo seja identificado como um *causador* da violência, haja vista que a licença para violentar é dada de forma estrutural pelo patriarcado. Parece-nos que a droga entra como um combustível que potencializa e ajuda na autorização para que os homens perpetuem essa estrutura (Moraes, 2018).

O consumo de drogas e a violência tamponam as estruturantes determinações da alienação e restam na aparência as expressões particular e singular dessa vivência. Parece, assim, haver a tessitura de um emaranhado no qual está presente o histórico de violência desde a infância, a manutenção dessa vitimização, o isolamento provocado por essas relações, além das dores físicas e emocionais. Tanto para Maria quanto para seu pai e o marido que a violentaram, o consumo de drogas aparece novamente como resposta individual ao sofrimento vivido, que é provocado por constrangimentos universais e coletivos. Em âmbito singular, é como se os homens, obstruídos na realização de suas necessidades pelas relações de alienação, recorressem ao consumo de drogas e à violência doméstica como descarga de suas frustrações em uma esfera em que "podem mandar" (Mir, 2004 *apud* Soares, 2007, p. 53).

Assim, se, para as mulheres, o consumo de drogas pode responder a um padrão reprodutivo de vítima nas relações de violência de gênero, expressão do patriarcado, aos homens, o *dever ser* violento, como significação da masculinidade alienada pelo sistema, também os leva ao consumo de drogas, perpetuando o ciclo, ou espiral da violência. Os homens perpetuam a violência, imbuídos das significações sociais da masculinidade, que são mantidas pelos privilégios que o patriarcado lhes confere. Isso evidencia que, tanto aos homens, quanto às mulheres, as expressões do patriarcado, em especial a violência de gênero, apresentam-se como processo crítico destrutivo, relacionado ao consumo de drogas.

A divisão sexual do trabalho e seus cativeiros

A família é uma unidade social constituída como um mecanismo econômico e ideológico que possui uma dupla função. Na esfera econômica, possui a função de reprodução da força de trabalho, tanto pela procriação quanto por atender aos cuidados necessários de manutenção da vida, de preparar as pessoas para vender sua força de trabalho dia após dia. E em âmbito ideológico, cumpre a função de conservação do patriarcado, pilar do capitalismo, com a manutenção dos papéis de gênero, que acontecem simultânea e conjuntamente (Souza, 2006).

Chama-se *trabalho reprodutivo* esse atribuído às mulheres e construído pela ideologia dominante, burguesa e patriarcal, como se fosse algo natural do feminino, uma manifestação de amor, e que, portanto, não se trataria de trabalho (Passos, 2018). Em verdade, a sociedade se apropria do trabalho de cuidado desempenhado pelas mulheres no ambiente doméstico sem que esse ofício seja remunerado. E mais, as atividades de limpeza da casa e higiene, cuidado com os filhos, alimentação, planejamento do orçamento familiar e do consumo, entre outras, são invisibilizadas, como se magicamente tudo estivesse limpo e organizado sem uma ação humana com dispêndio de forças e suor nessa atividade (Passos, 2018). Ideologicamente, esse trabalho não pago se sustenta com a formulação de que as mulheres são naturalmente destinadas à tal função por conta da capacidade biológica da reprodução da vida. Há, assim, uma construção social falsa de que a biologia obriga a mulher a tal função e tudo que dela decorre.

Lagarde (2005) apresenta que, devido à divisão sexual do trabalho, as mulheres são constituídas pelo estereótipo da *mãesposa*, ainda que não executem em sua vida singular tais funções. Essa definição patriarcal coloca a maternidade e a conjugalidade como parâmetro de normalidade e régua para medir o grau de adaptabilidade, funcionalidade e valor da mulher para a sociedade e para ela mesma, devido à incorporação subjetiva de tais significações sociais. É desse modo que a maternidade e a conjugalidade se tornam cativeiros, pois são como pilares ideológicos estruturais da formação do feminino em nossa sociedade.

A restrição das mulheres ao espaço doméstico potencializa o isolamento e a limitação dos círculos de sociabilidade e, consequentemente, dos vínculos sociais. A importância do casamento e da maternidade ocorrem, em muitos casos, em detrimento do desenvolvimento de outras esferas da vida. Frente às determinações estruturais que apontam a exacerbação do individualismo e a supervalorização da vida privada, as questões advindas do trabalho doméstico e da violência de gênero acabam sendo consideradas intrínsecas à família (Souza, 2006).

Essas vivências produzem sentimentos de impotência, de invisibilidade e de isolamento. Eliana disse: "*Às vezes, eu tô muito desanimada, me sentindo sozinha, bebendo, já é diferente. A vida da mulher é muito sozinha, e o vício faz companhia*".

PESQUISAS E PRÁTICAS SOBRE O SOFRIMENTO E O ADOECIMENTO COM
FUNDAMENTOS NA PSICOLOGIA HISTÓRICO-CULTURAL

Maria também denuncia em sua fala a solidão do lar, o aprisionamento ao ambiente doméstico: *"porque pra mim fazer as coisas em casa eu tinha que beber primeiro. [...] Pra limpar a casa, pra fazer, porque eu era fechada, vivia sozinha. Eu bebia, aí eu ria, eu brincava, eu isso e aquilo, extravasava mais. [...] Aí, eu começava a beber e já dava coragem de fazer tudo".*

Glaucia e Dalva situam, neste sentido, o centro dos problemas com o consumo de álcool relacionado à separação conjugal. Mesmo observando que a separação se deu por posturas de seus companheiros, os sentimentos de frustração com o fim do casamento trouxeram a elas profundas tristezas, que encontraram no consumo do álcool um aplacamento da dor.

> *Eu tinha 34 anos quando ele foi para o Japão. E até então não era viciada. Ai depois que ele foi embora, ele ficou dois anos, e nesses dois anos eu já comecei a tomar uma bebidinha. [...] Daí, ele veio e voltou e daí sumiu simplesmente, abandonou as meninas, me abandonou, eu fiquei com elas sozinha, daí a dependência veio forte mesmo.* (Glaucia)

> *Eu não sei, eu fiquei dependente disso [...] depois que eu me separei. Eu pedi o divórcio, eu me separei porque eu fui traída. Mas eu não me conformei [...] cai no álcool. A dependência veio. É triste.* (Dalva)

Podemos pensar que não apenas pelos efeitos psicoativos estimulantes, mas também por contribuir para aplacar a solidão e o sentimento de impossibilidade de transformar a situação socialmente imposta e subjetivamente aceita, o consumo de drogas apresenta-se como uma saída individual (Moraes, 2018). A solidão muitas vezes não se refere apenas a não ter companhia de outras pessoas, do companheiro, dos filhos e das relações comunitárias, mas também vinculada ao autoestranhamento, à alienação de si. A constituição do casamento e a maternidade, na maioria das vezes, não se realiza como projeto de vida consciente, deliberado. É presente como um fato na sociedade, um caminho natural às mulheres, inclusive, na constituição de seus sonhos e suas expectativas (Souza, 2006). Assim, as frustrações neste âmbito e os problemas com o marido e os filhos agigantam-se às mulheres, que, muitas vezes, são culpabilizadas pelos problemas familiares, como se o fracasso já não estivesse dado de partida na compulsoriedade das relações patriarcais.

É possível pensarmos que, na materialidade da vida, os motivos geradores de sentidos que poderiam relacionar-se ao trabalho doméstico, conectados à compreensão de si como esposa e mãe, vão perdendo efetividade à medida que tais atividades são fonte de sobrecarga e frustração. Perdem sua "função geradora de sentido" (Leontiev, 1978, p. 165), bem como o "porquê" e o "para que" seguir realizando tais atividades (Martins, 2004, p. 91).

Não obstante todas as participantes da pesquisa sejam pertencentes à classe trabalhadora e tenham exercido diretamente atividades remuneradas, para algumas mais do que outras, os processos críticos originados na esfera laboral (do trabalho) demonstraram-se diretamente significativos na determinação do consumo de drogas em suas histórias de vida. Neste caso, referimo-nos a esse trabalho exercido fora do lar. Em nossa pesquisa, foi destacado as percepções de Claudia (cozinheira em uma instituição de ensino infantil) sobre suas vivências neste âmbito.

Conforme descrevemos em seu perfil, no Quadro 1. Claudia era cozinheira em uma instituição de ensino infantil e tinha como rotina a preparação de alimentos, auxiliando nos cuidados de muitos bebês e crianças pequenas, atividades que exigiam atenção, preocupação e demandavam uma implicação subjetiva e afetiva da trabalhadora.

> [...] Cuido das crianças, são 41 bebês, 42, as vezes tem 48... só a minha parte né? Eu faço comida especial, pra bebezinho de cinco meses até dois anos. Aqueles bebês chorando! [...] tem hora que se fica sozinha e dá vontade de se trancar [...]e ficar bem quietinha. [...] Chega perto dumas horas assim que a depressão bate de novo, não dá vontade de comer, dá vontade de ir pra cama, não dá vontade de sair. [...] deu horário pra trabalhar, eu levantava assim quase morrendo, mas ia. E tinha que ir né? (Claudia).

Ela cita o desgaste físico presente no preparo dos alimentos, na execução de um serviço repetitivo para um alto contingente de crianças, mas dá destaque ao ruído do choro dos bebês. Este choro é a expressão indefinida de uma demanda ampla de necessidades que não será sanada de forma permanente, visto que é o modo primordial de comunicação das crianças nessa faixa etária. O choro dos bebês, comumente, provoca angústia em quem escuta, seja no ambiente doméstico, seja na escola, pelas professoras e cuidadoras, pela dificuldade de interpretação do pedido da criança e pelas muitas limitações para atender ao que se pede, tendo em vista a disparidade entre o número de crianças e de cuidadoras (Marques; Luz, 2022).

Compreendemos que a implicação de Cláudia em seu ofício estava conectada aos sentidos constituídos nas tarefas de cuidado, a partir da significação ideológica de que as funções maternas são naturais e obrigatórias às mulheres. Vigotski (2001) explica que os significados são históricos e transitórios e refletidos das condições objetivas, das relações sociais. Os papéis de gênero são socialmente determinados, estabelecidos como prática coletiva em nossa sociedade patriarcal, que desenvolveu significações sociais do que é "ser mulher", que são incorporadas singularmente, produzindo sentidos pessoais nas histórias de vida das mulheres (Souza, 2006).

O engajamento subjetivo no trabalho é uma estratégia de controle do trabalhador produzida contemporaneamente, forjada também pela ideologia para além do contexto laboral. Neste caso, com os valores que embasam a divisão sexual do trabalho, que colocam a mulher restrita às atividades de cuidado, seja na família, seja fora dela, pela naturalização de que a mulher "nasceu para cuidar" (Passos, 2018, p. 87). Isso resulta em uma invisibilização do trabalho doméstico e se objetiva na falta de prestígio e nos baixos salários recebidos em funções de cuidado, como: cozinheiras, faxineiras, babás, cuidadoras de idosos, empregadas domésticas, professoras primárias e auxiliares de enfermagem, pois essas mulheres não estariam fazendo "nada além do que nasceram para fazer" (Passos, 2018, p. 87). Há assim um ocultamento de que essas funções podem causar desgaste, obstruções e vivências de sofrimento, e que não são atividades necessariamente prazerosas e realizadoras para as mulheres, como quer convencer a ideologia patriarcal (Passos, 2018). Como algo que se "nasceu para fazer" poderia gerar frustração, descontentamento e sofrimento?

Na narrativa de Claudia, é possível perceber uma ambivalência em relação aos sentidos constituídos diante desse ofício e de suas contradições. Por um lado, dizia ter afeto e gostar de cuidar dos bebês, assim como cuidava dos seus filhos e netos. E por outro lado, a atividade era realizada às custas de um amplo desgaste físico e emocional, que gerava insatisfação e frustrações. Diante de sua atividade multifacetada, atendendo a motivos distintos, os sentidos construídos são também múltiplos, podendo, inclusive, ser divergentes e conflituosos entre si (Moro-Rios, 2015).

Evidencia-se que o estranhamento de Cláudia diante de seu trabalho é vivido pela ausência de gerência sobre sua função, visto que o trabalho na creche tem características e uma organização que são determinadas externamente; mas também por uma progressiva ausência de reconhecimento de si naquela função, no processo e no produto de seu trabalho: o cuidado. Neste caso, ganha destaque o estranhamento de algo constitutivo ideologicamente do ser mulher e internalizado individualmente. Há, portanto, a alienação de parte de si, ao não mais ter satisfação e identificação com o que se espera das funções de uma mulher. Essa cisão provocada pelo não reconhecimento de si nas funções de cuidado provoca uma fissura desencadeante de muito sofrimento para Cláudia (Moraes, 2018).

Por serem mulheres que bebem e consomem drogas rapidamente foram afastadas do estereótipo de *mãesposa*. Ainda em comparação a esse cativeiro patriarcal, foram jogadas em outros, como o da *louca, puta e da presidiária* (Lagarde, 2005). Maria e Patrícia, conforme vimos no Quadro 1, e, em excertos de suas falas, foram empurradas concretamente à prostituição, o que no caso delas, foi fonte de sofrimento e de não reconhecimento de si.

O consumo de drogas é associado intimamente à disfunção social, ao desvio moral e ao transtorno mental ou loucura. As próprias mulheres vão incorporando tais significações, constituindo parte da consciência de si e da autoconsciência, que comporá a forma como elas entendem a si mesmas, sua autovaloração. Conforme explica Leontiev (1978), a consciência de si contribui na organização da estrutura afetivo-emocional da personalidade. Dalva chega a dizer que se tornou alguém que *não presta,* assim como seu pai, que era alcoolista.

Conforme nos explica Baratta (1993), o capital e suas estruturas de opressão conseguem a façanha de, na produção e reprodução alienada da vida, produzir a necessidade da droga, apresentá-la como solução (vendê-la) e condenar os efeitos sociais do uso, o que significa na prática culpabilizar os sujeitos que as usam. Compreendemos que o consumo de drogas sob relações de alienação possui efeitos primeiros, de entorpecimento, mas também os efeitos secundários, aqueles determinados pelo fato de o consumo de drogas ser estigmatizado e até criminalizado. Referimo-nos aos problemas sociais que são gerados pelo desamparo e pela desassistência, produzidos pelas condições de consumo em nossa sociedade, que desembocam em pioras concretas nas condições de vida dos sujeitos, como a violência social e doméstica, a perda do poder familiar de filhos de pais usuários de drogas, entre outros. Tais condições concretas são compreendidas por meio da culpabilização individual do consumo e aparecem ideologicamente como produzidas pelas drogas.

Eliana fala, a seguir, sobre os efeitos concretos de seu delito, seu desvio social: a perda dos filhos, que, consequentemente, lhe trouxe mais dor e sofrimento: *"Eu perdi meus filhos, eu perdi minha casa, eu perdi tudo".*

A condenação do consumo e a culpabilização individual dos sujeitos usuários de drogas, como "bode expiatório", são majoritariamente realizadas pelos mecanismos de considerá-los desviantes sociais. Desse modo, o uso será compreendido como um problema moral, e o usuário como um doente mental, por meio de explicações naturalizantes e biologistas dos mecanismos que levam ao consumo. É nesta díade, entre a desviante e a transtornada, que, em geral, as participantes da pesquisa, usuárias de um serviço de saúde mental, buscaram os fundamentos de sua relação com as drogas.

Glaucia discute sobre estar ou não doente, ter ou não vergonha na cara, ou seja, ou adoecida (louca) ou transgressora (puta, criminosa/ presidiária): *"[...]Muita gente entende como doença, e outras não [...] Elas pensam que é falta de vergonha, que é bêbada".*

Nesse sentido, tem-se que a consciência individual, que acompanha as contradições da realidade, na sociedade de classes, será também fragmentada, composta por significações, em uma luta ideológica (Leontiev, 1978).

A compreensão da causação biológica do descontrole produz sentimentos do absurdo, da falta de explicação, que mantêm a culpa frente às recaídas, impulsionadas pela falta de autonomia e domínio sobre a própria vida. Dione explicita que *"fica com um sentimento de culpa"*, e Dalva explica: *"Bate o arrependimento, é aquela tristeza, que nem eu com a mãe, ela percebe e fica triste né? Doente, vai me ver, e vem na minha cabeça: por que que eu fiz?".*

A ideia de doente, da louca, como refúgio ao enquadramento da vagabunda desviante moral, por incorporação ideológica, acaba por adensar a ideia de irreversibilidade e de fatalidade da "dependência" das drogas. Neste sentido, a medicalização social, com a naturalização do sofrimento e a atribuição de causalidades biológicas e individuais, oculta as raízes sociais, o que constitui essa dimensão ideológica como um processo crítico destrutivo ao consumo de drogas (Moraes, 2018).

O consumo de drogas ligado à busca por liberdade

As participantes mulheres, frente aos desgastes advindos da violência de gênero, utilizavam-se dos espaços de lazer para a constituição de novas relações de amizades, afetivas, como expressão de sua sexualidade fora do casamento, buscando aplacar os sentimentos de solidão e desamparo, estudados no item anterior.

> *O dinheiro que ele [ex-marido] pegava ele gastava tudo e ainda gastava o meu junto. Aí fui ficando triste, ficando triste, comecei beber, sai com umas amigas separada né? Meu irmão teve um*

> *bar, eu ia junto, trabalhava durante o dia, de noite ia ajuda ele no bar.* (Claudia)

> *Aí, eu pedi divórcio. E daí eu sai da igreja. Comecei a ir pras ferinhas ali no centro, comecei a sair com as amiga. Ai, eu cai no álcool. [...] Era pra ter um divertimento.* (Dalva)

A partir das falas das participantes, é possível compreender que o consumo de drogas, com vistas à socialização, produziu também, contraditoriamente, a ampliação das relações sociais e corroborou, muitas vezes, para saírem das opressões vivenciadas no contexto do casamento, assumindo, assim, uma faceta protetora, fortalecedora em alguma medida. Soares (2007) debate essa questão e explana que, muitas vezes, o consumo de drogas simboliza discordância com os valores dominantes que condicionam o sujeito e os permite acessar outros valores e práticas sociais. Claudia e Dalva, percebendo as restrições que o casamento conferia às suas práticas sexuais e afetivas, com o consumo de drogas, conseguem experienciar novas vivências de socialização e exercício da sexualidade.

Pontuamos, contudo, que, apesar de as drogas serem consumidas também em situações de vivência do lazer, a produção de sua necessidade não é consequência do tempo da fruição, descanso e reposição das energias, mas, sim, determinada pelos ditames da produção e reprodução da vida sob o capital (Moraes, 2018).

No contexto em que decidem separar-se, sair de casa, referem o "insuportável" de viver tentando responder de forma frustrada às necessidades da vida em família. Essas necessidades estavam relacionadas aos papéis sociais anteriormente desempenhados, à função da mulher em nossa sociedade, tal como discutimos anteriormente. Leontiev (1978) debate que, na luta ideológica na sociedade de classes, os sentidos pessoais podem não encontrar significados objetivos pelos quais possam plenamente se expressar e "então começam a viver como se estivessem *vestindo a roupa alheia*" (Leontiev, 1978, p. 121, grifos nossos). Elas vestiram a roupa ideológica da *mãesposa,* e por algum tempo suas motivações pareciam relacionadas a essas atividades, estavam em consonância com seus sentidos pessoais. Contudo, a sustentação desse papel de mulher, a partir da restrição de seus vínculos com o mundo, tornou-se estereotipada, descolada de uma base material que desse sustentação à consciência.

Os processos críticos vivenciados parecem ter produzido distanciamento das normas morais que antes as constituíam. Martins (2004, p.

132) discute que, resultante de circunstâncias de opressão insuportáveis, os indivíduos podem reagir com maior distanciamento em relação à sociedade e às regras sociais, o que pode produzir sentimento de "anomia" (ausência de normas), que os leva a romper seus vínculos com o sistema aos quais pertenciam. É como se, parcialmente, tivessem se "despido da roupa alheia" sem, contudo, ser possível constituir a reencarnação de seus sentidos pessoais em significados mais adequados a suas novas vivências. Leontiev (1978b) coloca que não é como uma "vitrine" de significados na qual se elege algum, "esta eleição não é entre significados, senão entre posições sociais antagônicas que se expressam e apreendem mediante esses significados" (Leontiev, 1978, p. 122). Na vida das participantes, a possível resposta se configurou em uma saída individual, ligada à intensificação do consumo de álcool e outras drogas.

A decisão pela busca do tratamento referente ao consumo de drogas esteve ligada, para as participantes, como um caminho para reestabelecer seus vínculos familiares, principalmente com filhos e netos. Observamos, assim, que se, por um lado, o âmbito familiar atuou como porta de entrada devido às opressões patriarcais para o consumo de drogas, por outro lado, outras relações neste âmbito tiveram peso fortalecedor para a criação de novas necessidades e novos sentidos para a vida. Dalva traz como motivos, além da saúde da mãe, o fato de que sua filha estava grávida, como um motivo para que ela se mantivesse "bem": *"[...] E minha filha tá grávida. Por isso que tem que aproveitar, né? Ao invés de uma avó bêbada".*

Na fala das participantes, evidencia-se que, com o tratamento para deixar o consumo de drogas no Caps, houve acentuação de sentimentos de solidão, pois não encontravam lugares para diversão que não estivessem associados ao consumo de drogas, que pretendiam evitar. Mesmo nos espaços de sociabilidade em família, o consumo de álcool é frequente, e elas possuem dificuldades de permanecer nesses espaços e, ao mesmo tempo, manter o autocontrole.

CONSIDERAÇÕES FINAIS: A DIMENSÃO DO DRAMA E DA PRÁXIS

A discussão acerca da vitimização das mulheres pela opressão patriarcal e do consumo de drogas, estando esses aspectos relacionados ou não, faz emergir o questionamento do lugar da liberdade e da escolha (Moraes, 2018). Identificamos, na pesquisa, que os processos críticos decorrentes do patriarcado e suas estruturas têm força de determinação do consumo de drogas, na medida em que não são facultativos na vida singular. Contudo, os caminhos singulares percorridos para *vestir ou despir a roupa alheia* e os sentidos relacionados ao consumo de drogas apontam para uma dimensão em que o sujeito pode exercer sua escolha, em que se faz ativo ao se apropriar de sua realidade e produzir novas objeções (Moraes, 2018). Pretendemos, pois, buscar romper com uma visão vitimista ou determinista, discutindo as brechas e possibilidades de agência, de transformação.

Compreendemos os sujeitos como seres históricos e sociais, e, neste sentido, há a aposta na capacidade humana de dominar sua própria conduta por meio da criação de novas necessidades e motivos. Contudo, isso não se dá por um ato simples de vontade, de liberdade de escolha, como ideologicamente é promulgado (Moraes, 2018).

As drogas se constituem propriamente como motivos auxiliares, artificiais, e seu consumo não é determinado por necessidades biológicas, mas, sim, por demandas criadas na vidada em sociedade. Contudo, a liberdade humana não consiste em estarmos livres dos motivos que nos conformam, mas, sim, na capacidade humana de tomarmos consciência destes motivos, da possibilidade de agirmos frente a eles e de transformá-los.

As ciências médica e psicológica apresentam de forma hegemônica explicações que culpabilizam o sujeito pelo consumo de drogas, equilibrando-se entre argumentações morais e biológicas. Essas explicações são incorporadas pelos sujeitos para tornar inteligível a si mesmos, o que os fazem sentir-se presos em um "cativeiro biológico" ao não conseguirem responder de outra forma o descontrole frente às substâncias (Vygotski, 1995, p. 132). Entre o cativeiro biológico ou aqueles sociais, produzidos pelo patriarcado (Lagarde, 2005), as participantes de nossa pesquisa encontravam-se em *luta* com os motivos que davam sentido à sua vida e às suas práticas no mundo.

Em nossa investigação, foi possível observar que, de forma recorrente, o consumo de drogas colocava-se em um momento de crise no qual as exigências patriarcais se chocavam com as novas necessidades criadas, de superação de tais opressões e vontades de viver a vida de outra maneira.

Vigotski (2000) formula o conceito de drama para explicar o conflito que se dá tanto entre os significados, como entre os sentimentos e valores divergentes advindos das diferentes funções e dos papéis que o sujeito desempenha em suas relações. "O drama sempre é a luta de tais ligações (dever e sentimento; paixão, etc.). Senão, não pode ser drama, isto é, choque dos sistemas" (Vigotski, 2000, p. 35).

Maria, na frase que dá título a este trabalho, formula uma questão *dramática,* ao buscar responder: o que fazer diante do inimigo?

Colocaremos em perspectiva aqui que o inimigo é aquilo que explora, viola e oprime de forma estrutural, e não apenas os homens singulares com quem se relacionaram, ou a própria droga. Quando Maria responde que a saída é *juntar-se a ele,* restam ocultas duas questões fundamentais. A primeira é que, considerando o inimigo o homem, há uma assimetria de poder constitutiva na sociedade na qual individualmente mulheres e homens não estão em posição de igualdade de condições e direitos (Saffioti, 2004). A segunda é que, considerando o consumo de drogas como o adversário, estranhadas de si mesmas, dos produtos do seu trabalho, da genericidade humana e presas à construção do gênero feminino, como poderiam as mulheres (e todos os sujeitos) ser cobradas de ter controle pleno sobre as drogas? As drogas se constituíram como mercadorias potentes, pois correspondem amplamente a necessidades criadas em nossa sociedade capitalista de acumulação flexível; de sermos cada vez mais produtivos, com menor tempo para o descanso e reposição das energias vitais; de termos força e coragem a despeito dos obstáculos da vida social; de termos que lidar sozinhos com os problemas, pelo agravamento do individualismo; e ainda de nos mantermos felizes, pois o sofrimento é compreendido como fracasso individual. E frente às obstruções ao modo de andar a vida, sem nos sentirmos impotentes, frustrados, insatisfeitos, sem nos reconhecermos em nossas atividades, estranhados de nós mesmos, também nesses casos, as drogas são os produtos sociais que comumente vão "aplacar" o sofrimento, sejam elas lícitas ou ilícitas, compradas no bar, na biqueira ou na farmácia.

Frente a esse cenário, o consumo de drogas demonstra não ser um desvio social, mas, sim, uma adaptação, no sentido de um amoldamento às necessidades da reprodução da vida sob a lógica do capital e de suas estruturas opressivas (Moraes, 2018).

Vygotski (2006) apresenta que a essência de toda crise está na reestruturação da vivência anterior, na necessidade de mudança de suas necessidades e seus motivos. Pensando o percurso do desenvolvimento, o autor coloca que "todas as idades críticas se distinguem por um desenvolvimento impetuoso da vida afetiva e pela aparição do afeto da personalidade própria" (Vygotski, 2006, p. 299).

Assim, o próprio drama, como conflito interno, atua como um produtor de tensão na personalidade, potencialmente causador de sofrimento. Conforme explica Delari Junior (2011, p. 194):

> [...] feita a escolha, "atuada" a volição, a tensão dos vetores opostos e em rota de colisão pode permanecer, ainda que noutras relações de "hegemonia", pois aquilo de que se abriu mão continuará sendo constitutivo da ação efetiva pela qual se optou, assim como as palavras que dizemos continuam sendo constituídas pelas que foram caladas.

Identificamos que os processos críticos oriundos da opressão patriarcal acabam por intensificar as condições de alienação na qual as participantes estavam inseridas, contribuindo no não reconhecimento de si e em aumentar as restrições de seus vínculos com o mundo (Moraes, 2018). Parece haver, assim, a produção de um processo de crise intrapsíquica, um drama posto, em que a constituição de novos motivos e necessidades, ligados a uma vontade de vida nova, se coloca, e que, no caso das participantes, guardava relação com o consumo de drogas.

A questão se torna novamente dramática à medida que o próprio consumo de drogas intensifica obstruções aos vínculos dos sujeitos, com pessoas e com o mundo, como seu modo de andar a vida. Na pesquisa, identificou-se que o próprio consumo de drogas instituiu-se como resposta individual *cristalizada* (Moraes, 2018), como uma nova roupa alheia, que demandava ser despida em busca de novas formas de atender às necessidades surgidas em uma vida em que já se olhava de forma mais crítica as contradições e ambivalências do que é ser mulher em nossa sociedade.

Lançamos mão do raciocínio feito por Saffioti (2004) para pensar as possibilidades da mulher diante da opressão patriarcal, que retomou a categoria práxis, para se contrapor ao assujeitamento da exploração e opressão. Por práxis, referimo-nos à capacidade humana, já citada, de se fazer sujeito por meio de sua atividade, intercambiando com a natureza e nas relações sociais. Compreendemos que as mulheres estudadas já citaram possuir estratégias de enfrentamento, resistência e sobrevivência, à medida que trilharam suas vidas até chegar ao Caps, buscando novos meios para lidar com suas dificuldades. Não se trata, portanto, de propor algo que esteja fora da realidade, mas, sim, de colocar luz aos métodos utilizados por elas, que indicaram ser fortalecedor e produtor de novos sentidos.

Nesse sentido, identificamos a ampliação propriamente do que é ser mulher. À medida que experimentaram novas formas de vida, que transgrediram aos cativeiros primários, circunscreveu-se possibilidades de novas formas de ser mulher. Em tratamento no Caps e nos grupos focais dos quais participaram na pesquisa, tinham a oportunidade de dialogar sobre as novas amarras colocadas, aquelas da mulher louca, adoecida e transtornadas, problematizando tais estereótipos; reflexões feitas pelas próprias participantes trouxeram, conforme já exemplificado anteriormente.

Saffioti (2004) aponta que, contraditoriamente, as vivências de opressões patriarcais abrem brecha para a produção de uma consciência de gênero, em analogia à consciência de classe e racial. E, neste ponto, o fazer coletivo, em espaços associativos comunitários, de categorias profissionais, seja no Caps, seja em grupos reflexivos de mulheres, ainda que não altere a realidade material das condições estruturais de opressão a princípio, pode abrir portas para que os dramas vivenciados tenham outras possibilidades de desfecho.

REFERÊNCIAS

BARATTA, A. Introducción a uma sociologia de la droga: problemas y contradicciones del controle penal de las drogodependencias. *Revista Jurídica*, Rio de Janeiro, v. 2, n 2, p. 197-223, 1993.

BREILH, J. *Epidemiologia crítica:* ciência emancipadora e interculturalidade. Rio de Janeiro: Editora Fiocruz, 2006.

CAMPOS, E. A. de; REIS, J. G. Representações sobre o uso de álcool por mulheres em tratamento em um centro de referência da cidade de São Paulo. *Interface*, Botucatu, v. 14, n. 34, p. 539-550, 2010.

COSTA, J. A. da; PASSOS, R. G.; GOMES, T. M. S. Além do aparente: problematizações sobre a generificação das mulheres a partir de um grupo de mulheres. *In*: PEREIRA, Melissa de Oliveira; PASSOS, R. G. (org.). *Luta antimanicomial e feminismos*: discussões de gênero, raça e classe. Rio de janeiro: Autografia, 2017. p. 20-35.

DELARI JUNIOR, A. O "drama" em Vigotski. *Psicologia em Estudo*, Maringá, v. 16, n. 2, p. 181-197, abr./jun. 2011.

GONZALEZ, L. A mulher negra na sociedade brasileira: uma abordagem político-econômica. In: RIOS, F.; LIMA, M. (org.). *Por um feminismo afro-latino-americano*: ensaios, intervenções e diálogos. Rio de Janeiro: Zahar, 2020. p. 1-14.

INPUD – INTERNATIONAL NETWORK OF PEOPLE WHO USE DRUGS. *Drug user* **peace initiative:** a war on women who use drugs. London: INPUD Secretariat, 2014.

LAGARDE, M. *Los cautiverios de las mujeres*: madresposas, monjas, putas, presas y locas. Cidade do México: Universidad Nacional Autónoma de México, 2005.

LAURELL, A. C. A saúde-doença como processo social. *Revista Latinoamericana de Salud*, Cidade do México, v. 2, p. 7-25, 1982.

LEONTIEV, A. N. *Actividad, conciencia y personalidade*. Buenos Aires: Ediciones Ciencias del Hombre, [1974] 1978.

MARQUES, F. P. C.; LUZ, I. R. da. O choro dos bebês e a docência na creche. *Educação em Revista*, Belo Horizonte, v. 38, p. e26836, 2022.

MARTINS, L. M. A natureza histórico-social da personalidade. *Caderno CEDES*, Campinas/SP, v. 24, n. 62, p. 82-99, 2004.

MEDEIROS, K. T.; MACIEL, S. C.; SOUZA, P. F. A mulher no contexto das drogas: representações sociais em usuárias em tratamento. *Paidéia*, Ribeirão Preto, v. 27, supl. 1, 439-447, 2017.

MONTALI, L. Família e trabalho na reestruturação produtiva: ausência de políticas de emprego e deterioração das condições de vida. *Revista Brasileira de Ciências Sociais*, São Paulo, v. 15, n. 42, pp. 55-71, 2000.

MORO-RIOS, C. F. *O trabalho como atividade principal na vida adulta:* contribuições ao estudo da periodização do desenvolvimento psíquico humano sob enfoque da Psicologia Histórico-Cultural. Dissertação (Mestra em Psicologia). Universidade Federal do Paraná, Curitiba, 2015.

PASSOS, R G. *Trabalho, gênero e saúde mental:* Contribuições a profissionalização do cuidado feminino. São Paulo: Cortez, 2018.

SAFFIOTI, H. I. B. *Abuso sexual pai-filha.* São Paulo: Consejo Latinoamericano de Ciências Sociales, 2005

SAFFIOTI, H. I. B. *A mulher na sociedade de classes, mito e realidade.* São Paulo: Expressão popular, 2013.

SAFFIOTI, H. I. B. Contribuições feministas para o estudo da violência de gênero. *Cadernos Pagu,* Campinas, v. 16, pp.115-136, 2001.

SAFFIOTI, H. I. B. *Gênero, patriarcado e violência.* 2. ed. São Paulo: Expressão popular: Fundação Perseu Abramo, 2015.

SAFFIOTI, H. I. B. *O poder do macho.* São Paulo: Editora Moderna, 1987.

SAFFIOTI, H. I. B. Violência de gênero: o lugar da práxis na construção da subjetividade. *Lutas Sociais,* São Paulo, v. 2, 59-79, 2004.

SANTOS, V. E., SOARES, C. B. O consumo de substâncias psicoativas na perspectiva da saúde coletiva: uma reflexão sobre os valores sociais e fetichismo. *Saúde e Transformação Social,* Florianópolis, v. 4, n. 2, p. 38-54, 2013.

SILVA, P. C. de O.; SOUZA, C. M.; PERES, S. O. Uso de drogas sob a perspectiva de gênero: uma análise das histórias de vida de jovens das camadas médias no Rio de Janeiro. Saúde e Sociedade, Rio de Janeiro, vol. 30, n. 3, 2021.

SOARES, C. B. *Consumo contemporâneo de drogas e juventude:* a construção do objeto na perspectiva da saúde coletiva. Tese (Livre docência em Enfermagem), Escola de Enfermagem da Universidade de São Paulo, São Paulo. 2007.

SOUZA, T. M. dos S. *Emoções e capital: as mulheres no novo padrão de acumulação capitalista.* Tese (Doutorado em Psicologia Social), Pontifícia Universidade Católica de São Paulo, São Paulo, 2006.

VÁZQUEZ, A. S. *Filosofia da Práxis.* Rio de Janeiro: Paz e Terra, 1977

VIAPIANA, V. N. *A depressão na sociedade contemporânea:* contribuições da teoria da determinação social do processo saúde-doença. 2017. Dissertação (Mestrado em Saúde Coletiva) – Universidade Federal do Paraná, Curitiba, 2017.

VIGOTSKI, L. S. *A construção do pensamento e da linguagem.* São Paulo: Martins Fontes, [1934] 2001.

VIGOTSKI, L. S. Quarta aula: a questão do meio na pedologia.. Tradução: Márcia Pileggi Vinha. *Psicologia USP,* São Paulo, v. 21, n. 4, p. 681-701, [1933-1934] 2010.

VYGOTSKI, L. S. Problemas del desarrollo de la psique. *Obras escogidas. Tomo III.* Madri: Visor, [1931] 1995.

SOBRE OS(AS) AUTORES(AS)

Alcione Ribeiro Dias

Doutoranda e mestre em Educação pela Universidade Federal de Mato Grosso do Sul (UFMS). Graduada em Psicologia pela Fundação Mineira de Educação e Cultura (1984). Psicodramatista Didata Supervisora pela Federação Brasileira de Psicodrama (Febrap). Especialista em Psicologia Organizacional e do Trabalho. Consultora do Campo Socioeducacional desde 1985. Professora de Pedagogia Psicodramática e Metodologias Socioeconômicas. Vice-presidente da Associação Entre Nós/MS.

E-mail: alcioneribeirodias@gmail.com

Orcid: 0000-0002-1897-2137

Ana Cristina Ribas dos Santos

Psicóloga, especialista em avaliação psicológica pelo Instituto de Graduação e Pós-graduação (Ipog) e em Gestão Estratégica de Recursos Humanos pela Universidade para o Desenvolvimento do Estado e da Região do Pantanal (Uniderp). Mestranda no Programa de Pós-Graduação em Psicologia da Universidade Federal de Mato Grosso do Sul (UFMS). Integrante do Grupo de Pesquisa Nesc/UFPR – Núcleo de Estudos em Saúde Coletiva.

E-mail: ribasanacris@gmail.com

Orcid: 0009-0003-3919-5845

Ana Ignez Belém Lima

Psicóloga, professora doutora da Universidade Estadual do Ceará do curso de Psicologia e do Programa de Pós-Graduação em Educação. Coordenadora do Laboratório de Estudos da Subjetividade e da Saúde Mental. Líder do grupo de pesquisa em saúde mental e Psicologia Histórico-Cultural.

E-mail: ana.belem@uece.br

Orcid: 0000-0001-6106-9229

Andressa Carolina Viana dos Santos

Mestra e graduada em Psicologia pela Universidade Estadual de Maringá (UEM). Docente no curso de Psicologia da Faculdade UMFG – Cianorte/ PR. Psicóloga e supervisora clínica a partir da Psicologia Histórico-Cultural.

E-mail: andressacarol.vs@gmail.com

Orcid: 0000-0002-9320-8278

Armando Marino Filho

Psicólogo, doutor e mestre em Educação pela Unesp Marília, com pós-doutorado pela mesma instituição. Doutorando em Psicologia pela UEM, professor associado na UFMS Três Lagoas e professor efetivo do programa de pós-graduação em Educação na UFMS Três Lagoas. Líder do Grupo de Pesquisa Gepea – Implicações da Teoria Histórico-Cultural para o Ensino e Aprendizagem.

E-mail: armando.marino@ufms.br

Orcid: 0000-0002-5212-3972

Artur Bruno Fonseca de Oliveira

Graduação em Psicologia pela Universidade Estadual do Ceará, mestrado e doutorado em Educação pela Universidade Estadual do Ceará. Professor de Psicologia do Centro Universitário 7 de Setembro. Coordena a pesquisa: Saúde Mental de Estudantes do Ensino Superior em Instituição Particular.

E-mail:artur.oliveira.psico@gmail.com

Orcid: 0000-0002-0080-4733

Bruna Bones

Psicóloga, mestranda no curso de pós-graduação em Saúde Coletiva da Universidade Federal do Paraná (UFPR). Bolsista Capes.

E-mail: brvnabones@gmail.com

Orcid: 0000-0001-8314-7910

Bruno Peixoto Carvalho

Psicólogo, doutor em psicologia social pela PUC-SP. Professor do departamento de psicologia da UFPR e membro do Laboratório de Psicologia Histórico-Cultural na mesma instituição.

E-mail: pcarvalhobruno@gmail.com

Orcid: 0000-0003-1071-9433

Elis Bertozzi Aita

Psicóloga, doutora em Psicologia pela Universidade Estadual de Maringá. Atua como psicóloga clínica a partir da Psicologia Histórico-Cultural.

E-mail: elis_aita@outlook.com

Orcid: 0000-0001-8197-2271

Fabiola Gomes Batista Firbida

Psicóloga, graduada pela Universidade Estadual de Maringá (2003), com mestrado em Psicologia pela Universidade Estadual de Maringá (2012) e doutorado em Psicologia pela Universidade Estadual Paulista (2017). Realizou pós-doutorado em Psicologia pela Universidade Estadual de Maringá (2023). Professora e Coordenadora do Curso de Psicologia do Centro Universitário Integrado de Campo Mourão. Tem experiencia na área de Psicologia, atuando como docente no ensino superior, principalmente nos seguintes temas: psicologia histórico-cultural, psicologia escolar, professores, desenvolvimento e aprendizagem, periodização do desenvolvimento.

E-mail: fabiolafirbida@gmail.com

Orcid: 0000-0003-0444-009X

Flávia Gonçalves da Silva

Docente da Universidade Federal dos Vales do Jequitinhonha e Mucuri, campus de Diamantina, no curso de Educação Física. Graduada em Psicologia pela Unesp/Bauru, mestre e doutora em Educação: Psicologia da Educação pela PUC/SP. Pós-doutorado em Saúde Coletiva pela Unesp/Botucatu.

E-mail: flaviagonsalves@yahoo.com.br

Orcid: 0000-0002-9222-2406

Gilberto José Miranda

Graduado em Ciências Contábeis, mestre em Administração pela Universidade Federal de Uberlândia e doutor em Ciências Contábeis pela Universidade de São Paulo. Professor do Programa de Pós-Graduação em Ciências Contábeis da Universidade Federal de Uberlândia. Dedica-se à pesquisa sobre Educação Contábil.

E-mail: gilbertojm@ufu.br

Orcid: 0000-0002-1543-611X

Hiany Gasparetti Bertuccini

Acadêmica do curso de Psicologia da Universidade Estadual de Maringá, Brasil.

E-mail: ra117998@uem.br

Orcid: 0009-0003-0282-1726

Janailson Monteiro Clarindo

Psicólogo, mestre e doutor (2020) em Psicologia pela Universidade Federal do Ceará (UFC). Possui formação em Psicologia Clínica Histórico-Cultural e, em sua pesquisa de doutorado, estudou o método de atuação clínica a partir da Psicologia Histórico-Cultural. Desde então, dedica-se a projetos que envolvam essa área, seja em sua atuação como psicoterapeuta, seja como supervisor de grupos ou participando de projetos de ensino e pesquisa sobre o tema.

E-mail: janailson21@gmail.com

Orcid: 0000-0001-5196-5177

Leonardo Barbosa e Silva

Graduado em Economia pela Universidade Federal de Uberlândia, mestre e doutor pela Unesp. Realizou pós-doutorado no Centro de Estudos Sociais da Universidade de Coimbra. Professor da Universidade Federal de Uberlândia.

E-mail: barbosaesilva.leonardo@ufu.br

Orcid: 0000-0002-1528-1445

Marilda Gonçalves Dias Facci

Doutora em Educação Escolar, pela faculdade de Ciências e Letras de Araraquara – Unesp (2003); pós-doutorado pelo Instituto de Psicologia da USP e Universidade Federal de Mato Grosso do Sul – UFMS. É professora sênior do Programa de Pós-graduação em Psicologia da Universidade Estadual de Maringá. Presidente da Abrapee. Bolsista de Produtividade em Pesquisa do CNPq.

E-mail: marildafacci@gmail.com

Orcid: 0000-0001-7443-490X

Melissa Rodrigues de Almeida

Psicóloga, doutora em Saúde Coletiva pela Unesp Botucatu, mestre em Educação pela UFPR, professora do departamento de Psicologia da UFPR, membra do Laboratório de Psicologia Histórico-Cultural da UFPR.

E-mail: melissa.r.almeida@gmail.com

Orcid: 0000-0001-9069-4031

Milena Prestes Antunes

Psicóloga, residente no programa multiprofissional de Saúde da Família da Secretaria Municipal de Saúde de Curitiba/Feas, membra do laboratório de Psicologia Histórico-Cultural da UFPR.

E-mail: milenaa.prestess@gmail.com

Orcid: 0009-0001-7741-4733

Nilson Berenchtein Netto

Psicólogo, doutor em Educação: Psicologia da Educação e mestre em Psicologia Social, ambos pela PUC-SP. Professor do Departamento de Psicologia da Unesp – Campus Bauru.

E-mail: nettoberenchtein@gmail.com

Orcid: 0000-0001-5922-4437

Noelle Tavares Ferreira

Graduanda em Psicologia pela Universidade Federal de Uberlândia.

E-mail: noelle.ferreira@ufu.br

Orcid: 0000-0002-5535-7045

Renata Bellenzani

Psicóloga, doutora em saúde coletiva pelo Departamento de Medicina Preventiva da Faculdade de Medicina da USP, mestre em psicologia social pelo Departamento de Psicologia da USP. Professora do Departamento de Saúde Coletiva da UFPR. Orientadora no Programa de Pós-Graduação em Saúde Coletiva da UFPR e no Programa de Pós-Graduação em Psicologia da UFMS. Integra o Grupo de Pesquisa Nesc/UFPR – Núcleo de Estudos em Saúde Coletiva.

E-mail: renatabellenzani@hotmail.com

Orcid: 0000-0002-7211-6518

Renata Fabiana Pegoraro

Doutora e mestre em Psicologia pela USP Ribeirão, especialista em Saúde Coletiva pela UFSCar e graduada em Psicologia pela USP Ribeirão. Realizou pós-doutorado no Programa de Pós-graduação em Psicologia Social da PUC-SP. Bolsista Produtividade do CNPq. Professora adjunta da Universidade Federal de Uberlândia.

E-mail: renata.pegoraro@ufu.br

Orcid: 0000-0001-6052-5763

Renata Jacintho Siqueira de Moraes

Psicóloga, doutorada em Saúde Coletiva, pesquisadora vinculada ao Laboratório de Psicologia Histórico-Cultural da UFPR. Trabalha como psicóloga nas Vara de infância e família no Tribunal de Justiça do estado do Paraná.

E-mail: remoraes.psicologia@gmail.com

Orcid: 0009-0008-6773-6131

Sonia da Cunha Urt

Doutora em Educação com ênfase em Psicologia Educacional pela Universidade Estadual de Campinas (1992), com pós-doutorado pela Unicamp e pela Universidad de Alcalá de Henares, Espanha e Universidade de Lisboa, Portugal. Mestre em Educação (Psicologia da Educação) pela Pontifícia Universidade Católica de São Paulo (1989). Graduada em Psicologia, Pedagogia e Administração de Empresas. Professora titular aposentada da UFMS – Universidade Federal de Mato Grosso do Sul. Professora pesquisadora sênior dos Programas de Pós-Graduação em Educação e em Psicologia da Universidade Federal de Mato Grosso do Sul. Coordenadora do Grupo de Estudos e Pesquisa em Educação e Psicologia – Geppe/UFMS.

E-mail: sonia.urt@gmail.com

Orcid: 0000-0002-0309-3498

Sonia Mari Shima Barroco

É psicóloga, doutora em Educação Escolar (Unesp), com pós-doutorado em Psicologia Escolar e Desenvolvimento Humano (USP), mestre e especialista em Educação (UEM). É professora aposentada da UEM, onde atuou no Programa de Pós-Graduação em Psicologia. Foi professora visitante nacional sênior (Capes/PPGPSI-Unir) e é professora permanente do Programa de Pós-Graduação em Psicologia da Universidade Federal de Rondônia – UNIR. Presidente eleita da Abrapee.

E-mail: smsbarroco@uem.br

Orcid: 0000-0002-4136-8915

Silvana Calvo Tuleski

Psicóloga, doutora em Educação Escolar pela Unesp-Araraquara, com pós-doutorado pela mesma instituição, mestre em Fundamentos da Educação e graduada pela Universidade Estadual de Maringá (UEM). Docente da graduação e pós-graduação em Psicologia/UEM. Coordenadora do LAPSIHC/UEM (Laboratório de Psicologia Histórico-Cultural).

E-mail: silvanatuleski@gmail.com

Orcid: 0000-0002-6967-2548

Silvia Maria Cintra da Silva

Doutora e mestre em Educação pela Unicamp e graduada em Psicologia pela PUC Campinas. Realizou pós-doutorado no Programa de Pós-graduação em Psicologia Escolar e do Desenvolvimento Humano da USP e no Programa de Psicologia da Educação da PUC-SP. Professora titular da Universidade Federal de Uberlândia e editora da *Revista Psicologia Escolar e Educacional*.

E-mail: silvia@ufu.br

Orcid: 0000-0003-0834-5671

Victória de Biassio Klepa

Psicóloga, mestranda em Saúde Coletiva na UFPR, especialista em Direitos Humanos e Saúde pela Ensp/Fiocruz, bolsista Capes/Brasil pela Clínica de Direitos Humanos da UFPR.

E-mail: vickeeklepa@gmail.com

Orcid: 0000-0002-6310-4160

Yonara Borges Silva

Graduanda em Psicologia pela Universidade Federal de Uberlândia.

E-mail: yonara.silva@ufu.br

Orcid: 0009-0009-8956-1421

ÍNDICE REMISSIVO

A

Adoecimento 15-19, 21, 43-45, 48-50, 53, 60, 62, 69-71, 73, 75, 76, 86, 92-94, 107, 108, 111, 116, 128, 131, 133, 135-137, 139-143, 145, 146, 148-160, 163-166, 169, 176, 177, 181, 183, 185-193, 195, 197, 199, 200, 204, 207, 219, 223, 256, 264, 278-282, 284, 292, 296, 300, 302, 307, 313

Alienação 17, 81, 121, 126, 169, 196, 200, 274, 275, 277, 288, 289, 298, 307, 323, 325, 327, 329, 330, 336

Atenção 18, 30, 51, 52, 68, 72, 84, 95, 141, 142, 149, 150, 188, 189, 192, 194-196, 199, 205, 209, 211, 212, 218, 223, 258, 267, 268, 272, 287-292, 300-312, 314, 328

Atividade 16, 17, 23-41, 43, 47, 48, 50, 51, 53, 57, 59, 60, 78-82, 84, 85, 91, 92, 96, 98, 100, 101, 103, 108, 109, 122-126, 128-130, 136, 142-146, 148, 155, 157, 158, 166, 172, 174, 175, 177, 180, 182, 185, 188, 191, 193-197, 199, 202, 207, 211, 256, 257, 261-267, 272, 274-276, 279, 283, 284, 288, 293-295, 297, 298, 302, 303, 307, 326, 329, 336, 338

C

Clínica 16, 43, 48, 52, 53, 66, 69, 89, 98, 108, 109, 111-113, 115-119, 121-124, 126-131, 181, 220, 229, 260, 301, 311, 342-344, 348

Comportamento 15, 36, 45, 53, 58, 60, 71, 80, 81, 95, 99, 100, 104, 125, 140, 149, 174, 177, 204, 207, 241, 247, 249, 267-269, 273, 279, 280, 295, 296

Consciência 16, 17, 23-34, 36, 38-41, 43, 50, 53, 56, 57, 60, 77-81, 85, 89, 90, 92, 97-99, 104-108, 115, 120-128, 130, 131, 146, 151, 153, 155, 156, 158, 175, 177, 181, 182, 186, 195-197, 199, 251, 256, 261, 263, 264, 266, 271, 274, 275, 277, 288, 292, 293, 297, 302-305, 311, 330-332, 334, 337

Controle 29, 31, 37, 38, 40, 45, 54, 56, 71, 72, 81, 95, 104, 148, 149, 168, 194, 202, 204, 300, 329, 335, 337

Crise 18, 47, 60, 68, 77, 84, 86, 101, 105, 114, 119, 130, 186, 187, 193, 194, 196, 203, 208, 243, 255, 256, 258, 262, 287, 289-294, 296-314, 334-336

D

Depressão 48, 53, 60, 109, 117, 137-139, 174, 203, 230-232, 238, 255, 259, 266, 278, 281, 295, 328, 339

Drama 37, 183, 186, 187, 190, 194, 197, 273, 283, 333-337

Droga 272, 318, 319, 325, 330, 335, 337

E

Educação 19, 42, 57, 61, 62, 65, 74, 108, 109, 131, 135, 139, 147, 155, 156, 158, 159, 163-168, 170-173, 181-185, 190, 199, 200, 203, 204, 206, 209, 211, 212, 220, 221, 249, 267, 276, 282-284, 296, 306, 308, 338, 341-345, 347, 348

Emocional 18, 31, 32, 34-36, 40, 41, 51, 52, 56, 71, 72, 163-167, 169, 171, 172, 175-180, 182, 191, 271, 329

H

Histórico-cultural 15, 17, 23, 43, 44, 46, 54, 55, 61, 65-67, 73, 76, 77, 82-85, 87, 89, 91, 92, 98-100, 104, 106-109, 111-124, 126-131, 135-137, 142, 147, 158, 160, 163-165, 170, 171, 174, 177, 180, 182, 185, 199-201, 205, 206, 220, 221, 249, 255, 258, 261, 264, 265, 280-284, 287, 289, 292, 301, 302, 305, 307, 308, 312, 315, 338, 341-347

I

Intervenção 15, 44, 53, 74, 75, 89, 90, 97-99, 106, 107, 111, 112, 115, 117, 120, 124, 126, 127, 129, 180, 183, 189, 190, 231, 236, 305, 308

M

Materialismo Histórico-Dialético 65, 73, 82, 83, 89, 107, 113, 118, 282, 308, 312

Medicalização 74, 95, 101, 109, 183, 211, 244, 301, 306, 308, 331

P

Patológico 61, 66, 108, 112, 151, 153, 234, 238, 261, 281, 282, 309

Personalidade 15-17, 19, 25, 29, 31, 35-44, 46-49, 51, 53, 60, 66, 80, 85, 90, 92, 103-105, 108, 109, 117, 119, 120, 142, 145-147, 149-153, 155, 158, 186, 196, 199, 204, 207, 239, 257, 258, 262-264, 266, 268, 269, 273-275, 279, 282, 283, 292, 293, 296, 299, 303, 308, 309, 315, 330, 335, 338

PESQUISAS E PRÁTICAS SOBRE O SOFRIMENTO E O ADOECIMENTO COM
FUNDAMENTOS NA PSICOLOGIA HISTÓRICO-CULTURAL

Prevenção 18, 156, 163, 177, 179, 225, 227-229, 235, 237, 247, 252, 281

Professor 108, 157, 158, 160, 164, 165, 168, 169, 175, 191, 195, 200, 268, 283, 342-345

Psicológico 17, 18, 23, 24, 31, 33, 34, 37-39, 41, 42, 44, 45, 51, 54, 60, 70, 78, 108, 114, 130, 146, 154, 169, 171, 172, 181, 196, 211, 238, 255, 256, 267, 269-271, 273, 278, 280, 296, 303, 305

Psicossocial 18, 223, 231, 255, 258, 268, 282, 287, 288, 290-292, 300-302, 304-306, 308-312, 314

Psicossomático 17, 53-59, 62, 65, 66, 69, 71-78, 81-83, 86

Psicoterapia 71, 89, 97-102, 106-108, 113, 129, 131, 197, 200

Psiquiatria 18, 79, 95, 225, 227, 229, 231, 232, 235, 241-249, 253, 260, 290, 306, 308, 313

S

Saúde 18, 47, 49, 50, 52, 56-58, 61, 65, 71, 75, 83, 84, 93, 95, 97, 101, 107-109, 121, 130, 136, 138, 140, 141, 154, 157, 159, 163, 164, 166, 167, 169, 170, 176, 178, 179, 186, 187, 194-197, 202, 203, 205, 207-209, 211, 219-221, 225, 226, 228-231, 233, 234, 237, 240, 251, 252, 255-258, 260, 263, 264, 267-270, 275, 276, 278, 280-283, 287-290, 292, 294-314, 318, 319, 331, 333, 338, 339, 341-343, 345, 346, 348

Sofrimento 15-19, 21, 23-25, 28, 30, 31, 33-44, 46, 50, 53-55, 57, 60, 62, 65-67, 71-74, 76, 77, 79, 81-83, 86, 89-108, 111, 113, 115, 117, 127-129, 133, 135-140, 142, 143, 145, 146, 148-151, 154, 156-160, 163-165, 169, 170, 174, 176, 183, 195, 196, 200-202, 204-207, 209, 212, 213, 217-221, 223, 226, 229-231, 245-247, 255-261, 264, 267, 270-273, 276, 280-283, 287-304, 306-310, 313, 322, 325, 329-331, 335

Suicídio 18, 204, 225-252, 255, 256, 258-260, 267, 270-272, 275, 280-283

Sujeito 16, 27-41, 56, 59, 68, 70, 72-74, 77, 79-81, 86, 89-92, 94, 96-107, 112-115, 117-126, 128, 129, 142, 143, 146, 149-153, 155, 157, 165, 166, 169, 171, 172, 174, 176, 177, 180, 186, 195, 197, 205-207, 233, 236, 238, 261, 264, 289-291, 293, 294, 296-299, 302-305, 307, 319, 332, 334, 336

T

Terapia 112-115, 122, 126-129

Transtorno 44, 45, 53, 54, 80, 84, 119, 203, 205, 221, 229-232, 234-237, 239-242, 244, 246, 269, 275, 288, 330

V

Vivência 31, 34, 66, 67, 103-105, 108, 187, 189, 192, 245, 257, 267, 279, 291, 294, 296, 302, 303, 320, 322, 325, 332, 335